名家名著
解读系列

系统论法学

《社会中的法》解读本

高鸿钧　主编

商务印书馆
The Commercial Press

图书在版编目(CIP)数据

系统论法学:《社会中的法》解读本/高鸿钧主编. —北京:商务印书馆,2023(2024.1重印)
(名家名著解读系列)
ISBN 978-7-100-22172-6

Ⅰ.①系…　Ⅱ.①高…　Ⅲ.①法律社会学—研究　Ⅳ.①D902

中国国家版本馆 CIP 数据核字(2023)第 051658 号

权利保留,侵权必究。

名家名著解读系列
系统论法学
——《社会中的法》解读本
高鸿钧　主编

商 务 印 书 馆 出 版
(北京王府井大街36号　邮政编码100710)
商 务 印 书 馆 发 行
北京市十月印刷有限公司印刷
ISBN 978-7-100-22172-6

2023年5月第1版　　　开本 710×1000　1/16
2024年1月北京第2次印刷　印张 39½
定价:198.00元

作者简介及分工

（按照导言和各章顺序）

宾　凯（导言1、第二章）：法学博士，上海交通大学法学院任教
高鸿钧（导言2、第八、十二章）：清华大学法学院退休教师
泮伟江（第一章）：法学博士，北京航空航天大学法学院任教
余盛峰（第三章）：法学博士，北京航空航天大学法学院任教
祁春轶（第四章）：法学博士，中南财经政法大学法学院任教
吕亚萍（第五章）：法学博士，现在新西兰访学
康　宁（第六章）：法学博士，中国人民公安大学法学院任教
陆宇峰（第七章）：法学博士，华东政法大学社会科学研究院任教
鲁　楠（第九、十章）：法学博士，清华大学法学院任教
张文龙（第十一章、附录6）：法学博士，华东政法大学科学研究院任教

目　录

导言1　作为观察者的法哲学和法律社会学 …………………… 1
导言2　卢曼的系统论法学及其法律系统 ……………………… 44

第一章　探寻法律的界限 ………………………………………… 89
第二章　法律系统的运作封闭 …………………………………… 115
第三章　社会系统论视角下的法律功能 ………………………… 144
第四章　"代码化和纲要化"与法律统一性的成就 …………… 172
第五章　正义作为偶联性公式解读 ……………………………… 201
第六章　法律之演化解读 ………………………………………… 239
第七章　卢曼的司法中心论 ……………………………………… 284
第八章　法律论证的性质和功能 ………………………………… 311
第九章　卢曼社会系统论视野中的政治与法律 ………………… 335
第十章　结构耦合：一种法律关系论的新视角 ………………… 361
第十一章　法律系统自我描述之功能 …………………………… 388
第十二章　社会世界与世界社会：全社会及其法律 …………… 438

附录1　公民社会的历史语义学 ………………………………… 463
附录2　超越"错误法社会学" ………………………………… 490

附录3　双重偶联性问题与法律系统的生成 …………… 519
附录4　系统论宪法学新思维：七个命题 ……………… 550
附录5　法律与社会控制 ………………………………… 593
附录6　汉语世界研究卢曼和托依布纳的文献目录 …… 611

导言 1
作为观察者的法哲学和法律社会学

一

卢曼知识论的一个核心概念是差异(Differenzen),差异带来信息,信息制造"惊讶"。卢曼自己的社会学就是通过不断制造新的概念差异而形成一波又一波的理论惊讶。与当代其他社会学流派相比,卢曼社会学所制造的一个关键差异则是:把"观察者"作为研究的起点和终点。夸张点说,如果没有卢曼的"二阶观察"这一束概念闪电,不知道西方古老的知识论传统是否仍然万古如长夜。

卢曼在比勒菲尔德大学(Universität Bielefeld)社会学系的告别演讲中认为,在他之前的社会学或社会理论,无论是贯彻实证主义路线的经验社会学还是以反对实证主义著称的社会批判理论,都没有认真对待"观察者"这个问题。卢曼认为自己原创的社会系统论才是第一个能够逻辑自洽地处理观察者问题的社会学理论。尤其是 20 世纪 80 年代以后,卢曼受到马图拉纳(Humberto Maturana)和瓦瑞拉(Francisco Varela)的自创生(autopoiesis)理论,冯·福斯特（Heinz von Foerster）的二阶观察（second-order observation）理论，以及斯宾塞-布朗（Spencer-Brown）的区分（distinction）理论的影响，特别把"观察者"升华到其理论构造中的核心高度。这个概念深刻影响到卢曼后续的社会学观察，并通过"观察者的观察者"这一社会科学棱镜对政治、经济、法律、科学、宗教、教育、媒介等社会子系统展开长达数十年的观察。

二阶观察下的社会学，实现的是自我指涉（self-reference）的社会观察操作。在卢曼看来，社会现象与其观察者之间的自我指涉关系或反身性关系，在西方知识传统中一直处于被遮蔽的状态。社会学一百多年的历史仍然是自我指涉问题被遮蔽的历史，即便是对于以知识的生产制度和生产过程为研究对象的知识社会学而言，知识的自我指涉问题也是其致命的盲点。

20世纪六七十年代，当帕森斯理论由盛转衰之时，在波普尔（Karl Popper）与阿多诺（Theodor Adorno）之间、帕森斯（Talcott Parsons）与马尔库塞（Herbert Marcuse）之间发生过关于社会科学的实证主义和批判理论的两次著名论战。卢曼认为，无论社会学的实证主义还是批判理论，虽然在研究纲领上水火不容，但二者有一个共同的缺陷，即都假设了一个既不受观察对象影响，也不影响到观察对象的独立观察者——这个观察者隐身在观察对象之外的优越位置。追溯整个西方知识传统可以发现，这个享有观察特权的观察者的实质就在于，思想者们一直没有摆脱运用主体/客体、存在/非存在这两个差异观察世界的单调处境。

作为20世纪中叶社会学王者的帕森斯，就不曾窥破社会科学知识"自我指涉"的玄奥。曾经跟随帕森斯学习过的卢曼，在1980

年之前一直是帕森斯的跟随者与对话者,前期卢曼几乎总是以帕森斯的问题意识和理论框架作为自己思想攀援的脚手架,出版于1972年的《法社会学》(Rechtssoziologie)这本书的问题群和概念选择就清楚呈现了二者之间千丝万缕的师承关系。但是,后期卢曼的理论超越性也正是以批判帕森斯作为起跳点,一针见血地指出了帕森斯理论中对观察者问题和自我指涉问题的遮蔽。

帕森斯反对实证主义的意图是鲜明的,他尖锐批判了实证主义把观察对象物化的研究范式,自觉承袭了韦伯理解社会学的传统,把社会的基本单位设定为行动,并从行动者的主观意愿、社会规范、客观环境(手段和条件)之间的系统突现性关系着手构造社会行动。但是,帕森斯并没有完成把自己的批评对象甩到身后的雄心。针对帕森斯把社会学中的行动系统和社会系统处理为"分析实在论"(analytical realism),卢曼认为,一方面帕森斯自觉意识到理论作为观察者在构造观察对象上的主观性,但是另一方面,又把行动系统和社会系统看成是被观察的僵死"对象"。帕森斯理论的盲点在于,他仍然没有摆脱西方知识论传统上仅仅把"主体"当成观察者(即当成唯一的自我指涉系统)的窠臼,没有看到社会诸系统本身也是真实的观察者,是诸多具有自我指涉能力的、不断从事着意义再生产的"活的系统"。因此,帕森斯意在颠覆实证主义和功利主义社会学的"意愿性理论"(voluntarism),虽然已经通过构造行动者之间的"双重偶联性"(double contingency)这个概念触摸到了二阶观察和自我指涉的外缘,但是仍然没有能够把这种关系推进到对社会诸系统之间相互关系的理解上,因而与社会观察者对观察对象所展开的二阶观察这一知识观失之交臂。正因如此,在卢曼看来,帕森斯社会学只不过是运用理论上的操作技术掩盖主体/客体观察模式的更为精巧、更为高级的实证主义。

社会学研究的反身性问题其实在霍桑效应（Hawthorne Effect）中就初露端倪，默顿（Robert K. Merton）社会学中的"自证预言"（self-fulfilling prophecy）或"自毁预言"理论也在这个问题上初试啼声。这些实验和理论尝试揭示观察者与观察对象之间相互作用的复杂过程，试图打破社会学研究者与研究对象之间二元割裂的神话。在20世纪后期的社会理论和社会学大家中，哈贝马斯（Jürgen Habermas）关于知识与兴趣的讨论，吉登斯（Anthony Giddens）关于结构二重性与反思性监控的理解，以及布尔迪厄（Pierre Bourdieu）的实践社会学，都相当自觉地触及了社会科学知识生产的反身性问题。但是，在卢曼看来，由于这三位社会学家的行动社会学取向以及由这种取向必然导向的社会批判立场，却让他们陷入了改造社会的误区。卢曼批判了马克思在《关于费尔巴哈的提纲》中那个著名的"第十一命题"，他认为，社会学的本分在于解释社会，而不是改造社会。卢曼认为那些拥有改造社会热情的社会理论家，虽然已经点破了社会科学的反身性作用，但是并没有把这种知识论坚持到底。因为，如果立足于批判和改造社会，那就必然要在其相应的理论参数中埋下这样一个预设：自诩自己拥有在社会之外观察社会的特权地位。卢曼的自我指涉知识论却主张任何社会观察者只能在社会之中观察社会。卢曼面对的挑战是，如果坦率承认社会科学这种自我指涉性质，那就必然会遭遇"悖论"（Paradox）问题。如果承认了悖论在知识生产过程中不可避免，那是否必然走向相对主义和非理性？

这涉及哈贝马斯与卢曼的一个关键争论：关于启蒙与理性的判断。哈贝马斯声称接过康德的旗帜"继续启蒙"，卢曼则针锋相对地声称"社会学的启蒙"。哈贝马斯继承了自苏格拉底以来欧洲思想中的一个核心见解，即人类的理性可以让人类自己决定自己的命运。虽然哈贝马斯不再坚持人类可以在类似自然法那样的实质标准上达成社会共识，但却认为人类可以在追求理想商谈条件的过程中逐渐逼近程序正义。这种程序正义所蕴含的理性力量包含了一种社会自我批判的力量，可以矫正经济系统和政治系统由于运用金钱和权力这些策略性的沟通工具所导致的压迫和痛苦。当然，哈贝马斯前后期的主张也是有所变化的，前期的"公共领域"理论渲染了法兰克福学派关于社会"解放"的激进色彩，而在后期，则有向自由主义靠拢的趋势，但其间仍然变奏着批判理论的基调。在哈氏后期《在事实与规范之间》(*Faktizität und Geltung*)这一被公认为其巅峰之作中，法律成为打通生活世界与金钱、权力两个系统的枢纽。法律的功能是把源于生活世界的正当性传导给金钱和权力系统，保障公民的平等权利，防止各种形式的暴力和压制。

哈贝马斯在知识论上提出了著名的"践言冲突"(Performativer Widerspruch)理论，这是哈贝马斯研制出来打击德里达(Jacques Derrida)、福柯(Michel Foucaul)等后结构主义代表人物的致命武器。哈贝马斯认为，后结构主义的旗手们最终都滑向了相对主义和非理性的泥潭，而这必然导致这些理论家们的自我否定。因为，"践言冲突"意味着，当德里达、福柯等人在否定理性，肯定知识的相对性时，他们本人的论断就被自己的论断否定了。哈贝马斯因此也批评了维特根斯坦和海德格尔的哲学，认为他们也在相对主义的道路上走得太远,一旦把这种相对主义的逻辑运用于他们自身,最终必然导致他们自己的理论也无法获得辩护。通过这种归谬法,一切相对主义都在"践言冲突"这个照妖镜下显出原形,哈贝马斯也因此间接证明了自己坚持启蒙理性主义的正当性。这个论证结构的设计堪称高明,打击堪称精准。卢曼那种认为现代社会中心已经消散,只存在社会功能分化之下的系统理性,而不存在能够代表整个社会统一性的大写理性的观点,如何能够抵挡住哈贝马斯这一致命武器的攻击呢?

卢曼的社会学启蒙,摆明与哈贝马斯"理性启蒙"唱反调。在卢曼看来,哈贝马斯无非是指出了德里达式的后结构主义或者维特根斯坦式的语境相对主义的自我指涉——以相对主义指向相对主义。自我指涉在亚里士多德以来的西方知识论中是遭到禁止的,被公认为思维错误的一个判准。卢曼比哈贝马斯对当代知识社会学贡献更大的地方,就在于颠覆了这个强大的知识传统,认为自我指涉不仅不是需要删除的知识丑闻,反而正是所有知识再生产的动力机制。卢曼曾揶揄道,就知识自我再生产的悖论和自我指涉问题而言,"即便福柯也没有把这个问题搞清楚"。

正是通过尼采、马克思和弗洛伊德在19世纪后期的早期努力,才引发了20世纪的新实用主义、现象学诠释学、后结构主义等哲学思潮对绝对主义、理性主义及其替代物的摧毁。至此,寻找终极支撑点的信念逐渐消失。卢曼的悖论观和建构主义知识论则是这一思想趋势在20世纪后期最彻底的表达。在卢曼的《社会中的社会》(*Die Gesellschaft der Gesellschaft*)这本黑格尔式的巨著中,卢曼通过把无意识定位于所有观察之上,包括观察他自己,提供了一个彻底激进化的无意识观察——不能加以最终和基础性地说明的无意识。因此，不再需要一个寻找终极责任的理论。卢曼通过把所有观察者都设定为既处于一阶观察的位置又处于二阶观察的位置这个同时性悖论，阐明了终极观察者缺位的理论。由此，卢曼抛弃了古典思想传统中的绝对主义，但是，令人惊讶的是，他又没有陷入相对主义的泥淖。

曼海姆（Karl Mannheim）是古典知识社会学的集大成者，他发掘了马克思关于社会科学知识与意识形态相关联的观点。社会存在决定社会意识，由于阶级利益的分化，不同的阶级会产生不同的意识形态，而社会科学知识总是要表现出意识形态上的党派性。曼海姆关于意识形态的核心观点是：意识哲学在一个无限多样化的和混乱无序的世界中确定了经验组织体，其统一性的保证是有领悟力的主体统一性。但这并不意味着，在意识体验世界的过程中，意识自发地发展了能使他理解世界的组织原则。这就是说，社会科学的研究必须要有一个意识形态的前见，我们以为是凭借我们自己的眼睛去看和凭借我们自己的头脑去想所形成的知识，其实是受到我们生活于其中的社会环境的影响，知识是社会建构的。这种理论必须一开始就假定，存在着这样的思维领域，在这个领域中，不可能想象有脱离于主体的价值观和地位而存在的、与社会背景无关的绝对真理。现代知识论所重视的相对性并非仅仅是历史相对性，而是主张知识的社会建构性所导致的相对性。

卢曼不满足于曼海姆式的意识形态分析，虽然他并不否认曼海姆关于任何知识都和某种意识形态相关联的洞见。卢曼的理论与其说是克服意识形态，不如说说明了意识形态是不可避免的，而且他还想走得更远。卢曼认为，自从20世纪20年代开始，知识论在两个方面出现了停滞。首先，即使忽略马克思"阶级理论"的内在困境，当时的阶级问题也只是一个局部现象，曼海姆所做出的贡献是把阶级理论与意识形态的关系一般化，他认为阶级概念应该被任何形式的社会立场所替代，因而没有不包含意识形态的知识。但是，卢曼认为"立场"和"存在的相对性"还不能使问题真正细化。其次，曼海姆承接马克思意识形态批判所开启的知识社会学仍然面临着一个古典知识论没有解决的认识论难题。知识社会学不能解决这样一个悖论：当知识社会学陈述任何理论都是相对的，没有终极真理时，那么知识社会学这个陈述本身是否真理呢？不论如何回答，当问题指向知识社会学自身，都会遭遇类似"说谎者悖论"那样的两难。如果知识社会学也是相对的，不是真理，那么知识社会学关于知识与意识形态的关系的陈述也是不可靠的，知识社会学最终落得个自掘坟墓的下场——这与哈贝马斯所谓的"践言冲突"非常近似。

卢曼认为避开知识社会学的困境，认识论问题还有一条更可靠的解决途径：即"在自我指涉的系统中，认识论问题被看做是观察观察的问题，描述描述的问题，运算运算的问题"。卢曼认为，这也就是冯·福斯特的"二阶控制论"（second-order cybernetics），当然也可以称为建构主义（客观建构主义）知识论。

卢曼所要批评的是知识社会学的极端相对主义的一面，对于卢曼来说，真理是偶然的，但不是相对的。在这一点上，卢曼和美国哲学家罗蒂（Richard Rorty）有相似之处，虽然二者得出结论的论证过程迥异。罗蒂认为："教化哲学家必须摧毁具有一个观点这个概念本身,而又避免对有观点一事具有一个观点。"用自己持有的观点去摧毁其他所有观点,这其实就是卢曼所指的知识社会学面临的悖论。罗蒂所说的教化哲学家们——维特根斯坦和海德格尔,相当漂亮地摆脱了这个逻辑困境,因为,"他们成功地运用这一立场的理由之一是,他们不认为,当我们说什么时,我们必定在表达关于某一主题的观点。我们可以只是说着什么,即参与一次谈话,而非致力于一项研究。"罗蒂和卢曼都反对相对主义,都不否认某种形式的"真理",但是这种真理不是存在论或者主体哲学中的"客观真理"。对于罗蒂来说,"教化哲学的目的是维持谈话继续进行",而对于卢曼来说,社会功能子系统的同一性就在于维持一个沟通与下一个沟通的不断联结。在罗蒂强调哲学谈话的"封闭性"的时候,卢曼强调系统运作的"封闭性"。在这种封闭单元中,对罗蒂而言,所谓的真理是指"该语句可无矛盾地应用于自身",对卢曼而言,真理则是指沟通在适用系统的二元代码上始终保持逻辑一致。这样的真理并不指向一种绝对性,但是对参与对话的当事人或进行沟通的系统来说又确实具有"社会秩序"的约束力,而且这样的真理指向了无限变化的可能性。

在罗蒂与卢曼之间所作的对比,顺便还能推导出卢曼与实用主义之间的关系。英藉卢曼专家迈克尔·金(Michael King)就曾指出卢曼对德国19世纪具有实用主义倾向的哲学家法伊英格尔(Hans Vaihinger)的呼应,他认为,就像之前的凯尔森,卢曼的法律思想打上了法伊英格尔牌新康德主义哲学的深刻烙印,卢曼认为个体认知和法律系统只能从假设、悖论的前提获得有效性基础,而不能通过指涉到本体论的形式获取这种有效性。法伊英格尔的新康德主义被认为是"现象主义、实用主义在德国的表现"。他看到,世界是充满逻辑矛盾的幻想的庞大组织,思维只是处理感性感觉的使用方便的工具,"真理就是合目的的谬误"。我们必须满足生活中的这种合目的的假象,因为这对生命的生存是有用的,我们以假为真,设定它为真。法伊英格尔认为,法律人就是通过法律在自身内部对世界进行虚构,并把这个虚构的世界当成是真实世界,比如拟制"法人"这个概念,而且,这种虚构必然是有用的,是能够带来好处的,所以,法律人在法律世界中创造了属于自身的真实并服务于外部世界。

卢曼的社会理论与法伊英格尔的这种实用主义真理观之间存在着某种内在联系,但是,卢曼关注的不再是人的意识过程与意识对象的关系,而是系统与环境的关系。卢曼的真理观与实用主义哲学的真理观由此产生了差异,比如,卢曼并不认为真理和人的功利需要之间存在直接的因果关系。并且,法伊英格尔并没有像卢曼那样看到系统与环境之间的这个悖论性关系,卢曼正是从建构主义知识论的"区分"逻辑出发,才发现了"悖论"的生产性,而且因为系统/环境关系中存在着悖论以及系统试图克服这个悖论的不断努力,法律系统才能够拥有自我生产的动力。

卢曼这样描述悖论:一个产生了区分的盲点,因此也使观察在第一位置变得可观察。因此,悖论产生于对观察的观察,或者说二阶观察。那么,什么是观察呢?卢曼说,观察意味着产生一个区分,并指示出区分的一边(而不是另一边)。根据卢曼的建构主义知识论,没有差异,或者说没有区分,就无法进行观察。所以,观察者在进行观察操作时,必须根据"形式"和"区分"把世界划分为两边,比如善/恶，真/假，存在/非存在，法/不法等。但是观察者不能同时看到区分的两边。卢曼说，每个观察者为了指示一边或另一边的目的而运用区分；从一边跨越到另一边需要花费时间，因此观察者不能同时观察两边。而且，当观察者正在运用区分时，观察者不能观察到区分的统一，如果要观察这个区分的统一性，观察者必须给出一个与一阶区分不同的区分。

对此，卢曼有一个简洁的表述：观察不能观察自身。观察者既不能同时观察自身，也不能观察到导致观察者在第一位置做出区分的形式的统一。在观察期间，观察者必须假定，在其中做出区分的一边代表了整体，而不仅是整体的一部分。对此，可以这样理解，当观察者在世界中观察对象时，观察者必须把世界一分为二：即观察者/对象，或者用卢曼的系统论术语来表达，就是"系统与环境"——卢曼又用了另一个术语，里面/外面。观察者自身把对象设定在自身之外，对象此时成为了被观察者，观察者会把这个对象看成（虚构）为全部世界的集合。但是，当观察者如此观察时，观察者却站在对象之外，也就是说，只要进行观察，观察者就始终不能观察到作为观察者的自身，那么那个被观察的对象就不是真正的全部"世界"——世界应该是观察者与观察对象的统一，然而观察者却不能看到这个统一，不然就什么也看不见。

如果把观察过程看成既"结构化"又"解构化"的操作，那么就需要一个媒介——"意义"（Sinn）。卢曼的"意义"概念受到了胡塞尔（Edmund Husserl）的先验现象学的启发。胡塞尔认为，可以把意义构想为现实性和可能性的同时呈现，现实性处于一个可能性的"视域"（Horizon）中。对于意义系统而言，无论是意识系统还是社会系统，其内在动力学都在于"现实操作"和"可能操作"之间不断切换关系。用斯宾塞·布朗的区分理论来表达就是：现实性/可能性的区分是一个区分"再进入"（re-entry）自身区分的形式。通过系统不断地"再进入"操作，系统不断维持和改写自身的意义，而且这过程也就是充满自我指涉和悖论的过程。卢曼说，一旦我们观察"再进入"，我们就看到了悖论——再进入既是同一个区分，又不是同一个区分。

从区分到区分的转移，就是不断地"再进入"和"跨越"，不断再生产被标示/未标示的空间，这就引发了悖论的自我再生产过程。这一过程包含相互呼应的两个方面。一方面，一旦任何观察系统（包括细胞、意识以及社会）进行观察，世界就被标示和未标示的区分分裂开来，这个过程一直可以延续下去，也就产生了系统的复杂性和自主性。另一方面，系统可以在自身中——而且也只能在自身中——再生产环境的图像。斯宾塞·布朗说："我们可以认为这个世界无可质疑的是它自身，但是，为了试图把它自身看成是一个对象（即没有不同于它自身），同样无可质疑的是，世界必须使它自身与自身区别开来，因而也就是虚假的自身，在这样的条件下，世界总是部分地逃离自身。"部分不再能够代表整体。我们传统中的象征统一的部分（比如统治阶级的世界观象征了整个社会的世界观的统一）必须被一个差异所代替，即每当观察时，总是再生产不可观察性。"观察者的位置是未标示的状态，在这个未标示的状态之外，观察者跨越了一个边界以做出一个区分，而在这个未标示的状态中，观察者发现自己不可能从其他东西中区别出来。"观察者只能通过进一步的区分被指示出来，这就是观察系统的"创造"和"自我生产"。

卢曼把系统的悖论性生产运用于解释系统与现实的关系。卢曼从建构主义知识论的角度出发批判了"实在论"(realism)。他们认为，信赖存在着某些认知"实在"(reality)的途径，即相信存在着以某种非悖论方式认知客观实在的途径，那是一种谬误。因此，对那些没有看到自创生理论与建构主义知识论之间的关系的学者来说，他们肯定是忽视了悖论这个概念对于系统存在的重要性。那些把理解世界的方式描述为"建构"的人，因此，"被迫开始悖论性的理论反思：正是无知的系统才能知道；或者，我们能够看到只是因为我们不能够看到。"进行认知或理解的系统必须奠基于一个在先的区分，当观察系统处于观察过程中时，系统不能看到这个区分。这个逻辑上而不是时间上在先的区分不可避免地使"客观实在"对作为观察者的系统来说变成不可触及的，当我们指向那些所谓的"客观实在"时，"客观实在"已经处于区分的标示一边，因而是被建构的。认知必须处理"仍然无知的外在世界，并且作为一个结果，必须看到'认知'不能看到其不能看到的东西"。无论是个人还是社会系统，都只能通过不知才能知道，只有无知才能有知。卢曼指出了这种知识论的一个必然后果：当一个观察者持续寻找一个终极实在、一个结论性的公式、一个最后的同一性时，观察者将看到悖论。

每个系统的"盲点"(blinden Fleck)就处于这种悖论情境之中，因为，系统不能认识到，被看成是全部实在的东西，不过只是实在的一部分，而实在的整体是不能接近的。通过系统操作，系统重复并持续地确认关于外在世界的图像，以及在那个被建构的世界中其自身的处境。因此，系统持续掩盖着自身存在的悖论，但是也因此创造了系统自身的复杂性。在这一过程中，系统的自我生产既没有陷入绝对主义，也没有陷入相对主义，而是对这二者的克服和超越。

二

在德国语境中，法律系统针对自身所展开的观察，最早呈现出法学（Jurisprudenz）或法律科学（Rechtswissenschaft）（二者在德语中含义相当）的知识形态，那是为了满足实践和教学的需求；随后出现了抽象度更高的法哲学（Rechtsphilosophie），但是法哲学仍然属于法律职业家们的自我理解，即便在比较超脱的教学领域的法哲学研究，也仍然与法律实务、法律改革保持着千丝万缕的联系。在20世纪后半叶，出现了视野更为开阔的法律自我观察，包括解释学、制度理论、系统理论、修辞理论和论证理论等，一般被学者们统称为法学理论（Rechtstheorie）。

为了深入理解以上法学理论发展中的内在逻辑，我们要用到卢曼理论的一个重要区分：自我观察（Selbstbeobachtung）与自我描述（Selbstbeschreibung）。

所谓法律的自我观察，是运用法律系统自己的结构和操作——包括先例、原则、概念、法条、学说等——把单个的立法、司法或订立合同等法律操作活动协调起来，这必然涉及运用法/不法这个法律二元代码（Code）以对法律沟通做出要么合法、要么不法的评价。法律自我观察的最高形式是法教义学，也就是通常在法学院传授的刑法、民法、行政法等部门法。

法律的自我观察当然也是一种二阶观察，即对观察者进行观察。比如，走向法庭的双方当事人都援引了对自己有利的规范，这些规范既包括立法文件或司法判例，也可以包括习惯、行业规范、学说等。争议双方都会理直气壮地认为自己站在了"对"的一边，而把对方则置于"错"一边。在此，双方都运用法/不法这个法律代码对已经发生的争议事项给予观察。就卢曼的法律系统论而言，这类观察也可称为一阶观察。审案法官需要对争议双方所给出的已经内含法/不法评价的对立规范给予二次评价，必然要排除一方规范的合法律性而肯定另一方规范的合法律性，这也就是为中国法律人所熟悉的"一裁两断"。值得注意的是，法官的评价所运用的二阶观察框架与作为讼争当事人的一阶观察者所运用的观察框架是完全相同的，即仍然是法/不法这个代码或区分。所以，法官的裁判不但处于卢曼所谓的观察观察者的二阶观察位置，而且属于法律系统的自我观察。由于自我观察是法律系统把同一个观察区分再次运用于自身的沟通活动，在逻辑上必然出现自我指涉（Selbstreferenz），因而也会产生悖论。

关于社会系统的基本单位，前期卢曼曾在"沟通"（Kommunikation）与"行动"（Handeln）之间徘徊过，后期卢曼经过极为复杂的理论论证，断言社会系统的基本单位不是行动而是沟通，也因此彻底走出了帕森斯以行动社会系统为基本单位的概念束缚。从卢曼的"时间社会学"上看，每个沟通都是一个事件，事件的特征是方生方死，沟通的特征因而也是倏忽而逝。如果后面一个沟通衔接不上前面一个沟通，那么社会系统就死亡了。卢曼前后期之间呈现的一个理论转向是，其早期在评价系统的生命力时强调社会子系统对全社会所承担的功能，而后期则更为强调社会系统中前一个沟通与后一个沟通的可联接性——现代社会的功能分化正是为了在复杂社会条件下提高社会系统各个沟通之间的联接可能性。就法律系统的生存而言，就是要保持法律沟通之间持续不断的联接，这个任务是由处于法律系统中心地位的法院来提供的。法院以法/不法这个代码不断在各种内含了法/不法评价的、但相互之间又充满了竞争性的社会规范之间做出二阶观察式的选择，就是要在既有的选择前提（比如法条、先例等）下维持前后法律沟通之间的连续性。当然，法院为此会付出代价，即要承担"禁止拒绝审判"这个双重否定的功能义务。即便在法律出现漏洞的时候，法官还必须找到衔接既有法条或案例与诉争案件之间的衔接可能性。立法者在制作法律决定时则面临更为宽松的约束条件，往往可以回避掉这个烫手山芋，比如以立法时机不成熟为由拒绝立法。

我们直观看到的法庭上当事人之间的唇枪舌剑，在社会系统论看来，其实是社会各子系统从经济、政治、科学、艺术等领域不断向法律系统提交各种竞争性规范的过程。各个社会子系统提交的各种竞争性规范，呈现的是各种社会规范之间在横向上的冲突关系，这被卢曼称为规范的"社会维度"。法院要在之前的沟通（法条、先例、学说等）与当下的沟通（对诉争案件的裁判）之间保持联接性，呈现的是法律系统内部各种规范之间的纵向关系，这被卢曼称为规范的"时间维度"。法律规范以纲要（Programme）的形式从人格、角色和价值中分化出来，并呈现出"如果……就……"的条件形式，这被卢曼称为规范的"事实维度"。在法律系统的进化过程中，需要不断经历一个"变化—选择—稳定"的循环过程，社会维度上所呈现的规范之间的横向冲突提供了规范"变化"的契机，然后经过法庭程序这个处理"时间维度"的装置对各种竞争性的异质规范进行"选择"，最后会以重新设置的条件纲要的"事实维度"形式"稳定"下来——这个过程不断循环前进，就是实现"规范性行为期望的一致性一般化"（kongruent generalisierten normative Verhalterserwartungen）这一法律功能的法律演化进程。

法学家们让自己处于一个虚拟的法官视角来观察法官的观察，也就是教义学（法律科学）的观察，这是法律系统中另一种类型的二阶观察。法教义学相对于立法、司法或订立合同这些同属二阶观察的法律沟通而言，具有更高的反思性，但是其承担的社会功能仍然是为了提高前一个法律沟通与后一个法律沟通的可联接性。比如，与法官并肩思考，以法学家不受裁判的程序性限制的时间优势为已决案件提供更具正当性的理由，以便将来的司法活动所用。

法哲学是法律系统内一种具有更高抽象性的沟通形式，在法律系统中反思系统自身的统一性（Einheit）。法哲学所借助的是正义、自由、正当性等这些概念装置，属于法律系统的自我描述（Selbstbeschreibung），与法教义学在于维持诸法律沟通之间的可联接性的自我观察不同。卢曼认为自我描述是创造文本的过程（Vertextung），即为法律系统的连续沟通过程生产出沟通前提。自我描述作为法律系统的一种沟通类型，其自身就是法律系统的一个"部分"，但是又要对法律系统的"整体"给予描述。也就是说，自我描述的沟通活动既要在系统之外展开观察，但是又要处于被观察对象的系统之内，既要把法律系统"论题化"，自身又是论题的一部分，这就是自我观察所面临的悖论。立法、司法或法教义学这些法律系统自我观察活动的任务是衔接每一个立法或裁判沟通，把这些沟通归结到法律系统内部而不是环境之中，以保证每个沟通操作的"有效性"。这类"二阶观察"活动虽然也存在着自我指涉的悖论，具有反身性，但还不具有反思性，因此与法哲学所面临的部分／整体这个层次的自我指涉悖论存在着差异。法哲学几乎不会介入法官的个案裁判活动，而是一种反思性活动，也就是把自身包含在自己描述的对象之中，这与语言学中自己包含自己的自我套用的词语（autological word）现象类似。当然，作为法律系统的自我描述，法哲学仍然属于法律系统的"内部"视角，仍然承认法律系统内部沟通的有效性，承认法／不法二元符码的效力，并为系统成功的持续沟通制作前提（而不只是生产来自系统外部环境的信息或刺激）。

在欧洲的法哲学史中，与卢曼所谓的层级式社会和功能分化社会相对应的法律自我描述分别是自然法和法律实证主义。自然法对法律统一性的描述经历了"自然"和"理性"两个阶段。近代之前，并没有在"规范期望"与"认知期望"之间做出严格区分，宗教、政治、法律与科学之间没有发生知识领域的分化，人间法与自然世界统一于共同的自然规则，人法的正当性来自于天道或自然。随着近代以来的社会变迁，在霍布斯、洛克、卢梭等思想家对法律的自我描述中，"自然正当"转换为"自然权利"。社会契约论背后的假设是人间法不同于自然律：人法是意志法，属于应然范围；自然律呈现为因果性，属于实然范围。社会契约论肯定了社会自身的选择能力，但是这种选择性并非恣意，而是以人人共享的理性作为基石。人法的统一性不再指向神道或者天道，而是指向人皆有之的理性，自然法转换为理性法。在德国，普芬道夫、沃尔夫、康德都持有同样的信念。

随着功能分化时代的到来，政治从宗教中分离出来，经济从家政中分离出来，法律也从其他社会领域分化出来，资本主义市场成为经济运行的主导方式，法治国成为主导的政治法律形态。法律领域最显著的变化是法律决定不再需要终极意义上的理由，法律正当性的基础不再依赖于实质性的标准。法律可以任意变更，法律的内容是恣意的，这尤其体现在奠基于民主制度的立法活动上。当然，这种恣意并不会走向卡尔·施密特所谓的决断主义，而是要受到法律系统自身的限制。这就是法律的实证化。外部的统一性支点消失之后，那么，法律的统一性还能立足何处呢？这里是罗陀斯，就在这里跳吧。法律实证主义作为对法律实证化的自我描述，认为法律的有效性基础不能外假他处，而是在于法律自身，法律自己为自己奠基。德国概念法学就是这种把法律自我指涉的实证性推向极端的表达。

法哲学家为了解决19世纪末期就已经初露头角的福利国家问题，必然要突破与放任自由主义相对应的法治国框架，软化与早期资本主义相对应的法律形式化特征，也就是迈向韦伯所谓的法律实质化。德国的自由法学和利益法学登上法学知识创新的舞台，就是法学家们面临社会结构变迁后在法学语义上所做出的回应。耶林（Rudolph von Jhering）在《为权利而斗争》中发展出来的目的法学夺自由法学之先声，开始尝试摆脱概念法学的绝对封闭性。他认为解释法律必须结合实际社会生活，由此发展出了向法律外部寻求正当性的法律自我描述。康托洛维茨（Herrmann Kantorowicz）步耶林自由法学之后尘，于1906年出版了戏仿耶林书名的《为法学而斗争》一书，批判概念法学的法典万能观，主张法官有权在法律出现漏洞时自由发现社会生活中的活法加以补充。法国科学学派的代表人物惹尼（Francois Geny）主张科学的自由探究（librerecherche scientifique），在处理法律外部指涉与内部指涉的关系问题上，与德国同时期的自由法学有着近似的诉求。

如果耶林和康托罗维茨还是希望法律系统通过外部指涉再返回到法律内部，因而仍然属于法律系统的自我描述，那么，随后的埃利希（Eugen Ehrlich）则在外部指涉中一去不回头，他希望在社会组织的规范中找到真正可以与国家法并列甚至取代国家法的多元法律世界。虽然有人把研究法律与地理、人口、习惯之间相关性的法国思想家孟德斯鸠推崇为法律社会学的鼻祖，但是，孟德斯鸠的研究方法中大量借助思辨和松散的推理，还没有严格的经验科学取向。埃利希是欧洲最早自觉借助经验科学的逻辑和观察力介入到社会规范研究的学者之一，因而被尊称为法社会学的创始人。但是，埃利希的法律多元主义观认为国家法是派生性的，其主要研究焦点集中在社会生活规范自身及其变迁上，并没有对法律实证化这一重大的现代性主题做出回应。因而，卢曼在评价埃利希的自由法学时，认为其对法律与社会的关系这个最重要的法律社会学问题"没有多少推进"。

为了克服自由法学向法律外部寻求正当性资源的努力走过头的倾向，黑克（Philipp Heck）倡导的利益法学把"利益"重新拉回到法律内部。他认为法律就是法共同体内部互相对抗的物质的、民族的、宗教的、伦理的诸种利益之合力，法律漏洞不能以自由发现活法的方式加以补充，而应详细考察现行实证法，探求立法者所重视的利益,并加以衡量判断。因此,利益法学一方面承袭了自由法学在法律自我观察上的外部指涉,但又对自由法学过于强调外部指涉而或多或少忽视法律指向自身的缺陷,可以说是对自由主义的某些激进取向的矫正。"二战"之后,德国法学进入了以哈利·韦斯特曼((Harry Westermann))、约瑟夫·埃塞尔(Josef Esser)、卡尔·拉伦茨(Karl Larenz)等众多法学家主导的"评价法学"(Wertungsjurisprudenz)的时代。在利益法学向评价法学转变的过程中,法学家们指出,判决并不是法官主观恣意的产物,而是受到"制定法的一般评价"之拘束。由此,法学家们进一步转向法律的自我指涉或内部反馈机制,同时又用余光瞄向外部环境的变化。埃塞尔与卢曼之间在学术上的惺惺相惜,尤其说明了评价法学与系统论法学之间暗通款曲。

与欧洲自由法学和利益法学运动几乎同步的是,20世纪初的美国法学家庞德(Roscoe Pound)、卢埃林(Karl Llewellyn)和霍姆斯(Oliver Wendell Holmes)等人掀起了法律现实主义(legal realism)思潮,成为法律系统在自我描述上摆脱兰德尔(Christopher Columbus Langdell)形式主义法律观的肇始。

德国的自由法学、美国的法律现实主义(以及当代的法律经济分析和法律政治分析)的一个共同特征是在法律系统外部寻找法律统一性的象征物,探究影响法律正当性的社会因素,在时间性上则呈现为制作法律决定时于当下考量将来的"后果主义"。在传统法哲学中,为了识别"有效法",像英国奥斯丁这样的法律实证主义者一度诉诸国家(主权者),德国的胡果(Gustav Hugo)和费尔巴哈(Paul Johannes Anselm von Feuerbach)诉诸理性,英国的柯克爵士和德国的萨维尼则向历史求助。这些法哲学共享的特征是,在想象法律的统一性时,把时间箭头都拨向了过去,过去具有正当化当下的权威力量。伴随着社会福利国家到来的是法律不确定性的增加,法条崇拜丧失了社会结构的基础,后果主义作为法律论证方法和裁判方法代替了法律形式主义的垄断地位,法律系统开始通过虚构将来的后果而正当化当下的法律决定。但是,属于法律系统外部指涉策略的后果主义,可能面临过度实质化的危险,并让法律决定陷入不确定状态。为了重新掩盖这个瑕疵,呼吁限制法官自由裁量权的声音随之高涨,法律系统相应创造了一个新的自我描述方式:通过程序性过程正当化实质决定。哈特、富勒、德沃金、哈贝马斯殊途同归,都走向了程序主义,在这种达成集体共识的知识生产活动背后,其实都来自于对社会结构变迁的敏锐回应。

程序主义的精髓在法律实证主义中获得了忠实的贯彻。但是,在卢曼看来,法律实证主义的程序主义在描述现代实证法上并不完全成功,这尤其体现在处理法律的封闭性与开放性的关系问题上所表现出来的理论纠结。

一方面,法律实证主义窥视到了程序主义法制观中的自我指涉,并把这种自我指涉与法律的绝对封闭性并置,其最高形式就是凯尔森(Hans Kelsen)的纯粹法学。凯尔森的纯粹法学隔断了法律系统与其他社会子系统的联系,否定法律指涉到政治、经济、宗教的可能性,当然也就没有为这种外部指涉指出可能的实现路径。凯尔森临终前仍然固执地念叨的"规范决定着规范",就是对功能分化时代充盈着程序主义精神的法律实证化特征的准确概括。在英国,哈特(H. L. Hart)的分析法学是20世纪中叶英语世界法律自我描述的最高成就。哈特的《法律的概念》一书同时在哲学系和法学院讲授，并被分别称为法哲学（Philosophy of law）和法理学（Jurisprudence）。哈特坚持了法律实证主义"分离命题"这一核心观点，即法律与其他社会领域（道德）的分离，这被哈特自己表述为"法律与道德之间只存在偶然的关系"——这也是法律自我指涉最经典的表述之一。

另一方面，凯尔森与哈特由于理论构造上的缺陷，都无法把法律实证主义的逻辑坚持到底。他们无法承受把法律统一性建立在法律的自我指涉之上的理论负担，无法正视由于自我指涉所造成的逻辑悖论。凯尔森努力通过"基础规范"（Grundnorm）来消除"规范决定规范"的法律悖论，为法律的统一性寻找到一个哪怕是虚拟的基础。基础规范的作用在功能上与奥斯丁（John Austin）的主权者相似，试图在法律系统之外为法律统一性找到一个稳固的支点。即便哈特曾在回应罗斯（Alf Ross）的观点时专门讨论过自我指涉的问题，但其对悖论问题的深层逻辑几乎毫无触及。哈特的承认规则（rule of recognition）本身也并不是一套法律规范，而是处于法律有效性之外。用哈特自己的话说：构造和识别哪些规则属于法律的承认规则本身并非法律规范。承认规则仅是一种社会事实，即官员针对什么是法律所展示出来的态度。虽然哈特的法哲学被称为具有描述社会学的特征，但是，就哈特处理法律与社会的关系来看，他基本上没有能力也没有兴趣深究法律的自我指涉与外部指涉的相互关系。这个问题对于脱胎于思辨哲学的分析法学而言可能显得过于复杂了，对于挖掘这个深邃的矿藏而言，哈特工具箱中的边沁功利主义和维特根斯坦语言哲学显得力不从心。

作为哈特论战对手的美国法学家富勒（Lon L. Fuller）和德沃金（Ronald M. Dworkin），都由于其对法律奠基于道德之上的泛泛主张，往往被划归为新自然法的学派阵营。然而，细察富勒所谓作为法律内在道德的八条程序自然法，其实非常类似哈特的承认规则，也同样是识别法律规则的有效性的筛子，是选择规则的规则。富勒与哈特一样，都放弃了把法律的统一性描述为一套实质标准的自然法思想，而是转向了程序性的标准，他们都发现了现代实证法的一个秘密：即法律自己观察自己的自我指涉（或二阶观察）特征。但是，与哈特相比，富勒的论证质量明显逊色很多。富勒的八条自然法过于刚性，他在自觉转向程序性规则（或原则）这些二阶规则时，又不自觉地把这套二阶规则实质化，还原为类似自然法的一阶规则。哈特处理得要高明得多，他揭示了承认规则富于可变性，但无意于给出其具体内容，这种羚羊挂角的表达技术正好吻合了现代实证法的高度可变性特征。

至于德沃金的法律整全性（integrity）思想，早有敏锐的学者指出了其并非什么自然法，而是更为精致的实证法。德沃金关于司法推理所包含的"符合"（fit）与"正当化"（justify）两个关键步骤，其实就是对法律活动所固有的自我指涉与外部指涉之间的相互交织关系的含蓄表达。德沃金的"权利论"表明了其意在克服法律实证主义过于封闭的法律自主性，试图把法律与法律之外的社会因素（尤其是政治道德）连接起来。但是，在其政治哲学与法哲学的衔接上，却暴露出了与罗尔斯、哈贝马斯类似的缺陷。在试图调和自由主义与社群主义的价值观上，他们都以高歌理性的方式完成了关于现代政治统一性的描述。当然，这些理论家们主张的不再是自然法或理性法意义上的实质理性,而是推崇现代民主制下的程序理性。但是,当他们把这种理性推崇到无以复加的至上地位时,其理论自身所隐含的悖论却无法得到揭示。德沃金综合吸收了法律实证主义、哲学解释学、新古典经济学和社群主义哲学等最新成果,形成了超越哈特分析法学的理论气势,并尝试着手处理法律自我指涉与外部指涉之间的关系。但是,由于分析工具的迟钝以及理论构造上的先天缺陷,德沃金最终只能摇摆于法律封闭性和开放性的精神分裂之间,无力进入卢曼所谓"法律系统既封闭又开放,开放性以封闭性为前提条件"的复杂性观察。

与法哲学相比,20世纪后半叶先后出现的法律理论(Rechtstheorie),最主要的贡献是与社会科学结盟,对法律系统的自我描述更加精细,因而也具有更为自觉的内部分工意识。法学理论试图引进法律之外的区分(框架)来观察法律,为法律系统的统一性寻找新的支点,包括法律解释学、法律论证理论、法律系统论、法律修辞学等法律自我描述形式。

卢曼认为,法律理论虽然百花齐放,嫁接了其他社会科学领域的最新成果,但是,其所运用的基本区分是"事实/规范",而不是社会科学的"事实/概念",因而仍然属于法律系统自己对自己的反思。例如,在欧洲法学界具有广泛影响力的托依布纳(Gunther Teubner),曾经是卢曼不记名的弟子,他把卢曼发展出来的自创生理论运用于法律分析,但并没有因此迈上法律社会学之路,而是把属于社会学的法律自创生理论内嵌于法学中,成为社会系统论在法学界的代言人。托依布纳有着清醒的学科归属意识,曾对自己的学术身份明确表态,认为自己终究是一个法学家,而不是社会学家。

托依布纳讨论的主题是私法和宪法等部门法问题，但其恢宏的学术抱负以及理论构造上的抽象性已经跳脱出部门法的具体性限制。他把社会系统论"再进入"（re-entry）到法学内部之中，对法律系统的自我描述给出了相当杰出的表述。在处理法律系统的封闭性与开放性的关系上，跻身于当代琳琅满目的法律理论市场，托依布纳应该说对法律系统统一性供给了最为逻辑自洽的描述。值得强调的是，在托依布纳的法学取向与卢曼的社会学取向之间存在着学科上的分水岭。托依布纳虽然也会使用系统／环境、自我指涉／外部指涉等系统论特有的区分，但是其展开理论观察所运用的基本区分却是"法／不法"，因而属于法律系统内部的自我观察和自我描述；而卢曼观察法律时也会使用系统／环境、自我指涉／外部指涉等区分，但其展开观察的基本区分是科学系统中的"真／假"代码，在学科属性上则落入到科学系统之中，属于对法学的外部观察。

三

就像其他社会学分支一样，法律社会学也可以在马克思、韦伯和涂尔干这三位古典大师中找到源头。

马克思首要的研究主题在于资本主义制度批判，法律问题只是这一批判主线的派生性论题。对于马克思而言，虽然社会其他领域不能简单化约为经济关系，但是，从"归根结底"的意义上说，无论是婚姻家庭、休闲还是文化消费都可以最终从资本主义市场关系中找到深层逻辑。马克思强调了资本主义生产关系的不稳定性，并由此揭示了法律从市场和国家中分离出来的相对自主性：法律的功能在于保卫私人产权和契约交易。比如，公司制度就是由法律构造出来的经济关系，意在形成一种公司股东只负担有限经济责任的法律状态；商事法、保险法、银行法等法律制度的作用就是为经济关系正常运转提供所需要的背景框架。法律对资本主义的贡献在于两个方面：一方面是构造出一个市场经济融贯运转的制度平台，另一方面则输出权利、责任、物权、契约自由等一套具有掩盖资本主义剥削本质的意识形态。马克思是最早以社会科学为工具系统批判资本主义所有制以及附着其上的法权关系的社会理论家，他揭示了资本主义法权关系的历史性和相对性，而且还宣告了这种法权关系在共产主义社会必然消亡的预言。马克思对资本主义法律制度展开的尖锐批评，对形式平等所掩盖的实质不平等的揭露，对解放叙事的振臂高呼等，为后来被看成是法律社会学大家庭一份子的批判法学、女权主义法学、种族批判法学、后现代法学等提供了丰富的思想资源。

  韦伯法律社会学则是在探索"西方独特性"这个现代性问题的大背景下对法律所展开的提问：法律为资本主义秩序的平稳运行提供了什么保障条件？这一问题明显与韦伯关于统治正当性的三种类型有关：卡里斯玛型、传统型和法理型。现代工业资本主义社会作为一种非人格性的抽象社会，其政治权威的统治正当性不能再建基于卡里斯玛型和传统型上，而是必须过渡到法理型统治。随着资本主义市场经济的成熟，政治统治的正当性也更加依赖于逐渐演化出来的官员职业化和行政科层制。职业化和科层制让政治过程更加理性化，更加具有无所偏袒的公正性外表，因而也赋予了政治支配以正当性。但是，这种正当性还很不充分。只有当法律的形式化达到了相当的高度，并以宪法形式保障了权力分立和权力制衡，政治权威的正当性才得以巩固。因法律高度形式化所形成的法律自主性，让法律操作迈向了理性化和可预见性，并因此为经济过程的安定性和可计算性提供了支撑。与马克思被认为是法律批判理论的奠基人不同，韦伯对法律这种程序化机制从社会诸领域中分化出来的客观描述，及其关于法律促进资本主义市场经济安全性、提供了民主政治正当性的观点，被后世学者看作是自由主义法律社会学的肇始。

涂尔干的社会学也被归类到自由主义阵营。涂尔干几乎不用"资本主义"这个词汇，但是他的问题意识与马克思和韦伯类似，即现代社会如何可能。涂尔干反对像马克思那样期待通过社会革命颠覆资本主义私有制，但是又对追逐私人利益所造成的社会失范、阶级冲突等负面后果非常担心，并认为经济生活需要一种道德秩序来保障——即他所谓的契约的非契约性。在传统社会解体、共同体意识衰退的新时代，当宗教和自发道德从社会生活中退出以后，凭借什么样的社会纽带才足以抵消工业社会和个人主义可能造成的社会瓦解？涂尔干的名言是：古老的诸神已经衰老和死亡，新的诸神尚未降临。涂尔干发现，现代社会中的个人一方面更为独立自主，但另一方面也对他人形成了更高程度的依赖。从机械团结过渡到有机团结的工业社会，一种世俗性的道德成为了社会团结的新源泉，而法律在其中扮演了重要角色。法律现象对于涂尔干的理论构造而言是相对次要的——用卢曼的话说就是，在涂尔干的社会学中，系统分化类型是决定性的，法律的形成则是第二位的。对涂尔干的社会理论而言，法律的作用就在于提供了一种能够测量从传统简单社会向现代复杂社会过渡时道德变化的观察指针。当人类社会从机械团结迈向有机团结时,人类欲望的约束机制也就从以惩罚为主的压制性法向以补偿为主的恢复性法转换。相应于此,从传统社会的共同体道德中释放出来的个人自由,又重新受到了基于社会分工的职业伦理的限制。在涂尔干看来,工业社会的法律保障了个人自由,同时又避免了个人追逐私利时可能造成的失范和阶级冲突。因此,有学者指出,涂尔干社会学中弥漫着浓郁的自由主义精神和"个人崇拜"情结。

在古典三大师之外,梅因也给法律社会学的童年时代打上了深刻的印记。梅因在其法律史的名著中把传统社会向现代社会转变的趋势浓缩为一句极具传播性的短语:从身份到契约。这句短语更为深层的意义则在于指出了现代的法律从政治主权中分离出来的自主性。梅因批评了边沁和奥斯丁关于法律不过是主权者命令的理论,并提供了一个替代解释:法律是为私人缔约者之间确立边界关系的中立裁判。但是,梅因并没有完成法律与国家之间相互关系的自由主义模型,因为他还没有明确指出法院在个人与国家之间居中解决冲突的职能。

另外,与孔德、涂尔干一道被共同追认为法国社会学创始人的社会心理学家塔尔德(Gabriel Tarde),也曾从犯罪学的角度对法律社会学的早期发展做出过贡献。塔尔德从心理学出发为认定刑事责任标准提供了两个支点:一个是自我同一性(the identity of the self),另一个是自我和自我环境之间的社会相似性(social similarity)。就此,塔尔德把被后世学者们发展为传播理论的"模仿学说"运用于刑事社会学。在他看来,犯罪现象是人对人施加影响并在个人内心引起心理变化的结果。在当代,塔尔德虽然已经被很多社会学教科书忽略了,但是,正是由于他对龙勃罗梭(Cesare Lombroso)的天生犯罪人展开系统批判以后,犯罪社会学的视角才从生理学问题转换为社会问题,因而为刑法社会学做出了拓荒性贡献。

卢曼认为,在社会学古典大师之间,虽然各自的理论兴趣和知识禀赋存在着显著差异,但是,他们的理论却呈现出一个共同的背景假设:他们都运用了社会进化论的观点来看待法律与现代性的关系问题。在工业社会和资本主义降临以后,法律不再是由类似自然法的高阶规范和原则所决定,而是由其与社会的关系所决定。这种关系不能在法律渊源的位阶意义上得到解释,并不是以社会取代自然法,而是把法律与社会理解成一种相互关系,这种关系服从于进化变迁,并能如自然因果关系一样获得经验验证。传统社会关系瓦解并向功能分化社会转变,这一进化趋势被古典大师们彻底构想为一种社会复杂性的增长。随着现代社会经济进程的复杂性和其他社会行为的理性化,法律适应了社会变迁的要求,同时也促进了这一进程。更高的社会复杂性需要更具可变性的适应能力,社会生活在可能性上更为丰裕,而法律必定与更为多变的条件和事件形成结构性相容。不过,卢曼认为社会学古典大师其实对法律社会学的贡献有限,因为他们几乎没有触及现代性所面临的一个最重要的法律现象,即法律的实证化。所谓法律实证化,在卢曼看来,是指在现代功能分化的复杂社会中,会出现法律自己改变自己的自我选择能力,也就是后期卢曼所谓的法律自我指涉和二阶观察问题。

在西方学界(尤其在欧洲学界)的通说中,认为法律社会学诞生的真正标志应该追溯到波兰裔俄籍法学家里昂·彼得拉日茨基（Leon Petrazycki）、奥地利法学家埃利希（Eugen Ehrlich）以及美国法学家庞德（Roscoe Pound），他们被共同追认为法律社会学的奠基人。有些欧洲学者也把涂尔干与俄国的尼古拉斯·蒂玛谢夫（Nicholas Timasheff）包括在这份荣誉名单内。

在欧洲法律社会学核心圈层中，彼得拉日茨基作为法律社会学之父的地位大概是最无争议的，虽然他已经被许多西方学者遗忘了。彼得拉日茨基几乎是最早运用社会科学（尤其是心理学）工具对法律现象展开研究的法学家，并影响了欧洲其他数位社会学先驱，包括埃利希、蒂玛谢夫和古尔维奇（Georges Gurvitch）。彼得拉日茨基可以算是广义上的斯堪的纳维亚学派成员，他与该学派的主将哈盖尔斯特罗姆（Axel Hägerström）从心理现象分析法律的进路有相似之处，但他更加自觉地运用社会科学方法，强调知识对象的可观察性，而不再诉诸哲学思辨。严格说来，彼得拉日茨基的法律社会学并没有运用太多的社会学方法，而主要运用了认知心理学与道德哲学的方法。从心理学出发分析法律现象，彼得拉日茨基在实证法（positive law）与直觉法（intuitive law）之间做出了区分。他认为，实证法就是指由外在于个人的权威所制定的法律（国家法），而直觉法的特征则在于不同的人具有不同的法律认知和法律体验，而且这种体验与外部权威无关。彼得拉日茨基的直觉法影响了埃利希与古尔维奇，并与二人的"活法"（living law）和社会法（social law）存在着概念上的家族相似，都是与国家权威机关所制定的正式的实证法相对的非正式法，具有自发性、习惯性、弹性和非成文法性，并与实证法相互发生着影响。相比于实证法，彼得拉日茨基更为关注对直觉法的研究，他也因此成为法律多元主义（legal pluralism）的开创人。有学者把彼得拉日茨基与卢曼进行过有趣的对比，认为彼得拉日茨基的法律演化观是从实证法迈向直觉法，而卢曼的法律演化观则是从习惯法迈向实证法。

从卢曼的法律系统论看来，无论是彼得拉日茨基还是埃利希，他们虽然在研究方法上比法律社会学古典三大师更自觉地运用了社会科学方法，显得更为精致，但是，其研究视域却比古典三大师们狭窄很多。与古典三大师对法律的关注其实都是要解决更为宏大的现代性主题相比，彼得拉日茨基和埃利希基本上都丧失了俯瞰社会总体的"社会理论"抱负，而是陷入了专门化、技术性的法律社会学研究，这为以后的法律社会学遗忘社会本身（以及现代性主题）而聚焦经验研究开启了实证化传统。当然，对卢曼来说最为关键的还是，彼得拉日茨基与埃利希这两位所谓的法律社会学奠基人，由于其法律多元主义倾向而把实证法本身边缘化，忽视了实证法与社会之间的相互作用这个理论重镇，尤其没能抓住作为现代社会中最为重要的法律实证化现象，因而对法律社会学贡献非常有限。

虽然法律社会学已经有一百多年的历史，但是，卢曼认为，与家庭社会学、组织社会学、政治社会学、分层和流动等其他社会学分支相比，当代的法律社会学研究和教学仍然相对滞后——比如，在西方大学的社会学系中就很少开设法律社会学课程。从人员构成来看，法律社会学研究者在知识背景上参差不齐，而且，研究者更多出自法学院，而不是来自社会学系。相应于此，法律社会学的研究纲领呈现出与其他社会分支不同的松散性，其学科归属也处于悬而未决的争论中。有学者把法律社会学理所当然地归结为社会学的子学科,但另有学者却把其归结为在社会学与法学两大学科之间所形成的张力之下的一种跨学科领域,更有甚者,比如英国学者科特雷尔(Roger Cotterrell)就认为法律社会学既不属于社会学,也不隶属于法学,而是一个相对独立的新兴研究领域。所以,无论是把法律社会学等同于经验研究,还是把法律社会学简化为美国式的"法律与社会"(law and society),都无法俯瞰到法律社会学知识地图的全貌。

即便在英语世界内部,美国与英国法律社会学的研究生态也各不相同。在美国,法律社会学就呈现过法律现实主义、法律与社会运动、批判法学、女权主义法学以及种族批判法学等眼花缭乱的形态,广义上的法律社会学甚至可以扩展到法律经济分析、法律心理学等。在英国,法律社会学的主打样式则是"社会-法律研究"(Socio-Legal Studies),就像学者特拉弗斯(Max Travers)所认为的那样,其属于社会政策研究的领域,所关注的重心在于法律现象对于政府治理的影响。"社会-法律研究"采用的研究方法也显得多样,既有实证研究方法,也有解释性的进路,还有人种志(人类学)的方式,这倒与中国当下的研究状况有些相似。

法律社会学的松散性还表现在其覆盖了那些几乎没有什么内在逻辑关联性的各种观察方式,比如,在法律文化研究、比较法律社会学研究、法律多元主义、法律全球化、法律与后现代主义等这些所谓的法律社会学大家族内的成员之间就很难找出可以通约的最大公约数。在这些研究视角中,既有从法学内部借助社会科学方法跳出"书本上的法",但最终目标还是在于从社会反射回法学内部,并企图对法律以及相关规范性制度加以改进的热切努力;也有纯粹从法学外部，采用实证研究方法对行动中的法以及法律与社会的互动关系加以科学说明的冷静描述。这些法律社会学家族的成员们所运用的社会学工具花样百出，既有问卷、访谈等常规手段，也有内容分析、诠释性深描、参与式观察等新方式，既有定量研究，也有趋向于扎根理论（Grounded Theory）的定性研究。他们的研究框架选择也几乎触及了所有社会学流派，包括冲突理论、批判理论、交换理论、符号互动理论、常人方法学、谈话分析、系统理论等。

卢曼总结说，从法律社会学登上现代学术舞台至今，法律社会学的经验研究仍然没有摆脱这样三种进路：一种进路是研究法律人，即基于法律职业来研究法律人的角色。卢曼认为这种角色理论和职业社会学的研究进路完全可以被复制到医生、企业家、牧师、军人和建筑师等职业之上，因而与法律社会学之间并没有什么必然的理论关联。第二种进路是把第一种方案推向纵深并加以精细化，研究作为承担法律裁判工作的司法主体的小群体行为。比如，通过问卷和访谈确认社会分层和意识形态偏见等变量如何影响法庭上的判决创制过程。第三种进路则是运用现代传播理论把关于法律的舆论（而不是法律本身）变成核心课题。这种研究进路希望澄清公众对法律的流行态度或者公众对于立法机构、执法机构以及司法机构的流行态度。在卢曼看来，这三种法律社会学的经验研究进路相互割裂，缺乏研究纲领上的融贯性，比如，法律职业或法律角色分析对于法律舆论研究不会有所助益，而法律舆论研究成果也不会为司法裁判过程铺设研究前提。最为重要的是，这三种经验研究都无法处理像法律这样的具有高度复杂性的社会巨系统，与法律系统本身的复杂操作过程失之交臂，只能萎缩为以发现线性因果关系为乐趣的实证研究。

在前期卢曼的研究工作中,对于经验社会学的批评主要是基于他从系统论中摄取的复杂性(Komplexität)概念。就社会学研究而言,复杂性被理解为体验(Erleben)和行动(Handeln)的可能性总和,这些可能性一旦被现实化,就会构造出一个意义脉络——法律就是诸多意义脉络中的一种。卢曼区分了三类复杂性。第一种是非结构化的复杂性,其中,所有可能性都是随机的和均质的。对这种复杂性的研究主要采用处理大数据随机样本的统计方法。第二种是复杂性有限的结构化的小型系统,其中,可能性的数量相对有限,并且可能性之间的相互排斥或限制达到了某种程度。对这种复杂性的研究,典型的处理方式是把作为研究对象的小型系统从其他社会关系中分离出来,在满足"其他条件不变"(ceteris paribus)这个类似自然科学实验的理想要求以后,通过问卷和访谈确认几个有限的变量,并尝试在这些数量有限的变量之间建立因果性的关联。第三种是高度复杂的结构化巨系统,其中,可能性数量巨大,某种特定可能性的实现可能阻止其他可能性,同时那种特定可能性的现实化需要过去已经建构出来的可能性作为前提条件。

在上文提及的法律社会学的三种经验研究进路中,无论是针对法律角色、法律职业的研究进路,还是针对司法主体的小群体研究进路,再或者是针对法律舆论的研究进路,其研究对象要么属于非结构化的复杂性,要么属于复杂性有限的结构化的小型系统。因此,在这三种经验研究中,通常所运用的研究方法无非就是问卷、访谈、参与式观察、统计等。然而,这些经验研究方法的一个致命缺陷是把法律排除在高度复杂的结构化巨系统之外,并成为对法律内在操作逻辑茫然无知的社会科学。

卢曼认为，法律社会学的经验研究与法学的不同在于，虽然二者都把法律系统作为观察对象，然而，经验研究是在法律系统的外部进行观察，所使用的基本区分是"真/假"，法学是在法律系统内部进行观察，所使用的基本区分是"法/不法"。按照卢曼的说法，法律社会学的经验研究的兴趣主要是通过统计方法得到满足的，对个案不加关注；法学则是从单个案件的裁判入手以提炼出一般性规则，或者把规则适用于个案。在把经验研究的统计方法运用得如鱼得水的法律社会学学者中，布莱克（Donald Black）可算其中的佼佼者。布莱克认为法学与法律社会学之间的差异表现在几个方面：(1)在关注焦点上存在规则与社会结构的差异；(2)在处理方式上存在逻辑与行为的差异；(3)在运用范围上存在普适性与可变性的差异；(4)在观察视角上存在参与者与观察者的差异；(5)在研究宗旨上存在实践性和科学性的差异；(6)在研究目标上存在裁判与解释的差异。

布莱克的法律社会学认为，社会学家不应被法律所声称的形式化程序所迷惑，而是要揭示身份、性别、贫富、亲疏等社会因素对法律实践的影响。根据诉讼参与者之间的社会地位（或社会阶层）的异同、关系亲疏，诉讼参与者是个人还是组织，法律的运用会有明显差别。与法律人关注重心在于案件裁判是否做到了"同样情况同样处理，不同情况不同处理"的形式性标准不同，社会学家关注统计数据上的差异，并试图找到解释统计差异的原因。法律人的兴趣在于寻找能够支撑个案裁判的正当性理由，法律社会学家却往往只对具有统计意义的能够产生预测力量的因果关系着迷。

法学家对于个案之间的差异异常敏感,而社会学家则会忽略掉个案之间过于精细的差异,尽可能抽象出数量充足的符合科学验证所需要的"相同"样本。正如卢曼所给出的示例那样,对于律师而言,此谋杀案不同于彼谋杀案,此强奸案不同于彼强奸案。法律人很清楚黑人妇女遭到白人男子强奸的案子不同于白人妇女遭到黑人男子强奸的案子,但是他们往往并非径直以种族因素作为决定理由,而是会给出一套法律内部演化出来的区分标准。人们可能会说法律人使用这些区分标准是为了掩盖自己的偏见。不过,卢曼认为,当社会学家把本来不同的案件视为相同的案件,并以此收集到足够数量的"相同"样本时,其筛选样本的标准其实也隐藏了偏见。因而,法律社会学不会比法学更加价值中立、客观。

法律社会学有自己的观察盲点,如卢曼所言,法律社会学无法看到自己无法看到的东西。比如,法律社会学无法看到其展开观察所运用的区分本身,不然就会面临悖论。社会学不会追问自己所运用的"真/假"这个区分本身是真的还是假的,否则会落入与"说谎者悖论"相同的处境。社会学新功能主义代表人物亚历山大(Jeffrey C. Alexander)以不同的方式表达了类似心得:社会学是一个科学连续体,其一端是假设、模式、概念、定义等非经验性的理论,另一端则是经验性的事实。社会学运用"概念/事实"这个区分展开观察时,概念会因为新的事实刺激而改变内涵,事实也会由于概念的调整而发生透视变化——蒯因(Willard Van Orman Quine)对经验主义两个教条的批判及其整体论哲学也得出了与此相同的结论。比如,法律社会学在研究"社会运动"时,"社会运动"就是理论与事实相互作用的化合物。研究者首先要给出"社会运动"的定义标准,然后筛选出符合这个标准的社会事实。对于不同的社会学研究纲领而言,由于判断标准并不相同,提炼出来的"社会运动"的事实也就当然不同。如果社会学研究者追问这套以证明或证伪为目的的研究活动所依托的理论纲领是真还是伪时,就会陷入到要么套套逻辑、要么自相矛盾的悖论之中。

除此之外,卢曼认为,还有一个更为要紧的问题,即信奉经验研究的法律社会学并不能理解这样一个事实:法律系统是一个运作封闭的、自我再生产的、自我描述的系统。与法学的内在视角相比,法律社会学的外部视角在对待法律规范上显得超脱,不再关注法律规范的有效性问题,而是把法律和社会各自操作为属于经验研究的独立变量。经验研究就是要在法律与社会的各种变量之间发现相互作用的因果性关系,而且,这种因果性知识在经验上还是可检验的。涂尔干曾说过,社会学并非旨在发现社会的道德实在,而是试图揭示人们构想道德实在的方式。与此类似,法律社会学也并非意在发现具有约束力的法律规范,而是要么探求法律规范背后的社会因素、要么追踪法律规范引发的社会效果。正是这样的经验社会学,把法律处理为一种社会事实,或者说处理为一种僵死的对象(而非自我再生产的"活"的社会子系统),同时,也把"社会"处理为与此并列的僵死的社会事实。卢曼认为,作为法律社会学的主流研究范式,这种经验研究致力于探究"法律与社会"的关系,但却无力发现"社会中的法",即忽视法律系统自我再生产的内在逻辑,并因此必然导致某些研究质量上的遗憾。一方面,在这种经验社会学之中,法律自身缺席了;另一方面,与法律的缺席相关,各种法律社会学的经验研究之间缺乏内在的融贯性。卢曼对此所做出的明快反应是，把其理论创作后期最重要的法律社会学著作命名为《社会中的法》(*Das Recht der Gesellschaft*)。

在法律社会学的经验研究之外，还有一种介于法律社会学和法学之间的研究范式：批判法学。对法律的批判古已有之，即便无须认祖归宗到柏拉图，至少从现代社会理论的鼻祖圣西门开始，就对资本主义社会展开了激烈的抨击和揭露，并期望以美好的"实业制度"代替这个"黑白颠倒的世界"。由此，混合了描述与规范两种互为冲突成分的社会批判理论就登上了近现代知识生产的舞台。也正是出于这种社会批判情结，圣西门对为巩固资本主义制度而存在的法律表示出了憎恶。曾担任圣西门私人秘书的孔德也接过这个信念，在其社会发展三阶段论中，认为法律是从作为第二阶段的形而上学中流溢出来的精神，必然会随着实证阶段的到来而消灭。

在20世纪初，犯罪社会学可能是最早响应马克思的理论而对资本主义法律制度展开批判的知识活动。来自德国的刑法社会学家鲁舍（Georg Rusche）与基希海默尔（Otto Kirchheimer）二位学者在其合著中研究了惩罚的社会结构，他们不满足于当时盛行的把犯罪问题还原为生理学或心理学的诸多理论，认为经济条件才是影响犯罪与惩罚的关键因素，因而把马克思的社会批判理论延续到了刑事社会学领域。通过对英国社会中惩罚犯罪所做的历史考察，他们的结论是，随着资本主义对劳动力的大量需求，早期对罪犯实施的酷刑转变为把罪犯作为劳动力投入到满足资本主义市场需要的生产活动中。他们所运用的这种历史社会学的研究范式深刻影响了福柯，并被后者发展为针对刑罚历史变迁的知识考古学；贯穿于惩罚与社会结构分析之中的社会批判精神，则预言了半个世纪后的批判法学的到来。

毕业于威斯康星大学的奎尼（Richard Quinney）是美国20世纪最为出色的犯罪社会学家之一，他认为，刑法和刑事惩罚制度是资产阶级控制下层阶级的工具，而下层阶级破坏社会秩序则是由于遭到资产阶级的剥削、压榨后在经济上陷入贫苦，而且，这些因被剥削而走向犯罪的下层阶级又通过犯罪向社会其他成员实施"剥削"——由此，不断再生产出资本主义的社会关系。奎尼的犯罪学理论大量吸收了马克思、恩格斯关于资本主义阶级冲突的观点，充满了社会批判的力量，因而被称为政治上激进的犯罪社会学，其观点也经常被后来的美国批判法学家们所引用。

20世纪70年代在美国兴起的批判法学，对现代西方法律制度以及相应的法学研究展开了激烈批评。按照卢曼的学科分类，批判法学运用的基本观察代码仍然是"法/不法"，所以属于法律系统的自我观察和自我描述。但是，批判法学对法律概念的理解以及强调"行动中的法"的研究方法，都从社会学中汲取了丰富的营养，因而被一些有名的法律社会学教科书纳入到广义上的法律社会学阵营。批判法学并非一个拥有统一纲领的严密流派，除了狭义的批判法学，还包含了后马克思主义激进法学、女权主义法学、左派自由主义法学甚至后现代法学等复杂的思潮。但是，这些各具性格的思潮都有一个共同的特点，即对由法律所塑造的不平等性、压迫性展开揭露和批评。批判法学的旗手昂格尔（Roberto M. Unger）、肯尼迪（Duncan Kennedy）、楚贝克（David M. Trubek）以及亨特（Alan Hunt）都试图把资本主义法律制度的政治功能从其自由主义意识形态中剥离出来，认为表面上具有政治客观性和中立性的资本主义法律其实处处充满内在矛盾,并成为社会压迫的工具。由此,批判法学家们主张法律改革和政治改革,甚至有学者还倡导激进的社会革命。

批判法学希望借助社会学的研究工具为人们提供一个社会生活中真实的法律图像,以替代自由主义法学的虚假描述。对于批判法学而言,社会学研究工具不仅具有描述的价值,而且也是批判资本主义法律的道德载体,这种研究取向使得法学家们的批判法学与社会学家们的法律社会学拉开了距离。楚贝克曾撰文批评了法律社会学的经验研究,认为这种迷恋"数据"的研究进路其实是对既有政治价值观的非批判性默认,因而是对社会病态结构的巩固。楚贝克认为,批判法学与经验社会学相反,其理论任务在于揭露现存法律制度背后的世界观。他说,正是人们的世界观赋予了社会互动以意义,因此改变人们的意识就是改变世界本身——这就是批判法学的信条。正因如此,批判法学的意识形态批判也就成为了一种拥有社会改造力量的行动社会学。

运用卢曼式的系统论框架来分析批判法学,可以发现,批判法学透过有权/无权这个政治运作的二元代码来观察法律系统内部的沟通,以政治系统内部生成的目的纲要(Zweckprogramme)取代法学内部的条件纲要(Konditional Zweckprogramme)。批判法学与法律经济学、法律心理学有共同之处:都是运用法律之外的二元代码来观察法律系统的操作过程。卢曼认为,这些表面上的外部观察方式其实并非在社会之外,而是社会迈入功能分化阶段之后法律系统透过其他系统的二元代码对法律所做出的自我描述。批判法学、法律经济学或法律心理学表面上与法教义学的内部观察拉开了距离，但是，其所运用的基础性观察代码仍然是法／不法这个代码，最终还是属于法律系统本身的沟通——它们不过是穿上了政治学概念、经济学概念以及心理学概念的外衣之后又重新返回到法学内部而已。在批判法学当中，法律／政治（或系统／环境）这个区分只不过是"再进入"到了法律系统内部，真正的政治沟通仍然处于法律系统之外的环境中。因而，批判法学并不能实现其解构现代西方法律的初衷，反而是被法学有条件地加以过滤和吸收，最终被溶解为法律系统自我描述的一份子。批判法学希望站在社会之外，占据一个不为其他系统观察者所观察的特权位置，以"真理在握"的姿态对法律系统展开道德谴责和政治批评，但这只是批判法学误把他乡当故乡的幻觉。批判法学不过是观察者之一，最终也会被拉回到社会之内，并为其他理论系统所观察。不过，无论是批判法学还是法律经济学，在把法律／政治或法律／经济这些区分"再进入"到法律系统内部之后，会以政治学和经济学的概念刺激法学概念的自我再生产，并因此增加法律系统回应外部环境的复杂性，这也正是他们的理论贡献所在。然而，卢曼特别强调，这种刺激所产生的后果是偶联的，并不会使系统对环境更加"适应"。因此，以政治平等的批判立场或者利益最大化的经济诉求改造法律系统，并不能真如社会改革家们所愿那样创造一个更为美好的社会。在卢曼看来，对于法律系统自身而言，正义不过是一个"偶联性公式"（kontingenzformel）。

综上，基于二阶观察的知识论对于功能分化社会的真正贡献之一，就在于提供了观察各个社会子系统之间如何展开相互观察的理论框架。如此观察的一个重要结论是，每个社会子系统可以通过暴露作为"他者"的其他社会子系统的沟通偶联性，进而反思到自身的偶然存在条件。这无疑可以增加功能系统自我再生产的反思性，引导系统在制造系统/环境的差异上迈向更大程度的复杂性。无论是法律社会学的经验研究还是批判理论，都不过是系统之间的相互观察或自我观察（自我描述）。通过法学研究、立法决策、司法裁判等法律系统内部的沟通活动对法律社会学的观察展开进一步观察，法律系统可以吸收法律社会学的研究成果。比如，托依布纳就借助"关系网络"这个社会学概念的刺激，在法律内部提炼出了"网络目的"（Netzzweck）、"契约网络"（Vertragsnetz）与"合同结合"（Vertragsverbindung）这些法学装置，为德国法院突破先前的学说和判例提供了新的正当性理由。这样，法律之外的观察视角被折射到法律系统内部，法律系统之前那些被认为在正当性上确定无疑的概念、原则或理由可能因此遭到怀疑，并通过进一步的悖论展开过程产生出回应外部环境刺激的新的概念、原则或理由。当然，这种指向外部环境的指涉活动，仍然属于法律系统的内部沟通，即必然递归性地运用法/不法的二元代码指向自身之前的沟通。如此，卢曼回应了在法学与社会科学之间如何展开跨学科研究的当代难题，其深刻性和融贯性应该说是前无古人的。

导言 2
卢曼的系统论法学及其法律系统

近年来，已故德国学者尼克拉斯·卢曼（Niklas Luhmann, 1927—1998）的名字，在中国法理学和法社会学界已不再陌生。卢曼一些著作的中译本陆续问世，研究卢曼系统论法学的中文成果也越来越多。

关于卢曼的生平介绍已有很多。他早年参加"二战"并成为美军战俘，不过是那个时代众多德国青年的宿命。他在战后的法学本科学历，以及毕业后就职公共行政部门的经历，显得平淡无奇。他33岁赴美留学，师从美国著名社会学家帕森斯；39岁才获得博士学位，并取得在大学授课的资格。无论如何，这种经历对于一位专业学者来说，都显得姗姗来迟。然而，在他后来30多年的学术生涯中，70余部高质量的著作和450篇富有创见的论文，足以证明这位大器晚成的学者具有非凡的创造力。1972年的《法社会学》[①]是卢曼早期的代表作。这部著作在借鉴和改造帕森斯理论的基础上，从功能的视角考察了法律结构的产生和演化过程，使用了演化、系统、复

---

① 中译本参见〔德〕尼克拉斯·卢曼：《法社会学》，宾凯、赵春燕译，上海人民出版社2013年版。

杂性、偶联性、自我指涉以及认知性期待与规范性期待等基础性概念。1984年《社会系统》一书的问世，代表了他思想的一个崭新阶段。该书虽然沿用了早期的一些概念，但富有创意地借鉴了智利生物学家马图拉纳（Humberto Maturana）和瓦瑞拉（Francisco Varela）的自创生理论、德国物理学家冯·福斯特（Heinz von Foerster）的二阶观察理论，以及美国逻辑学家斯宾塞·布朗（Spence Brown）的区分理论，[①] 对早期的系统论进行了重构，创建了一般系统论和自创生社会系统论。随后，他把这一基础性理论运用到社会的各个领域，相继出版了《社会中的经济》《社会中的政治》《社会中的宗教》《社会中的艺术》以及《社会中的法》等多部系统分论。最后，他又在分论的基础上进行综合，其成果是1997年问世的《社会中的社会》。[②]

面对卢曼的理论，读者不仅赞叹他的百科全书式知识视野，而且感佩他对科技革命和信息社会的先知般预见。与此同时，卢曼独特的概念体系、理论范式和表达风格，往往使许多读者对他的著作望而生畏，或望文生义。故而我们联络同道，针对他在《社会中的法》[③] 一书进行解读，尝试理解他的法律系统论及其法律系统。

---

① 海勒在《我们何以成为后人类》一书的第六章中，对此具有详细介绍。参见〔美〕凯瑟琳·海勒：《我们何以成为后人类：文学、信息科学和控制论中的虚拟身体》，刘宇清译，北京大学出版社2017年版，第173—210页。

② 泮伟江教授正在主持此书的中文翻译，中译本即将出版。

③ 本书所依据的文本参见〔德〕尼可拉斯·鲁曼：《社会中的法》，李君韬译，中国台湾五南图书出版股份有限公司2009年版；关于"Luhmann"，台湾学者有"鲁曼"和"卢曼"两种译名，大陆通译为"卢曼"。

一、系统与环境：社会系统的涌现及其运作

（一）社会系统的涌现

按照《圣经》的说法，上帝创造了万物。但达尔文的理论揭示，万物乃是演化的产物，在演化中涌现、存续或灭亡。卢曼从演化的角度提出了四种系统类型，即无机系统、有机（或生物）系统、心理（或意识）系统和社会系统，这几种系统都属于演化的产物，并在演化过程中各自又分化出诸多子系统。所有系统自涌现之后便持续运作，故而运作是所有系统的第一个共同特征，也是系统的存在方式。系统一旦停止运作，便无法存在。从发生学上讲，不同系统涌现的时间顺序存有差异。最先涌现的是无机系统，然后是有机系统，人类在有机系统发展到一定阶段才涌现出来。伴随着人类的涌现，心理系统和社会系统涌现出来。

早期系统论强调系统的封闭性。这种系统论重视系统的内部关系，即部分与整体的关系，强调系统的整体性和可控性。但这种封闭系统会因熵效应而能量递减，以致归于混沌。有鉴于此，开放性系统论应运而生。这种系统论以系统/环境的关系图式取代了部分/整体的图式，从而使系统能够从外部吸入能量。然而，这种系统论由于主张系统与环境之间存在输入和输出关系，使得系统与环境的界限变得模糊，以致两者的差异最终不复存在。为了避免封闭系统与开放系统之弊，卢曼主张系统运作封闭，认知开放。换言之，系统运作封闭和认知开放，构成了所有系统的第二个共同特征。有

他者如何行动，而他者依赖自我如何行动。这样一来，双方就无从行动。针对这种双重偶联性的困境，帕森斯提出的办法是通过文化型塑人们的人格和规范共识，从而使得人们的期望能够契合，使人们的行动具有确定性。卢曼对帕森斯的理论进行了改造。其一，卢曼认为，偶联性不应意指"依赖"，而应意指"既非必然，亦非不可能"。这意味着，偶联性概念蕴含着解决偶联性困境的可能性。其二，卢曼指出，帕森斯诉诸"共识"解决双重偶联性困境虽然不失为一种选项，但涉及大型复杂社会，跨文化的陌生人往往具有不同文化背景，并不存在共识；即便在文化同质性的社群，强调共识也会导致对差异的压制。其三，帕森斯在强调共识时，虽然注意到了偶联性的社会维度，但忽视了偶联性的时间维度。在自我与他者相遇时，静态的心理测度无法打破无可行动的循环，但引入时间因素，一方仍然可能在一个不明朗的情境中，首先由一个眼神、微笑或手势等尝试打破僵局，然后看对方法反应。只要双方行动延续下去，就可能打破"先由对方行动"的循环，从而摆脱双重偶联性的困境。其四，时间化机制虽然可能使双方的行动得以延续，催生互动系统，但仍然存在问题。例如在争议双方无法达成协议时，以及虽然达成协议但一方拒绝履行协议时，就会陷入困境。这就需要中立的第三方出面协调争议并保证协议得到执行。但是，如果第三方是临时的私人，那么争议的解决结果就具有偶然性，而协议的执行也无法保障。因此，建立在时间上持续的社会制度就成为一个选项。这种社会制度超越争议双方的利害关系，具有对争议做出决定并强制执行决定的能力。这种对社会制度的需求催生了组织等社会系统的涌现。其五，卢曼认为，帕森斯强调主体之间的对立和依赖，但从主机系统、心理系统和社会系统存在认知能力，这一点不难理解。但是，涉及无机系统的认知，人们往往会产生疑问。应该指出的是，系统的"认知"不是指人的心理认知，也不是指低等生物的感知，而是指系统与环境之间的激扰-反应关系。这样一来，无机系统就能够认知环境的激扰。例如环境改变，水便会发生形态的变化，温度高到一定程度就会蒸发，而温度降至一定程度就会结冰。无机系统具有感知能力最明显的例子是温度控制器和感应灯。前者根据环境温度的变化而运作或停止，后者根据环境而变化，天黑则启动，天亮则关闭。人们如果考虑到具有深度学习能力的智能机器人，就不难理解无机系统的认知能力。

系统的第三个共同特征是自创生。自创生是生物学家用于描述生物的一个特征，如细胞的自我复制和生物种群的自我繁衍等。卢曼把这个概念用于系统论，是指系统以自我指涉的方式持续运作，并在这种运作中通过各种元素的组合进行自我生产和再生产。卢曼关注的重点是社会系统。由于社会系统依赖心理系统，并与心理系统存在结构耦合，因此，卢曼也同样重视心理系统。

像其他系统一样，社会系统也是演化的成就。那么，社会系统为何和如何涌现？这就要追溯到帕森斯双重偶联性的概念。在帕森斯的思考模式中，两个主体即自我和他者在互动中存在困境。自我期望他者如何行动，他者期望自我如何行动。双方的期望是两个"黑箱"（或称"黑匣子""黑盒子"）。他人即便知道我的期望为何，也可能采取异于我期望的方式行动。这时，双方的心理状态是当你做了我想要的事，我才做你想要的事；如果你不会让我来规定你，我就不会让你来规定我。于是，这就出现一种循环：自我依赖体之间的关系考虑，自我可以把对方体验为"他我"。由此，自我不必认清对方期望的真实状态，而是从自身出发认知对方的期望，实质上是一种建构性认知。卢曼认为，这种思考模式可以生发出系统与环境的关系模式。自我类似系统，他我类似环境。系统可以通过自我指涉的方式认知环境，即对环境进行建构性认知，从而可以化约原本难以把握的环境复杂性。

总之，卢曼认为，双重偶联性困局催生了社会系统。首先，社会系统超越了人际心理的"黑箱"而形成系统"白箱"。所谓"白箱"是指社会系统本身具有一定程度的透明性。例如，法律系统的组织、程序和运作方式都具有高度透明性。争议双方进入法律系统之后，系统会以透明的运作方式对有关争议进行沟通，并做出决定。再如，在房屋买卖的交易中，卖方期望买方先付款后交付所售房屋，而买方则期望卖方先交付所售房屋，然后再付款。这种困境催生了由银行作为第三方负责监督的"共管账户"。这个"共管账户"实质上属于经济系统，具有高度透明性，从而降低了交易风险。晚近出现的区块链提供了一个新例子。区块链作为一个由代码建构的系统，为参与者提供了共管账户的功能，其中每一笔交易都透明化。换言之，区块链为无数各怀鬼胎的陌生"黑箱"交易者，提供了一个"白箱"。

由上可见，为了解决双重偶联性困境，社会系统才涌现出来。积土成山，风雨生焉；积水成渊，蛟龙生焉；积疑成难，系统生焉。"涌现"是指演化中选择和变异所带来的结果。这种结果并非计划的产物，更不是上帝的恩赐。这种结果一旦在尝试中反复出现，就会得到稳定化，并会在持续中保存下来。换言之，社会系统乃是人际沟通困境的产物。我们可能联想到，缺少淡水催生了海水淡化系统，人们远距离不便联系催生了通讯系统，病毒催生了免疫系统，疾病催生了医疗系统，犯罪催生了警察系统。社会系统是一种超越机制，借助这种机制，系统得以跨越人际沟通的障碍，对社会事件进行沟通。社会系统是一个沟通平台，借助这个平台，原本人际心理"黑箱"得以催生出系统"白箱"。社会系统是一种社会体制，借助这种体制，系统可以化约复杂性，使不可决定之事变得可决定，从而避免社会陷入无序。社会系统是一种信用网络，借助这个网络，系统增加了确定性。在卢曼看来，演化中各个系统无法消除偶联性，系统的功能在于降低或然性。[①]

（二）社会系统的特征及其与环境的关系

像其他系统一样，社会系统一旦涌现出来，就作为一种"母体"，具有自创生的自我繁衍能力。它借助运作和运作的衔接得以延续。不同系统的运作方式有所不同。无机系统的运作方式是存续，生物系统的运作方式是存活，心理系统的运作方式是感知和思考，而社会系统的运作方式则是沟通。

如果说韦伯把人的行动/行为作为社会的基本单元，那么卢曼则把沟通作为社会的基本单元。帕森斯虽然使用了系统的概念，但

---

① 关于卢曼对帕森斯双重偶联性概念的改造和双重偶联性与社会系统涌现的关系，本文参阅了中国台湾辅仁大学教授鲁贵显的《社会系统》中译本（未出版稿）第三章；感谢鲁教授慷慨赠阅此书的未出版中译本。本文也参考了 Niklas Luhmann, *Social Systems*, Trans. By John Bednarz Jr., with Dirk Baecker, Standford University ,1995, pp.103—136；泮伟江："双重偶联性问题与法律系统的生成——卢曼法社会学的问题结构及其启示"，载《中外法学》2014年第2期，第544—559页。

他的系统论并不彻底,仍然保留了行动的底色。卢曼早期的系统论中混杂着行动的因素,但自1984年的《社会系统》出版后,他的社会系统概念便剔除了行动概念,只是把沟通要素中的告知归因为行动。在卢曼看在,社会系统是沟通的建造物,除了沟通,别无他物。沟通是一个整体,但可分解为信息、告知和理解。信息是关于社会事件的消息或数据,涉及世界的各种可能性。信息是指系统在诸多可能性中进行选择,以及在这种选择中体验到的新奇感和和惊讶值。[1]这里需要注意两点。一是老生常谈不具有信息价值,新奇的消息或数据才具有信息价值。二是信息在来源上可以归因于系统,如系统在自我观察和反思中所生成的信息;也可以归因于环境,如在异己指涉中从环境汲取信息。但所有信息都是系统识别的产物。这意味着,对于系统内部所储备的各种知识和经验,只有系统将其识别为信息,它们才具有信息价值;对于环境的激扰,系统只有将其识别为信息,它们才具有信息价值,否则只是作为噪音。换言之,信息不是备好的现成之物,而是系统建构的产物。这意味着信息不仅经过了系统的选择,而且经过了系统的"加工"或"改造"。例如,在大众媒体系统中,当记者小明在有关各种消息中,感到某球星绯闻有信息价值,于是选择了该信息撰成文稿,发表在《伊甸早报》上。大黑在早餐时阅读《伊甸早报》,读到这个信息。小明发表该信息是告知,而大黑阅读了小明告知的信息则为理解。这样,上述过程就构成了大众媒体的一个完整沟通。这里需要指出以下几点。第一,沟通始终是系统在进行沟通,人际不能沟通;小明和大黑只是

---

[1] 参见〔德〕玛格丽特·博格豪斯:《鲁曼一点通:系统理论导引》,张锦惠译,中国台湾暖暖书屋文化事业股份有限公司2016年版,第102页。

在系统中扮演了角色，参与了系统沟通，而不是他们之间进行沟通。第二，沟通是指系统就某个社会事件进行沟通。例如，属于大众媒体的《伊甸早报》编辑部针对是否刊用小明文稿进行沟通，属于法律系统的法院针对某个案件进行沟通，属于政治系统的议会针对某项法案进行沟通。第三，信息、告知和理解都具有选择性，例如在上述例子中，小明在多种消息中注意到某球星的绯闻，把这个事件作为信息，是他选择的结果；他如何撰写有关文稿，当然具有选择性；大黑如何理解这条信息也有选择性，例如好奇、厌恶或嫉妒等。换言之，信息、告知和理解的选择过程及其结果都具有偶联性。第四，沟通是信息、告知和理解三者的统一，只有理解之后才构成一个完整的沟通。第五，一个沟通完成之后便会衔接另一个沟通。如大黑把他理解的某球星绯闻告知他的朋友，便会开启下一个沟通过程。第六，社会系统的沟通既会指涉自己，也会指涉环境。前者是指系统关于自己的沟通，后者是指系统关于环境的沟通，但系统不能与环境沟通。第七，社会系统的沟通需要依赖心理系统，每个沟通至少涉及两个以上的心理系统，但心理系统只是与社会系统结构耦合，仍然是社会系统的环境。沟通是关于社会事件的沟通，而不是诸心理系统之间的沟通，因为诸心理系统之间不能沟通。换言之，在社会系统沟通过程中，诸心理系统仍然处于不透明的状态。实际上，心理系统之间一旦透明化，则无须社会系统。但人际之间的任何心理活动和内心隐秘暴露无遗，便是一种更可怕的状态。换言之，人际不具有心理透视的能力，而上帝无所不知的说法和佛陀具有他心通能力的拟构，不过代表了一些人试图透视他人内心世界的奇想。

心理系统和社会系统的运作都需要媒介。媒介是指中介基质，具有多种形式。媒介引导运作并对运作范围起到限制作用。心理系统和社会系统的共同媒介是意义。没有意义作为引导机制，心理系统的感知和思考就难以衔接，社会系统的沟通也难以持续。意义也是一种驱动系统自我改变的强制机制，从而把各种可能性予以现实化。社会系统的沟通是在意义的引导下，在现实性与可能性之间进行选择。这种选择具有复杂性和偶联性。复杂性意味着选择面临多种可能性，但"鱼和熊掌不可兼得"，一种选择排除其他选项。选择过程不可逆，而可能性一旦现实化，就只能如此这般。偶联性意味着任何选择在未来都具有不确定的后果，有时"种瓜得瓜，种豆得豆"，有时"播下龙种，收获跳蚤"。社会系统在运作的反思过程中，始终存在"原本可以不这样选择"的遗憾，但无法消除这种遗憾。因为发生了的事情已经发生了，而已经发生的事情可能对尚未发生的选择产生影响。当社会系统回头选择曾被排除的选项时，已时过境迁，进入了另一个沟通过程，而这种选择仍然具有偶联性。

作为沟通媒介的意义具有事物、社会和时间三个维度。意义的事物维度有内部与外部之分，即要么指向系统，要么指向环境。意义的社会维度有自我与他者之别，或者达成共识，或者产生歧见。意义的时间维度涉及系统的特定时间，分为过去与未来。社会系统与心理系统共享意义媒介。但与心理系统不同，社会系统的一般媒介是语言。没有语言，社会系统就无法进行富有意义的沟通。这并不是说意义不是社会系统的媒介，而是说社会系统的意义是通过语言传播的意义，即内在于语言的意义。同时，不同社会子系统各有自己的沟通媒介，这些媒介是自己的语言，承载自己的意义。例如，政治系统的媒介是权力，经济系统的媒介是货币，宗教系统的媒介是信仰，法律系统的媒介是法律。各个子系统的媒介在引导沟通的同时，也限制各自沟通的意义选择范围。例如政治系统仅仅识别"权力"语言，把权力作为意义，并对涉及有权与无权的事态进行沟通。同样，法律系统仅仅识别"法律"语言，把法律作为自己的意义，并对涉及法与不法的事态进行沟通。法律系统如果把权力作为意义，并以这种媒介进行沟通，则蜕变为政治系统的附属物。另外，媒介与形式一体两面。媒介是不变之维，形式是可变之维，是媒介多样性的体现。例如语言是不变基质，而语言会有多种形式，如不同文体和各种句式；下棋规则是媒介，而千变万化的对弈攻略步法则是形式。经济系统的货币媒介具有多种形式，如贝币、金属币、纸币和电子币等。在法律系统中，成千上万的法律规则是法律媒介的具体形式。

从结构上，社会系统的类型可分为互动系统、组织系统和全社会系统。从演化上，互动系统与初民社会的片段式分化模式相对应，组织（系统）与国家产生后、现代前的层级式分化模式相对应，而结构上独立的功能子系统则与现代功能分化模式相对应。在相同阶段，不同类型的系统可以并存，例如在现代的功能分化阶段，互动系统和组织仍然存在。在法律系统中，法院就以组织系统的形式作为其中的子系统。系统结构的变化既是演化的产物，也是社会复杂性增加的结果。换言之，随着社会复杂性的增加，系统为了实现其功能而不断调整结构。在现代功能分化阶段，系统功能型塑结构的特征显得尤为突出。还需要指出，语言作为社会系统沟通的通用媒介，其传播形式与社会系统的结构变化存在密切关联。口语只适合于在场的互动系统。文字出现使远距离的沟通成为可能。于是，国家等组织类型的系统得以出现。印刷术和电子传播技术为沟通范围覆盖全球提供了条件。因此，现代功能分化阶段的社会子系统具有了世界社会维度。当然，我们并不能由此认为语言及其传播形式决定系统的类型和结构。实际上，像社会系统一样，语言也是演化的成就。在演化过程中，语言与社会系统之间存在互动关系。另外，社会不断分化和社会复杂性增加不是计划的产物，而是演化的结果。社会演化过程并不意味着进步，演化的结果具有不确定性。

系统一旦运作就会产生出系统/环境的差异。然后，系统通过"再进入"的观察复制系统/环境这组差异图式，就形成了两种指涉，即系统指涉自己的自我指涉与指涉环境的异己指涉。在这里，系统/环境的差异出现两次，第一次出现是基础性区分，但只有通过"再进入"的观察，静态的系统/环境区分图式才能得以启动，系统的运作才得以衔接，认知才得以形成。由此，系统复杂性的建构才迈出了第一步。[①]洪堡认为，语言界定了我们的世界观。海德格尔认为，语言是人类存在的家园。在卢曼看来，社会系统在运作和观察中所呈现的世界，其基础是系统与环境之间的差异。这种差异的统一构成社会世界。社会世界的界域既小而可见，近在咫尺，又大而无边，无远弗届，例如全社会系统的范围可以覆盖世界社会，而社会系统的环境可以遍及心理系统、有机系统和无机系统。就此而言，环境比系统涉及的范围更大。在这个由系统/环境的差异所构

---

① 参见〔德〕玛格丽特·博格豪斯：《鲁曼一点通：系统理论导引》，张锦惠译，中国台湾暖暖书屋文化事业股份有限公司2016年版，第58—59页。

成的世界中，系统只要它决定改变，就可以自我改变；系统只要想改变，亦可因环境而变。系统的过程不可逆，发生的事情本来未必发生，但已经发生的事情就发生了；未来不确定，已经发生的事情，并不必定影响未来发生的事情；当下不可能的事情，未来未必不可能。系统的结构具有可逆性，过去没有实现的可能性，将来未必不可能重新选择。系统在运作中增加复杂性，只有具备一定程度的复杂性才能化约复杂性。对于系统来说，环境比自己更为复杂，因而系统只能通过封闭运作化约环境的复杂性。系统不能透视环境，而是建构出环境的图景。系统也不适应环境，更不随环境起舞，而是为了实现自己的功能而与环境保持互动。系统何时和以何种方式对环境的激扰做出反应，完全由自己决定。这可能给人带来这样的印象，即系统比环境重要，或系统为主，环境为辅。但环境与系统同样重要，系统与环境相互依存，没有环境就没有系统。同时，系统与环境的关系不是固定不变而是具有动态性，不同系统之间互为环境。例如，社会系统把心理系统作为环境，心理系统则把社会系统作为环境，政治系统把法律系统作为环境，法律系统则把政治系统作为环境。环境与环境共同演化，环境的复杂性增加有助于提升系统的复杂性，反之亦然。还应指出，不同系统类型并不影响系统与环境的关系。例如，层级式分化的组织内部虽然存在阶序，但系统内部的阶序关系并不影响系统与环境的关系。因此，组织无论把互动系统作为环境，还是作为互动系统的环境，都服从系统与环境的一般关系。

　　观察是卢曼系统论的一个重要概念。在卢曼看来，观察是系统运作的附属形式。系统观察自己属于自我观察，观察环境属于异己观察。运作离不开观察,观察是一种特殊运作。但是系统有时以运作为主,称为运作性观察;有时以观察为主,称为观察性运作。[1] 法律系统对案件做出决定属于运作性观察,对决定进行论证的二阶观察、系统在反思层次自我观察以及系统的自我描述,属于观察性运作。在社会系统中,无论是运作性观察还是观察性运作,都属于不同的沟通形式。

所有观察都使用区分,而观察者无法观察到自己正在观察,也无法观察到自己所使用的区分。因此,任何观察都具有盲点。"系统只能看到它所能看到的东西,它不能看到,它所不能看到的东西";"它也无法看到,'它所不能看到,它所不能看到的东西'这件事"。[2] 观察的不同位阶各有优势,也各有局限。一阶观察者看不到自己的盲点,因为"进行观察的操作对自身而言,是无法观察的"。[3] 二阶观察者是对观察的观察,能够看到一阶观察者的盲点,但也有自己的盲点;三阶观察者等以此类推。就法律系统而言,案件决定是一阶观察;法官对决定进行观察,为决定提供论证理由,是二阶观察。法律系统的反思、法律论证和自我描述都属于二阶观察,而卢曼对法律系统的反思、法律论证和自我描述进行观察,则属于三阶观察。由此可见,观察具有动态性。

---

[1] 〔德〕Georg Kneer, Armin Nassehi:《卢曼社会系统理论导引》,鲁贵显译,中国台湾巨流图书公司 1998 年版,第 12—123 页,注 29。

[2] 〔德〕尼克拉斯·卢曼:《生态沟通——现代社会能应付生态危机吗》,汤志杰、鲁贵显译,中国台湾桂冠图书股份有限公司 2001 年版,第 38 页。

[3] 〔德〕尼克拉斯·卢曼:《社会的宗教》,周怡君等译,中国台湾商周出版:城邦文化事业股份有限公司 2004 年版,第 59 页。

二、法律系统的结构及其运作方式

卢曼在《社会中的法》一书的许多章节中,从不同维度论述了法律系统的运作结构、方式、过程和功能。从静态结构上看,法律系统是一种"社会装置"。这种"装置"中具有复杂的配置,如代码、纲要、司法组织和诉讼程序等。

法律系统的代码是法/不法(合法/非法)。这个代码是法律系统的基本结构性要素,属于法律的创生起点。首先,如前所述,鉴于人与人之间无法沟通,社会系统为了解决双重偶联性困境而涌现出来。法律系统作为社会系统的一个子系统,其功能是通过运用法律代码进行沟通,从而稳定全社会的规范性期待。从逻辑上讲,社会一旦运用法/不法这组代码判断事件,法律系统就得以创生,并由此而持续运作。这表明,政治权力解决冲突并不具有法律系统的性质,采取自力救济、临时性仲裁和调解方式处理纠纷,也不属于法律系统的运作方式。法律系统与非法律系统的区分标志在于是否运作法律代码。其次,法/不法这组代码界定了何者为法,何者为不法。这组代码也揭示了法与不法相反相成的关系:没有不法,法就无法存在;没有法,也无法判断何为不法。这样一来,法就是法与不法差异的统一,而这种统一中包含着悖论。第三,这组代码仅有二值,即正值(法)和负值(不法)。当某个事态符合或顺从系统的规范,则属于正值;反之,违反或偏离系统规范则属于负值。法律系统通过对代码正值的肯定和对负值予以否定,发挥稳定全社会规范性期待的功能。第四,二值代码排除了第三值,简化了对事态判断的复杂性。因为引入第三值或更多值,判断变得过于复杂,且会助长判断的任意性。二值代码让人联想到《易经》中的阴阳二爻,更让人联想到计算机 0/1 模式的二值代码。第五,代码是区分的产物。当人们观察法时,只有借助不法才能界定法。这种由区分所生成的代码,建构了法律系统,代码生成与法律系统的涌现乃是同一个过程。如果说双重偶联性困境催生了社会系统,那么,法律代码的建构则启动了法律系统。法律代码的展开使得法律的运作得以衔接。由此,法律系统得以持续运作。第七,由上述可见,法律不是源自神意、天理或道德,而是源于法与不法的区分。这揭示了一个秘密:法律的根源就是法律本身,法律就是法律系统视为法律之物。质言之,法律就是法律。第八,我们如果认为法律源于法/不法的区分,就产生以下一个问题:这种区分本身是法还是不法?这种追问致使法律代码的悖论显露出来。所谓悖论就是两难或二律背反,典型的例子是"说谎者悖论"和"理发师悖论"。人们对悖论感到不安,往往对悖论加以掩盖和转移。代码的纲要化就是转移悖论的重要方式之一。

  法与不法二值代码,界定了法律系统判断事态的基准。这一基准使得法律系统仅仅运用法律标准衡量事态,判断事态是否合法,而排除政治、经济、道德和宗教等非法律标准。与此同时,法律代码也决定了法律系统的沟通媒介和语言。法律系统仅仅把法律作为自己的意义,仅仅识别和理解运用法律代码的法律语言。

  然而,法律的代码毕竟过于抽象,不足以为多种多样的事态提供具体的判断标准。由此,法律系统的代码需要纲要化。所谓纲要化,就是把代码具体化、条件化或程式化,使之在判断具体事态中具有可操作性，确定哪些事态属于合法，哪些事态属于非法。在形式上，纲要主要是指立法。在类型上，纲要分为目的式纲要和条件式纲要。前者主要是指一些政策和原则性立法内容，后者是指采取"若……则/如果……就"形式的具体法律规则，更类似于计算机的执行程序。在司法中，目的式纲要只有转变为条件式纲要，才能用来判断事态是否合法。纲要充实了代码的内容，并使代码得以展开。这种对代码的展开及其所伴随的时间化，转移了代码的悖论，并使法律系统得以运行。在生成方式上，代码是基本的区分，而纲要属于诸多进一步区分。唯有借由诸多进一步区分，法律系统才能运作起来，进入持续的自创生再生产过程。法律系统在代码的结构形式中，体现不变性和统一性，在纲要的结构形式上，展现出可变性和多样性。与此同时，法律系统通过代码化和纲要化铸造了规范性。唯有借助这种规范性，法律系统才能发挥稳定全社会规范性期望的功能。

按照现代法理著作的一般说法，法律源于立法，立法源于民主的立法过程，而法院只是把立法适用于具体案件。哈特的规则法律观就属于这种范式。哈贝马斯认为司法商谈是运用性商谈，即把立法恰当地适用于具体案件。因此，哈贝马斯也属于立法中心论者。与哈特的重要区别在于，哈贝马斯更强调立法的正当性，即通过商谈民主程序和诉诸道德理由产生法律。德沃金认为，法律的内容除了规则，还有政策和原则；法律是一项解释事业；"法律帝国"的疆界由法官对规则、政策和原则的建构性解释所构成。在他构想的"法律帝国"中，"法院是法律帝国的首都，法官是帝国的王侯"。①

---

① 〔美〕德沃金：《法律帝国》，李常青译，中国大百科全书出版社1996年版，第361页。

论，法官运用了时间化机制，在法律系统中建构出一段当下时间，如诉讼期间就把一段时间悬置在"当下"。然后，法官基于当下而区分出过去和未来。法官的判决通过回溯过去，获得了历史性基础；通过展望未来，具有了目标性理由。这是法律系统一阶观察的运作逻辑。人们在二阶观察层次上就会发现，时间是一个流动过程，过去的时间已经过去，未来的时间尚未到来，只有过去与未来之分，并不存在一个凝滞的"当下"。而且，当下不等于过去的未来，未来的当下也不等于当下的未来。换言之，"当下"属于法律系统建构的系统时间，当下的过去和当下的未来也是建构的产物。这种诉诸时间化机制的时间建构，使得法官通过回溯过去和展望未来，为判决提供正当化理由，由此使不可决定之事得以决定。这种决定看起来顺理成章，正确无误。但人们只要注意到这种决定的时间化机制，就会发现判决实质上是一种决断，这种决断借助时间化机制转移了悖论，把决定的风险转移到未来。

转移决定悖论的另一个策略是论证，即对决定提供理由，使决定具有合理性和可接受性。然而，真相不是先有充足的理由，然后才做出决定，而是相反。论证理由是对决定的事后合理化。理由论证不过是借助另一个区分所得到的概念，转移了决定的悖论。例如诉诸理性和道德的理由，给人的印象是这两个概念比法律具有更高位阶，其实它们与法律处于相同的位阶。理性是理性/非理性之区分的产物，本身并没有根基。而且，这种区分本身就包括着悖论。同样，道德是道德/非道德之区分的产物，背后也没有根基，且存在悖论。实际上，任何概念都经不起无限溯根的追问，上帝亦经不住这种追问。质言之，决定是在诸可能性之间进行选择，而任何选显然，德沃金不仅认识到法律原则和法律解释的重要性，而且突出强调法院地位的重要性。卢曼比德沃金更进一步，认为法律是一个系统。这个系统在静态上是中心/边缘图式：法院是中心，立法是边缘。法律系统的中心封闭运作，边缘认知开放。法律系统在运作中，中心和边缘共同运作，但只有中心做出决定，而边缘无须做出决定。在动态上，法律系统除了中心和边缘之外，还涵括全社会一切运用法律代码进行思考和判断的事件与活动。这样一来，法律系统就是一个由沟通所建造的网络，这个网络的边界具有动态性，有时会覆盖世界社会。同时，法律系统在运作中，既会涉及原则，也会涉及解释，既会自我指涉地调用法律系统的一些要素，也会通过异己指涉的方式从环境汲取信息。

如果法律系统和环境都不变，那么，把既定的先例和立法对号入座适用于个案，判决就是一个很简单的事情。但社会变动不居，系统和环境都在变化，且如何变化具有不确定性。这样一来，法官把先例和过去制定的法律简单地适用于当前案件，就会产生问题。法官机械适用滞后的先例和制定法，不仅会阻遏法律系统的演化，而且会使法律系统失去对环境的感知能力。英美的判例法区分技术和欧陆的制定法解释都试图解决这种困局。在卢曼看来，法官这时所遭遇的是偶联性的困局，即法院在时间压力下必须做出判决，而面对选择的不确定性又难以做出判决。法官判决时面对许多选择，而选择的社会成效如何，是否能够符合全社会的规范性期望，处于不确定状态。在这种情况下，法官判决实质上是对不可决定之事做出决定。这样，做出判决的法官就是在诸多选项中进行决断。

对不可决定之事做出决定本身是一个悖论。为了转移这个悖择都具有偶联性。对决定提供论证理由不过是使用另外一些概念展开或转移了决定的悖论。法律论证的理由本身无法证明其正当性基础，故而不具有证成判决的功能。当然，从不同观察视角来看，法律的性质和功能也不同。在法律系统运作一阶观察层次上，法律系统的决定是把现行有效法适用于个案，而法律效力是固有值。在二阶观察层次上，法律论证通过为法律系统的决定提供理由，使决定正当化。在三阶观察层次上，法律论证自身存在悖论，无法使法律决定正当化，法律论证真正的功能是为法律系统提供冗余性，并增加法律系统的变异性。法律系统的冗余性有助于维持一致性，而法律系统的变异性则有助于自身的动态变化，并有助于同环境共同演化。法律系统的决定无疑以现行有效法律作为基础。但是判决具有决断性质，使得立法处于法律系统的边缘。所有立法都被预设为有效力。但这种效力只是潜在效力。法官在决定中会通过解释等方式，重新对法律进行效力赋予。"法律之所以有效，正好是因为它可能遭到变更"（p.578）。[1] 在一阶观察层次，法律因有效而得到适用。但在二阶观察上会发现，法律乃是因适用而有效。

法源位阶的拟制是转移决定悖论的另一种策略。按照这种拟制，法律依据位阶具有不同的效力等级，下位法服从上位法。但任何处于高位阶的概念都是区分的产物，都经不住关于其根源的追问。实际上，所有法源都处于相同位阶，而法源不是因其为法律而得到适用，而是因其得到适用而成为法源。

---

[1] 〔德〕尼可拉斯·鲁曼：《社会中的法》，李君韬译，中国台湾五南图书出版股份有限公司2009年版，第578页。本书正文中括号内页码，皆指该书页码，后不再一一注明。

程序在掩盖法律代码悖论上发挥了重要的作用。诉讼程序为法律系统设置了一个独立的时间。法律系统便充分利用这个特定的时间化机制，与环境隔离开来，形成独特系统时间。法律系统把受理诉讼到做出判决这段时间建构成"当下"，此前作为过去，此后作为未来。在"当下"这段时间中，法律系统制造并维持案件事实和判决结果的不明确性。这不仅可以悬置当事人之间的冲突，冷却全社会的情绪，而且会制造一种印象，即法律系统经过慎思明辨才能查明真相，实现个案正义。实际上，这是借助时间化机制的程序，把当事人的注意力集中到程序因素。通过鼓励当事人参与这种程序，使当事人体验这种程序的公正性和从这种程序中所产生结果的客观性与自然性，最终接受判决结果。与实体法和程序法的区分一样，事实与法律的区分，也是旨在转移决定的悖论。实际上，事实与法律之间存在解释的循环。

三、法律的功能和法律系统的反思与自我描述

像其他社会系统一样，为了解决双重偶联性问题，法律系统才涌现出来。全社会是一个期望体系，人们相互期望。例如，缔约一方期望对方履行合同，机动车司机期望行车中不受到其他车辆的碰撞，家居者期望不受闯入者的侵犯。然而，缔约者仅仅依靠对方的诚信，不足以保障合同履行；司机仅仅依靠小心行车，不足以保障不被碰撞；住户仅仅依靠自己的防范，不足以保障不受侵犯。这就需要规范性社会系统来稳定人们的期望，而法律系统就是这种规范

性系统。法律系统对合同的履行提供保障,或者要求违约者履行合同,或者要求违约者赔偿对方损失。法律系统确立了交通规则和违章行驶者的责任。法律系统禁止他人非法闯入住户。借助于规范性法律系统的存在和运作,人们在从事交易和其他活动时才具有安全感和可预期性。

　　首先,法律系统是一个规范性系统。在法律系统的装置中,不仅代码和纲要具有规范性,组织和程序也具有规范性。这种规范性法律系统所做出的判决,具有较高程度的连续性和可预测性。相比之下,首领裁判、大众审判和民间调解,显然不具有这种规范性和稳定性,因此所做出的裁决具有临时性和任意性,无法稳定全社会的规范性期望。其次,法律系统封闭运作,不受环境的干扰,以反事实的方式维持自身的规范性。换言之,无论全社会道德诉求多么强烈,政治压力多么强大,经济呼求多么紧迫,法律只要觉得没有必要予以回应,就可以按照既定方式,是其所是,非其所非。此时,全社会针对法律系统的道德诉求、政治压力或经济呼求,都只能作为认知性期望,在失望后只能通过学习加以调整或改变,或者从环境之维激扰法律系统。最后,法律系统并不是铁板一块,而是始终保持认知开放,具有学习能力。法律系统为了实现功能,常常会对环境的激扰保持一定的敏感度,动态地感知全社会对法律系统的规范性期望,并对这种期望予以必要的回应。正是在上述意义上,卢曼认为"法律系统是全社会的免疫系统"(p.182)。

　　"法律系统是全社会的免疫系统"这个表述具有以下寓意。第一,法律系统是规范性系统,它对偏离规范的行为说"不",并予以制裁,由此防止社会陷入混乱。第二,冲突是社会的寄生"病菌",

其产生的原因各种各样。双重偶联性会导致这样的期望困境："你不做我想要你做的事，我就不做你想要我做的事"。这种期望困境催生了作为社会子系统之一的法律系统。法律系统以时间化的机制和借助于中立第三方的体制性安排，把期望一般化，在履行稳定全社会规范性期望的功能中，取得控制冲突和解决纠纷的成效，从而抑制冲突蔓延和加剧，缩小"病菌"感染范围。第三，人体无法预料会有何种病毒出现，免疫系统作为一个预备的系统在事后启动，有针对性地抵制和消灭病毒。同样，法律系统也无法预见社会将发生何种冲突和纠纷，因而它作为一种免疫系统的配备，以事后启动的方式"对症杀毒"。第四，法律系统借助程序化和时间化的机制，建构出与环境的不同时间，有助于冷却人们的情绪，缓解社会冲突。第五，与首领裁判和大众审判相比，法律系统的决定不受关系和情感的影响，更容易被全社会接受。第六，全社会的期望多种多样，常常相互冲突。如果完全满足所有期望，社会将陷入混乱。法律系统对于环境的激扰具有"免疫性"，即是否对激扰做出反应以及如何反应，不取决于环境，而取决于自己的判断和决定。换言之，法律系统仅仅对于自己认为有必要回应的期望，才予以回应（pp.182—183、pp.621—624）。[①]

应当强调指出，全社会的功能子系统各有不同的功能，每个子系统都仅仅具有一种功能，且都针对全社会履行该种功能。法律系统也只有一种功能，即稳定全社会的规范性期望。但由于法律系统的代码不同于作为其环境的其他系统，因而法律系统的功能无法在

[①] Niklas Luhmann, *Social Systems*, Trans. By John Bednarz Jr., with Dirk Baecker, Standford University, 1995, pp.369—377.

全社会直接实现。法律系统的功能在全社会的实现程度，往往取决于全社会的接受程度，正如药物的功能在我们人体的实现程度，取决于人体的吸收程度。因此，系统的功能经过环境的"过滤"，最终在环境所产生的效果便只能是成效。系统的一项功能往往会在环境中产生多项成效，正如食物的功能在人体也可能产生多项成效——食物为人体提供必要的营养，有时还会产生治病成效。解决冲突不是法律系统的功能，而是法律系统功能的成效之一。法律系统的功能还具有维护和平秩序、保证交易安全、保护公民权利以及惩罚犯罪等成效。就此而言，我们只有同时考虑到功能和成效，才能说法律系统是全社会的免疫系统。

在古希腊，司法女神即正义女神。这表明法律与正义具有密不可分的内在关联。同时，在古希腊以后，正义的概念尽管经历了复杂的变化，但始终与自然法概念密切联系。换言之，承载着正义的自然法在位阶上高于实在法，这种观念在近代自然法时期达到了高峰。根据这种观念，只有符合正义的实在法才具有正当性。然而，随着现代国家的建立，法律开始实证化，自然法逐渐隐退。由此，实在法的正当性常常引起争论和受到质疑。

韦伯认为，随着"祛魅"和价值多元化，只有"价值无涉"的形式理性法律，才能为目的理性行为的个人行为和结果提供预测尺度。因此，现代法律的发展趋势必将是法律与道德等正义价值相分离。哈特的规则法律观和"法律与道德"相分离的主张，也否定了法律以正义为基础。但是，针对法律的合法性基于合法律性这种观点，哈贝马斯提出了反对意见。他尝试在商谈论的基础上重构法律的正当性。他认为，法律只有产生于商谈民主的程序并具有可接受的论证理由,才具有正当性。在他提出的论证理由中,道德理由具有基础地位,是正义的同义语。因此,哈贝马斯主张,法律应与道德相符,而不应与道德相悖。德沃金强调原则优于政策和规则,正义优先于善,从另一个角度重新确立了正义对于法律的优先地位。

关于法律与正义的关系,卢曼从系统论法学的角度提出了新的模式。首先,法律系统以法/不法作为代码。这使法律系统的运作只考虑事态的合法与非法,而不考虑正义与非正义。同时,在全社会中,无论是流行的正义观,还是道德和伦理等价值,都存在于法律系统的环境中。这些处在环境中的价值可能对法律系统进行激扰。法律系统一旦把来自环境的激扰作为信息加以理解,正义就进入法律系统之中,成为法律系统的组成部分。然而,那些没有被法律系统所理解的正义观无论多么重要,都不能成为现行有效法,更不能支配法律系统的运作。法律系统是否和多大程度理解并汲取作为环境中的正义价值,取决于法律系统本身的决定。换言之,法律系统与正义的关联具有偶联性。

其次,司法判决需要诉诸过去和展望未来。但当下的过去常常是对过去的选择性重构,而未来的预设也往往无法兑现,因为当下的未来不等于未来的当下,即未来的当下可能并不受先例拘束。因此,司法判决的连续性实际上无法保障。与此同时,立法属于政治系统,也属于政治系统与法律系统结构耦合的领域。立法在政治系统通过之后,就出现"结构漂移"的效应,即"漂移"到法律系统中,成为法律系统的组成部分。立法在法律系统中处于边缘位置。系统边缘在保持认知开放观过程中,会比中心承受更多来自环境的激扰。同时,立法多是政治力量博弈和利益妥协的产物,往往难以保持前后一致。立法机构的频繁更替加剧了立法的前后冲突。法律系统要能稳定全社会的规范性期望，就必须保持统一性和一致性。代码虽然有助于法律系统维护统一性，但代码本身存在悖论。代码的纲要化在一定程度上转移了代码的悖论，但从政治系统"漂移"过来的纲要缺乏统一性和一致性。因此，法律系统不得不在二阶观察的层次上进行反思，即反思自己是否有效履行了稳定全社会规范性期望的功能。这种反思是一种自我期许，即法律系统把全社会对它的期望予以内在化，对全社会的规范性期望抱持规范性期望。法律系统在这样做时，重新置入正义概念。但这个置入法律系统的正义概念本身也是区分的产物，无法作为法律系统正当性的基础，只能保持其形式特征，即同案同判、异案异判。法律系统的反思任务由法院来执行，作为二阶观察针对纲要进行反思。换言之，法院只要做到了同案同判、异案异判，就视为保障法律系统的正义性。正义性不再是判决的正确性和正当性，而是意指法律系统的统一性和一致性。这样一来，法律系统并不追求实体正义，而在于符合形式正义。法律系统只要确保这种形式正义性，就能够发挥稳定全社会规范性期望的功能。

最后，在二阶观察层次，法律系统进行反思的功能是保障法律系统的统一性和一致性。但采取三阶观察的视角就会发现，法院代表法律系统在二阶观察层次进行反思，致力于同案同判、异案异判，实际上是把正义作为偶联性公式。因为司法判决在时间的流程中，是否同案同判、异案异判，具有偶联性。与此同时，法律系统是否和如何汲取环境中的正义价值，也具有偶联性。换言之，在法律系统运作的一阶观察层次，系统只认法／不法之代码，"眼中"无法律之外的东西（包括正义），即只遵循现行有效法。那些环境中的正义，无论是通过结构漂移（纲要）的方式，还是经由法律系统异己指涉的途径，一旦进入到系统中，都被吸收和改造为法律形式，就如环境的消息吸入系统之后成为信息，南瓜进入人体成为身体的营养，就此而言，进入法律系统的正义已不再是正义。法律系统在运作中当把正义作为决定的论证理由时，不过是转移决定自身的悖论，是一种系统内部的操作。一旦对正义本身进行观察，就会发现正义也是区分的产物，也存在悖论。

人们对法律系统所进行的学理性描述，称为法律系统的描述，法学著作就属于这类描述。人们对法律的自我描述可分为外部描述和内部描述。卢曼具体阐释了这两种描述的特征，并巧妙地构思了这两种描述之间的关系。

外部描述是指人们从法律系统外部的视角对法律系统进行描述。外部视角可以是政治、经济或文化视角，也可以是历史、社会学或文学视角。无论如何，外部描述都会采取特定的视角。人们一旦采取外部视角，就必定会运用非法律的代码观察和分析法律系统，例如从政治的视角观察，就会发现法律是主权者的命令；从经济的代码出发，就会发现法律是实现经济效益的工具；从文化视角出发，就会发现法律运载特定民族或族群的意义；从历史观点分析，就会发现法律体现着民族精神。文学视角的法律描述通常采取道德的立场，因而展现在狄更斯笔下的英国法混乱不堪，而卡夫卡的《审判》则展现了一幅法律讽刺画：专为乡下人敞开的法院大门，而乡下人却始终难以进入。总之，外部视角对法律的描述更多的是批判和贬抑。

内部描述是指人们在承认法律代码的前提下描述法律，这主要包括法律教义学和一些法理学著作，例如哈特的《法律的概念》就是一部从内部视角描述法律的著作。内部视角对法律的描述，虽然也会对法律持批判态度，但这些批判只是为了维护法律内部统一性，而不会像许多外部描述那样否定或颠覆整个法律体制。内部视角的描述通常会强调法律自主性，排斥政治、经济和道德对法律的干预和支配。

无论是外部描述还是内部描述，都是探求真理的学术活动，都运用了科学系统的代码，因而学理性描述属于科学系统。历史上，人们或者采取外部视角描述法律，或者采取内部视角描述法律。法律社会学从外部视角描述法律，仅仅把法律作为事实，而看不到法律的规范性。在这种外部视角下，法律系统只能是一种比较模糊的环境图像，无法看清内部的图景。因此，外部视角的描述无法真实反映法律系统，更无法与法律系统相一致。另一方面，法律教义学和法律实证主义从内部视角出发，仅仅把法律视为规范，而无法顾及其事实性，然而法律内部的事实与法律的区分不过是一种操作方式。实际上，法律系统内部的事实由规范所建构，法律事实本身就具有规范性。

鉴于上述两种描述都存在缺陷，卢曼构思出自己描述法律的独特方式。他同时采取外部视角和内部视角描述法律系统。一方面，他从科学的角度对法律系统进行描述，把法律系统作为一种事实，进行二阶观察。另一方面，这种描述依循法律系统的代码，与法律系统适相契合。他把这种契合称为科学系统与法律系统的结构耦合，即科学系统对法律系统的描述同时可以扣连到法律系统之上，作为法律系统的自我描述。通过内部视角,自我描述呈现了法律系统的结构要素和不同层次的具体运作方式;外部视角的描述,从三阶观察层次揭示了法律系统论证、反思和自我描述的功能,也揭示了法律系统中代码、纲要和论证存在悖论。法律系统的自我描述既然作为法律系统的组成部分,就成为法律系统的一种运作方式。这种运作方式不是做出决定,而是通过对法律系统的观察和描述,成为法律系统统一性和一致性的反思机制。当然,这种学理性反思不同于法院代表法律系统所进行的反思。

四、法律系统与全社会

法律与全社会的关系,在横向上涉及法律系统与全社会系统及其子系统的关系,在纵向上涉及法律系统和全社会未来的演化趋势。

关于法律系统与其他社会子系统的关系,我们在讨论系统与环境的部分已经有所涉及。但那些论述着眼于系统异己指涉视角下作为环境的其他社会子系统。我们如果着眼于全社会就会发现,不同的社会子系统乃是处于并列的内/外关系,这一点在功能分化阶段的社会子系统之间表现得尤为突出。这类似人体细胞之间和不同系统之间的关系。各个社会子系统具有自己特定的代码,仅仅承担并执行全社会的一项功能。法律的代码是法/不法,对全社会的事态做出是否合法的判断,从而稳定全社会的规范性期望。政治系统的代码是执政/在野,负责做出具有集体拘束力的决定。经济系统的代码是支付/不支付,其功能在于解决物质资源的稀缺性。科学系统的代码是真理/非真理，承担全社会的知识生产和创新。因此，按照系统论的逻辑，法律的归法律，政治的归政治，经济的归经济，科学的归科学，正如上帝的归上帝，恺撒的归恺撒。全社会不同子系统都具有自己的特定时间。相比之下，法律系统慢于政治系统，而科学系统的新发现更具有偶联性，因而慢于法律系统。

法律系统与全社会形成了较为复杂的关系。其一，法律系统是全社会的功能子系统，就此而言，法律系统在全社会之中，仅仅执行全社会的一项功能。因此，法律系统小于全社会。其二，法律系统与全社会之间是系统与环境的关系，两者处于并列地位，并无高下大小之别。其三，法律系统所涉及的环境，除了全社会，还有心理系统和有机系统，在这个意义上，法律系统所涉及的范围多于全社会。全社会的不同功能分别由各个功能子系统承担，而每个功能子系统的运作都是在以各自的方式执行着全社会功能。这样一来，全社会所有沟通都是基于各个子系统的代码，就无须具有一个总体代码。

在系统与环境的关系中，较为理想的状态是系统对环境保持敏感。但系统的运作受到自身代码的约束，便可能对环境的激扰缺乏敏感性。不同系统之间的结构耦合在一定程度上解决了这个问题。所谓结构耦合是指两种事物共享一个结构，如全社会系统及其各个子系统都与心理系统存在结构耦合。这方面更通俗的例子是客厅和书房使用同一个空间，有机系统和意识系统使用同一人脑结构。结构耦合也指一种事物共存于不同的系统中，如立法共存于政治系统和法律系统中，合同共存于经济系统和法律系统中。在这种情况下，一种事物因其所在的不同系统而执行不同的功能。例如，在政治系统中，立法服从政治代码，作为具有集体拘束力的决定形式之一；在法律系统中，立法则服从法律代码，以纲要的形式作为现行有效法的一种形式。同样，经济系统中的合同和法律系统中的合同也履行不同的功能。不同系统对于结构耦合的事物，会保持高度的敏感性。例如，法律系统对合同的改变，对经济系统中的合同会产生强度激扰，而经济系统往往会对这种激扰做出反应。有时，结构耦合会造成共振效应，例如立法就可能在政治系统与法律系统造成共振。结构耦合有助于系统与环境之间的互动，使系统面对环境的激扰易于做出选择，即对环境中属于结构耦合领域的变化保持敏感，并做出回应，而忽略其他各种环境噪音。但是，结构耦合并不意味着两个系统融为一个系统。两个系统仍然是系统与环境的关系。

全社会经历了片段式分化、层级式分化和功能分化阶段。社会随着分化，复杂性增加，而复杂性的提升，系统的结构形式也发生了变化。这一切都是演化的成就。但是，社会各个子系统的演化并不同步，所覆盖的范围也不相同。顾名思义，社会系统乃是着眼于社会世界，而社会世界是指全人类意义的世界社会。直至今日，只有科学系统中的自然科学领域，才真正超越了国界，覆盖范围遍及世界社会。全球化的经济系统也具有超越国界和覆盖世界社会的趋势，其中的金融子系统尤其如此。法律系统虽然在很大程度受到国家主权和疆界的限制，但国际法、跨国法、欧盟法、超国家法以及全球法的涌现和发展，加上世界各国法律呈现出的某些共同趋势，如司法的地位日益突出，尤其是人权及其人权法的发展，都表明存在世界性"法秩序"。然而，政治系统中的国家仍然受到地域的限制和分割，无法在世界社会统一运作。这样一来，国际法、跨国法、超国家法和全球法以同样方式激扰政治系统，而不同国家却会做出不同的反应，例如国际人权法在各国实施的情况就千差万别。同样，日益全球化的经济系统却因受到不同国家经济体制的影响，市场也无法在世界社会范围统一运行。

另外，世界各个国家和地区的演化也不同步，有些国家已经进入功能分化阶段，有些国家处于层级式分化阶段，还有一些族群仍然停留在片段式分化阶段。从理想层面讲，功能分化时期的各个功能子系统应该将所有的人都涵括其中，并覆盖世界社会。但由于世界不同国家或地区处于不同演化阶段，人们的生活条件和能力大不相同。因此，许多人都被系统所排除。例如，处于自给自足经济条件下的人们，被以货币为媒介的经济系统排除，因家庭贫困而失学的孩子被教育系统排除，文盲被科学系统排除在外，非法移民则被政治系统的特定国家排除在外，而卡夫卡笔下那些无力聘请律师的"法盲"农民，则被法律系统排除。

有人认为，当代社会是风险社会。这种观点产生了广泛影响。但卢曼认为，人们之所以认同"风险社会"的说法，有各种原因。科技发展固然带来了许多人为风险，如核战争和核污染风险、机动车事故风险，以及农药和化肥的广泛使用对人体健康的风险等。但人们"风险"意识的增加主要源于以下两个因素。一是风险的归因发生了变化。在传统社会，人们往往把灾难归因于神灵的惩罚或不可避免的命运。但在现代社会，人们则往往把灾难归因于某个（些）人或某个（些）组织机构的决定。二是在传统社会，遭受灾难的人们往往自己承担后果，而现代社会中发生了灾难，则需要有人负责，或由风险制造者负责，或由社会为其提供救济。在卢曼看来，正是风险的可归因性和可归责性，才使得人们对风险特别敏感，才使得风险问题成为一个热点问题。①卢曼认为，人们却忽略了一种风险，即系统决定的风险。如上所述，系统借助时间化的机制，才使得不可决定的事物得以决定，才使得程序化的决定变得具有可接受性。系统运用时间化的机制虽然转移了悖论，推移了决定的风险，但并没消除风险，而是把风险推至未来。例如，法律系统在当下做出的决定可能制造了未来的风险。同时，某个系统往往运用时间化的机制把压力转给另一个系统。例如，在强烈的福利要求下，政治系统颁布大量福利立法，然后转移给法律系统。法律系统为了减缓压力，满足全社会的规范性期望，也会通过大量判决确认根据福利立法提出的要求。但是，这些确认福利权利的判决需要政治系统予以执行，而政治系统往往并不具备执行这些判决所需要的充足资源。这样一来，政治系统的福利立法实质上是给自己的未来制造了风险——一种不可承受之重。

五、卢曼法律系统论的得与失

卢曼在《社会系统》的基础上，通过《社会中的法》一书全面、细致地描述了法律系统。他的法律系统论与所描述的法律系统具有同构的性质。像其他具有重要影响的法学理论一样，卢曼的理论颇具创意，令人耳目一新，获益良多。但他的系统论法学也存在一

---

① 参见〔德〕Geore Kneer, Armin Nassehi：《卢曼社会系统理论导引》，鲁贵显译，中国台湾巨流图书公司 1998 年版，第 220—236 页。

些局限和缺点。

第一，卢曼的法律系统论建立在他的社会理论基础之上。他的社会理论不仅融合了社会学、逻辑学和法学等社会科学成果，而且运用了物理学、生物学和心理学等自然科学的成果。由此，他的理论视野广阔，思维严密，论述严谨。更为重要的是，卢曼的系统论法学预示了新科技发展对传统法律理论和实践的挑战，并展示了新型法律范式的优势和局限。

第二，卢曼的法律系统揭示了各种法学理论的固有缺陷。例如，概念法学和法律规则论过于简单，忽略了法律系统与环境的关系。历史法学过于重视法律的不变之维，忽视了法律的动态变化。自然法理论在论证自然法作为实在法的基础时，忽视了自然法概念的建构性质和自身存在的悖论。经济分析法学把法律作为实现经济效益的工具，忽略了法律系统的自主性和其他维度。批判法学从外部视角观察法律，看到了法律内部存在矛盾和冲突，从而解构法律，失去了法律系统的内部视角，忽视了法律系统自身的结构和运作机制。卢曼的法律系统论兼顾了系统与环境的关系，系统运作保持封闭，认知保持开放。这样，法律系统既可以维护自主性，又能同环境保持互动。法律系统通过时间化和制度化的机制，解决了人际无法沟通的双重偶联性困境，稳定全社会的规范性期望。在持续运作和演化中，法律系统成为一种高度复杂的法律"装置"——既具备法律概念和规则，又配有法律组织和和诉讼程序。这种法律装置以自我指涉的递归方式运作，从而实现法律的自创生再生产。同时这种法律装置以异己指涉的方式观察和回应环境，从而降低了决定的复杂性。这种法律装置还以回溯过去和展望未来的方式决定当下事态，从而转移了当下事态不可决定的悖论。卢曼的系统论兼顾结构和功能，但不是结构决定功能，而是功能决定结构。这样，法律系统与环境在与时俱进和共同演化中，功能根据需要而型塑结构。就此而言，"法律系统""是一部历史机器"；这部机器的"每个自创生的运作，都会改变系统，将这部机器转移到另一种状态"（pp.79—80）。这样一来，韦伯意义上结构决定功能的"法律自动售货机"，[1]就被卢曼提升为功能决定结构的"法律变形金刚"。

"法律变形金刚"的隐喻暗示了法律如何自我改变具有偶联性，而法律与环境的关系也具有偶联性。环境对法律系统进行激扰，这对法律系统制造了噪音，但也为法律系统从环境中汲取信息和能量带来了机会。没有环境的激扰，法律系统可能陷入惰性，甚至会因为失去能量补充而趋于坍缩，最终陷入无序。正是从这个意义上，卢曼才用"噪音出秩序"[2]这句名言，概括"系统'从噪音当中'理出'秩序'"[3]的现象。系统与环境存在因果关系，但这是观察者事后归因的结果，系统事前并不知道是否或如何回应环境的激扰。同样，系统的过去与未来也存在因果关系，但过去是否影响或如何影响未来，系统事前不得而知，只有实际影响发生之后，人们才能这样归因。在卢曼看在，系统内部的每个运作衔接都具有偶联性，系统与环境的关系也具有偶联性。质言之，偶联性是源自事物的复杂

---

[1] 〔德〕韦伯：《法律社会学》，康乐、简惠美译，中国台湾远流出版事业股份有限公司 2003 年版，第 357 页，该译本称为"自动贩卖机"。

[2] Niklas Luhmann, *Social Systems*, Trans. By John Bednarz Jr., with Dirk Baecker, Standford University ,1995, p.178.

[3] 〔德〕玛格丽特·博格豪斯：《鲁曼一点通：系统理论导引》，张锦惠译，中国台湾暖暖书屋文化事业股份有限公司 2016 年版，第 80 页。

性，是所有系统及其子系统的演化规律，也是世界一切事物存在、演化和彼此联系的法则。偶联性意味着不确定性，拒斥社会演化的线性进步观和历史发展的必然性。法律系统无法消除偶联性，只能通过化约复杂的运作过程降低结果的或然性。总之，卢曼通过建构性地描述社会系统涌现的必要性和系统与环境的关系，对霍布斯提出的"秩序如何可能"之问题，做出自己的独特回应。

第三，卢曼的法律系统论以社会作为观察和阐释对象，建构出社会世界。社会世界是超族群和民族或国家的沟通网络空间。这就比以国家为视域的法学理论具有更广阔的视野，并更具有前瞻性。国家不过是特定历史阶段的产物。它的产生和发展乃是符应于政治系统的功能需要。国家的地域性和在层级式分化阶段所具有的中心地位，阻碍了社会的功能分化，并成为建构世界社会的障碍。系统论法学展望的是世界社会图景，有助于反思地域性国家的局限，也有助于从社会的角度建构全球秩序。在卢曼的理论中，系统/环境图式所构成的社会世界替代了国家中心主义，以内/外关系替代了传统的中心/边缘社会治理模式，并超越了层级式分化阶段的上/下统御模式。社会世界的特征不是统一而是分化与差异，不是支配而是共存与互动。在全社会系统中，每个功能子系统仅仅承担全社会的一项功能，从而可以避免某个系统作为全社会的统合中心，负担过重。

第四，卢曼系统论揭示了司法在法律系统的中心地位。长期以来，立法中心论一直占据主导地位。卢曼认为，立法中心论旨在避免"法官造法"的理论窘境，而法律来自民选机构和民主过程，则在逻辑上显得顺理成章。但英美法和欧陆法的晚近发展趋势都显示出，法院才是法律系统的中心。立法只有在司法中得到适用才有实际的效力，否则，立法不过是"书本之法"。换言之，法律不是因有效而得到适用，而是因得到适用而有效。包括宪法在内的立法无论多么完美，如果不具有可司法性，就不是"行动之法"。在卢曼所描述的法律系统中，法律产生于法律系统的代码；法律系统在运作中实现自创生再生产。法律既然源自法律自身，就无须在法律之外寻找源头。法院或法官是法律系统的组成部分，扮演功能角色的法院或法官活动属于法律系统的运作。

第五，当今世界网络法的权威美国学者莱斯格教授，根据代码在网络空间所发挥的重要作用，提出了"代码即法律"的命题。[①] 与此同时，德国学者卢曼基于控制论、计算机、生物学以及逻辑学的研究成果，指出了法律即代码的观点。[②] 上述两个命题从不同角度对法律的概念进行了重构。(1)在网络空间和作为社会子系统的法律系统中，法律与代码具有同质性。(2)法律代码类似计算机代码，是人为建构的结果。在网络空间中，编码师是立法者；在法律系统中，法律系统是建码者。(3)代码性质的法律或法律性质的代码，都具有技术的特性，它们本身"价值无涉"，并不以道德和伦理作为基础，甚至与道德和伦理没有必然关联。(4)作为法律的代码和作为代码的法律都不同于国家法，不是自上而下强加的准则或规则，而

[①] 〔美〕劳伦斯·莱斯格:《代码2.0：网络空间中的法律》，李旭、沈伟伟译，清华大学出版社2009年版。该书第一章的题目就是"代码就是法律"，参见第1—9页。莱斯格教授指出，"代码就是法律"这个命题是由约耳·芮登博格（Joel Reidenberg）在信息法学研究中第一次提出，参见前书第6页。

[②] 参见〔德〕尼可拉斯·鲁曼:《社会中的法》，李君韬译，中国台湾五南图书出版股份有限公司2009年版，第四、五章。

是社会中自己生成的沟通协议架构。卢曼的法律系统论揭示，法律系统的基础是代码，而这个代码是法/不法之区分的产物。基于这个代码，法律系统建构起来，并以自我指涉的方式持续运作。由此，卢曼指出了法律的真实根源，即法律产生于法律代码，即法律源自法律本身，是建构之物。由此，他对"法律是什么"这个问题做出了独特的回答：法律就是法律。卢曼这个法律概念颠覆了历史上所有本体论进路的法律渊源理论和法律概念。然而，"法律就是法律"毕竟是个套套逻辑，法律代码意涵"自我指涉的递归性"和对"不可规定"事物之规定，[①]人们会对这个自我指涉的套套逻辑及其悖论感到不安，因为其背后存在悖论。于是，人们便想方设法掩饰或转移悖论。

为了掩盖或转移悖论，人们便使用另外一组区分，如主张法律基于神意或道德。然而，神意或道德也是区分的产物，自身也存在悖论。卢曼认为，所有概念都是区分的产物，都存在悖论，彼此之间并无位阶关系。人们一旦认识到这种真相，就不会回避悖论，把悖论作为一种"禁忌"，而是会把悖论作为"系统的圣地"（p.356），奉为神圣的图腾：这个圣地的神性具有多种形态，差异的统一，自我指涉的反身性，不可界定性的可界定性，以及无根基的自我正当化。在卢曼的系统中，如同演化和偶联性等基础概念一样，自我指涉、反身性和悖论概念也反复出现。所谓自我指涉是指自己作为自己的对象，而反身性是指某种理论能够套用到自身，从自身出发又返回自身，一种飞去来器的效应。自我指涉与反身性以及套套逻辑

---

① 〔德〕尼克拉斯·卢曼：《社会的宗教》，周怡君等译，中国台湾商周出版：城邦文化事业股份有限公司2004年版，第160页。

具有相同的意涵，所不同者，是语境存有差别，自我指涉是系统/环境在"再进入"的观察中复制了系统所产生的现象。反身性是指系统适用于自身的观察，如对沟通的沟通，也是指系统受自身引导和控制的过程。套套逻辑是从逻辑学上指称自我指涉现象，"纯粹的自我指涉总是套套逻辑"。① 自创生是指系统自我繁衍和维持再生产的特性。根据法律系统的自我指涉和反身性特征，法律就源于法律自身，法律的效力就是法律系统所赋予，法律就是法律系统视为法律之物。卢曼从不同的观察层次揭示了法律系统存在的悖论，并指出了悖论在法律系统中的功能及其法律系统去悖论的方式。在指出法律具有自我指涉和自创生的性质之后，卢曼认为法理学的重点不应再纠缠"法律是什么"这个问题——因为法律就是法律，而应观察和描述法律系统如何运作和怎样在自创生中履行功能。卢曼《社会中的法》重点就在于描述法律系统如何运作和在运作中履行功能。系统功能如果说"是观察者的建构"，② 那么，意义就是系统一种内在的体验。观察者只有"移情潜入"系统内部，才能"体验"到系统在运作过程中的意义。

另外，卢曼认为，任何观察都只能基于特定的区分，因而都具有盲点，只有观察的观察者才能发现这种盲点。由此，卢曼批判了原旨主义的概念论和形而上学的本体论，揭示了事物的多面性和相对性，突出强调了多元视角真理观的重要性。经过卢曼的点拨，我

---

① Niklas Luhmann, *Social Systems*, Trans. By John Bednarz Jr., with Dirk Baecker, Standford University ,1995, p.218.

② 〔德〕尼克拉斯·卢曼：《社会的宗教》，周怡君等译，中国台湾商周出版：城邦文化事业股份有限公司 2004 年版，第 154 页。

们就很容易理解不同法学派之争乃是由于观察视角不同。这也让我们想到盲人摸象的寓言。

卢曼的系统论法学尽管具有上述可取之处，但他的系统论法学及其所建构的法律系统，也存在一些局限和缺陷。

第一，卢曼的系统论运用系统/环境的区分图式观察和描述全社会，无疑会失去其他观察视角，而这种视角不仅看不到自己观察的盲点，而且看不到其他视角所能看到的社会图景。卢曼在他的著作中承认这种观察视角的局限。卢曼主张，在现代功能分化阶段，各个社会子系统功能不同，但地位并无差别。但常识告诉人们，在迄今为止的现代社会中，各个子系统在地位上存在着不容忽视的差别。例如，在全社会的各个子系统中，政治、经济和法律系统的地位显然更高一些，而政治系统比法律系统的地位也明显更高一些。同时，根据卢曼的系统论，基于代码区分而涌现出来的系统要么全有，要么全无。但系统演化的实践过程并不符合这种逻辑。卢曼系统论法学的阐释者托依布纳（Teubner）就认为，实践中的法律系统存在着自治程度之别，即存在着半自治和全自治的法律系统。[①] 换言之，法律系统封闭运作只是一种理想状态，现实中的法律系统往往会由于受到政治等因素的干预或控制，运作上达不到完全封闭的程度。

第二，卢曼的系统论具有韦伯理性的背影。在韦伯看来，现代社会必然是形式理性行为占据主导地位。与此相应，形式理性的法律也会成为主要法律类型。但韦伯对于主观权利进入客观法"铁

[①] 〔德〕贡塔·托依布纳：《法律：一个自创生系统》，张骐译，北京大学出版社2004年版，第44页。

笼"的悖论，以及现代化过程"祛魅"所导致的意义丧失，始终深感忧虑。帕森斯认为，基于文化共识的社会系统可能解决人际无法沟通的问题，但他的系统仍然没有摆脱社会学领域长期以来的"行动/行为范式"。换言之，韦伯和帕森斯都没有摆脱人的主体性观念。卢曼则在帕森斯的基础上，建构了以沟通为单元的社会系统。他的社会系统具有社会技术的明显特征。在社会系统中，人不是主体，只是系统的环境。同时，系统处在不断分化过程，分化意味着进一步的区分，而区分则意味着涵括和排除。人们虽然可能被系统涵括其中，但人们参与系统需要条件，许多人由于资格或能力欠缺而实际上被系统排除在外。此外，卢曼也指出，法律系统在以时间化机制转移悖论的过程中，把决定的风险转移到未来。凡此种种都足以表明，这种去主体的系统论具有反人文主义的气质。晚近科技的发展，尤其网络技术、虚拟现实和人工智能的发展，法律的技术性和算计性特征越来越突出，各种体制操控这些技术和算法的趋势也越来越明显。人们日渐担心，从法律形式主义的"自动售货机"提升为黑客帝国式"变形金刚"，对人的自由和公民权利的侵害会不断增加。由此，我们在阅读卢曼系统论法学过程中，应重申和捍卫人文主义的基本价值，警惕和防范法律系统的潜在风险。

第三，卢曼的法律系统论主张，法律的正当性源于自身。换言之，事实有效之法就是规范有效之法。这样一来，在一些法律系统不完善和政治上缺乏民主的国家，不再追问法律的正当性基础，就可能放纵恶法之治。哈贝马斯反对把法律的事实性等于有效性。他认为只要激活人们的交往理性，通过以理解为旨向的人际沟通达成共识，诉诸商谈的民主程序和道德理由，就能够产生合法之法。

卢曼强调人际不能沟通，故而需要具有沟通能力的法律系统；哈贝马斯强调主体间能够沟通，因而不需要法律系统。在哈贝马斯那里，法律非但不是系统，而且它作为全社会的交往媒介和值得遵守的规范，具有抵御政治系统和经济系统导控的功能和意义。笔者以为，人际之间是否能够沟通及其沟通的力量很大程度上取决于如何定义"沟通"。强调人际绝对不能沟通或完全能够沟通，可能都失之偏颇，真理也许在卢曼与哈贝马斯的主张之间。哈贝马斯的法学理论比较理想，而现实更接近卢曼的理论。但是，我们如果默认现实中的法律事实性，失去对法律事实性的批判和对法律理想之维的追求，就可能沦为不正义之法的牺牲品。

第四，读者会发现，卢曼的法律系统自我描述的概念暗示，《社会中的法》一书既属于科学系统的法律社会学，又是对法律系统的自我描述。但我们并不清楚，他所描述的"事实"，在多大程度属于真实世界的事实，又多大程度属于他所建构的事实？

第五，在法律系统论和其他著作中，卢曼所使用的概念过于抽象，他所建构的概念关系也过于复杂。卢曼还使用了大量经他改造的自然科学概念。所有这一切都增加了读者的阅读障碍和理解难度。

在汉语世界，台湾学界最先关注卢曼的著作。鲁贵显教授、汤志杰博士和李君韬博士等台湾社会学和法学学者率先翻译了一批卢曼的著作。随后，中国内地的一些学者开始关注卢曼的理论。北京大学张骐教授率先把卢曼理论传人托依布纳的《法律：一个自创生系统》译成中文（2004年），使读者从中了解到卢曼系统论法学的一些内容。2006年，宾凯先生以《法律如何可能：通过"二阶观察"

的系统建构》为题的博士论文，取得了博士学位。这篇博士学位论文是汉语世界第一篇系统研究卢曼系统论法学的论著。后来，他把卢曼的《法社会学》译成中文。稍后，泮伟江、陆宇峰和祁春轶等内地青年学者相继开始研究卢曼的系统论法学。上述学者的研究取得了丰硕成果，使得卢曼的理论在汉语世界影响越来越大。华东政法大学和我所在的法学院还开设了解读《社会中的法》课程，很多学生对卢曼的法学理论产生了兴趣。但是，读者面对卢曼的庞大的理论体系和复杂的概念关系，往往会望而生畏。为此，我们联络内地同道，对《社会中的法》进行解读。这个台湾译本在一些译名上反映了当地特色，我们根据内地的表述习惯和读者的阅读习惯，对一些关键词的译名进行了变通，例如我们把"符码"改为"代码"，把"自我再制"改为"自创生"，以及把"吊诡"改为"悖论"，请读者诸君留意这些译名的改变。

为了便于读者理解卢曼的系统论法学，本书除了12章解读正文之外，还增加两篇导言和若干研究卢曼理论的文章作为附录。本书的编写和出版得到商务印书馆的支持，感谢商务印书馆白中林博士、王曦博士和马冬梅博士的精神鼓励和辛勤劳动。本书由10人分工合作，共同完成。对大家的精诚合作，我深表谢意。在撰写本书的过程中，我们对许多问题进行了讨论，并达成了共识。初稿完成后，由做过专职编辑的吕亚萍博士通阅全书文稿。她提出的修改意见对于协调全书文稿，改进质量，颇多助益。本书其他撰稿人对于她的奉献都心怀谢意。最后，为了帮助读者延伸阅读，我们选择国内研究卢曼系统论法学的4篇论文、1篇译文以及"汉语世界研究卢曼和托依布纳的文献目录"，作为本书的附录。这里，我们对各位提供论文和译文的作者标示感谢，也对精心搜集和整理这份"文献目录"的张文龙博士，深表谢意。当然，撰稿人所负责的各章文稿，都是根据自己的理解进行阐释，并体现了自己的行文风格。因此，我们之间如果对于每个问题有不同理解，请读者做出自己的判断。我们才疏学浅，对于卢曼系统论及其系统论法学的理解比较粗浅。因此，本书错误在所难免，殷盼读者诸君批评指正。

第一章 探寻法律的界限
——对法律的社会理论反思

一、引言

《社会中的法》是卢曼法社会学理论的代表作,也是卢曼法社会学理论的集大成之作。要学习和理解卢曼的法社会学理论,就必须要读这本书。但许多人也注意到了一个问题,那就是,在这本书之外,卢曼还写了许多其他法社会学的论文和著作,其中有些作品非常令人瞩目,甚至取得了比《社会中的法》更为广泛和深刻的影响力,例如《法社会学》(1972年)、《通过程序的正当性》(1969年)以及《作为制度的基本权利》(1966年)、《法律系统与法教义学》(1974年)。这些著作基本上都写作于20世纪六七十年代。众所周知,卢曼法社会学研究最活跃的时期就是20世纪六七十年代,在这个时期,卢曼的研究主要聚焦于政治理论、法律理论和组织理论,尚未形成特别系统和完整的全社会理论的基本概念框架和体系。卢曼在这个时期写作的法社会学著作的数量也是最多的。这一时期卢曼的法社会学著作接受度也最高,基本上每本书都被公认为是经典之作。由于《社会中的法》出版的时间比较晚,因此其流传和接受的时间也要短于上述这些著作,相对于上述这些公认的经典,其影响力和被接受程度,目前仍然还处于检验的过程之中。同时,尽管本书是卢曼生前经其本人审定而出版的最后一本法社会学著作,但却并不是以卢曼为作者出版的最后一本法社会学著作。2011年,卢曼的学生,也是目前卢曼学术遗产管理人约翰内斯·施密特(Johannes Schmidt)又整理出版了卢曼写作于20世纪70年代的一本书,即《偶联性与法律》。[①] 此外,卢曼还有一些非常重要的著作,例如写作于20世纪80年代的《法律的分出》以及《对法律的社会学观察》。它们的知名度和传播度虽然没有前面提到的几本书高,但在德语法律理论界都是人们非常熟悉和经常被人引证的作品。

这就向我们提出了一个问题,那就是,在进入本书的阅读和理解的过程中,我们如何处理本书与卢曼其他法社会学著作之间的关系?显然,因为它是卢曼去世之前出版的最后一本法社会学理论著作,因此它代表了卢曼对法社会学问题最后的看法,这一点应该是成立的。但是否还有其他重要的信息呢?例如,在所有这些法社会学著作中,至少写作于20世纪70年代的《法社会学》和写作于20世纪80年代的《法律的分出》都是相当重要的基本著作。当我们将这三本基本著作进行对比阅读的话,就会发现它们论述的内容和侧重点,都有很大的差异,在很多具体问题的判断上,也有着许多微妙的差异与关联。那么,如何理解和处理它们之间的异同点?《社会中的法》代表了卢曼最后的观点,我们是否可以从这一点推论出,《社会中的法》修正了卢曼之前的观点,从而体现了卢曼法社会学

[①] 根据约翰内斯·施密特的介绍,该书的完成度非常高,基本上已经接近于完成并正式出版了,但卢曼后来又突然把它放下,将精力转移到其他方面。

理论的"前后差异"？

例如，卢曼早期主要借鉴了胡塞尔的现象学理论，更侧重于"意义"（Sinn）、"复杂性"（Komplexität）和"偶联性"（Kontingenz）等几个问题的描述与处理，而卢曼后期更多地借鉴和吸收了马图拉纳的生物"自创生"理论、弗斯特控制论的"二阶观察"理论、斯宾塞-布朗的"区分"理论，因此在论述的重点和论证的方式等方面，可以观察到明显的变化，但卢曼理论的核心内容和架构，却一直没有发生实质性的变化。根据卢曼的学生、卢曼学术遗产管理人约翰内斯·施密特整理卢曼卡片箱和论文草稿的经验与观察，卢曼确实会不断修改，甚至在不同时期重新写作同一主题的论文和著作，但比较这些不同时期的卢曼手稿却可以发现，卢曼的基本想法和观点不会改变，改变的是切入的角度、表达的方式和侧重点。

如果我们带着这样一种眼光来阅读《社会中的法》，便可以发现，这本书的很多核心的概念与理解，继承了《法社会学》与《法律的分出》，例如，《社会中的法》关于法律功能的讨论，很大程度上继承了《法社会学》中的经典定义，即从学习/不学习的角度来理解法律的规范性问题，从而将法律的规范性理解成"期望的稳定性"，进而在预期的反身性的意义上指出法律的功能乃是"保障期望的稳定性"[1]（p.163[2]）。同时，《社会中的法》中关于法律演化的

---

[1] 〔德〕尼克拉斯·卢曼：《法社会学》，宾凯、赵春燕译，上海人民出版社2013年版，第82、139页。

[2] 在引用卢曼《社会中的法》一书时使用的是台湾地区的译本，即〔德〕尼可拉斯·鲁曼：《社会中的法》，李君韬译，中国台湾五南图书出版有限公司2009年版。为方便起见，对引用页码均采用正文页内注的方式，后文不再一一说明。

看法,也基本上与《法律的分出》保持着高度的一致性(pp.275—336)。[①] 但我们确实也可以发现,在写作《社会中的法》时,卢曼思考问题的语境已经发生了很大的变化。《法社会学》写作于20世纪70年代,按照卢曼自己的说法,这是他的理论研究的"零系列"(Null-Serie der Theorieproduktion),[②] 或者说是探索期。而自从《社会系统》一书完成之后,卢曼的社会学研究就进入了一个新的阶段。在这个新的阶段,卢曼关于全社会的理论逐渐成熟和系统化。1984年出版的《社会系统》乃是这个阶段研究的奠基之作,随后卢曼就进入了"社会中的XX"阶段的写作,接连写作了《社会中的经济》(1988年)、《社会中的科学》(1990年)、《社会中的法》(1993年)、《社会中的艺术》(1995年)。此外,他也写作了《社会中的教育》《社会中的宗教》《社会中的政治》等作品,不过这些作品在他生前都没有出版,等到他去世以后,才由他的学生帮他整理出版。1997年《社会中的社会》则被看作是集大成之作,在这本书中,卢曼交待了他毕生研究的精华。当我们把对《社会中的法》的阅读和理解放到这样一个卢曼社会学研究的发生学的背景下理解时,就可以发现,该书最特殊之处,恰恰就是,它处于卢曼1984年之后整个研究计划之中,而《法社会学》《法律的分出》则处于卢曼所谓的研究之"零系列"的阶段。简单地说,当卢曼在写作《社会中的法》时,他的脑海中是有一个非常清晰和系统的社会理论大厦的整体构想的,整部《社会中的法》的写作,乃是此种社会理论大厦建构的非

---

① Niklas Luhmann, *Ausdifferenzierung des Rechts*, Suhrkamp Taschenbuch Wissenschaft, 1999, S.11–52.

② Niklas Luhmann, *Archimedes und wir*, Merve Verlag, Berlin, 1987, S.142.

常实质和重要的一部分,而在写作《法社会学》《法律的分出》时则并没有如此高度清晰和自律的写作纪律和约束的存在。因此,相对于《社会中的法》来说,《法社会学》与《法律的分出》的写作显得更为独立和自由,也带有更强的探索性。但《社会中的法》的写作则显得更为自律,更为冷静,它更像是整个宏大交响乐中的一个乐章,而不是一首独立的小曲。当我们阅读和欣赏《社会中的法》时,如果无法看到它在整个卢曼社会理论宏大乐章中的地位,看不到它与其他乐章之间的响应与对话,我们可能就要错过卢曼这本书中最精彩的部分。

更进一步说,这也意味着,这本名为《社会中的法》,虽然书中随处可见对法理论领域中诸多经典文献和争论的讨论和分析,但也许卢曼自己对本书的定位,并非是一本专门写给法学院师生的法理学或者法社会学论文,它的志向也并非是去解决法理学领域或者法社会学领域中那些久争不决的重大疑难问题——卢曼更多地将本书当作一本社会学的著作。因此,我们可以说,本书的任务既是"通过社会观察法律",同时更加是"通过法律观察社会"(p.26)。这从本书的书名也可以看出来,卢曼之所以不选用类似法律与社会这样的题目,就是要避免读者产生一种印象,即法律与社会是构成某种关系的两样事物。事实上,在卢曼的社会理论中,法律就在社会之中,法律就是社会的一部分。现代法律乃是现代社会的功能子系统,它乃是社会内部再分化的结果,因此法律通过分化,而将自身从全社会系统中区分出来,从而将全社会系统区分为自身的环境。就此而言,社会既在法律之外,又在法律之中。我们观察法律,就是观察现代社会。

二、法理论的分出

在法学研究领域,通常的分类是法理论与法教义学,或者法理学与部门法学。法教义学研究总是与法律规范的司法适用联系在一起,强调的是司法裁判的"同案同判",而法理学则往往突破法律适用过程的限制,更强调从抽象和整体的角度讨论法律与道德的关系等问题。因此,许多从事法教义学研究的学者总是自诩注重实践和应用,并经常批评法理论研究的理论性。此种分类有其便利之处,也有其合理性,但并非是绝对的。因为如果严格来看,法教义学研究本质也是一种类型的理论研究,真正纯粹的法律实践是法官的个案法律适用。法教义学研究本身并非直接对法律规范的个案适用的二阶观察,而是对法官在个案中对法律规范之解释和适用的二阶观察。它是理论性的,因为它比司法个案裁判要更加强调"同案同判"原则,并且注重用各种科学的方法提炼作为同案同判基础的各种法律概念、准则、理论和体系观。[①] 因此,它与法官的具体个案裁判实践相比,具有更为明显的概念性、抽象性、普遍性和体系性,而这些都是理论的特征。就此而言,我们当然可以把所有的法教义学研究都称作是法律理论研究。我们也可以像卢曼所说的,这是"法律实务自身制造出来的法律理论"(p.32)。它的出现,主要是基于实践的两个需要,一个是法律适用之实践中"同案同判"的需要,借此证立司法个案裁判的正当性;另一个则是法律教育的需

---

① Niklas Luhmann, *Kontingenz und Recht*, Suhrkamp Verlag, 2013, S.253.

要。例如，兰德尔苏格拉底教学法的成功，使得哈佛大学比较偏理论化的教学模式彻底击败了源于英国的学徒制的模式，变成了美国法学教育的标准样式，便是非常典型的一个例子。[1]

尽管如此，卢曼还是认为此种类型的法律理论，并非是真正科学意义的法律理论研究，因为它既内在于法律系统，同时也深刻地受到了法律实践的限制，所以"方法上的考量优先于理论上的考量"（p.32），因此"并未持守理论概念在科学系统中所承诺的事情"（p.32）。从系统理论来说，卢曼也认为此种法理论只能被称作是"法律系统的自我观察"（p.33），却很难称得上法律系统的"自我反思"（p.33）。所以到了20世纪70年代前后，就又出现了另外一种法律理论，也就是更具有科学性抱负的法律理论。根据该章注释所列举的参考文献，卢曼此处论述的语境应该是欧陆的法学传统，因为他列举的参考文献主要是明斯特大学法学院的法社会学教授维纳·克拉维茨的作品。但卢曼同时也承认在法国，此种一般科学意义的法律理论研究，受孔德实证社会学传统的影响，要比德国更早一些。当然，尽管卢曼在此处没有提及，我们也可以把英国的法理学，尤其是哈特的法理学也看作是此种科学语境中的法理论。因此，我们可以说，至少在20世纪六七十年代，在西欧范围内，已经普遍出现了此种一般性法理学的努力，尽管它的轮廓还稍显模糊，但至少将此种具有普遍科学性特征的法理学与法教义学进行区分，这一点还是非常清晰的。当然卢曼也强调，尽管如此，此种具有普遍科学性特征的法律理论，仍然是内在于法律系统之中并受法律系

---

[1] Bruce A. Kimball, *The Inception of Modern Professional Education: C.C.Langdel, 1826—1906*, the University of North Carolina Press, 2009.

统制约的，因为它仍然接受了法律系统内在功能迫令的约束，例如它仍然做规范与事实的区分，强调规范不能从事实之中推论出来，并且将它当作法律系统的根本区分(p.34)。

此种法理论研究与法教义学研究相比，具有一个特别显著的特征，就是它开始关注"法律是什么"这样一个抽象的，似乎并不能在法律适用中产生直接效用的主题。需要说明的是，此处的"法律是什么"是科学语境下的"法律是什么"，而非德沃金意义的法教义学语境下的"法律是什么"。德沃金在《认真对待权利》中以一种非常强大的修辞学将二者混淆在一起，从而扭转了哈特语境下"法律是什么"的含义。[①] 科学语境下"法律是什么"的意义未必能够直接运用到司法实务之中，直接转变成法教义学中"法律"的定义，但这并不意味着它没有实践效用。同时它也不是传统意义的法哲学研究，因为它也放弃了追寻法律之"本质"的哲学雄心。

在很大程度上，它确实受到了科学系统的刺激与启发。例如，就像科学系统追求经验研究的证据一样，此种法律理论研究也受益于比较法研究得来的经验素材与证据。而此种比较法研究又进一步强化了此种法律理论研究的抽象性与普遍性，并且进一步将其与仅仅着眼于本国法律规范之司法适用的法教义学研究区分开来(p.35)。

又如，作为一种科学研究，它会刻意去关注自身研究对象的问题——正像任何一项严格的科学研究的第一步，都要先界定一下自己的研究对象是什么。然而，恰恰是这项对多数其他科学研究来说

[①] 〔美〕德沃金：《认真对待权利》，信春鹰、吴玉章译，中国大百科全书出版社1998年版，第30—70页。

并不难办的事情,在法律理论领域,却遭遇了特别严重的困难。一项以严格科学研究为己任的理论研究项目,在其出发点就遭遇了最根本的困境。哈特在他出版于1961年的名著《法律的概念》中曾经非常形象地点明了这一点:哈特列举了当时公认最具声望的法学家所提供的五种关于法律的概念和定义,结果发现它们相互之间简直是南辕北辙,互相矛盾,根本无法统一。①他们似乎在谈论同一个东西,因为他们用了同一个概念"法律",但仔细去看他们的论述,却发现似乎他们谈的内容差异极大。

由此给法理论的教学带来了一个很大的问题,即长期以来,法理论教科书的通常做法,就是按照人物,给每一个法理学家分派一个章节,然后将它们拼凑成一本法理学的教科书。国内已经有学者对此提出了严厉的批评,并用"法理学的死亡"指称之。②

对此,卢曼的看法是,如果法理学既非法教义学,又非法哲学,那么它探讨的核心问题,应该是法律的界限问题(p.38)。也就是说,"法律是(或不是)什么"的问题。而要回答这个问题,那么就要先解决一个认识论的问题,即对这个问题的回答,究竟是取决于观察者,还是观察对象自身。以哈特为代表的英美法律实证主义者认为,这主要取决于观察者,所以在方法论上,就必须使用分析的方法。为了使此种分析的方法不至于仅仅是"主观的",所以他们发明了各种概念,例如"内部视角""极端外部视角""非极端外部视角"等方法,试图化解分析方法的纯粹主观性,从而实现某种"如其所是"地观察法律的可能性。甚至也有学者试图借鉴人类学的研

---

① 〔英〕哈特:《法律的概念》,许家馨、李冠宜译,法律出版社2006年版,第2页。
② 徐爱国:"论中国法理学的死亡",载《中国法律评论》2016年第2期。

究方法，试图用"同情地理解"的方法，从而实现对内部视角的外部观察和外部描述，但似乎一直没有太大的成效，同时也缺乏明晰的方法论界定与说明。由哈特开创的英美法律理论这一支，晚近有重新拥抱哲学形而上学的趋势，可能就与此相关。[①]

法律实证主义者的问题是，他们都把法律看作是某种"如其所是"的研究对象（客体），而将自己看作是围绕在该研究对象四周，带着各种方法和仪器的"观察者"。同时，他们往往都坚持自己的观察视角是客观的，而实际上很可能出现的情况是，所有这些观察者的观察，都是"主观的"。由此导致的结果是，各种不同视角的观察者，由于其观察结论无一例外地受到各自观察视角和观察图示（主观性）的制约，他们根本无法达成一致或者共识，从而使得各种跨学科对话最终变成了鸡同鸭讲式的各说各话。例如，晚近国内争论特别热烈的社科法学与规范法学、政治宪法学与规范宪法学之间的争论，都可以做如是观。

那么，卢曼的社会系统理论是怎么处理这个问题的呢？卢曼的回答是，法律的界限确实是作为研究对象的法律自身所设置的，但此种法律与非法律的界限，并非是旧形而上学所理解的某种法律所自然拥有的"特征"。如果法律与法律之外的事物，是通过某种法律内在固有的自然特征而被区分出来的，那么"实证观察"的方法确实可以实现划定法律界限的功能。但如果法律并非是某种占据广延空间的"物体"，而是通过无数之"事件"的运作与衔接构成的"系统"，并且通过此种系统的内部运作将自身与自身之外的所有其

[①] 例如，参见刘叶深：《法律的概念分析：如何理解当代英美法理学》，法律出版社2017年版。

他事物都区分开来的话，那么法律系统就不存在任何"先天"的特征，"法律的界限"恰恰是"后天划定"的。更具体地说，法律系统与环境的差异，乃是法律系统自我指涉地运作而形成的结果。法律系统与环境的界限，乃是法律系统的某种自我观察和自我描述的结果。由此，"法律是什么"的问题就变成了"法律系统如何将自身从作为其环境的其他事物中区分出来"的问题。"是什么"的问题，就变成了"如何可能"的问题。由此带来了一系列方法论准则彻底转换。其中最重要的一个变化，就是要从一阶观察的视角转换为二阶观察的视角，也即，从原先对研究客体特征的观察转换成对"客体之自我观察的观察"，转换成"对观察的观察"。因为法律系统恰恰是通过某种自我观察和自我描述，才得以将自身与其环境区分出来的。目前来看，似乎只有系统理论才能够胜任上述工作。

三、法律的统一性与法律的界限

如果我们在这个全新的理论视野中进行观察，便可以发现，迄今为止所有的法律理论，其实都是随着法律系统之自我描述而出现的。最初，这体现为对法律的尊重，以及辨认出相应的规范性条件。卢曼在此章开头所区分的两种法律理论，即基于司法实践需要而产生的法律理论与基于科学研究需要而产生的法律理论，都是如此。最晚到20世纪六七十年代，开始出现了更具有"科学性"的法理学，其核心的工作，就是试图通过某种理论的研究，区分出法律与非法律的界限。与面向法律适用、针对个案裁判进行研究的部门法教义学不同的是，此种法律理论研究更注重法律的"统一性"，即在整体上把握法律,将法律从非法律中区分开来。

　　当然这并非是一个新问题。法律系统的根据问题,在不同时代,人们曾经提出过多种理论范式。最先出现的,也是影响最深远的一个理论范式,就是用法源的阶序性来解释法律系统的统一性。法源理论最早出现于中世纪,对应的是古代世界的层级式社会,它把法律系统的统一性理解成某种位阶的秩序形式。其缺陷则是忽略了法律系统乃是"多元的统一",在其内部存在着各种各样的不一致性和矛盾性(p.41)。这一点我们上面已经分析过了,不再赘述。

　　第二种理论范式则是在18世纪出现的,受达尔文的演化理论启发,将法律系统理解成某种不断由野蛮向文明进步的体系(p.41)。但此种线性的进步观并不符合历史发展的实际,同时"二战"以后,它也失去了说服力。

　　20世纪以来,随着社会科学的发达,此前将社会理解成是某种法律之建构的做法(契约论传统)已经被抛弃。社会的复杂性远远超过了法律概念建构。体现在法律理论的历史中,就是利益法学对概念法学的批判与突破,以及美国现实主义法学对传统的法律形式逻辑的批判与突破。凯尔森借助新康德主义哲学,提出了效力与实效的区分,对此做出了回应。如此一来,法律的效力不再依赖于法律规范内容的正确性,而是依赖于程序与形式。沿着这个逻辑往下发展,在20世纪下半叶,就出现了法律论证理论,其核心的要义就是将法律统一性的根据建立在"论证规则"的基础上。法律论证理论有限度地承认了司法裁判过程中存在着各种各样的殊异的利益斗争,因此法律系统必须对这些不同的利益进行权衡,而所依赖的工具,恰恰就是各种各样的理性论证规则(p.42)。但由此导致的后果是，此种法律论证理论由于过于强调一般理论论证的规则，并且将此种理性论证的规则看作是一般真理发现的规则，最终变成了一种道德哲学理论，而离法律人真实的法律实践越来越远。

流行于美国的经济分析法学，在某种意义上也可以被看作是此种法律论证理论的一个非常突出的旁枝。它的特殊性在于，它并不追求一般真理之理论论证规则的建构，而只强调一种特殊理性的论证规则与方法的建构，即经济理性的论证规则与方法。经过此种经由理性限制而形成的简化效果，使得经济分析能够被适用到不同的情境之中，并且得出简明扼要的结论。尽管如此，经济分析法学在法律实务中的作用仍然非常有限，尤其是，它特别注重结果导向的考察，因此不得不面向未来进行计算，而问题恰恰就在于"人们无法对未来进行计算"（p.42）。此外，经济分析法学相对于传统法教义学的一个优势是，它将社会的因素考虑进去并进行某种经济计算，但由于它能够发挥作用的前提是预设"利益均衡"，因此它所理解的社会，也不过是某种"利益的均衡"。此种社会图景显然是过于简化的。而在真实的世界之中，社会是高度复杂的。

相对于上述几种范式，系统理论显示出了优势。系统理论分析的出发点是系统与环境的差异。从系统理论的观点看，系统与环境之间差异之确立，使得系统的成立成为可能。但是，要理解系统是如何形成与环境的差异，从而使得自身从环境（所有其他事物）中分化出来，却要费一番功夫。也恰恰在这个问题上，系统理论显示出了它的深刻与精妙之处。根据我们的日常生活经验，界限往往是一条"划出来的占据物理空间的线条"，它圈起来了两个不同的空间区域。但在社会系统理论看来，社会系统的基本单位是沟通性事件,而事件并不是通过空间而获得定义的"实体",而是通过时间的维度获得定义,并不占据任何的物理空间,同时在时间上又有一种"瞬间性"的特征:它刚出现便已消失,仅仅存在于"一刹那"。在系统理论看来,社会系统就是由这些无数的"瞬间"(事件)前仆后继而形成的。或者用一种不那么精确的语言说,恰恰是这无数瞬间性的事件之间形成的某种稳定的关系,使得系统与环境之间呈现出了某种差异,这些差异显现出来,从而揭示了系统与环境之间的差异。因此,系统与环境的界限更多是"时间"意义上的运作分化所产生的结果,而非空间意义上的"切割"所形成的效果。①

四、作为系统理论基本工具的区分理论

要掌握和理解系统理论,确实需要付出相当的努力。尤其是,与许多读者预期往往不相符的是,系统理论中的"系统"并非是"某种东西"(something),而不过是一种区分的形式中所标示出来的一侧,即系统/环境这个区分中所标示出来的"系统"这一侧。

这一点就很令人费解。什么是"区分",什么又是"在区分的两侧中标示其中一侧"?为什么说系统是系统/环境这对区分中所标示出来的"系统"这一侧?

在1984年《社会系统》出版之前,虽然卢曼的研究已经被明确为"系统理论研究",但卢曼更多地是在复杂性问题的语境下,将系统与环境之间的界限看作是某种"复杂性落差"所导致的界限。但

---

① 泮伟江:"法律是由规则组成的体系吗",载《政治与法律》2018年第12期。

是从1984年出版的《社会系统》之后，卢曼基本上就用此种借鉴自斯宾塞-布朗《形式的法则》(Laws of Form)①中提出的区分理论来界定系统。这倒并不意味着，卢曼对系统理论的想法发生了变化。毋宁是，自从接触并了解到了斯宾塞-布朗的区分理论之后，卢曼终于找到了自身理论最抽象也最简洁的表达方式。②

卢曼对斯宾塞-布朗的区分理论的借鉴，主要体现在两个要点：区分的形式与再进入。③借助于区分的形式的理论，卢曼非常清晰地解释了"什么是观察"的问题，同时也清晰地说明了"什么是概念"的问题。借助于"再进入"的理论，卢曼以一种抽象和简明的方式说明了系统的自我指涉性。而这些理论工作，对于我们理解对法律的社会系统理论观察，都是非常关键和基础的。

斯宾塞-布朗的区分理论认为，任何的观察与认识，都始于做出一个区分，并以区分为基础。因此，斯宾塞-布朗在其名著《形式的法则》的扉页，用汉字竖体写了"无名天地之始"六个大字。这既对应了各文明创世神话中世界起初是一片混沌的说法，同时也形象地表明，世界乃是观察（区分）的结果。一旦天/地这个区分被划出，则人类对世界的认识就产生了。④或者说，认识源于一条"信息"

---

① 斯宾塞-布朗将通过标示而区分出两侧的"边界"称作是"形式"，因此一个"形式"具有两侧：被标示出来的一侧，与未被标示出来的一侧。该书也因此得名，参见 G. Spencer-Brown, *Laws of Form*, Cognizer Co., 1994年。

② Oliver Jahraus, Armin Nassehi u.a.(Hrsg.),*Luhmann Handbuch: Leben-Werk-Wirkung*, Verlag J.B.Metzler,2012, S.34.

③ 同上。

④ 注意卢曼对区分理论之神学意涵的讨论。参见 Niklas Luhmann, *Introduction to Systems Theory*,pp.39—41。

的制造，即将某物从他物区分出来，从而产生某种惊讶。

　　观察不但以区分和标示为基础，观察本质上就是一项以区分和标示为内容的运作。同时，虽然在逻辑上，似乎区分应该在标示之前，但在时间维度中，二者其实是同时做出的。最简单的例子就是空调。我们可以把空调设置某个温度，例如，28度。当房间的温度高于28度时，空调自动打开。在这个例子中，该空调就做出了一个观察，即首先，它做出了一项区分，即28度以上/28度以下，同时在这个区分中做出了一个标记，即28度以上，自动打开空调。

　　这意味着，并非只有人才能够观察，任何能够做出区分并标示其中一侧的，都能够做出观察。在温度计的例子中，温度计就能够做出观察。如果系统能够做出系统/环境的区分，并且标记系统这一侧，那么系统也能够观察。由此，社会系统理论就超越了近代哲学以主体-客体结构所形成的实践哲学和实践理性。这一点对于理解卢曼的社会系统理论尤其重要。用系统理论的语言来说，不但以意识为内容的主体是自我指涉的，能够自我反思，甚至客体，尤其是社会性客体，也是自我指涉的，也能够对自身做出观察和反思。[1]

　　人们在阅读和理解卢曼的社会系统理论著作时，由于没有注意到在实践哲学意义上通常被看作是"客体"的社会系统，也是自我指涉的，并具有自我反思的能力，因此经常误解卢曼的社会系统理论。例如，柏林自由大学法社会学教授胡伯特·罗特鲁斯讷（Hubert Rottleuthner）就曾经在一篇论文中表达了此种困惑。[2] 哈贝马斯倒

---

[1] Niklas Luhmann, *Soziale Systeme: Grundriß einer allgemeinen Theorie*, 4 Aufl., Suhrkamp Taschenbuch Wissenschaft, 1991, S.595.

[2] Hubert Rottleuthner, "A Purified Sociology of Law: Niklas Luhmann on the Autonomy of the Legal System", *Law & Society Review*, Vol. 23, No. 5, 1989, p. 785.

是注意到了这一点,但致力于用"主体间性"理论超越"主体性"哲学的哈贝马斯,仍然坚持了主客体二分的世界图景,因此,他的主体间性理论仍然无法放弃"主体性"这个概念,而是以之为基础。在此意义上,哈贝马斯仍然理解不了卢曼的理论。[1] 而对于大多数卢曼著作的阅读者来说,尤其需要注意的是,由于人类语言的局限性,当我们用语句表达时,"动词的自我关联性总是按照'谁''什么'来裁剪进一步的关联问题",所以我们在表达时,只要使用动词,就难免会涉及该动词承载者的问题。[2] 在日常生活中,我们难免会将承载者意识化,或者说主体化。但在系统理论中,这些动词的承载者既可以是意识,也可以是社会系统。或者说,社会系统理论中很多动词化的概念,乃是系统理论从心理学中借用的概念,但这些概念本身已经脱心理学化了。[3] 例如观察、描述、认识、解释、期望、行动、区分、归因等概念。[4]

那么,系统如何对自己进行观察呢?这就涉及"再进入"的问题。从系统/环境这对区分来说,再进入就是系统/环境这一对区分,再次在已标示的那一侧(即系统)中再次适用。对系统来说,一

---

[1] 〔德〕哈贝马斯:《现代性的哲学话语》,曹卫东译,译林出版社2004年版,第411—430页。

[2] Niklas Luhmann, *Soziale Systeme: Grundriß einer allgemeinen Theorie*, S.595.

[3] Niklas Luhmann, "Sinn als Grundbegriff der Soziologie", in Jürgen Habermas, Niklas Luhmann, *Theorie der Gesellschaft oder Sozialtechnologie—Was Leistet die Systemforschung?*, 1 Aufl.,1971,S.29; Niklas Luhmann, *Soziale Systeme: Grundriß einer allgemeinen Theorie*, S.93.

[4] Niklas Luhmann, *Soziale Systeme: Grundriß einer allgemeinen Theorie*, S.595.

次运作就是一次区分。但问题是，系统的运作是在时间中的运作，具有事件的性质。任何一次系统的运作，在其发生的那一刻，旋即消失了。系统要持存下去，就需要下一次运作。这就涉及选择性的问题。正在发生的系统内运作，将要连向接下来的哪一个系统运作呢？在生命系统中，细胞只能自创生出下一个细胞。而在社会系统中，作为社会系统的基本单位，沟通只能连向下一个沟通。就沟通只能与沟通相连而言，这就是系统的自我指涉（沟通只能连向沟通，而不能与环境中的非沟通相连接）。这意味着，一个沟通本身就可以做出沟通／非沟通的区分。据此，系统提供和确定了自身连接性的条件。[1]

沟通如何做到这一点呢？从沟通自身的构成就可以回答这个问题。根据卢曼的界定，沟通是由信息—告知—理解三个要素构成。其中，正如区分和标示之间的关系一样，信息和告知虽然是两个要素，但其实是同时完成的。信息只有在被告知时才出现。无告知则无信息。同时，信息是否真的具有信息的价值，还得靠理解来保障，而理解同时又包含了另外一个信息／告知的区分。当作为理解的一个信息／告知的运作被做出时，一个沟通完成了，并指向下一个沟通。

在沟通的此种构成中，告知永远指涉着下一个告知，从而保障着沟通连向下一个沟通。而在沟通中所制造的信息，则意味着惊讶，意味着外界环境的变化。所以，在沟通中，告知指向了自我指涉，而信息则指向了外部指涉。如此，系统／环境的区分，在系统

---

[1] Niklas Luhmann, *Soziale Systeme: Grundriß einer allgemeinen Theorie*, S.607.

内部又再次出现。这就是"再进入"。在系统理论中,关于自我指涉和外部指涉,也被称作系统的"运作封闭性"与"认知的开放性"。[1]

我们从系统/环境这一对区分出发,又谈到了区分本身,然后又进一步解释了区分的形式与再进入的概念。在解释再进入的时候,我们又顺带介绍了卢曼的沟通理论,也即信息/告知/理解的区分。除了这些区分之外,对系统理论来说,演化上的区分,即变异/选择/重新稳定化的区分,以及运作/观察的区分,都是非常重要和基础的区分。也就是说,对系统理论来说,首要的区分当然是系统/环境的区分,但系统理论又不仅仅是系统/环境的区分,而是一整套的概念装备,而这些概念装备无一例外都是以区分的形式表现出来的。正如卢曼在本章中曾经指出的,概念本身就是区分的一种形式。在观察和表述中,如果是将某事物从其他事物区分开来的,那么所标示出来的就是客体,如果是将某事物从特定(而不是其他)对立概念区分出来的,那么标示出来的就是概念(p.46)。

这同时也意味着,不但系统理论是通过区分来观察和理解法律系统的,其实所有的其他理论,也都是通过区分来观察法律系统,并在此基础上建构起自身的概念和理论的。例如,古代自然法通过上位阶/下位阶的区分来观察法律,从而形成"不法"(unrecht)根本就"不是法"(non-Recht)的本体论观察图景。而 17 世纪以来的理性自然法则通过有益/无益/有害的区分来观察法律,从而形成现代法律的自由主义式的理解。启蒙运动用暴力/文明来理解法律,法律实证主义则用存有/效力来理解法律,这又进一步演变

---

[1] Niklas Luhmann, *Introduction to Systems Theory*, p.56.

成了效力／实效的区分，并催化出了早期法社会学的研究（pp.46—47）。

这些区分在特定的历史阶段，确实都有其观察的深刻性与洞察力，但随着法律的演变和时代的变化，也都暴露出各自的不足与盲目。从系统理论的角度来看，它们的共同问题是，它们都是法律系统内部制造出来用以引导自身运作的区分，法律系统借助它们获得了某种观察的能力，但它们本身都不足以被当作对法律系统进行整体性观察和描述的区分。因此，它们的适用范围都是有限的，只有在个别场合获得其观察的成效。而系统理论所提供的一整套概念工具则正在这个方面体现了自身的优势。如果我们用系统理论所提供的一整套工具来观察现代法律系统，那么我们就能够观察到如下"事实"：现代法律是"一个自我再制的、对自身进行区分的系统"（p.49）。

五、作为全社会理论的法社会学

我们在本章一开头就已经指出，《社会中的法》是一本社会学著作，而非一本法学著作，甚至也不是一本法理学著作。这就意味着，我们不能根据法学的或者法理学的学科标准对它提出要求，而只能以社会学的学科标准对它提出要求。这个要求就是，它不能是规范性的科学。这就将《社会中的法》对法律所进行的观察和描述与凯尔森的纯粹法学区别开来。因为在凯尔森的纯粹法学中，存在着一个由"规范"所构成的抽象的理念世界，其独立于实证的法律世界，并不断地对实证法世界提出各种规范性要求。而在《社会中的法》所描述的法律系统，乃是真实存在的法律系统，因此自身必须要不断经受"经验之可验证性"的检验。同时，对系统理论来说，"规范"并不以"理念"的形式存在，而仍然是一种可以被经验观察的事实，即，规范其实是在遭遇失望时对期望的坚守，其实质就是失望之下的不学习。

此处尤其值得注意的是"功能"的概念。功能的概念尤其容易与"目的"的概念相混同，从而不自觉地沾染上规范的含义。当系统理论提出法律的功能是"稳定规范性期望"时，它并不是对法官的个案裁判提出要求，希望法官在个案裁判时以"法律义务"的方式受此约束。恰恰在这方面，系统理论将自身与法律理论区分出来：法律理论仍然在规范/事实这一对区分的约束之下，将其当作自身工作的前提，而系统理论则仅仅将其看作是法律系统内部的一项区分，在系统理论的视野中，规范/事实这一对区分，本身并无任何特殊地位，与自我描述/异己描述这一对区分相比，并无更多的重要性和特殊性。

如果系统理论对现代法律系统的观察属于法社会学，那么系统理论的法社会学与人们所熟悉的法社会学之间的差异是什么呢？又为什么要在通常的法社会学之外，提出系统理论的法社会学呢？

如前所述，通常的法社会学，与法教义学共享了一对区分，即规范/事实的区分，只是二者所标示的恰恰是该区分相反的一侧：法教义学标示的是规范，而法社会学所标示的则是事实。在此基础上，此种法社会学研究进一步在研究方法上将自身标示为是经验的。此种法社会学研究的根本缺陷是，其方法论的基础与核心特征，就决定了它根本不能对以规范形式呈现出来的法律系统进行观察，而只能在"剩余"的意义上对其进行某种"错误社会学"的观察。也就是说，它只能当法律系统运行"出错"，在规范与现实明显错乱的情况下，才能够发挥自身的方法论优势。如此一来，它就错过了对法社会学来说真正重要与核心的问题，即"在社会中法律系统究竟如何可能"（p.53）？

系统论的法社会学，借助系统/环境、信息/告知/理解、变异/选择/重新稳定化、运作/观察等一系列的概念和区分，却能够观察到"现代法律是一个自我再制的、对自身进行区分的系统"这个事实。在此基础上，它一方面有助于我们观察到，现代法律系统通过自我再制的方式，将自身与它的环境，也即全社会区分开来，从而形成了法律系统/环境这样一对区分，帮助我们观察法律系统与社会环境直接的界限，以及由此形成的法律系统的运作封闭性与认知开放性等一系列特征，同时，它也有助于我们观察到，现代法律系统本身仍然仅仅是现代社会系统内的一个子系统，因此现代法律系统所呈现出来的这些性质与特征，同时也有可能是现代社会中其他功能子系统的性质与特征。例如，无论是法律系统还是政治系统，抑或经济系统，都无一例外是由沟通组成的系统，并且整个系统内部诸沟通之间的关系，乃是一种"意义"的结构。[1]将法律系统与政治系统、经济系统区分开来的，并非是系统与环境的关系或者是基本单位性质的差异，而是诸系统内部运作的诸代码的不同，例如法律系统运作的代码是合法/非法、经济系统运作的代码是支付/不支付、政治系统运作的代码是有权/无权。由此，当读者阅读本

---

[1] 泮伟江："超越'错误法社会学'——卢曼法社会学理论的贡献与启示"，载《中外法学》2019年第1期。

书后面各个章节中卢曼利用系统理论的诸概念和区分对法律系统所进行的观察时,就难免会联想到现代社会中其他功能子系统甚至现代社会的整体。

六、本章点评

原书中本章的名称是"法律理论的出发点",这表明着,本章的论述乃是全书论述的"基调",交待的是整本书的基本立足点和观察的视角。从本章的基本思路、内容与结构上看,本章也确实承担并完成了这个任务。文章首先是从法律系统演化的角度,描述了法律系统中法教义学从司法审判的实践中分化出来的几个关键的节点。最初,它因应于司法裁判的双重结构的需要:通过概念的凝结来凝结司法裁判的同一性,同时又使得司法裁判保持对新环境的意义开放性成为可能。但此时的法学还停留在"预防法学"的层次,理论化的程度还是很低的。随着法学教育的发展,法学研究又进一步地理论化,这体现在概念的进一步精炼,以及对体系性要求的增强。一方面,法教义学以司法裁判实践中的同案同判原理为制度性基础,另一方面,由于迟来的正义并非正义,司法裁判实践中的同案同判原则仍然受到了个案正义的牵制,而法教义学则可以突破个案正义和时间成本的约束,以一种更为系统以及更为抽象的方式来提炼个案中归纳出来的诸概念、准则和原理。就此而言,相对于个案裁判的实践,法教义学研究是理论的,因此也可以被看作是法律系统的"自我观察",但它还构不成法律系统的"自我反思"。当然,无论是司法裁判过程中的同案同判,还是进一步分化出来的强调概念与体系性的法教义学，都不过是一种"自我反身性"（Refexivität），也就是"过程的自我指涉"（prozessuale Selbstreferenz）。此处"过程的自我指涉"，大致可以被理解成是由判决先例之间连接而组成的判例过程。就此种自我反身性使用区分并标示而言，它确实是一种"观察"，同时由于此种观察指涉的是"过程"本身，所以它是"自我观察"。

尽管如此，法教义学只能是法律系统的自我观察，但还达不到法律系统自我反思的层次。根据卢曼的社会系统理论，系统的自我反思必然是通过系统/环境这一对区分为基础进行观察的结果。[①] 从法律演化史的角度来看，一直要到20世纪下半叶，此种以法律系统的整体性与统一性为反思对象，专注于法律系统与其他社会事物而言具有独特性的"法律理论"才真正地蓬勃兴盛起来。此种理论孜孜以求的，就是探寻法律的界限。尽管如此，与通常人们形成的固定印象不同，在系统理论的理解中，此种理论并非外在和独立于法律系统的"科学研究"，它仍然是法律系统内部的一种特殊运作，因此也仍然遵循法律系统内部的功能设定。例如，几乎所有的法律理论都遵循法律系统内部划定的规范/事实的二分法。

由于这些法律理论乃是在系统/环境这对区分的基础上进行自我观察，所以它们永远都不能真正地、完全地和"客观地"认识法律系统与环境的差异。这很大程度上是因为，当它们对法律系统进行观察时，它们自身也属于法律系统，但它们却无法对正在进行观察的自身进行观察。此外，法律系统的此类自我观察，由于以法律

[①] Niklas Luhmann, *Soziale Systeme: Grundriß einer allgemeinen Theorie*, S.601.

系统的"统一性"为观察对象,因此往往总是夸大法律系统的统一性和自我同一性,从而最终会产生某种误导的作用。[①]最后,当这些法律系统内部的法律理论用系统/环境这一对区分对法律系统进行自我观察时,它们一般只能标示系统这一侧,从而很难将环境那一侧予以观察。在法律理论中,经济分析法学也许是在"描述社会"方面最具有雄心和付出最多努力的一种理论了。即便如此,经济分析法学也只能"以间接的方式","将社会当作一种被中介进来的、利益均衡的一般系统"(p.43),而社会系统理论则"能够提出一种比这更丰富的、具体的社会描述"(p.43)。通过对法律系统所内在于此之社会复杂性的揭示,法律系统"固有的自主性、自我界定的界限、固有的符码以及高度选择性的筛选机制"等内容才能够得到更清晰的透视(p.43)。

在这些方面,社会系统理论具有相比于法律理论更大的优势。首先,社会系统理论并不属于法律系统内部的自我反思,而是对法律系统的某种"外部观察":它将法律系统看作是一种能够自我观察的系统,因此它的整个方法论和概念工具都围绕着"对系统之自我观察的观察"这一点而建构起来的。因此,相对于狭义的法律理论而言,它的优势在于,"它制造了法理论与全社会理论的关联"(p.44)。它可以通过全社会的演化来观察法律的演化,同时也能够通过观察法律的演化而领悟全社会的演化。它所使用的概念工具,诸如运作的封闭性、功能、代码/纲要、功能分化、结构耦合、自我描述、演化等,既适用于对法律系统的描述与观察,同时也适用于

[①] Niklas Luhmann, *Soziale Systeme: Grundriß einer allgemeinen Theorie*, S.619.

政治系统、经济系统、教育系统、宗教系统、艺术系统等其他现代社会的功能子系统，当然也适用于全社会(p.26)。

由此，此种对法律的社会系统理论的观察与反思，也带给了我们如下的启示。在一个功能分化的时代，法律系统与政治系统、经济系统、教育系统、宗教系统、艺术系统等其他功能子系统之间拥有某种清晰的界限和独特性，但此种界限和独特性并非是某种旧形而上学意义的"自然内在"的独特性，而是法律系统通过自创生运作形成的某种系统指涉的后果。在此种法律系统的自主性之外，法律系统与政治系统、经济系统、教育系统、宗教系统、艺术系统又在更形式化和抽象的层面共同"分享"了共同的"特征"。在这个意义上，当我们通过本书来观察现代法律系统的自我观察时，我们也透过对法律系统之自我观察的观察，而对现代社会之自我观察进行观察。反过来说，我们对现代社会其他功能子系统之自我观察的观察，当然也给我们对法律系统之自我观察的观察带来了启发与帮助。

第二章 法律系统的运作封闭

一、引言

标志性的法律社会学著作应当由精通法学和社会学两个领域的标志性人物来完成。马克思和韦伯之后具备这样条件的大师应当说寥若晨星。法学出身又师从帕森斯的卢曼恰好具备这种百年一遇的天才卓识。将法律系统置于全社会的背景之下，以极具原创性的社会学框架观察法律现象，《社会中的法》被卢曼冶炼为其代表作之一，三十多年来，逐渐荣升为同时影响着两大学科的新经典。《社会中的法》成书于1993年，是卢曼在完成理论上的"自创生"转向后，把其在1984年《社会系统》中勾勒的社会诸系统的"一般理论"运用于分析社会子系统之一——法律系统的成果。[①] 这既是一般社会系统理论在法律这个重要的社会子系统的应用性研究，也是卢曼长期致力的法律社会学研究的集大成之作，并且还隐含着与

[①] 在卢曼著述生涯中，1984年是具有特殊意义的年份。这一年，卢曼出版了代表自己"自创生转向"的关键著作《社会系统》(*Soziale Systeme*)，这本著作的副标题即为"一般理论大纲"(Grundriß einer allgemeinen Theorie)。

哈贝马斯社会理论、法律理论的巅峰对话。[①] 因而,本书在卢曼的个人著述史上具有突出地位。可以这样认为,该书的第一章和第二章,共同构成全书的导论。其中,第二章的地位尤其特殊,可以看成是后面十章的总论。第二章高度概括了法律系统基于运作封闭的自创生机制,为后面十章的具体展开,提供了一张时间上循序渐进但是在概念和逻辑上循环往复的网状路线图。

就主流法理学教科书的通说而言,法学理论流派至少包括自然法学派、法律实证主义以及法律社会学三家。这些法学流派虽然既各自为政又相互缠斗,却都面临着一个共同的任务:回答"法律是什么"这个奠基性问题。自然法学派通过"自然法/实定法"这一区分,把"制定法"是否具备法律属性的最后判准上溯到永恒法、理性、程序性道德、政治性权利等等这些外部条件;法律实证主义,把是否通过了主权者、基本规范、第二性规则等"系谱"的筛选,看作是识别某项规则或规范是否具有法律身份的判准;法律社会学,则以绕开规范或直接质疑规范的方式,把"法律是什么"的答案转换成"何种原因导致了何种法律性结果"的因果分析。

那么,对于法律是什么的问题,系统论法学能有什么贡献呢?系统论法学承认,自己是在科学系统内对法律系统展开的外部观察;但同时却又断定"诸系统存在着"(des Systeme gibt)[②]。换言之,

---

[①] 哈贝马斯论述法律理论的集大成之作《在事实与规范之间》(*Faktizität und Geltung*),与卢曼的《社会中的法》(*Das Recht der Gesellschaft*)一书,都出版于1993年,这绝对不是巧合。

[②] 参见 Niklas Luhmann, *Soziale Systeme: Grundriß einer allgemeinen Theorie*, Frankfurt/M.: Suhrkamp, 1984, S. 30。卢曼在《社会系统》一书的第一章第一段第一句,就是"诸系统存在着"。这个断言初看起来颇具实在论色彩,然而,卢曼后期理论是基

法律系统自身真实地存在着，而不是被理论观察者分析性建构起来的。①在解决"法律是什么"的问题上，这个真实存在的法律系统，既不是借助自然法学派那样的高级法，也不是借助法律实证主义那些带有"元规范"性质的系谱，更不像法律社会学那样施展以因果分析替换规范分析的障眼法，而是认为"法律自己决定了什么是法律，什么不是法律"②。这是一个套套逻辑——而且是需要凭借其他社会技术加以展开的套套逻辑。

换句话说，法律系统是"运作封闭"的。③为了把这个论断发展成为一套融贯、坚实的理论，系统论法学基于"自创生理论"这个系统理论的第四代范式④，以"系统/环境"这个主导性区分为引擎，以"规范性期望/认知性期望""法/不法""条件纲要""有效/无效""平等/不平等"等一系列复杂交织的区分和概念为基本装置，精细描述了法律系统"既开放又封闭，开放是以封闭为条件"⑤这样

于二阶观察的认识论建构主义对社会理论加以升级和扩展，是坚决反对实在论的。鉴于本文宗旨，关于卢曼"诸系统存在着"这个开篇所具有的认识论深意，此处无法详细探讨。读者可参考卢曼讨论认识论和知识论的一系列著述：Niklas Luhmann, *Erkenntnis als Konstruktion*, Bern:Benteli, 1988; Niklas Luhmann, "The Cognitive Program of Constructivism and A Reality that Remains Unknown", in W. Krohn (Ed.), *Selforganization. Portrait of a Scientific Revolution*, Dordrecht: Kluwer, 1990, pp.64—85; Niklas Luhmann, *Die Wissenschaft der Gesellschaft*, Frankfurt / M.:Suhrkamp, 1990。

① 卢曼对帕森斯"分析性实在论"（analytic realism）的批评，参见 Niklas Luhmann, *Introduction to Systems Theory*, Cambridge and Maiden: Polity Press, 2013, p. 8。

② 〔德〕尼可拉斯·鲁曼：《社会中的法》，李君韬译，中国台湾五南图书出版股份有限公司2009年版，第227页。

③ 同上书，第66页。

④ 卢曼对四代系统论的概述，参见 Niklas Luhmann, *Soziale Systeme: Grundriß einer allgemeinen Theorie*, Frankfurt/M.: Suhrkamp, 1984, S. 22—25。

⑤ 〔德〕尼可拉斯·鲁曼：《社会中的法》，李君韬译，中国台湾五南图书出版股份有限公司2009年版，第100页。

一个在悖论和去悖论中不断递归性运作的自我再制机制。本文的任务，就是把这套绵密复杂的机制向各位关注系统论法学的读者做一个介绍。无疑，这个介绍只能是卢曼极其复杂的系统论法学的一个简化版。

二、什么是法律系统的基本运作？

基于"自创生（autopoiesis）"理论，系统论法学发展出一个核心观点：法律系统的基本单位是法律运作，法律运作递归性地、自我指涉地指向自身，因而是系统封闭的；同时，又对环境开放，并且，开放以封闭为条件。如果我们想要了解法律系统的复杂动力机制，就需要详尽回答以下问题：什么是系统？什么是系统运作？什么是"自创生"？

为此，我们首先需要了解卢曼所说的系统理论的范式转型。在西方思想史上，系统论经历过四个代际的演化：

（一）封闭系统的思想

早期系统思想，从亚里士多德开始，运用"整体/部分"这个区分，认为系统是由元素构成的，元素的性质，元素之间的关系，则是由整体决定的。基于"整体/部分"的系统论思想，整体与部分的关系产生于系统内部，其核心理念是系统的封闭性。直到黑格尔，仍然持有这种封闭的系统观。在他的《精神现象学》中，有一句著名格言："真理是全体，但全体只是通过自身发展而达于完满的那种本质。"① 全体、整体,或者又被黑格尔称为系统的东西,就是世界的"一",就是"绝对"。所谓绝对的,即是封闭的。

(二) 开放系统理论

人类社会进入现代,开始运用"系统/环境"这个区分观察世界。卢曼断言,"环境"是现代的发明。② 近代物理学,尤其是热力学第二定理,认为系统要维持自身存在,就必须和环境交换物质和能量,这样,系统才能处于负熵的有序状态。系统因而必须向环境开放,通过一个输入输出的"转换公式",维持系统与环境之间的复杂性落差,不至于使系统因为负熵的耗散而归于与环境无法区分的热寂状态。贝塔郎菲的《一般系统论》,③ 就是开放系统理论上的集大成之作。

(三) 自组织理论

自组织理论区分了系统的结构与组织,认为系统的结构可以不断发生变化,而组织却仍然维持系统的统一性。结构变化意味着系

---

① 黑格尔在其《精神现象学》一书序言中的第一句话:"真理之为科学的体系。"参见〔德〕黑格尔:《精神现象学》,贺麟、王玖兴译,商务印书馆1981年版,第1页。黑格尔所言的"体系""全体",虽然是辩证运动的,但是没有外部环境。"真理是全体。但全体只是通过自身发展而达于完满的那种本质。"参见〔德〕黑格尔:《精神现象学》,贺麟、王玖兴译,商务印书馆1981年版,第12页。所谓的真理的发展,也只是封闭体系内部的历史过程,否则无法达到"绝对"和"一"。

② 卢曼认为,"'环境'这个词,德文为'Unwelt',是19世纪的发明"。参见 Niklas Luhmann, "Technology, Environment and Social Risk: A System's Perspective", *Industrial Crisis Quarterly*, 4 (2013), p.227。

③ Ludwig von Bertalanffy, *General System Theory: Foundations, Development, Applications*, New York: George Braziller, 1968.

统与环境之间发生着物质和能量的交换，而组织维持则意味着系统的自我再制过程遵循着不受环境直接影响的内部逻辑。换言之，系统具有处理内部信息的自主性。当外部条件达到某个阈值后，系统内部就开始从无序转为有序，系统在结构上的开放性和组织上的封闭性同时并存。自组织理论基于系统／环境这个区分，把系统与环境的关系推进到一个新高度。普里高津(Ilya Prigogine)的耗散结构理论[①]和哈肯(Hermann Haken)的协同学[②]，就是在化学和物理领域对于非平衡态系统自组织现象的理论揭示。

（四）自创生理论（the theory of autopoiesis）

智利生物学家马图拉纳(Maturana)和瓦瑞拉(Varela)基于生物学上的发现，尤其是对细胞活动和神经组织的实验观察和理论提炼，重新阐释了有机体在维持生命系统的动态平衡时的特殊机理，认为有机体遵循着"运作封闭和认知开放"的悖论逻辑，不断再生产自身。运作封闭，是指系统维持自身动态稳定的系统同一性；而认知开放，则是系统不断处理来自环境的刺激。尤其重要的是，认知开放是在系统的运作封闭内部实施的运作，认知开放以运作封闭为其前提条件，这样，系统才能维持自身与环境的边界。[③]

对四代系统论的关系做个小结：从封闭系统思想到开放系统

[①] Nicolis G. Ilya Prigogine, *Self-Organization in Non-Equilibrium Systems*, Wiley, 1977.

[②] H. Haken, *The Science of Structure: Synergetics*, Van Nostrand Reinhold, 1981.

[③] Niklas Luhmann, *Soziale Systeme: Grundriß einer allgemeinen Theorie*, Frankfurt/M.: Suhrkamp, 1984, S. 22—25.

理论，最重要的贡献是在系统理论中引入了环境的概念，启用了"系统/环境"这个区分；从开放系统理论到自组织理论，系统的自身同一性，或者说系统自我再制的内在信息反馈机制得到了承认，系统与环境不再是直接短路连接，系统/环境的差异关系获得了进一步区分，系统获得了结构上的自主性；从自组织理论到自创生理论，最大的思想飞跃在于，从自组织理论所认为的异生产系统（allopoietic system）迈向了自创生系统（autopoietic system）。如果说自组织理论认为系统是通过结构性的"规则"的自我再制来维持自身同一性和自我指涉（self-reference），那么，自创生理论则是通过不断从一个运作到下一个运作的自我指涉，实现了"运作"单位的自我再制。系统通过每一个运作的生产，在系统与环境之间不断做出区分，以维持系统的边界。① 用卢曼本人的话来说则是："自创生系统，不只是自组织的系统。它们不仅生产和改变自身的结构，它们的自我指涉也运用于系统其他要素的生产。这是具有决定性意义的概念革命。这个理论为自我指涉机制已经非常强大的引擎又添加了一部涡轮发动机（重点号为引者所加）。"②

生物学领域发展起来的自创生理论，是社会系统论范式转换

---

① 参见马图拉纳和瓦瑞拉关于"自创生"的著名定义："一个自创生机器，就是一个被组织起来的机器（被界定为一个统一体），这是一个（改变和摧毁）生产要素之过程的网络：(1)通过要素之间持续的相互作用和改变，再生产着、实现着过程（关系）的网络。同时，由这一网络，又生产出要素；(2)把这个机器在空间中构成为具体的统一性。在这个统一性中，这些要素借助这一机器在现实化为网络的具体拓扑域时而存在。"参见 Humberto Maturana and Francisco Varela, *Autopoiesis and Cognition*, Boston: Reidel, 1980, p. 78。

② Niklas Luhmann, "The Autopoiesis of Social Systems", in Geyer F. & van der Zouwen J. (eds.), *Sociocybernetic Paradoxes*, Sage, London, 1986, pp. 173—174.

的灵感来源。卢曼正是受到自创生理论的启发，在整合冯·福斯特（Heinz von Foerster）的观察理论[1]和斯宾塞-布朗（Spencer-Brown）的区分理论[2]的基础上，铸造了具有很高解释力的社会系统论，完成了社会理论的升华。卢曼认为，社会系统就是一个自创生系统，社会系统的基本单位不是行动，也不是规则，而是"沟通"。沟通是社会系统的最小单位，是在社会系统内不可分解的最基本的要素。每个沟通则由信息、告知和理解三个要素构成。沟通发生在两个人或两个组织之间，一方作为信息的告知者，另一方则对信息和告知之间的差异加以理解，借助双方共同的活动，涌现出一个社会要素——"沟通"。[3] 社会系统的维持有赖于沟通的不断递归性延续，社会并非由人构成，也不是由行动构成，人是社会沟通的环境。社会系统由沟通以及沟通所形成的网络所构成。社会沟通网络生产出每个沟通，每个沟通又参与到社会网络的生产中，这就是社会系统的"运作封闭"。卢曼认为，在现代社会，全社会分化为政治、经济、科学、宗教、教育等子系统，每一个社会子系统都有自己的代码和纲要，不断生产着自己独具特色的"沟通"。每个子系统在通过沟通的递归循环不断把系统自身与外部环境区分开来，保持系统自身的封闭性；同时，系统的沟通又不断指向环境，并对环境的刺激加以筛选，通过系统内部的过滤机制，有条件地对环境复杂性进

---

[1] Heinz von Foerster, *Observing Systems*, CA: Intersystems Pulication, 1984.

[2] George Spencer-Brown, *Laws of Form*, New York: Dutton, 1979.

[3] 卢曼对于"沟通"概念的详尽阐释，参见 Niklas Luhmann, *Soziale Systeme: Grundriß einer allgemeinen Theorie*, Frankfurt/M.: Suhrkamp, 1984, Kapitel 2: Kommunikation und Handlung。

行选择，建构出属于系统自身的"环境"。因此，从认识论上说，社会系统论在处理系统/环境这个区分上，被认为是一种"操作性建构主义"[①]。因此，卢曼所贡献的社会系统论，被称为社会理论的"运作转向"或"沟通转向"。无疑，这是一场完全满足库恩（Thomas Kuhn）科学哲学所设定的范式转型标准的理论革命。

那么，法律系统作为全社会系统的一个子系统，是如何实现运作封闭和认知开放的呢？或者，如何运用"系统/环境"这个区分实现了系统的自我维持和动态变化的呢？另外，与传统自然法学派、法律实证主义和法律社会学相比，系统论法学对于法学理论的发展可以提供什么样的崭新刺激呢？

系统论法学从功能和结构入手来回应这些问题。从功能来说，对于全社会而言，法律系统以独特方式处理全社会在"时间维度"上的难题，集中承担了"一致性一般化规范期望的稳定化"[②]的功能；从结构来说，法律系统包括两个紧密关联的部分："代码"和"纲要"。无论是功能角度，还是结构角度，都需要围绕"系统/环境"这个区分而在运作封闭和认知开放两个方向展开运作。

为此，我们首先要了解什么是法律的运作，法律运作与法律规范是什么关系。系统论法学特别强调，法律系统的基本单位是法律运作。所谓法律运作，也就是每一次的法律沟通，具体表现为立法决定、司法裁判或缔结契约等社会活动。这与法学家们对法律基本

---

① 〔德〕尼可拉斯·鲁曼：《社会中的法》，李君韬译，中国台湾五南图书出版股份有限公司2009年版，第66页。
② 〔德〕尼克拉斯·卢曼：《法社会学》，宾凯、赵春燕译，上海人民出版社2013年版，第129—141页。

单位的看法明显不同。一般说来，法学家们把"规范"视为法律体系(legal system)的基本单位。在当代法律实证主义学说中，无论是纯粹法学的代表人物凯尔森眼里的"规范"，还是分析法学派巨擘哈特眼里的"规则"，都是他们所认定的法律基本单位。凯尔森动态体系中的规范生产过程，哈特通过第二性规则来识别第一性规则的过程，都包含了对规范(规则)的自我再制特性的深入描述，体现了规范(规则)的封闭性。但是，从系统论的代际关系来看，如果仅仅看到法律体系中规范(规则)之间的自我指涉性质，这样的理论还只是处于系统论的"自组织"阶段。在进入"自创生"理论阶段之后，法律系统的基本单位不再是规范，而是运作。

那么，法律运作与法律规范的关系是怎样的呢？对于法律系统而言，运作之外无他物，而且，运作存在于每一个"当下"时刻。法律系统就是由不断涌现的每个"当下"的运作串联起来的动态平衡过程。每个当下的运作连接到过去和将来的运作。为了把当下的运作与过去以及将来的运作衔接起来，就需要对这一生产网络施加限制性条件。这个有助于运作衔接的限制性条件，就被称之为系统的结构。法律系统的结构就是规范，法律规范是衔接法律运作的选择机制。所以，没有离开规范的运作。同时，需要强调的是，没有脱离运作单独存在的规范，规范就在运作之中，或者说，结构就在过程之中。[①] 这就像语言学认为的那样，作为每个具体情境中的"言语(parole)"需要作为结构的"语言(langue)"来保证语言系统的

---

① 〔德〕尼可拉斯·鲁曼：《社会中的法》，李君韬译，中国台湾五南图书出版股份有限公司 2009 年版，第 69 页。

可理解性；同时，作为结构的"语言"，也只有在每一次"言语"的具体应用中才会显示出自身的约束性功能。[①] 作为类比，作为法律运作的每一个法律沟通，比如立法决定、司法裁判和合同缔结，都有赖于法律规范的衔接作用，而法律规范也只有在这些法律沟通中才能呈现出自身。

三、法律系统在功能层次上的封闭与开放

那么，什么是法律系统的功能？法律系统又如何在功能层次上保证了法律运作的封闭性？

在社会活动中，人与人之间处于一种"双重偶联性"（Doppelte Kontingenz）的不确定状态。[②] 之所以产生双重偶联性这个问题，是因为每个个体的意识都是一个黑箱，参与互动的双方都无法直接探知对方的意识状态，每个参与方的言语和行为随时都可能出乎对方的意料之外。对于沟通系统来说，双重偶联性意味着环境的复杂性，也意味着沟通前景的高度无序性和不确定性。如果无法克服双重偶联性为人际交往埋下的不可能性鸿沟，那么，任何社会沟通都是不可能的。与此相伴随，社会系统论另外还有一个深刻的见解，那就是，如果没有双重偶联性，或者说，如果我们每一个人都能直接看清对方大脑中的意识状态，那也就不需要沟通了，更不会涌现

---

① 〔瑞士〕索绪尔：《普通语言学教程》，高名凯译，商务印书馆2009年版，第29、35页。

② Niklas Luhmann, *Soziale Systeme: Grundriß einer allgemeinen Theorie*, Frankfurt/M.: Suhrkamp, 1984, Kapitel 3: Doppelte Kontingenz.

出法律这样复杂的社会子系统。① 所以，双重偶联性既是社会沟通需要克服的难题，又是搭建社会沟通的必要前提条件。那么，如何超越双重偶联性的意识黑箱难题以搭建社会沟通呢？答案就在社会的期望结构。按照社会系统论的说法，经过从运作到运作的反复迭代，系统会在"运算的运算"的二阶信息控制过程中表达出一种稳定的固有值（eigenvalue）②。期望结构就是这种固有值之一。

所谓法律系统的功能，正在于对社会沟通的期望结构加以稳定。系统论法学是从"时间维度"③上来回答"法律的功能是什么"的问题。④ 所有的子系统，都需要处理当期望面临导致失望的事件时应该如何应对的问题。从时间维度来看，也就是如何处理面对"将来"这个时间取向所蕴含的不确定性问题。期望结构的类型，

---

① 对此，科幻作家刘慈欣的《三体》为我们提供了一个思想实验的反例。参见刘慈欣：《三体》，重庆出版社2016年版。在《三体》科幻想象的外星文明中，高级智慧生物之间可以直接进入对方的意识。因此，每个高级智慧生物对另一个高级智慧生物而言，在意识活动上都是透明的。但是，如果真有这种生物，由于没有双重偶联性问题，那么他们之间无须沟通，因此就无法形成有组织的社会，更不会演化出法律。卢曼的社会系统论认为，正是因为双重偶联性，人们才能组成社会；对于人的意识发展而言，社会本身又是最为重要的外部环境。没有社会和意识之间的结构耦合，人类不可能同时发展出今天这样高度发达的意识活动水平和社会复杂性水平。所以，我们必须感谢"双重偶联性"这个机制！《三体》中那种相互透明的高级智慧生物，由于社会的缺位，其实是无法在宇宙中演化出来的。

② Heinz von Foerster, "Objects: Tokens for (Eigen-)Behaviors", in *Hommagea Jean Piaget: Epistemologie Genetique et Equilibration*, B. Inhelder, R. Gracia, and J. Voneche (eds.), Delachaux et Niestel, 1977, p.280.

③ 卢曼认为意义可以区分为时间、社会和事物等三个维度，参见〔德〕尼克拉斯·卢曼：《法社会学》，宾凯、赵春燕译，上海人民出版社2013年版，第71—140页。

④ 同上书，第129—140页；〔德〕尼可拉斯·鲁曼：《社会中的法》，李君韬译，中国台湾五南图书出版股份有限公司2009年版，第三章："法律之功能"。

会随着社会子系统的不同而不同。对此,科学系统是以认知性期望结构来处理失望,而法律系统则以规范性期望结构来处理失望。认知性期望意味着从所遭致的失望事件中学习,而规范性期望意味着拒绝学习,顽强地坚持期望的态度。在法学领域,我们一般把规范对人们行为所具有的"反事实性"的指引能力称之为"应当"。在法理学上,"应当"这个概念与价值问题联系起来,并以"事实与规范"这个区分为对照强调了"应当"的规范属性。所以,卢曼认为,应当与规范成了同义反复,并没有为我们理解规范提供什么有价值的经验信息。[1] 与此不同,在系统论法学中,所谓的规范性期望,无非是处理失望时拒绝学习的态度,是对期望保持期望的态度,也就是卢曼所说的"期望的期望"(Erwartungen von Erwartungen)[2]。只有当社会发展到一定的复杂性程度,才会演化出以"期望的期望"这种处理时间维度上的复杂性的社会结构。期望的期望,以期望的方式对待期望自身,体现了一种反身性(reflexivity)效果。所谓反身性,就是同一种活动或者属性再次运用于自身。这种带有二阶反馈循环的控制方式,可以极大地增强社会系统应对环境复杂性的能力,同时,也会让某种社会沟通的连续运作从其他社会活动中分化出来。比如,只有出现了对学习本身展开学习这样的反身性活动,才能分化出科学;只有出现了用语言研究语言的反身性现象,才能分化出语言学;也只有出现了以期望的态度对待期望,才会出现法律。这种期望态度上的反身性效果,就是法律运作的自我指涉,必

---

[1] 卢曼对"应当"这个概念的批评,参见〔德〕尼克拉斯·卢曼:《法社会学》,宾凯、赵春燕译,上海人民出版社2013年版,第68页。

[2] 同上书,第73页。

然也带来法律运作的封闭性和系统分化。"期望的期望"这种反身性运算，形成了社会的规范性期望结构。从结构上说，法律是由规范构成的。因而，法律运作的封闭性就体现为规范性封闭。凯尔森所谓的"规范就是规范"，这种句式上的同义反复，正是对法律所特有的这种规范封闭性结构的格言式强调。

  法律系统在"系统/环境"这个主导性区分的引导下，不仅指向系统自我指涉，也有指向环境的外部指涉这一面。强调法律系统的规范性期望对于法律封闭运作的重要性，只是描述了法律系统保持自身同一性的一个侧面。由于法律系统总是在环境中运行的，而系统统一性的维持，只能是不断与环境区分开的活动。所以，描述系统的统一性，离不开对环境的指涉。换言之，法律系统基于规范的同一性，还需要另一个区分/差异（difference）[1]的增补（supplement）[2]才能实现——这个区分就是"规范性期望/认知性期望"。社会诸系统一般理论认为，为了实现系统的封闭，"系统/环境"的区分必须"再进入"到这个区分自身之中，即再穿越到"系统/环境"这个区分中的"系统"这一面。因此，在系统内部，就出现了指向系统自身的自我指涉与指向环境的外部指涉。自我指涉/外部指涉这个区分，就是在"系统/环境"这个区分的"系统"这一面复制"系统/环境"这个区分的结果。这时，系统的运作虽然同时包含了自我指涉和外部指涉这两个取向，但都是在系统内的运作。

---

[1] Niklas Luhmann, *Einführung in die Systemtheorie*, Zweite Auflage, 2004, S. 66—90.

[2] Jacques Derrida, *Of Grammatology*, Trans.by Gayatri C. Spivak, Baltimore: John Hopkins University Press, 1976, p. 167.

因而，呈现出"既封闭又开放，开放是以封闭为条件"的悖论状态，这是"系统/环境"这个区分对自身进行观察的必然结果。法律系统要实现运作封闭，就必须完成"系统/环境"的二阶观察。

在法律系统中，系统运用"规范性期望/认知性期望"这个区分，在系统的封闭性上体现为规范性期望的自我指涉，而在针对环境的开放性上，则体现为认知性期望的外部指涉。规范性期望是指面对失望的不学习状态，而认知性期望则是面对失望的学习状态。这两种期望结构本身是相互对立和排斥的，又如何能够统一到规范性期望之中以完成法律系统的运作封闭呢？

维持规范性期望的自我指涉，离不开法律系统指向外部环境的认知性期望。在社会演化的早期阶段，并不存在规范性期望与认知性期望的分叉，比如人类早期的神裁法，就是高度形式性的，无须向外部世界学习。[①] 当全社会变得越来越复杂时，为了演化出具有稳定规范性期望功能的法律系统，首先需要把认知性期望从规范性期望中分离出来。在社会系统论看来，在面对失望的事件时，规范性期望和认知性期望都是解决失望问题的手段。换言之，在化约失望所导致的社会复杂性上，虽然两种复杂性化约机制相互对立和排斥，但是二者又具有功能等价性（functional equivalent）。不过，从维护社会期望稳定的视角看，只有规范性期望而不是认知性期望才能够胜任为全社会提供持续运转的期望结构的功能。所以，法律系统只能基于规范性期望来组织自己的封闭运作。但是，如果法律系统仅仅只有自我指涉的规范性期望，那就只有从一个运作到另一个

[①] 韦伯关于法律类型中的"形式非理性"这一分类，就对应于认知性期望尚未从规范性期望中分离出来的情形。

运作的套套逻辑式空转。这样的话,法律系统就成为自说自话、与社会的环境无关的纯粹形式化系统。这种与外界彻底隔离的封闭性,只会导致系统的僵死,这也正是形式主义法学和概念法学所暴露的理论死穴。所以,法律系统要维持自身统一性,反而要指涉到外部环境。法律不仅要以不学习的态度反事实性(contra-factual)地坚持规范性期望,也要向来自环境的刺激进行有条件的学习。比如,法官和律师都需要不断关注法条和判例的变化,这是指向系统内部环境的学习;同时,他们也要持续关注新型社会冲突、新的科学技术、大气变暖等刺激因素对法律决定的影响,这是指向系统外部环境的学习。

那么,法律系统又如何防止这种指向环境的外部指涉不要走得太远,以免破坏了法律系统基于规范性期望的运作封闭呢?

如前文所言,"自我指涉/外部指涉"这个区分,是"系统/环境"这个区分"再进入"到"系统/环境"这个区分中"系统"这一面的结果。所以,"自我指涉/外部指涉"这个区分其实是在系统内部做出的区分。换言之,无论是指向系统自身的自我指涉,还是指向环境的外部指涉,都是系统内部的运作。在此,可以看出,基于"区分""观察""自创生"等理论的第四代系统论对于系统运作的描述,与德国哲学家胡塞尔的现象学对意识活动过程的分析是非常类似的。在胡塞尔的现象学还原中,对外部世界首先加以"悬搁(Epoch)",这使得我们能够从朴素的自然态度跳转到反思性的哲学态度,因而,不再是把外部世界加以理所当然地对象化和客体化,而是关注意识系统内部的意义构造过程。胡塞尔从其老师布伦塔诺那里继承了"意向性"这个概念,经过改造后,成为现象学突破德国传统观念论(Idealism)的关键入口。所谓"意向性",如果借用布朗的"区分"理论加以分析的话,正是"意向活动/意向对象(noesis/noema)"这个区分"再进入"到这个区分自身的"意向活动"这一面的意识活动过程。一方面,意向活动离不开意向对象,所以,胡塞尔有"意识总是指向某个对象的意识"的著名断言;另一方面,意向对象也离不开意向活动,针对意向对象的这种外部指涉总是发生在意识内部,受到意识活动内在结构性条件的限制。因而,所谓的意识对象,既不是意向活动完全主观的产物,但又不能脱离意识活动的主动构造——在这个悖论式的反传统逻辑表述中,传统的"主体/客体"二分法失灵了。现象学中的"意向活动/意向对象"这个区分,与系统论中的"自我指涉/外部指涉"这个区分,都具有这种悖论式的、自我指涉的、反传统的逻辑结构,因而都是对"主体/客体"这个区分的僵死性的克服。[1]

就法律系统而言,指向外部环境的认知性期望,总是受到指向系统内部的规范性期望的反馈控制。法律系统的认知性期望对外部环境展开的探知活动,并非对纯粹客观世界的再现,而是受到法律系统内部的复杂性化约条件的限制,最后总是要转换为对规范性期望的维持。虽然系统内部对于环境的认知性状态可以改变,但是系统的规范性取向却并不会改变。

对此,法律人类学家马克斯·格拉克曼(Max Gluckman)提供了一个有趣的心理学事例可资佐证。一位精神病医生对一位自认为是死人的患者提出建议,但是却无法动摇患者的信念。精神病医

---

[1] Knudsen, Sven-Eric, *Luhmann und Husserl: Systemtheorie im Verhältnis zur Phänomenologie*, Würzburg: Königshausen & Neumann, 2006.

生问:"死人不会流血,对吧?""当然不会",患者回答说。医生迅速扎破了患者的手指并挤压,直到一滴血流出来。"看,你不是死人,对吧?"医生大声说。患者看了看自己的手指一会儿说:"看来死人也会流血!"患者在自己的思维系统中坚信他自己的死亡。[①] 在这个医学事例中,患者的意识系统为了维持系统的基本意义,即便面临反事实性的硬证,也没有改变基本的期望态度。从认知的维度来说,系统确实以新的信息为基础,更新了对事实的认知;但是,从期望的维度来说,系统解释并消化了对期望的偏离并让基本信念保持不变。

系统论法学认为,在每一个法律运作中,指向系统的规范性期望和指向环境的认知性期望同时并存着。法律系统的运作对于规范性期望的指涉,是非常容易理解的。律师或法官在办理具体案件时,必然会受到制定法和判例的限制,只能在现有规范性结构所留出的选择空间内做出判断。法律系统对于认知性期望的指涉,对于法律人而言,也是非常熟悉的场景。律师的举证活动、专家证人出庭、引用精神病医生证言等,都是法律系统的外部指涉。同时,律师或法官对环境刺激的处理,必然受到规范性期望的控制。比如,每个受过训练的法律人都明白,在诉讼过程中对证据的举证质证活动,无论是对证据资格还是证明能力的认定,在法律系统内部所生产出来的都只能是法律真实而非事实真实。所谓法律真实,无非就是经过法律系统的规范性期望加以转换的认知性期望,是认知性期

[①] M. Gluckman, *Custom and Conflict in Africa*, 1955, p.105。转引自托马斯·D. 巴顿(Thomas D. Barton):"对尼克拉斯·卢曼《法社会学》的书评:期望、制度、意义",宾凯译,载《北航法学》2015年第2卷。

望受到规范性期望控制的结果。法律的规范性期望就像国王的金手指,不管触碰之物为何,都会传染上黄金的属性,这就是法律系统的运作封闭。当然,就像在法律事实上的新发现,注定会改变司法裁判那样,认知性期望对外部环境刺激的学习也会或多或少改变着规范性期望的结构——然而,这仍然无法改变法律运作的规范封闭性本身。

传统法学理论中"规范/事实"这个区分,从法律实务和法律教义学的角度触碰到了系统论法学以"规范性期望/认知性期望"这个区分所揭示的问题。但是,即便在当代对此问题最为深思熟虑的法学家,比如德国法哲学家考夫曼(Arthur Kaufmann),也只能用规范和事实的"等置",或者,以"事物的本质"等模糊不清的表述来勉强回应这一理论难题。[1] 系统论法学在法律系统"封闭运作"的大前提下,深刻描绘了规范性期望和认知性期望的悖论性结构,极大地推进了我们对法律运作模式的认知水平,应该说是理论上的重大突破。

四、法律系统在代码和纲要层次上的封闭与开放

系统论法学认为,仅仅从稳定社会规范性期望这个功能的角度,还不足以充分解释法律系统的运作封闭性以及法律系统从全社

---

[1] 参见亚图·考夫曼:《类推与事物的本质》,吴从周译,中国台湾学林文化事业出版社1999年版。

会分出的现象。① 只有把法/不法这个代码（Code）以及与之匹配的纲要（Programme）所共同形成的法律系统的结构纳入考虑，才能完整解释法律的自我生产和自我观察的双层自创生机制。在法律系统的结构层次上，代码指向了系统的封闭性，而纲要作为必要的增补，指向了系统的开放性。与法律系统在功能层次上的"既封闭又开放，开放以封闭为条件"相同，在法律系统的结构层次上，纲要的开放性最终也要受到指向系统内部逻辑的代码的控制，因而进一步以自我观察的方式在法律系统的结构层次上实现了系统的运作封闭。

前文已经讨论过，法律的功能是稳定规范性期望，而这个功能在社会系统中演化出来，需要"期望的期望"的反身性结构。作为处理失望机制的规范性期望，如果只是零星地出现在个别人之间或小团体内部的互动过程中，那就会遭遇持有不同规范性期望的他人或团体的否定，因而无法扩展为整个社会的期望结构。零星的或者小团体内部的规范性期望如要在更大范围得到支持，就需要更多的他人（第三方）对这个规范性期望本身持有一种规范性期望的态度，也就是演化出"规范性期望的规范性期望"的反身性结构。卢曼认为，这种"规范性期望的规范性期望"的结构，最重要的形式就是"程序"。尤其是当社会演化出由第三方参与解决纠纷的程序时，零星的规范性期望就扩展到了更大的范围，甚至在整个社群中获得了以规范性期望态度对这些规范期望加以支持的力量。② 卢曼不同意哈

---

① 〔德〕尼可拉斯·鲁曼：《社会中的法》，李君韬译，中国台湾五南图书出版股份有限公司2009年版，第196页。

② 卢曼关于程序的演化及其功能的讨论，参见〔德〕尼克拉斯·卢曼：《法社会学》，宾凯、赵春燕译，上海人民出版社2013年版，第100—115、217—223页。

贝马斯基于"众人之事"应由众人参与的商谈伦理之上的程序设想。卢曼认为,所谓程序的规范性力量,并不是来源于所有利害相关人的同意,因为这样的设想对于程序性制度来说将要负担过于沉重的复杂性载荷。如果说程序体现了众人的同意,那也不过是一种社会"拟制"。那些担任程序裁判者的角色,是把无数匿名的第三方以社会虚构的方式带到了程序之中。

但是基于"规范性期望的规范性期望"的程序,并不能提供法律系统从社会中完全分化出来的动力机制。在前现代社会,无论西方的教会、村落共同体、城市共同体还是绝对国家,都已经演化出依靠程序解决纠纷的法庭。在中国古代社会,从传说中的上古人物皋陶,到秦朝的廷尉制度,再到隋唐时期的大理寺、刑部和御史台,直到明清时期的大理寺、刑部和督察院,逐渐演化出一套绵密复杂的依靠法庭解决纠纷的制度体系。但是,由于程序所遵循的裁判规则还没有从其他社会领域中分化出来,弥漫于整个社会的"整体／部分"以及"上／下"区分仍然是社会的主导性区分,法律的实施过程往往被功利性的、道德性的、情感性的因素所影响。这种依靠法庭解决纠纷的方式,在韦伯的法律类型学中,也被归为"实质理性的"法律类型。卢曼举例说,在工商力量逐渐上升的社会变革时期,法国皇帝为了赋予一个商人对抗贵族的法律权利,特意授予这个商人贵族头衔。[①] 但是,这些处分方式只是皇帝基于特别理由给出的例外处置,商人尚不能获得参与法律沟通的普遍性权利。法律系统的运作尚未演化出让所有人都有机会参与的沟通系统,因而不能从

---

① 〔德〕尼可拉斯·鲁曼:《社会中的法》,李君韬译,中国台湾五南图书出版股份有限公司2009年版,第135页,注35。

社会的其他规范性结构中分离出来——换言之，法律系统还缺乏实现运作封闭的全部条件。

另外，系统论法学认为，仅仅从稳定规范性期望的功能来看待法律，无法把法律与道德、宗教区分开。从稳定规范性期望以化约社会复杂性的功能这个"问题及其解决方式"[①]的角度来看，法律并非实现这一功能的唯一机制。比如，道德、宗教等社会机制，也具有化约社会复杂性以稳定规范性期望的功能。卢曼认为，在发挥稳定规范性期望的功能上，道德、宗教、法律都发挥着降低社会过度复杂性的选择功能，因而都是解决同一个社会问题的功能等同项。所以，卢曼认为，只有社会同时演化出以下两项制度性成就，才能让法律系统与全社会的其他社会子系统分离开，以实现法律系统的自主分化和运作封闭。这两项必备的成就是：(1)法律的功能特定化。换言之，法律系统聚焦于一个特定的社会问题——稳定规范性期望。(2)出现法律系统代码。法/不法这个代码作为一个基本的框架，可以赋予某个社会沟通以正值或负值的评价。[②]

如果社会中仅仅存在着各种各样的规范，还不足为全社会提供稳定的期望。而且，如上文所言，即便演化出具有"规范性期望的规范性期望"反身性结构的程序，也无法避免法庭在选择适用于个案的裁判规范时显得恣意。在日常生活的社会沟通中，存在着大量

---

① 卢曼的"功能—结构主义"颠倒了帕森斯的"结构—功能主义"，在社会系统论发展史上具有方法论革命的重要意义。卢曼对功能的界定，是指"问题及其解决方式"之间的这种关系性，参见 Niklas Luhmann, *Soziale Systeme: Grundriß einer allgemeinen Theorie*, Frankfurt/M.: Suhrkamp, 1984, Kapitel 1: System und Funktion.

② 〔德〕尼可拉斯·鲁曼：《社会中的法》，李君韬译，中国台湾五南图书出版股份有限公司2009年版，第81页。

多元异质的规范。一旦发生纠纷，这些异质的规范之间就会发生抵触和排斥。如果事前没有演化出一个对规范本身加以选择的机制，涉诉各方必然以自己所认可的规范对抗另一方所认可的规范。此时，法律活动要么体现为法官的偏见，要么被某种社会强势力量所左右。当然，在规范之间的事前选择机制缺位的情况下，还可能出现这样一种情形，那就是双方不是基于事前的规范而是基于现实考虑，采取退一步海阔天空的妥协，这就是所谓"和稀泥"式的纠纷解决方式。

关于多元规范导致和稀泥的情形，卢曼曾提供了一个故事，据说这个故事引发了犹太教口传律法汇编《塔木德》的诞生。在一个课堂上，学生们对某个问题发生了争论，学生请老师评判对错。第一个学生阐述了自己的观点，老师稍加思考后说："你是对的。"第二个学生，此前沉默不语，紧接着反驳了第一个学生的观点，并提出了反驳理由。老师对第二个学生的观点给出评价："你是对的。"这时，第三个学生插话说，由于前面两个学生的观点相互矛盾，他本人不会采信其中任何一个观点。经过一段长时间的郑重思考，老师再次回答说："你是对的。"[1]

这个故事说明，仅仅有"好/坏"这个区分在一阶观察上的运用，虽然也会形成对事物的规范性评价，但是，这些规范评价可能是多元异质甚至互相抵触，无法形成内在统一的法律系统。只有当社会能够运用"法/不法"的代码对日常生活中运用"好/坏"区分

---

[1] Niklas Luhmann, "The Third Question: The Creative Use of Paradoxes in Law and Legal History", *Journal of Law and Society*, Vol. 15, No. 2 (Summer, 1988), p. 153.

进行的一阶观察的运作展开二阶观察,才能形成运作封闭的法律系统。"法／不法这个代码,只能在二阶观察层次上发挥作用,换言之,只能通过观察观察者"。[①] 如果社会仅仅生产出日常生活中的各种规范,那还无法形成贯穿整个社会的规范统一性。当日常生活中各个领域的一阶规范评价发生冲突时,运用"法／不法"代码,对发生冲突的各种规范展开二阶规范评价,并把合法的评价分配给法律系统所支持的规范,把非法的评价分配给法律系统所否定的规范,才能形成法律系统的运作闭合。这进一步说明,对于法律系统的分出而言,仅仅是法律的功能特定化尚不充分,还需要补充上代码这个结构。就此而言,科学系统与法律系统之运作封闭的原理类似。知识对于人类来说是古已有之,而科学系统的分化则是近现代社会的演化成就。自有人类以来,人类不断积累了各种各样的知识,但是,这些知识还只是属于运用"对／错"区分所展开的一阶观察。只有运用"真／假"(wahr/unwahr)这个代码对基于"对／错"(richtig/falsch)区分的日常知识展开二阶观察,科学系统才能从日常知识中分化出来,形成封闭运作的自创生系统。[②]

"法／不法"代码具有无差异性。[③] 换言之,无论社会生活的其他领域发生了任何事件,经过法律代码的处理之后,都转化为法律系统内部的事件。法律系统的环境对法律运作所产生的刺激,都

[①] 〔德〕尼可拉斯·鲁曼:《社会中的法》,李君韬译,中国台湾五南图书出版股份有限公司2009年版,第89页。

[②] Niklas Luhmann, *Die Wissenschaft der Gesellschaft*, Frankfurt / M.:Suhrkamp, 1990, S. 194—209.

[③] 〔德〕尼可拉斯·鲁曼:《社会中的法》,李君韬译,中国台湾五南图书出版股份有限公司2009年版,第88页。

被"法/不法"这个代码无差异地转换为法律系统所能识别和处理的信息。在法律系统内部,不再有经济沟通、政治沟通、宗教沟通、科学沟通,所有的沟通都只能是法律沟通。正如冯·福斯特在对青蛙的神经系统进行研究时所发现的那样,对于青蛙的视神经而言,所有的环境刺激都必须转换为神经系统能够识别的电脉冲信号。在青蛙的神经系统内部,并不存在颜色、大小、远近的刺激,所有的外部刺激都无差异地转换为神经系统才能加工的电脉冲。青蛙神经系统内部发生的事件,无一例外都只能是生物电信号之间的关系,而且,也只有神经系统内部的生物电信号,才能对另一种生物电信号发生作用。因此,在神经系统内部,不存在来自环境的直接输入,神经系统已经通过生物电信号把这种输入/输出关系内部化了,由此形成了神经系统的运作边界。[1] 与此相似,在法律系统内,"法/不法"把来自环境的刺激转换成无差异的法律运作,而且,只有法律运作才能影响法律运作,法律系统的分出由此得以可能。

"法/不法"这个代码并不是一个规范。法律系统的运作从来不会以"法/不法"这个代码作为规范来裁判案件。"法/不法"是斯宾塞-布朗《形式的法则》(*Laws of Form*)中所说的那种"形式"(form)。[2] 形式也是一个区分,有两个面,即外面和里面。对于"法/不法"这个区分而言,"法"与"不法"这两个面是不对称的,法是里面,不法是外面。每一次运用"法/不法"的法律运作,"法"这一面都具有更高的衔接可能性。即便法官在司法活动中判决某个

---

[1] Heinz von Foerster, "Erkenntnistheorien und Selbstorganisation", in Siegfried J. Schmidt (ed.), *Der Diskurs des Radikalen Konstruktivismus*, Frankfurt, 1987, S. 137.

[2] George Spencer-Brown, *Laws of Form*, New York: Dutton, 1979, pp. 1—4.

当事人败诉,对于其行为赋予"不法"的否定性评价,但做出这个否定性评价的裁判活动本身,却一定是在"法"这一面。如果把"法/不法"这个代码运用于其自身,那么就会导致悖论。比如,当我们追问法律本身运用法/不法的代码这一活动本身是法还是不法的时候,就会导致这样的结果:如果说法官的裁判活动是合法的,那么其中却包含非法。因为法/不法的这个区分,无从判断属于合法还是非法。法院系统通过发展出规范层级和审级制度来掩盖这个悖论。在全社会系统中,要隐藏"法/不法"的自我套用的悖论,还必须借助政治系统的运作,即运用逻辑学上的"哥德尔化"[1],把悖论转移到法律系统自身看不到的地方。

法与不法这两个面构成了"形式"意义上的差异,但这种差异又统一于一个单一的代码。法律系统如要维持自身的统一性,必须演化出一个边界。就像细胞要存活,必须有一个划分细胞与其环境的细胞膜那样。"法/不法"这个代码,就是法律系统的那层膜,或者说,维持系统统一性的边界。这里,悖论的是,法律系统的统一性,居然是通过"法/不法"这个具有差异性的两面来维持的。[2] 法律系统运用"法/不法"这个代码对自身的运作加以衔接,通过"法/不法"代码的两边实现了差异中的统一。

"法/不法"这个代码,从结构层次上保证了法律系统运作的

---

[1] 〔德〕尼可拉斯·鲁曼:《社会中的法》,李君韬译,中国台湾五南图书出版股份有限公司 2009 年版,第 125—126 页。

[2] 卢曼认为,基于因果分析的法社会学,根本没有思考过法律的统一性问题。参见 Niklas Luhmann, "The Unity of Legal System", in *Autopoietic Law—A New Approach to Law and Society*, Ed. by Gunther Teubner, Series: European University Institute, 1990, p. 13。

封闭性。不过,仅仅以"法/不法"代码引导法律系统的递归性运作,只能维持系统自我指涉的套套逻辑,保证系统的封闭性。法律系统要持续运作,还必须指向系统的环境,而这就需要在"法/不法"代码之外补充上法律的"纲要"。① 法律系统的基本纲要是条件触发式的,也就是"如果……就"的格式化表达。条件纲要(conditional programme)对环境信息加以识别,并把环境的刺激转化为能够维持系统运作前后衔接的信息。信息并非来自于系统外部,外部环境只能提供刺激,这些刺激需要经过系统内部的识别机制过滤,才能转化为可以改变系统运作状态的信息。系统论认为,所谓信息,就是贝特森(Gregory Bateson)声称的"产生差异的差异"。② 比如,把一枚硬币放在手心,然后又拿开,放入和拿开之间产生了一个差异,但这还不是信息,这只是环境对感觉系统的一个刺激。如果我们处于睡眠状态,这个环境差异引发的刺激并没有改变我们感觉系统的内部状态。只有当我们处于苏醒状态,这个放入和拿开的差异刺激才会在我们的感觉系统上产生一个状态的改变,这个状态改变形成了一个内部的差异。对于我们的感觉系统而言,这个差异才构成一个信息。法律系统的条件纲要,正是法律系统感知外部环境的差异并把其转换为内部差异(信息)的机制。

在法律系统的结构中,"法/不法"代码与"条件纲要",分别

---

① 卢曼对于法律系统对环境的开放性的充分讨论,可进一步参见 Niklas Luhmann, "Closure and Openness: On Reality in the World of Law", in *Autopoietic Law—A New Approach to Law and Society*, Ed. by Gunther Teubner, Series: European University Institute, 1990, pp. 335—348。

② Gregory Bateson, *Steps to An Ecology of Mind*, New York: Ballantine Books, 1972, p. 459.

对应着系统的自我指涉和外部指涉。条件纲要对环境的变化保持敏感，体现了法律系统的认知开放；"法／不法"代码这个差异的统一性结构，确保了法律沟通要么是法，要么是不法，而且法与不法的评价性运作前后相继，维持了法律系统内运作的规范封闭性。条件纲要对于法律系统持续运作的作用就在于，在具体的法律沟通中，为某个行为分配法还是不法的评价提供判准。究竟某个活动是法还是不法，需要满足条件纲要的判准才能决定。条件纲要可以看成是法与不法两个前进方向之间的转换器。如果没有纲要为"法／不法"代码提供判准，那么"法／不法"代码就会陷于空转；如果没有"法／不法"代码把条件纲要转化为法律内部的结构，那么法律纲要与社会其他系统的纲要就无法区分。所以，我们似乎可以这样套用康德的名言："没有纲要的代码是空洞的，没有代码的纲要是盲目的。"

　　与法律实证主义的"分离命题"相同，系统论法学也认为，法律与道德是不同的社会沟通形式。法律与道德的区分，除了代码上的不同，还体现在纲要上。道德虽然演化出了"善／恶"的代码，而且在全社会都使用相同的道德代码，却没有前后融贯的纲要。在一个民族国家内部，每个民族、宗教团体、亚文化群体等等，都会运用"善／恶"这个代码对社会现象加以评价。但是，为分配这个代码的二值所提供的判准（纲要），却是五花八门，无法形成共识。[①] 在法律系统内部，为分配"法／不法"代码的二值所提供的判准，却需要前后保持融贯性和一致性。道德虽然也有自己的代码，由于没有递

[①]〔德〕尼可拉斯·鲁曼：《社会中的法》，李君韬译，中国台湾五南图书出版股份有限公司2009年版，第95页。

归性运作的纲要的支持,没法作为一个系统从社会其他领域中分化出来。法律系统在演化出稳定规范性期望的功能和"法/不法"代码两项成就以后,尤其在系统结构上出现了代码和纲要的分化后,就具备了规范封闭和认知开放的所有条件,法律系统的封闭运作和系统分化也就成为现实。

第三章　社会系统论视角下的法律功能

一、引言

卢曼所说的法律功能,是法律对全社会的功能,法律功能解决的是全社会的时间拘束问题,即通过规范性期望的稳定化,达到对全社会的时间拘束。社会沟通是意义的沟通,意义包含时间、社会和事物三个维度,所有沟通因而都存在时间拘束的问题。历史上演化出时间拘束的不同功能形式,经济(资源稀缺)和风险都承担着时间拘束的功能。而法律的唯一功能,就是通过规范性期望的反身形式(对规范性期望的规范性期望),形成特定的时间拘束,从而成为社会的重要信任机制。法律的时间拘束具有社会成本,法/不法的代码区分和指派会带来不同的社会性后果,制造出社会共识和歧见。为了稳定规范性期望,法律系统的功能分化,有赖于组织化的法律决断系统(立法和司法),这些决断系统通过规范的双重模式化(规范化的规范化),对规范投射的成长产生了限缩和规训效应。它推动了法/不法二元代码的正式确立,使规范性期望在法律系统内获得稳定的实现,从而克服了一般社会层面的规范性期望的不足。法律与政治由此形成特定的结构耦合,但前提则是两个系统的功能分化。法律的功能不是行为调控和冲突解决;法律的执行不是促成行动,而是稳定期望。法律并不是社会整合与社会控制的工具,而是成为全社会的免疫系统。这一切的前提,乃是法律系统的功能分化。

二、法律与时间性问题

(一)法律:全社会、意义与时间

当谈到法律的功能,我们首先需要追问,法律功能"服务"的对象是"谁"?是针对某个人的功能,还是针对人际互动的功能,抑或针对某个公司或政治系统的功能?在卢曼的社会系统论视角下,法律的功能,是针对全社会系统的功能,是要解决全社会系统的问题。换言之,法律功能"服务"的是全社会,全社会系统的某种需要,必须通过专门的法律规范的分出,继而通过法律系统的功能分出,才能获得相应的解决(p.152)。

这与传统的法律功能观点形成了对比,在卢曼看来,因为传统理论采取了个体主义的心理学和人类学的提问方式(p.152),它们讨论法律会给个人带来什么,法律针对个人解决了什么问题,法律对个人形成了何种激励和约束,但这些理论未能在全社会层面去理解法律的功能。虽然传统的提问方式是有意义的,但它把人类社会化约为个体原子的集合,只能从意识、人格这些无法在经验上考察的主观维度，提出对法律功能的认识。与此相反，卢曼认为，法律功能必须在"全社会"的意义上讨论，而所谓"全社会"，则是指由经验上可观察的各种不断运作的社会沟通形成的社会系统（p.152）。

所以，法律功能是针对全社会的功能，法律解决了全社会的特定"问题"（p.152），作为社会系统的法律，解决了全社会系统的"特定问题"。但实际上，这种功能定义，也存在陷入套套逻辑（同义反复）的危险。在传统法理学中，法律的功能定义，就经常以法律功利主义，或是各种以需求为导向的理论出现（p.152）。在它们看来，法律的功能就是法律能够满足社会的特定"需求"，实现"最大多数人的最大幸福"。[①]卢曼指出，这种功能定义其实只是同义反复，并没有真正回答问题。而卢曼的理论策略，则是他一贯采用的"抽象化"方式（p.152）。换言之，要描述清楚何谓法律的功能，要厘清法律所解决的真正"问题"，就必须跳出法律，认识法律。我们需要一个"不同于法律，并且比法律自身更为抽象的概念"（p.152）。

"法律的功能就是法律对全社会的功能"，这样一个自我循环的套套逻辑，可以通过引入一个比法律更为抽象的概念来"展开"（p.152）。对于法律功能的理解，关键就在于找到这个比法律更为抽象的概念。

卢曼在这里发现了"时间"。在他看来，法律解决的其实是全社会的"时间问题"（p.152），时间乃是法律真正的功能对象。卢曼

[①] 以边沁的法律功利主义学说为代表性观点，他把法律视为实现功利的一种手段，"对于主权者，他在采纳法律过程中所考虑的目的或外在动机，基于功利原则，仅仅是社会的最大福利"。参见〔英〕边沁：《论一般法律》，毛国权译，上海三联书店2008年版，第41页。

认识到，每一个当下的社会沟通都是不充分的，这些沟通无论是作为表意还是实践，它们在时间上都必须具有延展性，以克服它当下的不充分性。而时间延展性在社会沟通中，就会以"期望"的形式出现（p.152）。当社会沟通中明确出现"期望"，出现对"期望"的"期望"，社会沟通的时间意识和时间问题也就开始呈现（p.152）。而法律的功能，恰恰就与这些社会沟通中的"期望"相关（p.152）。法律的功能，就是要对社会沟通中的期望进行沟通，并在沟通中表达对期望的承认（p.153）。正是在这个意义上，卢曼认为，法律的功能绝非仅仅针对"个人"，而主要是针对"社会"（p.153）。卢曼不断强调，法律的功能并不是针对特定个体的心理意识状态，不是功利主义视角的个人苦乐计算，它针对的是社会沟通中的"期望"，针对的是社会沟通的意义的时间维度。因此，卢曼所说的"期望"并不是一个心理学概念，而首先是一个社会学概念。

因此，卢曼对法律功能的分析，重点落在法律对社会沟通的意义的"时间维度"的影响（p.153）。这与传统法社会学理论形成了很大差异。传统理论往往强调法律的"社会功能"，关注法律的"社会控制"或"社会整合"维度。[1]但在卢曼看来，这些理论并没有真正理解法律功能的特殊性（p.153）。因为，对于"社会控制"或"社会整合"来说，除了法律之外，还有许多其他的"功能等同项"（p.153）

---

[1] "社会控制说"的代表学者是庞德，"我们可以设想一种制度，它是依照一批在司法和行政过程中使用的权威性法令来实施的高度专门形式的社会控制"。参见〔美〕罗斯科·庞德：《通过法律的社会控制》，沈宗灵译，商务印书馆2010年版，第25页。"社会整合说"晚近的代表，卢曼认为是哈贝马斯，参见〔德〕尼可拉斯·鲁曼：《社会中的法》，李君韬译，中国台湾五南图书出版股份有限公司2009年版，第185页。

（包括道德、伦理、宗教，甚至暴力等），法律功能的特殊性并不在此。传统理论形成了对法律功能认识的误区，即从社会和组织的层面去理解法律现象。事实上，法律功能的核心在于"时间"，而非"社会"。

卢曼一针见血地指出，法律当然具有社会相关性，但法律的社会整合功能则存有疑问（p.153）。事实上，无论是批判法学运动，还是马克思主义法理学说，都已对此做出深刻的揭示。① 法律的功能并不是促成社会整合或社会控制，而是使社会沟通中的期望在时间上能够获得稳定的确保，而由此才带来了一系列社会性的后果（p.153）。

任何社会沟通都需要用到时间。个别的社会沟通转瞬即逝，只能在短暂的时刻延续，它们要想让自身获得界定，就需要依赖在时间中形成的递归性网络化（p.153）。每个当下的社会沟通，都必须关联到已经过去的沟通，并衔接到未来的可能性沟通。这个由过去—当下—未来构成的时间链条，决定了社会沟通的特定系统状态，社会沟通因此深深嵌入在时间拘束之中（p.153）。

另外，在卢曼看来，除了这种广义的时间拘束，还存在一种狭义的时间拘束，即沟通系统为了反复使用，对特定的词汇、概念和陈述划定意义的范围，将意义固定化，从而形成了各种"语意"（p.153）。当这些语意被反复使用而逐渐沉淀下来，就会形成狭义的

---

① 具有左翼色彩的批判法理学均从经济主义或文化主义的阶级论角度质疑了法律的社会整合功能，认为法律是在为富人和权势阶层服务，代表学者包括罗伯托·昂格尔、邓肯·肯尼迪、莫顿·霍维茨等，可参见〔美〕罗伯托·昂格尔：《知识与政治》，支振锋译，中国政法大学出版社2009年版；〔美〕邓肯·肯尼迪：《法律教育与等级制度的再生产》，蔡琳译，中国政法大学出版社2012年版。

时间拘束(p.154)。

卢曼指出，这些语意在沟通中的重复使用，需要遵循两个必要的前提。一方面，要对"标示"加以"凝炼"，确保它在新的语境中被持续鉴别为"同一"，从而成为可以被再指认的"不变项"；另一方面，要对重复使用的语意进行"确认"，以证明它也适用于其他语境(p.154)。这使意义在语言上被固定下来，从而也使社会沟通发生分化。在此，卢曼用极为抽象的方式描述了社会沟通的意义的起源，意义的凝炼和确认促进了语言的沟通，并使意识和社会系统产生了结构性耦合(p.154)。

（二）时间拘束与社会性后果

意义的凝炼和确认，会缩小社会沟通的恣意性，更关键的是，产生了正确言谈的"规范"(p.154)。而规范的作用，就是对沟通的偶联性进行限制。在卢曼看来，一切社会沟通既非必然，也非不可能，因此具有偶联性，而对这种偶联性进行缩减本身，也具有偶联性，而这就需要规范的限制(p.154)。伴随着规范的出现，在社会沟通中就形成了规范/失范、正确/错误、可接受/不可接受、法/不法这一系列二元图式(p.155)。人们开始围绕这些二元图式展开对沟通的沟通，从而形成社会秩序的安排。卢曼认为，这些二元图式负面评价的一面（失范、错误、不可接受、不法）也具有沟通性，它们代表了对偏离可能性的负面评价，它们也界定了时间拘束的社会成本，这些社会成本会在系统中被安排，而不会外化到环境之中(p.155)。

时间拘束具有社会后果，法律的时间拘束，也带来了社会性的后果(p.154)。而且，法律所涉及的，不是一般性的社会沟通，而是对由法律掌握并规范的行为方式的沟通(p.155)。由于形成了法/不法的二元区分，不法获得了建立，并成为归类的范畴，法律的时间拘束的社会性成本因此形成(p.155)。

卢曼意识到，为了确保法律系统的时间拘束功能，就会要求支持一种特殊的规范性期望，但这也带来了一些社会性的难题：一方面，这些期望并不符合实际，另一方面，这些期望存在各种可能的失落(p.155)。所以，法律系统必须针对这些可能性，预先就对可能的冲突做出决断，而在决断中，法律不会去考虑特定的主体以及冲突的具体情况(p.155)。换言之，法律系统要对社会沟通产生时间拘束，就要在沟通的意义的社会维度预先做出决断。法律要预先限缩行为的自由，至少是在期望的层面上。但凡那些想要违犯这些期望的人，无论出于何种理由，都会在法律上被事先安排到不利的地位上(p.156)。法律系统会根据法/不法这个二元图式，对其中一方（法）进行支持，而对另外一方（不法）进行歧视。而这样做的目的，就是为了对无法预见的未来产生一种特定的时间拘束(p.156)。

（三）法律规范的象征性与反身性

正如前述，法律的时间拘束会带来一些社会性难题，但法律通过赋予自身一种"应然性"的象征，把这些难题遮盖了起来(p.156)。法律期望具有"应然性"的特征，由于未来具有高度的不确定性，所以就特别需要法律作为"应然性"的期望，来获得某种时间上的稳定感(p.156)。

卢曼明确指出，所有法律秩序之所以都有象征化的需求，所有法律之所以都具有"应然性"的特征，其根本原因，就在于法律的功能是在时间上对未来的一种指涉(p.156)。正是在这个意义上,卢曼认为法律规范乃是一个由象征上被一般化的诸多期望组成的架构(p.156)。一方面,法律规范是一般化的、独立于具体个人和语境的指示;另一方面,作为象征性的法律规范,它指向的是时间上的未来(p.156)。只有借助法律规范的一般象征化,全社会才能形成特定的稳定状态以及特定的敏感度(p.156)。

卢曼由此提醒我们,法律系统的时间拘束,不是来自于规范效力的延续,并非存在于法律的历史性,也不是因为作为法律素材的人类行为在时空中被给定。[1]法律对时间和未来的拘束,蕴含于法律规范的功能中(p.156)。法律规范在期望的层面上,针对未知的、不确定的未来进行调整(p.157)。也正是由于这个原因,全社会会制造出何种不确定的未来,就会因为不同的法律规范而发生变化(p.157)。所以,卢曼认为,法律乃是以一种规范性(反事实性)的方式稳定社会期望,即使期望失落,它仍要维持此种期望,从而提升对未来的时间拘束,这就与一般社会习惯的"任意偏好性"产生了区别(p.157)。

(四)法律期望的时间维度与社会维度

反事实的法律规范,也会在社会维度不断制造出新的共识和歧见(p.157)。面对法律,到底"支持或反对这种期望",人们会产生分歧,这就会在社会层面带来对法律顺从和反抗的不同态度,引燃社会紧张状态,从而推动历史演化的分叉(p.157)。

---

[1] 卢曼在此隐含了对凯尔森规范法学和萨维尼历史法学以及一般法律人类学的批判。

法律是要对社会沟通产生时间拘束，而时间拘束则会带来相应的社会成本。社会沟通的时间维度与社会维度，在经验层面无法彼此隔绝（p.157）。法律作为一种时间拘束形式，也涉及时间维度与社会维度之间的紧张状态，而且事实上，法律正要在社会复杂性不断提升的条件下，去承受住这样的紧张状态（p.157）。为了承受住这种张力，法律逐渐形成了两种区分的结合：即认知性期望和规范性期望的区分与法/不法代码区分的结合（p.157）。借助这两种区分，法律系统成功维持住时间拘束，并由此获得制造共识和歧见的能力。在具有张力的时间维度和社会维度之间，社会沟通的事物维度承担了平衡的功能，而这一事物维度，在卢曼看来，就是"法律系统"这一系统指涉本身（p.158）。

三、法律系统的功能唯一性

（一）复杂社会的信任机制：规范性期望稳定化

卢曼认为，对法律功能的分析可以"在两条不同的轨道上进行"（p.158）。从抽象层面来看，法律功能与期望的时间拘束带来的社会成本有关；从具体层面来看，法律通过对沟通的意义的时间、事物和社会的一般化做出规制，实现了使规范性期望稳定化的功能（p.158）。法律让人们可以事先知道，哪些期望可以获得社会的支持，哪些期望则不行。正是有了规范性期望的确定性，人们可以坦然地面对日常生活中期望的失落，这种失落不但不会让人蒙羞，反而会因为对法律的信任，从而在更高程度上形成信任（p.158）。卢曼意识到,在高度复杂的社会中,信任的个人或互动机制已不够用,必须依靠法律信任来建立社会信任。① 也正是由此,现代社会的法律信任危机,会远远超越法律自身的危机,如果法律不受到尊重,就会带来严重的社会后果(p.158)。

卢曼提出了一个极为深刻的观点,他认为,法律实际只承担了一项功能,而不是多项功能。② 从作为全社会的功能系统的分出角度而言,法律系统只能承担一项功能。因为如果多项功能交叠,就必然会导致法律系统边界的不确定(p.159)。

(二)认知性期望与规范性期望

传统法理学通常借助一些本体论概念来界定法律规范,③ 而卢曼则通过引入一项区分,即对期望失落情况下的两种行为可能性进行区分,重新界定了规范的含义:一种行为可能性是在失落下放弃期望;一种行为可能性是在失落下仍然保留期望。卢曼认为,前者的期望是认知性(事实性)的,后者的期望则是规范性(反事实性)

---

① 也可参见〔德〕尼克拉斯·卢曼:《信任:一个社会复杂性的简化机制》,瞿铁鹏、李强译,上海人民出版社 2005 年版。

② 当谈到法律的功能,传统法理学通常都是采用列举式阐述法律的多项功能,在中文研究中,付子堂教授的《法律功能论》具有代表性,其目录中罗列了法律功能的基本分类,包括行为激励功能、利益调控功能、社会功能、整体功能、部分功能、显性功能、隐性功能、正功能、反功能、非功能等。参见付子堂:《法律功能论》,中国政法大学出版社 2009 年版。卢曼在本章注释中也列举了包括拉兹在内的大量西方学者的类似观点,他们都认为法律系统"承担了大量的功能,无论是明显的或潜在的"。参见〔德〕尼可拉斯·鲁曼:《社会中的法》,李君韬译,中国台湾五南图书出版股份有限公司 2009 年版,第 187 页。

③ 无论是奥斯丁的命令、凯尔森的规范、哈特的初级规则/次级规则,还是德沃金的原则,在卢曼看来,都是本体主义的法哲学界定方式。

的，而法律就是一种典型的规范性期望（p.159）。[①] 规范实际就是一种区分，它是对规范性和认知性（事实性）的区分，它在标示区分一面的同时，也隐含了对区分另一面的否定。"规范"作为规范性的标示，是对事实性的反对，所以成其为"反事实"的期望。当然，在卢曼看来，法律通过对规范性/事实性区分两面的观察和选择，始终也对两者过渡的可能性保持开放（p.159）。

简言之，在社会系统论视野下，规范乃是一种反事实性的、稳定的行为期望。它不考虑规范遵守的具体动机，恰恰相反，规范要实现反事实期望的功能，正是无须去考虑这些动机（p.159）。正是在这个意义上，卢曼指出，规范无须借助制裁概念进行定义（p.160）。[②]

规范的功能，并不是去指引守法的动机，因为守法动机存在非常大的随机性，相反，规范的功能是实现反事实期望的稳定化，由此确保它不需要具体动机的指引（p.160）。换言之，规范本身并不保证行为的合规范化，但它会保障那些对此做出期望的人，使他们在互动中取得优势（p.160）。所以，法律功能实现的是规范的可贯彻性和规范投射的稳定性（p.160）。与传统法理学不同，卢曼特别强调行为调控并非法律的功能，因为对行为的调控，存在着法律之外的许多其他功能等同项（p.161）。

---

① 卢曼在注释中特别说明，规范性/认知性这一区分最早是由加通（Johan Galtung）所建议，参见 Johan Galtung, "Expectation and Interaction Process", *Inquiry*, Vol.2, Issue 1—4 (1959), pp.213—234。

② 当然，制裁的预期，也属于一种能够象征未来的工具，它帮助人们在应然的法律意义上进行期望，制裁的失灵，往往会产生严重的、超出个案之外的后果。参见〔德〕尼可拉斯·鲁曼：《社会中的法》，李君韬译，中国台湾五南图书出版股份有限公司2009年版，第160页。

同样道理，卢曼认为法律的功能也不是为行为设置规范性的期望并使之稳定化，因为法律不只是对行为的可能性进行限制，它也具有赋予行为能力的功能，比如私法上的所有权、契约和法人制度，包括授权性行政法，都是法律赋予行为能力的例证（p.161）。而无论是对行为可能性进行限制还是赋能，都预设了法律作为一种规范性期望的结构，它都要与个案中具体的事实保持某种距离，从而更好地建立稳定的反事实期望（p.161）。

（三）规范性期望的非法律—法律形式

正如前述，卢曼并不是通过规范本体论来界定法律（无论是奥斯丁的命令、哈特的规则抑或德沃金的原则）。在他看来，规范乃是一般性的期望稳定化的形式，而它之所以能够获得法律性质，是因为它作为法律系统分化了出来（p.161）。实际上，在法律之外，还存在其他不具有法律性质的规范性期望，正如存在着不具有科学性质的真理、不具有经济性质的财货和不具有政治性质的权力（p.161）。社会功能系统的建构，是对日常生活的一种抽离，它从日常生活中抽离出以某种方式成为问题的期望，只对演化过程中具有小概率成功可能的沟通做出反应，进而建立自创生的系统（p.162）。作为社会系统的分出，它必须以特定视域作为预设，因此，它往往要与日常生活理所当然的状态相反，以使自身获得功能的分化（p.162）。

正如前述，在法律之外，还存在其他不具有法律性质的规范性期望，无论是习俗、道德期待或习惯，它们都是规范性期望的形式。但只有法律具备使规范性期望获得稳定化的功能，因为它会对那些具有保护价值的规范性期望做出选择（p.162）。卢曼准确地意识到，道德并不适合作为法律规范的效力基础,[①] 因为道德无法赋予规范性期望以成功机会和稳定性,与之相反,道德规范只有"加以司法化",才能获得稳定化(p.162)。

要判断规范性期望是否具备法律的性质,就要对由它制造的状态所形成的递归网络进行观察。只有当规范的生产网络通过连续运作作为系统分化出来,只有当规范性的一面在系统中被不断重复利用的时候,规范性期望才会区别于单纯的规范投射和沟通尝试,从而获得确定性(p.162)。因为我们既不能对未来进行充分的控制,也无法采取学习性质的迂回做法,所以,必须把稳定的规范性期望根本地凝聚出来,生活依靠这样的确定性期望(p.162)。

在日常生活中,常态性期望与规范性期望会相互结合,提供着期望的稳定性。非规范性质的常态性期望,和规范性期望一样都拒斥学习的可能性(p.163)。在法律的演化过程中,规范化的任意性也往往会被隐藏起来,规范性期望与常态性期望被混合在一起,法律被衔接到现存的"传统"之中(p.163)。然而,伴随着社会自由选择和社会复杂性的增加,常态性/规范性的混合期望模式不再适用。这时候,就需要一些规范专门分化出来,它们被专门设定,来对抗其他的行为可能性。

卢曼再一次强调,法律的功能并不是对冲突的规制(p.163)。[②]

[①] 卢曼在此再次把哈贝马斯作为自己的理论对手,反对哈贝马斯的新康德主义立场。

[②] 对冲突的规制,存在着法律之外的许多功能等同项。传统法社会学因此会提出"关于法律的替代选项"这些命题。参见〔德〕尼可拉斯·鲁曼:《社会中的法》,李君韬译,中国台湾五南图书出版股份有限公司2009年版,第188页。

期望的失落，存在引发争议和没有引发争议两种情况，而事实上，引发争议对于法律演化具有极为重要的意义，法律不仅排除了冲突，也制造了冲突，法律总是让偏差行为具有可能性（p.164）。

（四）时间拘束的功能等同项：法律、经济、风险

时间拘束不可避免地产生社会成本，换言之，社会沟通的时间维度与社会维度存在张力，而且，此种张力带来的负担并不完全落在法律身上（p.164）。对未来的时间拘束，存在许多功能等同项，它们在古代往往被混合在一起，而这种混合形式，直到现代功能分化社会才被解除（p.164）。

在法律之外，卢曼列举了两个时间拘束的功能等同项。第一个功能等同项在经济的资源稀缺的概念下形成。[①]一旦经济进入货币阶段，就会出现经济系统的分化（p.164）。此时，经济价值积累的可能性不再有任何界限，经济不再只是关注当下，相反，未来在当下受到了拘束，因为货币创造了新的总量恒定项，也由此形成了对未来的时间拘束，而在社会维度上，它也带来了相应的社会成本：每个人都要为想拥有的东西付钱（p.165）。在卢曼看来，资源稀缺和行为期望规范化，正是经济系统和法律系统两种不同的时间拘束的功能方式，它们构建了时间拘束和社会维度碰撞的不同形式（p.165）。

第二个时间拘束的功能等同项是"风险"。所谓风险，是指在

[①] 详见〔德〕尼可拉斯·鲁曼：《社会的经济》，汤志杰、鲁贵显译，中国台湾桂冠图书股份有限公司2009年版。

权衡各种不利后果出现可能性之后的决策（p.165）。在现代社会，损害不只会影响到甘冒风险做决策的人，也会影响做决策之外的人，它会弥散到全社会（p.166）。因此，这就形成了一种特殊的具有社会性成本的时间拘束形式。如果说，法律规范的时间拘束带来了法/不法图式，经济资源稀缺的时间拘束带来了有利/不利图式，那么风险的时间拘束，则带来了决策者/利害关系人图式（p.166）。由于现代社会越来越依赖于各种决策，风险作为一种时间拘束形成的社会问题也越发凸显，而无论是法律或经济工具，对此都无法进行充分的干预（p.166）。[①]

卢曼注意到，时间维度与社会维度之间的紧张状态，会直接被拉进当下，成为当下的现象，换言之，社会成本会与时间拘束同时形成（p.166）。不同的时间拘束形式，会形成在未来估算上的差别：对于法律来说，即使各种法律变动，既得的权利也会受到尊重；对于经济来说，贫富具有高度流动性；对于风险来说，未来则展现为另一种完全不同的实体（p.167）。

四、规范性期望的法律系统内实现

（一）规范性期望的规范性期望

那么，是"谁"去制造并维持住反事实的期望，并使之具有效

[①] 有关卢曼对风险的社会理论阐述，可以参见 Niklas Luhmann, *Risk: A Sociological Theory*, New York: Routledge, 2017。

力？这就将问题从法律功能的定义，引向了功能在法律系统内的具体实现，这也涉及法律系统和全社会系统的相互内建问题（p.167）。

正如卢曼所言，系统和环境的区分是由系统建立的。法律系统通过把一项"差异"计入到环境中，来证实法律系统自身，而这项差异即是"规范"（p.167）。法律系统将诸多期望规范化，正是借助规范的设置来实现。无论环境做出什么选择，系统都会按照预先勾勒的规范行动，从而维持它的稳定状态（pp.167—168）。①

那么，法律系统作为一个自创生的、运作封闭的系统，它要独立地实现自己的功能，需要满足什么条件呢？首先，卢曼认为，法律系统运作的所有经验性条件，并不需要在法律系统中被制造出来，因为不需要"将世界纳入到系统当中"（p.168）。法律系统要独立实现功能，它必须是一个具有"结构决定性"的系统，它必须维持具有运作能力的状态，并且可以在法律系统"内部"，通过它自身固有的运作，来规定其功能利用的连续性（p.168）。

从观察者角度描述这一过程，那么法律就是法律系统界定为法律的事物。但从法律系统内部运作的角度来看，这一过程具有反身性："'人们必须以规范性的方式去期望'这件事情，本身也会规范性地被期望"（p.168）。正如卢曼所言，法律系统面对自身不是漠然的，它必须将认知性期望与规范性期望的区分，当成规范性期望的对象本身（p.168）。所以，法律系统实际是以反身性的方式在运作。法律

---

① 卢曼敏锐地意识到，期望的不确定性，要远比惊讶和失落更无法忍受。涂尔干笔下的失范，实际代表的就是期望的不确定性。而规范则为期望制造出了更大的确定性，这是规范给社会沟通带来的特殊贡献。参见〔德〕尼可拉斯·鲁曼：《社会中的法》，李君韬译，中国台湾五南图书出版股份有限公司2009年版，第175页。

的期望模式既不取决于任意,也不取决于社会便利性,而是在法律系统中被反身性地给定。法律乃是在"二阶观察"(对观察的观察)的层次上调控自身,从而实现其运作的封闭和系统的分出(p.168)。正是由于这个原因,法律系统的功能运作,并不单纯依靠政治权力的支持,相反,只有在"'规范性的期望能够被规范性地期望'这件事情,能够被期望的时候,法律才成其为法律"(p.168)。在这种视角转化下,法律也就不是由政治系统决断,而是以平行的秩序、并行的方式,在彼此相邻的法律网络状态中运行(p.168)。

(二)法律系统的决断系统

那么,上述抽象意义的法律系统的内部运作,在经验层面是如何成立的?卢曼再次通过引入一项区分,解答了这个问题(pp.168—169)。在他看来,法律系统内部会演化出一个组织化的子系统(p.169)。[①] 作为组织,决断系统又可分为法院和议会(司法和立法),它们通过成员/非成员的区分而分化出来,担负着专门制造法律决断的义务,这些法律决断必须以法律系统的纲要即法律规范作为准则(p.169)。作为决断系统,它们形成了一系列具有法律拘束力的决断,对法律进行确认或修正。这个决断系统既是对法律观察进行观察的条件,也是法/不法代码化的条件(p.169)。

前面提到的抽象意义的法律系统的反身性网络化运作,在经验层面,就是通过这些组织化的决断系统予以展开。它们展望着未来

---

① 其他社会系统也拥有与此类似的结构,例如政治系统与国家组织、教育系统与学校组织、经济系统与企业组织、宗教系统与教会组织等。

的法院裁判，不断改变法律，在适用法律的前提下，不断得出新的观察可能性（p.169）。为了把做成法律决断的关联架构进行分化，这个决断系统也会把自己描述为一种阶层秩序，无论是决断的机关，还是决断的规范，都被描述成阶层秩序。虽然事实上，在卢曼看来，这些法律决断都从属于循环性、递归性的再生产模式（p.169）。

决断系统也会发展出自己的反身性形式，即一种"双重模式化"的形式（p.169）。它在法律系统内部，实现了对规范化的规范化，最典型的就是程序规范的规范化（p.169）。双重模式化使法律决断本身即具有了规范化的力量（p.169）。法律的整个决断系统，因而也建立在规范化的反身性基础上，从而实现了法律系统统一性在法律系统内部的呈现（p.170）。

（三）双重模式化的其他形式

然而，决断系统只是法律系统的一个子系统，除了决断系统的双重模式化，规范性期望还存在其他的双重模式化领域（p.170）。在日常生活中，"也可能会建立起一些关联到规范性期望的规范性期望"（p.170）。卢曼举例说，比如那些权利受到侵害的人，就会规范性地期望他人支持自己的诉求，认为他们"应该"站在法律这一边。而第三人也会期望大家协助这个人去捍卫"权利"，而不是沉默地接受权利被侵害的事实（p.170）。所以，法律系统作为一个整体，其实正是在"对规范性期望的规范性期望"的稳定基础上进行运作的，只有通过这样一种反身性运作，法律系统才得以分化出来（p.170）。也正是在这个"社会性基础"的前提下，决断系统的双重模式化，才具有了社会的可感受性和可接受性，社会才能产生对于形式法律的信赖。在卢曼看来，这也正是西方法治社会区别于其他大部分非法治文明的关键所在(p.170)。

但是，决断系统的分出，在实践中会呈现双重效应。一方面，它促成现行法律在组织和专业上的紧凑性，这对规范投射的成长，会产生限缩和规训效应；它也推动了法/不法二元代码的正式确立，实际上，社会越是分化，就越是需要这种二元代码的化约效应(p.171)。但另一方面，决断系统的分出，也可能对一般性的规范性期望的规范性期望，产生负面作用，使规范性期望反身性的社会固有基础受到侵蚀，最后只能依靠政治手段自我维持(p.171)。在卢曼看来，这种法律决断中心的孤立状态在古代社会非常常见。而且，即使在现代社会，即便日常生活中的法律取向已经获得成功贯彻，法律系统的统一性(对规范性期望抱持规范性期望)也不能自动实现，决断系统无法直接决定法律系统的规范性期望的强度。它可以赋予个别人以权利和义务，但不能保证所有其他人对此抱有共同期望(p.171)。

但事实上，在卢曼看来，当代社会并不需要把此种共同的规范性期望，当作法律系统的构成要件。① 法律对此保持漠然的态度，因为没有人可以起诉他人对于规范性期望的坚持强度(p.171)。决断系统会把这些要求过滤掉，它只关注"现行有效法律"(p.171)。决断系统会由此来建立自身的固有复杂性(p.172)。而规范性期望的其他双重模式化，则会被逐渐遗忘，或最多只是作为模糊的"法

---

① 伯尔曼著名的论断"法律必须被信仰，否则它将形同虚设"，也正是此处所说的"对规范性期望抱持规范性期望"。显然，在卢曼看来，法律是否被信仰，并不从根本上影响法律系统的运作。

意识"或"活法"而存在(p.172)。

相反,决断系统所建立的规范性期望的反身性,就可以用来减轻日常生活的负担,既然人们无法,也不需要去寻求一般性的规范性期望的支持。重要的是法官如何判决(p.172)。决断系统的界限会对法律系统的界限产生作用,法律由此可以从它固有的动机中抽离出来,隔离所遭受的各种外部压力,并由此从社会语境中独立出来(p.172)。全社会当然会因为法律脱离了它原本所嵌入的社会语境,而付出代价。但是,坚固的规范性期望也因此获得了确立(p.173)。

五、法律与政治的分野

(一)法律与政治的功能分化

卢曼认为,法律与政治的分化,是规范形式带来的最重要后果之一(p.173)。但是,这两个系统也具有紧密的交互依存性。法律的贯彻执行,有赖于政治,否则就不会出现对所有人都具有说服力的规范稳定性;政治也需要运用法律,只有这样,才能使支配政治力量的途径变得多样化。而两个系统的相互协助,首先也预设了两个系统的功能分化(p.173)。

政治系统运用的是权力媒介(p.173)。它在以强制作为胁迫的指令中使自身获得实现。作为具有集体拘束力的决断,它可以被强制实现的(p.174)。与之相反,法律的规范应然性并没有预设权力的优越性。① 在雅典时代，法律就经常是用来保障穷人对抗富人和有权者（p.174）。"法律与权力是两种关联到他人行为的、关于期望的不同沟通形式"（p.174）。

从霍布斯时代以来，政治和法律的差异，经常被表述为主权国家和自然权利的对立。但在卢曼看来，自然权利指代的是无法以政治手段来控制的法律生成，而一旦实证法概念出现，这个过渡语义也就式微了（p.174）。

（二）法律的执行：期望而非行为

当谈到法律的执行问题，即法律规范是否可以借助权力的运用强制获得实现，卢曼回应了法理学中著名的奥斯丁命题。奥斯丁认为，法律以制裁力为依归，作为外部强制的法律，区别于作为内部强制的道德。边沁也认为，衡量期望的确定性，在于人们是否会依照期望而行动（p.175）。但在卢曼看来，法律并不是依靠权力或制裁来确保行动或不行动，法律的功能，更不是去回应政治无法充分实现的问题。因为如果这样的话，法/不法的二元代码也就失去了作用（p.175）。事实上，法律的政治权力视角也无法解释，为何法律执行要委诸私人原告的诉讼请求。同时，法律中存在许多允许规范，这些允许规范都将法律关系的形塑诉诸私人的意志（p.175）。

所以，卢曼提醒我们，法律执行的核心不是行为，而是期望（p.175）。法律的功能，不是为了促成某种行动，而是使期望的稳定

---

① 奥斯丁的法律命令说在卢曼看来就是混淆了法律和政治的结果。参见〔德〕尼可拉斯·鲁曼：《社会中的法》，李君韬译，中国台湾五南图书出版股份有限公司2009年版，第191页。

性成为可能(p.176)。

法律和政治的结构耦合,是不可或缺的,但其前提是各自功能的分化(p.176)。法律面临着一种特殊的悖论,一方面,法律不需要面临期望失落的问题,但另一方面,它又会因政治系统而在它固有的期望上遭受失落(p.176)。所以,卢曼认为,要严格维持法律系统和政治系统的功能边界,对于法律的执行,要限制在那些即使面临失落仍能被固守的期望范围内(p.176)。

(三)反思传统的法律功能想象

卢曼也谈到了经常被人讨论的"功能丧失"问题,比如,人们经常会抱怨家庭或者宗教的功能正在丧失。但卢曼认为,"功能丧失"其实是一种视觉的假象(p.176)。在他看来,现代社会不存在"功能丧失",而是功能分化和功能专门性的提高(p.177)。

在帕森斯的社会理论中,法律占据着非常重要的地位。作为规范性的规制手段,法律的功能被定位为社会控制,它将个体不断涵括到全社会当中(p.177)。[1]法律的功能被定位为对全社会进行调控和整合(p.177)。事实上,正是按照全社会整合的法律功能概念,法律系统的功能分出,似乎就体现为一种"功能丧失",因为法律"无法成功地面对经济上、甚至家庭或邻人等关系上的利益"(p.177)。而卢曼的深刻之处就在于,他没有人云亦云地批判现代法律的功能失灵,而是反思了传统的法律功能界定。在他看来,传统的法律功

---

[1] 有关帕森斯的法律和社会控制观点,参见 Talcott Parsons, "The Law and Social Control", in William M. Evan (ed.), *Law and Society*, New York: Macmillan Publishing Co., 1962, pp.56—72。

能界定，既过于广泛，又过于强调实证维度，这些都只会带来盲目谴责现实的成见(p.177)。

所以，卢曼认为要更为谨慎和精确地界定功能的定义，不是采用社会控制、涵括、应然、价值、平等、共识、强制这些概念来定义法律功能，而要把这些概念拆解，内建到更为复杂的概念网络之中(p.178)。

六、法律功能与法律成效之辨异

（一）法律成效：行为调控与冲突解决

传统法理学和法社会学，经常会把法律功能界定为一种社会调控形式。而在卢曼看来，这是混淆了法律功能和法律成效概念。根据卢曼的定义，法律成效"乃是法律为其内在于全社会的环境，尤其是为全社会的其他功能系统所提供的东西"(p.178)，而功能则是指涉作为统一体的全社会系统的概念。所以，法律系统是为了一项特定的功能而分出，而不是为了一项特定的成效而分出(p.178)。而一直要到功能分化已经实现的时候，功能和成效这两个维度，才能真正被区分开来(p.178)。

通常谈到法律功能，都会提到两个命题，即法律功能是对行为的调控以及冲突的解决(p.179)。换言之，全社会的其他互动系统、组织系统或功能系统，都有赖于法律的辅助，法律帮助它们进行行为调控和冲突解决(p.179)。但是，卢曼认为，这些都只是法律的成效，而不是法律的功能(p.179)。易言之，法律只能确定相应的期望是否合法，但它无法确保行为的互补性可以形成一种符合更高要求的社会常态性。

法律系统给其他社会系统带来的成效，对于这些社会系统来说，存在着许多其他的功能等同项（p.179）。例如，信用卡系统除了可以利用法律的辅助，也可以在法律之外对支付提供其他保障手段。实际上，法律无法保障，或者无法充分保障特定行为出现的情况非常之多（p.179）。

法律的重要成效是对行为的调控，但卢曼指出，法律不只是对"自然状态中的自由"施加限制，法律同时也制造出了自由，即人为的自由（pp.179—180）。这些人为的自由，可以在其他的社会系统中被调节，在不同系统固有的运作方式上被限缩（p.180）。但事实上，其他社会系统建立其形式的"媒介"，其实也正建立于受法律保障的自由。正是由于这个原因，人们经常会认为法律的功能在于对自由提供担保（p.180）。

法律的另一个重要成效是冲突的管制。即当社会系统处于冲突状态，就需要仰赖法律系统的启动（p.180）。但是，卢曼再一次深刻指出，法律所解决的冲突，其实并不一定是原本问题所系的冲突，它也可能是法律自己建构出来的冲突（p.180）。[①] 实际上，法律可能根本不会去考虑日常冲突的深层结构和冲突动机。而且事实上，法律的冲突解决机制本身也具有狭隘性。特别是在例如家庭、工作场所这些需要维持亲密关系的领域，人们都会更加倾向于采用其他方式来解决冲突，而不是选择诉讼性的司法手段（p.180）。甚至在普

---

① 有关这个观点，卢曼引用了 Johan Galtung, "Institutionalized Conflict Resolution: A Theoretical Paradigm", *Journal of Peace Research,* Vol.2,No.4 (1965), pp.348—397。

通法系国家，对法院的利用也是非常有限的(p.181)。①

（二）法律系统的真正功能

法律真正的功能是对规范性期望提供保障，除了法律之外，没有替代方案(p.181)；而对于解决冲突来说，法律只是众多的可能性手段之一(p.181)。功能具有不可替代性，成效则不具有唯一性。在卢曼看来，法律具有唯一承担所谓"储备货币"的功能，法律可以为"自由"提供最终的保障(p.181)。

正如前述，功能与成效的分化，是在法律的分出完成之后才得以形成。卢曼特别提醒我们，要注意区分不具有已分出法律系统的全社会和已分出法律系统的全社会，在这两种社会形态下，行为调控和冲突解决的模式存在重大差异(p.181)。

在部落社会和农民社会，由于不存在形式法律和独立法院，法律问题经常被带进争端调解的程序中(p.181)，它首先涉及的是生存需求和贯彻执行能力的问题，而不是简单的分派法和不法的二元价值(p.182)。② 在调解程序中要引入符合地方性共识的观点，以促成各方更好安排此后的生活方式(p.182)。而在现代社会，调解程序只是附着于法律的功能而存在，"若不采用调解程序，即有引发法律争讼之虞"(p.182)。虽然进行社会调解，但法院给予法律保障

---

① 关于这点，卢曼引用了 Richard Lempert & Joseph Sanders, *An Invitation to Law and Social Science,* Philadelphia: The University of Pennsylvania Press, 1989。

② 大量的法律人类学和民族志著作，都对此做出了深入的描述。卢曼也指出，对于欧洲在独立自主的法律系统分化出来(11/12世纪)的情况，可以参照伯尔曼的《法律与革命》一书。参见〔德〕尼可拉斯·鲁曼：《社会中的法》，李君韬译，中国台湾五南图书出版股份有限公司2009年版，第193页。

的可能性始终存在。

(三) 法律：全社会的免疫系统

如果把法律系统的功能和成效关联到一起，那么，法律就是"全社会的免疫系统"(p.182)。① 由于全社会系统的复杂性不断增加，各种规范投射之间的歧异也在不断扩大，针对这些冲突，社会需要一种"和平方案"，否则，沟通媒介和功能系统的扩张都会全面停滞(p.182)。社会系统必须成功对抗这种病状，并获得较强的免疫力(p.182)。一种规范投射对抗另一种规范投射，冲突是不可避免的。法律系统无法预见这些事情，它所需要做的，就是"不顾个人情面"地发挥作用。法律系统需要的是时间，时间可以帮助它建立免疫回应(p.182)。判断免疫系统是否存在的唯一判准就是，新的解决方案是否缩小了新的感染概率，或是缩短了处理此种感染的时间(p.183)。

当规范投射不断增加，而且变得无法协调，对规范性期望的规范性期望的简单反思，就无法再提供问题的解决方案。此时，就必须依靠一个在法律上组织起来的决断系统的分出，发展出一套由正式有效的现行规范所构成的法律网络(p.183)。在功能的意义上，法律系统是不可替代的。法律作为事后启动的免疫系统，它会建立自身的历史，而由此带来的好处，则会不断推动法律系统的功能分化(p.183)。

---

① 卢曼在《社会中的法》最后一章中详细讨论了这个概念。详见〔德〕尼可拉斯·鲁曼：《社会中的法》，李君韬译，中国台湾五南图书出版股份有限公司2009年版，第621—624页。

（四）卢曼之问：西方现代性的奥秘

现代性为何起始于欧洲？而不是中国或者印度？事实上，无论是人口、科技、知识普及或生活水准，似乎都对欧洲不利。而在卢曼看来，答案的关键，就在于欧洲发展出了完备的法律文化，无论是神职法学家、英国普通法、城市法和意大利城市自治法（p.183），这些都导致出现一种可诉诸司法的法律观念，它们被深入地内建到日常生活关系之中，建立起一种以反事实性方式获得稳定化的行为期望（p.184）。社会秩序因此具有了更大的"或然性"，必要时，可以诉诸"最高的法庭"即战争来裁断冲突。西方法律具有了面对更高度的复杂性和或然性的能力，从而一举预备了现代性发展的深刻动力（p.184）。

七、本章点评

卢曼有关法律功能的论述，充满了深刻而独特的洞见。其一，卢曼认为法律系统的功能具有唯一性，法律只承担一项功能，而不是多项功能，唯其功能的唯一性，才能实现法律系统运作的封闭性。其二，卢曼对规范性期望（不学习）和认知性期望（学习）的区分，抓住了法律之为法律的关键。法律是一种规范性期望，法律采取了一种"不学习"的反事实态度，即使期望失落，法律仍不改变对这一期望的坚持，从而反向达到对未来的时间拘束的功能。其三，法律不同于政治，法律不是主权者的命令、强势者的制裁或政治性的计划。法律的功能，不是促成某种政治行动，而是使期望的稳定性成为可能。其四，法律是规范性期望的反身性形式，是对规范性期望的规范性期望。它在法律系统内的实现，则是通过组织化的决断系统的双重模式化，即规范化的规范化来完成。法律系统在"二阶观察"的层次上调控自身，从而实现了运作的封闭和系统的分出。其五，法律解决的是时间拘束问题，但也同时带来了社会性问题。对未来的时间拘束，形成法/不法的二元评价图式，并由此不断制造出社会共识和歧见。其六，法律是"全社会的免疫系统"，作为运作封闭认知开放的法律系统，它首先在欧洲出现，卢曼认为，这是欧洲率先迈向现代社会的关键。

卢曼有关法律功能的论述，也留下了一些重要而棘手的疑问。其一，卢曼区分了不具有已分出法律系统的全社会和已分出法律系统的全社会，那么，未分出法律系统的全社会在何种意义上存在"法律"？或者说，法律的功能和法律系统的功能，是否存在区别？法律亦即法律系统？抑或为二？在那些未能分出法律系统的全社会，是如何断定和辨别其"法律"的部分，并可称其为"法律的功能"？其二，法律的功能是否只能具有唯一性？法律功能的"一和多"，与法律系统运作的"封闭性和开放性"是否必然联系？法律功能的唯一性，是否也可能存在功能的等同项？法律功能的非唯一性，是否也不一定会形成功能上的等同项？其三，法律是否一定只能采取反事实性的"不学习"态度？规范性期望和认知性期望的二元区分，在"法律"上是否必然如此？卢曼对于法律"规范性"的特别执着，是否也是他作为欧洲文明之子的结果？

第四章 "代码化和纲要化"与法律统一性的成就

一、引言

在《社会中的法》第一章里,卢曼已经表明他的理论旨趣不在于继续在法的"本质(Natur,Wesen)"上进行争论,而是研究法的界限(Grenzen des Rechts)。这条界限不是透过观察者,以分析的方式做出,而是透过客体,以具体的方式做出,即"法律自己决定了法律之界限为何",它决定了何者属于法律,何者不属于法律。

为什么要进行这样的研究转向?因为卢曼认为众多的法理论(Rechtstheorien)都不是"法之理论"(Theorie des Rechts),而"法之理论"是把法当作一个自己生产自己的统一体,是一个自创生的系统,并以这样的方式提供对复杂性的化约。所以,卢曼从系统/环境的主导区分出发,把"描述法律系统在运作上(相对于环境)的封闭性"作为该书的主旨之一。

法律系统运作上的封闭性,回答的实际上是在社会中法律(作为运作上封闭的法律系统)究竟如何可能?法律系统只有实现了运

第四章 "代码化和纲要化"与法律统一性的成就　173

作上的封闭,才能真正从社会系统中分出。《社会中的法》第二章即主要处理这个问题。随后进一步要追问的是,法律系统这种运作上的封闭性在全社会所满足的不可替代的功能,及其在结构上的条件。第三章和第四章即是为了回答这个问题而写。在第三章的末尾,卢曼指出,单由功能出发,还无法推论法律在事实上作为一个自创生的系统而封闭着,并自己进行再生产。关于这点,还需要有更进一步被界定的结构发展。第四章就是承接这一任务而展开。在第四章开头可以看到这种承接:法律系统以什么为导向进行再生产,并且针对环境划出界限?除了讨论功能,还要讨论的就是结构。

为什么要讨论结构?第三章中围绕法律系统的功能进行论述的基本思路是,法律系统在全社会中发挥着不可替代的功能,即对反事实性的规范性期望进行稳定化。但是,对于法律系统在运作上封闭性的条件,以功能进行说明的不足在于,它有着太大的开放性,因此需要进一步对结构条件予以讨论。这就是卢曼在第四章开篇说"结构的确立无可避免"的原因(p.196)。[1]

---

[1] 在功能—结构分析中,可以看到帕森斯对卢曼的影响。帕森斯的结构—功能理论认为所有行动系统都需要具备四种功能,即著名的 AGIL scheme,分别是适应(adaptation)、目标达成(goal attainment)、整合(integration)和模式维持(pattern maintenance)。这一被称为"结构功能主义"的理论以具有某种结构的社会系统为前提,并且追问那些必须被提供出来的功能,这些功能的成效是为了保证社会构成体的持续而被制造出来的。但是卢曼把结构和功能这两个概念之间的关系调转过来,形成功能—结构系统论。他不认为社会系统必然依赖于特殊的、无可取代的成效,而是指出当一个系统的特定成效不存在时,它可以通过结构的改变和需求的改变,回应成效的消失,甚至以其他的成效来取代失去的成效。参见 Georg Kneer, Armin Nassehi:《卢曼社会系统理论导引》,鲁贵显译,中国台湾巨流图书公司 2000 年版,第 46—52 页; Niklas Luhmann, *Soziale Systeme: Grundriß einer allgemeinen Theorie*, Frankfurt / M.: Suhrkamp, 1984, S. 377ff.。

法律系统自身是一个具有结构决定性的系统，而构成本书主题之一的法律系统的统一性（在环境中将自身分出）的问题，也是一个关于法律系统的结构和界限的问题。所以，对结构进行讨论是由法律系统的特性所决定的。法律系统的这种特性，又是和环境的特性联系在一起，即法律系统内在于全社会的环境是高度复杂的。所以，法律系统只能指向自身，即指向固有的自主性、自我界定的界限、固有的代码[1]和高度选择性的筛选机制（即纲要），而这些指向的都是法律系统的结构。

结构是什么？首先，结构是系统通过运作而确立的限缩条件。在对结构进行理解时，要和运作结合起来。法律系统的运作是指涉着法律的那些沟通，它们具有双重功能，即同时作为生产要素和结构维系者。法律系统的运作为进一步的运作设定了衔接条件，并藉此确立了或调整了对此具有决定性的限缩条件（结构）。所以说，结构是系统通过运作而确立的限缩条件，结构是藉由运作被制造的。其次，系统采取两种方式在运作中进行意义限缩，即凝练和确认。自创生不仅是通过运作来生产运作，更是先通过运作来使结构获得凝练（淡化过去的情境中无法被反复使用的要素）和确认（对具有保

---

[1] Code 在译本中译为"符码"。符码在符号学中是用于沟通意义的一套惯例。符号的能指与所指的关系是任意的，因此诠释符号需要先熟悉一套被用来沟通意义的惯例（符码），符码提供了使符号合理的框架。代码一般指程序员用开发工具所支持的语言写出来的源文件，是一组由字符、符号等表示信息的明确的规则体系。 源代码是代码的分支，在某种意义上源代码相当于代码。计算机源代码的最终目的是将人类可读文本翻译成计算机可执行的二进制指令，这个过程叫编译。卢曼在使用 Code 及其动词 codieren、代表其过程及结果的 Codierung 时，都是在二值意义下进行。所以，遵循其原意，本书统一使用更为贴切的"代码"这一译法。结合《黑客帝国》中的隐喻，对"代码"的解读见高鸿钧：《〈黑客帝国〉的隐喻：秩序、法律与自由》，载《清华法治论衡》2009年总第12辑，卷首语。

存价值的要素予以维持),而这些运作又是以结构为导向。所以卢曼才会说,"法律系统是一个被自身的结构所决定的系统"。再次,结构预设了"结构—结构制造—结构再制造"的循环。在系统的运作中,"结构的制造被设定为具有循环性",这是因为每一次的运作只有在存在预设结构的基础上,才能通过递归性地指涉其他运作使自身得以确定。最后,结构区分为代码和纲要。卢曼指出,"在运作与结构之间,并不存在'本质的差异'或'质料的差异'"。规范(将区分代码和纲要)具有和沟通同样的实体(Substanz)与性质(Qualität)。和前文联系,这里的"规范"应该指的是系统的结构(pp.72—73)。但是对于规范,不能以静态的文本的方式来理解,而应从动态运作的层面来理解。因为卢曼已指出,代码概念关注的焦点集中在结构的发展上(p.196)。[1] 基于前述理论上的准备,在这一章里具体要探讨的是,什么是代码化?什么是纲要化?二者之间是什么关系?讨论结构为什么必然要讨论代码化和纲要化?为什么它们保障了法律统一性的成就(这同时也是一个如何的问题)?接下来将对此一一澄清。

一、如何理解代码化

(一)代码是对期望的满足/失落进行的"超越性形塑"

在理解代码之前,先要了解媒介。媒介被看作是对社会发生

---

[1] 在"时间"意义上的运作分化中,理解法律系统与环境的界限,参见泮伟江:"法律是由规则组成的体系吗",载《政治与法律》2018年第12期。

的事件进行理解的方式，它帮助信息进行传达。在系统中，媒介被发展成二值代码，从而使系统可以通过媒介来理解整个系统外的环境，以及系统自身在这个环境中的位置。所以，代码是将系统内的元素和不属于该系统的元素区分开来的方式。代码用来限制来自环境中的沟通进入系统。未适用系统自我代码的沟通，就不属于该系统的沟通，就不会被系统进行处理，并进入系统。例如法律系统的媒介是合法性，它的二值代码是法/不法，[①] 通过这个二值代码，法律系统实现了封闭。只有关于法/不法的沟通才属于法律系统。[②]

代码最大的特征是一项专门的区分。边沁的理论和西塞罗对法的定义都显示了一项法律上专门的区分。法律如何实现期望稳定化的功能？在边沁看来，法律是通过"命令"来确立作为导向的值，那在政治上获得授权的立法者通过命令区分了何为服从、何为不服从。西塞罗对法的定义也显示了这种区分的特征，即法律是内

---

① 多处论述显示，"法/不法"（Recht/Unrecht）二值图式的含义是"合法/不合法"。例如在用 Recht/Unrecht 进行二阶观察提出的问题是，使期望得到满足或者造成失落的行为，是（曾经是、将会是）合法的（rechtmäßig）或者不合法的（unrechtmäßig）？又如在对 Recht 和 Unrecht 含义进行阐释时，卢曼明确指出 Recht 是正值，表示某个事态符合系统的诸规范；Unrecht 是负值，表示某个事态违反系统的诸规范。参见〔德〕尼可拉斯·鲁曼：《社会中的法》，李君韬译，中国台湾五南图书出版股份有限公司 2009 年版，第 197、206 页。所以 Recht 的原意并不是指静态的法律，而是对法律所允许的事情做出正值判断（合法）。Unrecht 并不是指非法律的状态，即"不是法"（对此卢曼是用 Nichtrecht 来表示），而是对法律所不允许的事情做出负值判断（不合法）。这符合德语通常的使用方式和对这两个词含义的对举理解，参见 Langenscheidt, Großwörterbuch Deutsch als Fremdsprache, Langenscheidt KG, 2008, S.867, Recht 释义项 3。

② 参见 Detlef Krause, *Luhmann-Lexikon*, Lucius & Lucius Verlagsgesellschaft, 2005, S. 50—51, 132—133, 193。对代码概念进行清楚的说明，参见 Niklas Luhmann, *Die Wissenschaft der Gesellschaft*, Suhrkamp Verlag, 1992。

含于自然中的最高理性，它规定了什么是应该做的、什么是不应该做的，即被禁止的。但是，"代码"这一概念优于"命令"之处在于，代码在效力来源的问题上保持开放。判断法／不法，并不必须有政治上获得授权的立法者发布的命令，只需要通过法律系统自身来确定。同时，"法／不法"的区分并非传统自然法的应然视角，而是事实研究的实然视角。

法律代码的源起，是来自于对期望的满足／失落进行的"超越性形塑"。当造成失落的行为，本身投射出规范，并且一阶观察者（即当事者）主张其是合法的，如何判断这种主张是否合法？当某人宣称自己的权利受到侵害，如何判断其宣称是否合法？当某人主张某个特定行为人应当承担责任，如何判断其主张是否合法？这时可采取的途径包括诉诸偶然机制，例如神意裁判，像由獬豸来牴触不直者那样；或者诉诸社会性支持，谁获得更多支持，谁就是合法的，像依赖民意裁判那样。在现代社会，神意裁判的荒谬已无须赘言；诉诸社会性支持的解决途径则会导致两种结果：一种结果是，这使法律功能的满足依赖于社会结构，因为社会结构决定了哪种主张会得到更多的社会性支持。而社会结构作为一种客观存在，法律无法进行任意处置，因此法律也就无法摆脱对社会结构的依赖。另一种结果是，这使法律的功能受制于一种摆脱这种依赖性的不智之举，即对所有规范投射配置事无巨细的法律规范，由此付出的代价是法律上难以承受的规制密度。

全社会在演化中通过迈出抽象化的一步，来克服前面出现的问题。具体言之，是通过法／不法的二值区分对期望的满足／失落进行"超越性形塑"。"超越性形塑"的意思是，从更为抽象的层面，对规范性期望获得满足或失落进行"法/不法"法律代码的二阶观察,并提出问题:使期望得到满足或者造成失落的行为,是(曾经是、将会是)合法的或者不合法的(p.197)?所以,代码对法律系统自我运作的观察,处于二阶观察的层次上。一阶观察的观察者是行为人或受害人。这一阶观察者是否运用法/不法的方式思考,与代码本身无涉。只有二阶观察者对一阶观察者的行为进行判断时,运用的才是代码。所以,卢曼说代码化预设了,在系统中有一个二阶观察的可能性。[①]

在理解通过法律代码实现的"超越性形塑"时,需要澄清两种情况。第一种情况是,不能将法律代码当作普遍代码。将法律代码当作对于世界的划分,会导致用法律代码把世界区分为两半来处理的错误观点,是对法律代码运用上的一种扩张,它没有考虑到社会系统自身的复杂性和功能分化。事实上,法律代码只是在法律系统自身中被实行的版本。法律代码通过法律系统的媒介(合法性),使诸多社会运作(沟通)从法律维度上进行了结构化。与第一种情况相联系,第二种情况要求认识到,以对全社会系统的指涉为基础,存在具有各自不同代码的子系统。[②] 这时其实就是,在全社会系统的诸多子系统层次上,正确理解全社会系统的功能分化。

[①] 卢曼的这种观察视角受到海因茨·冯·福斯特(Heinz von Foerster)二阶控制论的启发,系统正是通过代码进行二阶观察,参见 Niklas Luhmann, *Einführung in die Systemtheorie*, Carl-Auer-Systeme Verlag, 2002, S. 156—166。对法律"二阶观察"系统建构的解读,参见宾凯:"法律如何可能:通过'二阶观察'的系统建构——进入卢曼法律社会学的核心",载《北大法律评论》第 2 辑第 7 卷,第 364 页以下。

[②] 以表格的方式对社会子系统的比较,包括其运用的代码的比较,参见 Detlef Krause, *Luhmann-Lexikon*, Lucius & Lucius Verlagsgesellschaft, 2005, S. 50—51。

（二）"法/不法"二值图式及其逻辑结构

"法/不法"二值图式具有逻辑上的优先性和经验上的或然性。一方面，"法/不法"二值图式具有逻辑上的优先性。一切认知始于区分，认知代表着将"此"与"彼"区分开来。所以，"法/不法"二值图式作为一项区分，为法律的可认知性提供了基础。另一方面，"法/不法"二值图式具有经验上的或然性。这种二值图式在法的演化中得以形成，并不是理所当然的。从法律演化的历史来看，很多情况都可能导致其不会产生。例如，有的法律文化中对讼争持贬抑态度，这就会使"法/不法"的二阶观察丧失被运用的机会。又如，有的法律文化中，出于对和谐的追求，视法律系统为一种技术性的紧急解决方案。这会使"法/不法"的二阶观察只是临时的、转瞬即逝的，而不会固化为一种稳定的二值图式。再如，有的法律文化中，争端调解者会努力消弭对立，回避对整个情况做清楚界定。这会使法/不法的标准难以确立，也就容易导致二值图式生发出三元甚至多元的评价结构。

欧洲法律传统在这一点上显示出其特色，在法律演化中形成了对规范投射进行法/不法的二阶观察，并将其发展为一种稳定的二值图式。"法/不法"二值图式的逻辑结构既是对法律的套套逻辑（"法律是法律"）的展开，也是对法律之悖论（"某项沟通/运作既是法也是不法"）的消解。其具体步骤是：

1. 区分及其标示：法

一直作为法被设置进入到世界中的事物，被标示为法，并与其他事物区分开来。例如在某个事件中，某项事实被标示为"法"，像甲主张某本书归其所有,这种所有被标示为合法的。

2. 套套逻辑:法是法

法被证实,繁殖,转化为"法律是法律"的套套逻辑。此时,关于(1)中"法"的主张得到确认、指涉、强调和证实,其结果是"法是法"的套套逻辑。

3. 内嵌负值而生悖论:法是不法

因为一项否定的引入,这个套套逻辑转变为悖论:法是不法。"一项否定的引入"指的是,从社会维度中出现了对"法"的质疑,"法"不再是确定的指涉。此时针对同一事态"法"与"不法"同时存在,无法分离,而这在逻辑上是不可能的,因为 A/-A 不能同时并置成立,因此产生悖论。

4. 负值依赖对立的正值:法非不法

在社会系统中,这使在同一事态上"法"与"不法"连结在一起。但是做出"法"或"不法"主张的双方都是社会共同体的成员,所以一方是"法",在另一方是"不法"。如果对此进行进一步的否定,就会进入对立的形式中,即法非不法。

5. 走出矛盾:套套逻辑的展开

"某个处在合法情境中的人,又是处在不法情境中",在逻辑上是被禁止的矛盾。这个矛盾最后会通过条件化被排除。至此,套套逻辑获得展开,悖论被消解。"唯有当那些在法律系统的纲要中被宣示的条件获得满足,法才是法,而且法才不是不法"(pp.198—199)。

在理解"法/不法"二值图式的形成时,需要注意的是,作为对期望的满足/失落进行的"超越性形塑",法律代码是对系统的自创

第四章 "代码化和纲要化"与法律统一性的成就　181

生进行的逻辑上的重构。这种重构指出的是，法律系统之所以具有可能性，并不是因为其可由逻辑上被要求的公理演绎出来，而是因为系统的自创生在极其例外的历史条件下开始发生，才最终导致法律系统的分出（pp.199—200）。

在理解"法／不法"二值图式时，还需要注意的是，法与不法必须分离而发挥功能。首先，法与不法的相互分离使该二值图式成为一项具有创造力的区分。这指的是它促使人们通过诸多进一步的区分，来执行法与不法的区分。例如侵权责任中危险责任制度的产生。危险责任不同于基于损害而担负的责任，它是对合法行为造成的损害承担的责任。例如在发生机动车交通事故时，机动车主需要承担对乘客损害的赔偿责任。危险责任制度可以为合法行为造成的损害进行分配，提出相应的条件、规则和论证理由。又如在好意同乘时，机动车主不承担无偿运输时给自愿搭乘乘客造成的损害。这都是建立在对法／不法的不同情况进行讨论的基础上。[①] 正因此，卢曼才说二值代码化的区分是"法律系统的演化动力"。其次，坚

---

① 在德国法上，危险责任是指企业经营活动、具有特殊危险性的装置、物品、设备的所有人或持有人，在一定条件下，不问其有无过失，对于因企业经营活动、物品、设备本身所具风险引发的损害，承担侵权责任。它主要适用于企业工伤事故、道路交通、产品生产、环境污染等领域。卢曼在本章注释 12 引用了埃塞尔（Esser）的经典之作 *Grundlagen und Entwicklung der Gefährdungshaftung*，埃塞尔将危险责任适用于"社会强制接受危险"的领域，以此体现侵权法对加害人承担社会责任的要求。他的思想在德国 2002 年损害赔偿法的改革中有所体现，文中"又如"部分的例子就来自《道路交通法》新的第 8a 条第 1 款的规定，在好意同乘时，由于同乘人自愿，而不是被强迫接受乘坐机动车的风险，因此机动车保有人不承担无偿运输时自愿乘客所造成的损害。更多讨论参见朱岩："危险责任的一般条款立法模式研究"，载《中国法学》2009 年第 3 期。

持法与不法的相互分离，可以在法院做成裁判的特定时间点上，克服法与不法的汇流（混淆）。例如基于"国家理性"学说对违法行为的容忍，或者基于"非利己性的犯罪"或"公民不服从"而引起的法与不法的混淆。

二值图式的这种双元稳定性所具有的成就在于：其一，法／不法可以作为运作的两个确定的衔接点，而且它们不能被同时使用。这使法律系统能够以完全确定的态势对高度复杂的环境做出反应，而不必然需要使自身适应于环境。其二，法／不法二值图式预设了对第三值的排除。一方面，二值性不同于单值性，它是运作上封闭的系统维持开放性的最低条件；另一方面，二值性不同于多值性，它是裁判权的条件，即关涉在法与不法之间做出决断的能力（详见第七章）。历史上曾经在"法、不法、共同利益""法、不法、政治上统治地位的维系"中仿佛出现的第三值，都无法对法／不法二值图式进行否定。当它们面对二值代码索求"拒斥值"时，即拒斥在法与不法之间做成决断，抗拒选择强制的约束，在今天已被"禁止拒绝做出裁判"的诫命所驳回。并且，在代码层次上被排除的"其他值"，也有可能在纲要化的层次上被提出来并被条件化，这一点将在下文关于代码化和纲要化分化的部分展开讨论（pp.205, 207—209）。

（三）"法／不法"二值代码的运作方式及其效应

"法／不法"二值代码的具体运作方式是：法（正值），表示某个事态符合系统的诸规范；不法（负值），表示某个事态违反系统的诸规范。系统运用代码，采取事态内建的方式进行运作，即"只要某项运作就法／不法做出了处置，系统就会将其认知为系统固有的运作,并将其汇整到由其他进一步运作所构成的递归网络中"(p.206)。

从一值过渡到另一值的跨越,如同一项技术性的运作一样进行着。这种技术性的运作并不有赖于世界整体的意义,或者执行跨越的"主体"的特殊特征。"技术化"可以被理解为合理裁判的条件,以及对于合理裁判的要求(p.211)。代码可以使我们将各式各样不同的价值化约到一个形式上。这使法律的评价独立于各种全社会性的评价,例如善/恶、有利益/无利益、有权/无权等。如果要对全社会的价值观进行"汲取",这种"汲取"必须可在系统内部以条件化的方式被正当化、被衔接,并以自创生的方式被运用,但这个过程仍受二值代码管辖。

"法/不法"二值代码运作的效应是一种规整和划分效应(Ordnungs und Separierungseffekt)。系统不是一个目的论取向的系统,没有一个应该达成的终极状态。在法律系统中,情节的形成、目标的标明,以及时间上的分化建立的基础都是,法律系统本身会继续运作,诸程序与协商所获得的结果,会被带进进一步运作的条件关联中,予以整合。每个证实着法或不法的裁判,本身又可以在其进一步被运用的状态中,制造出合法的或者不合法的构成事实。所以,在时间的观点下,系统是一个在其封闭性基础上具有开放性的系统。自创生式的再生产,其实就是对代码之可再度使用性的再生产(pp.206—207)。

就系统而言,系统在形式上的不对称性以及代码在形式上的对称性,必须在系统中共同发挥作用。对于一般的形式建立,例如像系统/环境这样的区分形式,再进入只能在形式的内在面进行,它确保了系统的封闭性，但它是一种不对称的形式。在这种形式的建立中，系统/环境的区分只能在系统内，不能在环境内被执行。这时，形式的外在面是未被标明的状态，只是为了划定系统的界限，确保系统的封闭性。而就二值代码形式来说，代码有两个值，它体现出一种对称性，所以从法到不法与从不法到法的对称，保障了可以持续跨越由代码所标示的界限。对于呈现对称性的形式，必须在形式的两面上都提供再进入的可能性，才有可能从自我指涉中形成对称状态。"法""不法"都必须被理解为对代码化领域中整体代码的实现，也必须被理解为针对其中一项对立值的对立值（Gegenwert）（正是在这一点上，法/不法的区分形式不同于系统/环境的区分形式）。所以，"法/不法"二值图式是一种"使形式以双重方式再进入到形式中"的逻辑结构，它形成的是代码的对称状态。

最终，二值代码化系统的统一性，只能在悖论的形式中被描述。系统的悖论表现为，系统的统一性存立于两种互不相容的值中。这个区分的两面同时具有相关性，却无法同时被使用。这个统一性不能在系统内被观察到（除非进行法律系统的自我描述）。原因在于，为此必须将代码套用到自身上，即必须回答"法/不法的区分，本身是合法/不合法做出的"？系统的悖论是系统的盲点（p.204）。所以，对系统的悖论和盲点的发现，是二值代码的贡献。代码的统一性体现为，在对其中一值做出决断的时候，不能不考虑到另外一值。第二值（不法）是一种否定值，一种控制值，它使得所有的"法"都成为偶联性的，也使得所有对法/不法的分派都是偶联性运作的偶联性结果。所以，系统内终局确定性的欠缺，通常是通过既判力制度获得补偿。[①]既判力以合法的方式封锁了在相同前提下对审查的再度启动(pp.209—210)。

二、代码化与纲要化的分化

(一)纯粹代码化的不充分性及其解决路径

纯粹代码化的不充分性,体现在时间维度上和事物维度上。在时间维度上,代码维持不变。如上所述,它不能添加进一步的其他值。代码并没有为系统提供一种可能性,使其能够对环境做出反应。在事物维度上,代码是一种套套逻辑。单纯凭借代码,并不足以制造出信息。代码各值可以借助否定互换,但是否定除互换之外不具有任何意涵。而将代码套用到自身上,又会出现悖论。

解决纯粹代码化不充分性的方法,是在系统内部进行代码化与纲要化的区分。这种解决方法与长久以来的传统不同,即那种通过追溯"较高"阶层的意义上的支援,以阶序化的方式引入最高机制或最高价值。系统理论的方案是在系统内部进行代码化与纲要化的区分。代码化对法律套套逻辑/悖论加以展开的方式,是将问题予以再陈述。借助其二值性,将法/不法的价值分派给诸运作。但是代码化存在的问题是:第一,它无法为关于确立法/不法的陈述提供判准,而只是产生了对充分明确的指示的需求。所以必须有进

---

① 除了各国在制定法上做出的规定或在先例中确立的原则,经典的最终判决还有"梵蒂冈公式"(Vatican formula),即"罗马已发话,案子结束了"。参见〔德〕亚明·那塞西:《穿行社会:出租车上的社会学故事》,许家绍译,北京大学出版社 2019 年版,序言。

一步的观点能够宣示，是否法/不法的代码值被正确或者错误地分派了。这就是"纲要"。第二，代码不具有单纯凭借自身生存的能力。这是因为还需要去讨论，两个值当中的哪一个应该被分派？这就需要对诸多进一步的观点进行追寻，如"历史机器"部分论述（详见本书第二章第三部分）所展示的，直到充分发展的纲要结构出现。

（二）代码化/纲要化区分的意义

代码化/纲要化的区分所具有的意义，其实就是在具体阐述纯粹代码化的不充分性是如何解决的。具体来说，可以通过下面几点进行理解（pp.216—220）。

首先，借助代码化/纲要化的区分，代码才能具有自创生式的生产性。如前所述，代码是一项区分，只有通过一项进一步的区分（代码化/纲要化的区分），才能以自创生的方式具有生产性。代码担保了系统的自创生，但是单凭代码自身，还无法使这样的自我确证成为可能，还需要纲要化完成自创生的自我决断。这就是说，只有在二值代码化的预设下，才能处理法律上专门的正确性问题。而只有借助诸多纲要，那些具有正确性的东西才能够被以具体的条件化的方式固定下来。

其次，借助纲要化对法律与全社会之间的分歧进行平衡，代码才能实现将法律再整合到社会中。在社会中将代码的非此即彼强行贯彻的风险性，使法律难以再整合到社会中。纲要化是为了使法律能够再整合到全社会当中才被使用的。历史上，对应于此而形成的是"自然法"，此处的"自然法"指的是全社会的一些不证自明的道理被引入到法律中，如通过法律确立的贵族体制，或者法律上所有权的产生。这种"自然法"的形成,或者是基于人类社会共同生活的本质,或者像在英国法律史上那样基于"衡平"理念,或者像在17世纪的社会契约学说中那样,基于天赋人权和社会契约理论。在进入功能分化的社会时,"自然法"被放弃,纲要被用来满足那些在代码本身当中被指明的诸多要求。纲要作为代码的补充物,有助于仅在法/不法这一组代码上发挥条件化的作用。在这时,它就是法律系统自身内被生产的"实证法"。

再次,借助代码化/纲要化的区分,才能解决系统在时间上的不变性及其认知能力的问题。一方面,系统唯有在其代码的结构形式中,才具有不变性;而在纲要的层次上,系统可以对可变更性做出让步,并且不必担心丧失其同一性。另一方面,在代码化的层次上,只考虑属于/不属于系统的问题,其缺乏面对变化的认知能力。而在纲要的层次上,可以将可变更/不可变更的维度纳入考量,使系统具有面对环境的认知能力。纲要化打破了代码二值性中代码的明确性,纲要化将代码值在具体条件下诠释为诸多可能性,或者诸多可以采用各种不同形式的媒介。这样,这就是由系统的代码来代表不变性和不可或缺性,由系统的纲要来代表可变更性,以及在此意义下的实证性。纲要的改变为系统的认知能力准备了条件。在纲要化(自我结构化)的层次上,系统能面对时间上的改变,不会受冲突出现的摆布。在这个过程里,系统自己界定了,什么可被当作可裁决的冲突予以处理。最终这被归结到系统变异性的提升,和变异性冗余性之间关系的持续问题化(p.199,更多对这一问题的处理,详见本书第八章)。

最后,借助代码化/纲要化的区分,有助于区分法的安定性的两个变体。法的安定性首先是通过代码化理解的，这时它要求相关事务应该只按照法律系统的代码而非其他系统的代码加以处理，例如政治系统的权力代码，或者经济系统的支付代码。在政治权力对案件的证据采信、事实认定、司法裁判等做出具体决定，在大企业或者利益集团、大众传媒等左右司法裁判的结果时，这都是破坏了法的安定性。所以，需要通过司法机关行使职权的专属性和独立性，来确保代码化意义上的法的安定性。而在纲要基础上寻求的法的安定性，是法院的裁判是否具有可预见性？是否按照法律规范中的条件纲要做出裁判？[①] 在此，人们允许相当程度的不确定性，也可能寻求"替代性的"冲突解决途径，例如仲裁、调解等形式，只要裁判是按照法律代码做出的。

三、纲要化的形式：条件纲要

（一）条件纲要的发展及其成就

条件纲要这一形式，是全社会发展过程中一项重大的演化成就。早期占卜文献中的格言和法律文献中，普遍采取的是"若—则"这一警语形式。在功能分化社会的法律系统内，条件纲要承担了对代码值进行分派的功能，"若—则"的形式使二值代码化法律系统的分出成为可能。

条件纲要为自我指涉与异己指涉间持续进行的衔接，提供了

---

① 在此意义上对法的安定性价值的讨论，参见 Andreas von Arnauld, *Rechtssicherheit*, Tübingen, 2006, S. 104—109。

指引。在面对环境时,条件纲要给予系统一种认知性的、同时在系统内以演绎方式给予评价性运用的形式(p.220)。条件纲要对代码值进行分派的特点体现为,通过条件纲要,法律对已经过去的、但在当下可被确定的事实做出决断。因此,法律系统一向作为一个事后被形塑出来的系统而运作着。但法律系统仍将未来保留在视野中,条件纲要不是关于传统的确定描述,它也可以是对未来开放的(p.222),这体现在下面将会讨论的程序法的发展上。[1]

(二)为什么不是目的纲要

对将目的纲要引进法律中的做法,要采取保留态度。[2]这是因为:

第一,近现代目的概念的主体化导致了一种简化。亚里士多德主义的传统是一种自然式的目的构想。目的是运动的终点状态,它是可被观察到的未来。但是,全社会的演化使未来面向更多的可能性开放。近现代主体化的目的观,寻求一种意向性的目的概念,目的是当下的想象(意向)。但是,这种目的观的不足在于:一方面,它无法妥适地认知全社会演化带来的时间维度上的复杂性问题,只能由具有某个目的导向的系统的当下状态出发,从有限的视角来掌

---

[1] 卢曼早期关于条件纲要的思考,参见〔德〕尼克拉斯·卢曼:《法社会学》,宾凯、赵春燕译,上海人民出版社2013年版,第279—291页。

[2] 对目的的思考与对人类行动的研究有关,并在行动理论中得到阐发。但是卢曼在他的理论中区分行动和系统,并把研究重点转移到系统上。如果说,他在早期理论中还试图在系统理论中阐释目的概念,那么到了《社会中的法》时,随着对主体理论的抛弃,他已经明确了对法律系统目的纲要的摒弃。早期理论参见 Niklas Luhmann, *Zweckbegriff und Systemrationalität*, Suhrkamp Verlag, 1973, S. 7—17, 257ff.。

握这些复杂性。也就是说,目的纲要无法使人们充分考虑和剪裁那些在法律程序中应予考量的事实。另一方面,通过将目的概念意向化(心灵化),掩盖了当下的未来与未来的当下之间所具有的差异。目的纲要蒙蔽了那隐含于未来之中的问题,即未来的当下,与当下可投射出来的未来之间,两个"未来"与两个"当下"之间都非一致(pp.220, 222—223)。

第二,目的纲要是使未来的、在决断时间点上尚未确定形式的事实,在关于法/不法之间的决断上,发挥关键影响,而这正是条件纲要要排除的。目的纲要可被称为引导运作的系统结构,并且"真正的"目的纲要是由未来做决断,什么是法,什么是不法。目的概念关联到一项双重差异:一是"可达成的状态"与"不可达成时会以其他方式出现的状态"之间的差异;二是(在可达成事物之领域内)关联到"当下的未来"与"未来的当下"之间的差异。诸目的纲要把使当下的未来与未来的当下撕裂开来的风险拉进了当下。而未来的当下,可能与那作为当下的未来而被预设的东西不相一致,这成为必须去冒的一种风险。为此,目的纲要必须具有平衡这种风险,使系统合理性维持在可接受程度的工具。例如,在目的纲要引导下鼓励投资时,可以通过建立准备金制度实现风险控制;在目的纲要引导下做出行政规划时,可以通过事后调控进行风险管理。但这些都是法律系统的纲要所不具有的(pp.223—224)。相反,以条件纲要的方式,法律系统将自己建构为一种琐碎机器,为用条件纲要实现(期望上的)安定性来替换期望失落造成的(满足上的)不确定性,提供结构上的保障。有了条件纲要,人们现在就能在决断的时间点上确定,诸多期望在未来是否能够成为正当,不用仰赖未来而做成决断，而后者正是目的纲要所主张的(p.224)。

第三，目的纲要无法最佳地实现在法律代码间做成决断，因为经验和科学都不足以作为未来将会如何的判准。法官应当按照法律，将其决断仅仅建立在他在决断的当下所认定的未来上，这是他在履行了应尽的注意义务后所认定的事实状态所呈现的当下的未来。这时法官可以援用经验法则，或统计学上的数据。但是随着对科学理论提出的批判，一个完全确定的世界已告崩溃。科学已无法预先提出过去与未来之间的充分固定联系。所以，"一个预先被给定的目的"失去了基础(p.225)。具有事后调控机能的控制论的目的纲要，与法律系统并不相容，所以法官也无法完全承担运用裁判改造社会的任务。

第四，目的纲要内在的具体化需求是它自身无法满足的。这尤其体现在"福利国家之弊"中。立法者为公共行政部门，也为法院预先规定了一些目的性的陈述。但这些目的取向在法律实施中会产生很多问题，如目的纲要无法充分敏锐地察觉使目的达成的那些情状；或者目的纲要不能精确地排除对目的的滥用或者对目的达成做出的阻碍。所以，目的纲要必须被具体化为诸多目的取向的判准。这只能通过条件纲要以个案的方式来实现。但目的纲要会使法官只去考虑已经典型化的、被其假定具有妥适性的"措施"，而不去考虑附随后果。这种合目的性的权衡使法官暴露在经验性的批判之下，最终导致法官只能依赖职务上的权威和必须做成决断的强制，来使判决有效(pp.225—226)。

但是，尽管如此，仍然存在某种需要妥适对待"目的"的场合和方式。在坚持纲要化是条件纲要而非目的纲要的情况下，可以确认的是,"若—则"的条件式结构,一直都是法律现行有效文本的基础。只是在法律系统对文本进行解释时,会需要以权衡的方式对"目的"进行考察,即该条件纲要是用来达到哪种目的,例如通过主观目的解释探求立法者基于哪些价值判断和利益衡量,把某一法律概念、条文、制度甚至某部法律规定到法律体系中,从而对立法者的目的或意图进行证成;或者通过客观目的解释的方法,去寻求法律"理性的目的"或"在有效的法秩序的框架中客观上所指示的"目的。[①]这时,条件纲要可以自由地探寻目的,但是在目的纲要下,这种自由是不存在的。

通常,对目的纲要和法律系统之间的关系会有不同的错误理解。一种错误理解认为,通过法官的裁判被内建的目的纲要,并不会危及法律系统的自创生。这体现在这一事实上,即"法律就是那些法官以最终具约束力的方式,认定为对目的具有适当性的手段的那些东西"(p.226)。但是,这一对权限规范的指称,仍然是一项条件纲要,即只有当法官合法地行使权限,那些被认定的东西才会是法。在根本上,法律的自创生是通过系统的代码,而不是通过系统的纲要被保障。另一种错误理解认为,目的本身可以被司法化。因为将法律确立在条件纲要上,并没有排除其他功能系统的目的纲要可以追溯到法律上(p.227)。但这并不意味着目的本身可以被司法化,不如说,法律系统条件纲要提供的稳定效果,有助于其他系统实现更大的目的的选择范围。从全社会的角度来看,目的纲要和条件纲要是相互协力的。

[①] 〔德〕卡尔·拉伦茨:《法学方法论》,陈爱娥译,商务印书馆2003年版,第207—216页。

四、纲要化对代码化的补充及
仍未解决的难题

纲要化补充了代码化。它以内容填充了代码化。有了纲要化，就解决了代码中的套套逻辑化，也可以在两个值之间进行形式上的交换。代码化与纲要化的区分，使不变性与可变性（法律系统的成长可能性）连结在一起。在代码被建立起来，特别是通过法院组织被建立起来，一种规则建构的过程也就接下来通过纲要化自创生地运转起来（pp.227—228）。

但是，以纲要化补充代码化会遇到的问题，是悖论返回到系统之中。在纲要化的过程中能看到二值代码化原始悖论的展开。即在无可决断性的形式中，代码二值差异的统一性所造成的问题，会返回到系统中。在程序法的意义上，这指的是发生规则建构的困难时，出现了无法纲要化的情况，例如出现了法律漏洞。这一难题是通过"禁止拒绝裁判"被内建到法院体制中，衍生了法官法（详见第七章）。

在实体法的意义上，在权利滥用问题上，也可以看到被排除的悖论又返回到系统内，由形式"再进入"到形式中会造成无法计算的情况：法/不法的区分，会在法的这一面上，再度进入到自身中。但是，这种"反复动作"也同时反复了此一悖论的难题。有时，一些权利行使的情况在法律上是有疑问的，例如言论自由，或者当前多被讨论的对数据的收集、分析和使用等，或者在最高法院指导案例89号"'北雁云依'诉济南市公安局历下区分局燕山派出所公安行政登记案"中讨论的"姓名权",在必要时它们必须被标示为不法。①法律必须顾虑到其适用情况的不可预见性,配置以某种程度上更多的可能性,并且一直保持在这样的状态。这时被滥用的权利,会保持为一项被法律所承认的权利,在一定的纲要化条件下,一些特定的适用形式又会被排除。换言之,代码将其运用到自己身上而制造出来的悖论,并不会单独因为纲要化就被消除(pp.228—230)。

为了解决这一难题,首先,纲要化以第二项区分补充系统的首要区分。这项区分就是对"正确/错误地分派法/不法的判准"进行条件化,补充系统的首要区分。这样,系统就可以去学习,去测试诸多判准,去替换某些判准,系统就可以在事物维度上成长。

其次,以时间化的方式来容许并最终排除不明确性,这显明了未来时间界域的价值。这是另一种完全不同的方式,即利用作成决断的必要性来使悖论得以展开。法律系统可以将决断推延,在一段时间内在不明确的状态下运作,利用未来时间界域呈现出来的不明确状态,制造并且维持不明确性,寄希望在稍后能做成(现在还不能做成决断的)决断。法律系统容许这样的不明确性,因为它承诺在一定的时间内排除此种不明确性。满足这一方式的条件,是在法律上受到规制的程序。具体来说,为了以时间化的方式容许并最终排除不明确性,法律就要确立一些具有法律上明确性的条件,用来

---

① 此外,卢曼还在关于法律主权的问题上讨论权利滥用,参见〔德〕尼可拉斯·鲁曼:《社会中的法》,李君韬译,中国台湾五南图书出版股份有限公司2009年版,第228页及注释72,主权赋予主权承载者界定法与不法的专属权能,而且这项权能在被滥用时并不会受到制裁。但这是和一般的权利滥用所不同的问题。

在暂时无法做决断的情境下，对处理方式做出规制。① 这里谈论的就是那些在法律上受到规制的程序。程序是在时间上受限制的一幕幕情节的形式中组织起来的，由提起诉讼开始到开庭答辩、对质、举证等，直到判决终止。只有使法／不法之分派成为可能，但是却对此保持开放的代码，才能制造出程序赖以存续的不明确性。程序将此种不明确性当作其固有的自创生的媒介而予以充分利用，例如在程序中促发贡献、鼓励参与、使机会而不是结果具有可展望性（p.231）。② 以这种方式，法律系统的二值代码，随着第三种值（代码值分派的不明确性之值）而获得充实。具体来说，通过程序上的时间差异，即决断的延迟，代码被标示为一个统一体；同时，又使二值代码保持完好，不会将其他值引入系统，只是将二值代码的区分运用到程序自己身上。这样的程序具有制造不明确性的功能，也成为最重要的演化成就之一。

为了规制程序的进行，一套特别的程序法被制造出来，并与实体法区别开来。程序法在发展过程中产生程序规范，以便在考虑到做成实体正义判决的目标下，促进程序的进行。所以，违反程序规范做成裁判，例如违反回避的规定、采纳通过刑讯逼供获取的口供，或者因收取贿赂偏袒一方当事人而做出的裁判都属于程序上之不法。但是，如前所述，程序规范维系着不明确性，对此可以用积极

---

① Niklas Luhmann, *Soziale Systeme: Grundriß einer allgemeinen Theorie*, Frankfurt/M.: Suhrkamp, 1984, S. 421—426.

② 参见 Niklas Luhmann, *Soziale Systeme: Grundriß einer allgemeinen Theorie*, Frankfurt/M.: Suhrkamp, 1984, S. 426—443。关于在法庭上，程序对不明确性的运用及其效果，参见 Niklas Luhmann, *Legitimation durch Verfahren*, Suhrkamp Verlag, 1983, S. 82—135。

的方式对其规范化，例如对法官的超然中立设置判准、通过审级制度纠正事实认定上的错误等，以保证法/不法的二值代码得到正确分派。

对程序法与实体法的区分，要考虑的问题是：法律系统能否作为二者的统一？通常实现这种统一的进路是一种目的论的、以目标为导向的程序概念，例如作为其理想版本的目标是，为了实现正义，或者为了确立达成理性共识的条件。这种程序概念最大的局限性是，它无法回答，一个无法满足其积极期望的程序，到底还是不是程序？如果不是程序，那又是什么？这只有在法律系统的反思理论中才能回答。另一种思路是追问，当某个观察者将某件事情标示为程序的时候，他所使用的区分是什么？这会把我们带回到悖论上，即二值代码悖论在程序上的再度现身。凡此种种，恰恰凸显出系统理论视角上的优势，即不去寻求不同观察者意义体验上的程序共识，无论是程序的起始还是程序的结局；然后在程序的不明确性中，敏感地认知各种由法律问题的暂时未决断性所构成的、既未被纳入亦未被排除的边界值，抓住机会对诸多前提予以创造性的转化，实现法律系统的演进。这就是在程序上运行着的反身性。[③] 这是只有在法律中才能发现到的，它使法律有别于道德，成为一个自创生的系统。所以，卢曼指出，法律和道德的根本区别不在于强制方式上的外在强制与内在约束，而是在于二者代码上的不同和可诉性之不

---

③ 托依布纳正是在这一意义上，把握并且发展了现代法律理性的类型和维度，在形式理性和实质理性之外提出反身理性，而反身理性在内部理性的维度上不是一种规则取向或者目的取向，而是一种程序取向。参见〔德〕贡塔·托依布纳：《魔阵、剥削、异化——托依布纳法律社会学文集》，泮伟江、高鸿钧等译，清华大学出版社2012年版，第266—315页。

同。①法律可以使用诸多次级规则;法律能够合法地质疑自己;法律在程序中有一些可供利用的形式,使人们得以合法地确证某人的不法。而在道德那里,基于商谈的形式,最终只能迷失在伦理规范的诸多语义上(pp.232—234)。②

五、代码化和纲要化对法律统一性的成就

运作上封闭的法律系统的分出,预设的是系统能够在二阶观察的层次上进行持续的运作。代码化正是在二阶观察的层次上,表述法律的普遍化。这就是为什么在讨论法律系统运作上封闭性的结构条件时,仅仅讨论功能还不充分的原因。"专注于对规范性期望做处理,而形成法律功能上的专门化,还不能为法律系统演化上的分出提供充分说明",只有代码化才为法律的普遍化提供了一个相关项(Korrelat,p.90)。这指的是,代码化具有能够被运用在所有事实情况及其事实情境上的可能性。无论一阶观察者背后动机如何,代码化仍然可以通过每个沟通而被激发。

代码的基础性意义在于,它是法律系统运作的自我观察。"系统的最基本运作,总是蕴含着一项观察",如果缺少相应的自我观察,运作根本无法成立,而"就法律专有的运作而言,依照法/不法

---

① 在与道德、"潜规则"的比较中,探讨法律系统的二值代码和条件纲要(程式),参见祁春轶:"国家治理中法律对期望结构的分辨和选择",载《法学》2015年第12期,第54—59页。

② 这一部分主要是对哈贝马斯的商谈理论展开批评,更多讨论参见〔德〕尼克拉斯·卢曼:"关乎众人之事:评哈贝马斯的法律理论",陆宇峰译,载《清华法治论衡》2014年第1期,第366—384页。

之区分标准所进行的自我观察,是不可或缺的"(p.74)。二值代码化指涉的是,对于系统诸运作的观察。它将法/不法的价值分派给诸运作。法/不法二值代码的这种基础性意义,对于法律系统从社会系统的分出,即法律的界限的划出具有重要意义。换言之,作为"全社会自创生的一种认知程序和分派程序的结构",法律系统的二值代码通过对系统运作展开二阶观察,将对期望保持着固执的、反事实性的坚持的意向,划分为法律沟通,并将这样的沟通划归法律系统(pp.88—89)。在二值代码的运作方式下,法律系统使自身诸运作结构化,并且实现了封闭。一个已经分化出来的、以自身固有符码为导向的法律系统,能够在其结构化中使合法与不合法间不断出现的衔接得到管制。如此,系统凭借代码的双面形式制造出排除效应,这种排除效应使世界在系统中成为无法指明的,即成为系统的环境(pp.206—207)。

严格坚持法与不法的相互分离,又存在一种需要,即去弥补"法/不法"二值图式的严格性。对此进行弥补的方式是,通过效力象征的时间化保持系统的动态性。这种动态性是法律系统从全社会系统中分出所不可缺少的。所以,"为了使法律系统能够分化出来,必须要使用到时间,也就是前后状态之不同性,来对那种在非此即彼之实质严格性上(即代码)所强制造成的事物,提供补偿",这里指的就是法律系统的纲要化。纲要化表述了自我指涉与异己指涉、封闭性与开放性的区别。代码化与纲要化的差异,回答的问题是:如果在个别情况中对代码各值进行明示或隐含的分派,都象征着系统的封闭性的话,那么自我指涉与异己指涉、封闭性与开放性的区别,又应如何被表述?

一个分出的系统不能仅仅是一个封闭的系统，它还必须具有认知上的开放性和演化上的动态性，如此才能实现系统的自创生。在代码的层次上，系统的开放性只能存在于其短路的自我指涉。在法与不法的价值如何被分派，以及在此一视角下什么是正确的／不正确的，必然存在开放性。就此做出裁判时所依循的规则，称之为纲要（制定法、先例）。代码确保系统在运作上的封闭性，确保法律的统一性不会解体，而在纲要化的层次上，接着得到确定的是，在哪些视角下，系统会基于什么诱因（原因），而必须对认知进行处理（p.106）。所以，在前文卢曼指出，"规范上封闭性与认知上开放性之相互衔接所采用的典型形式，就是条件纲要的形式"（p.99）。这种形式要求规范性的裁判规则（即表明规范上的封闭性）应该采取下述陈述方式，以使得由事实出发（即事实本身必须以认知的方式被查明）而演绎出裁判这件事成为可能：即若出现某一事实 a，则裁判 x 就是合法的，反之则否。规范上的封闭性与认知上的开放性，正是统一在条件纲要上。法律系统是藉助在时间之流中发展着的纲要，在二值代码化所造成的持续激扰中，不断跨越法与不法的代码界限，保持着法律系统的动态性，并实现法律系统的分出（pp.200—202）。

就其实质而言，代码与纲要是系统的结构，也是系统自创生的要素。代码与纲要不是先在的事态，也不是高悬在沟通之上的理念。在法律的自创生中，生产与结构维持／结构改变虽然可以进行区分，但不可以互相分离。所以，代码和纲要一直是通过系统的诸运作而存在，是系统自创生的诸要素，不是为了自己而存在的构成状态。代码和纲要只能在沟通上被观察到。最终，法律系统通过代码化与纲要化,在时间维度上实现分出和运作上的封闭。为了给自己创造时间,法律系统设置了程序。系统是在将个别事件予以串连的形式中运作着,并且为此建构了一种固有时间。法律系统的分出,通过代码化与纲要化,具有严格的时间面:一方面,过去事实及其序列所具有的相关性,完全有赖于法律系统的纲要自己把什么东西划入界限内,又把什么东西划出界限外。另一方面,面对未来,法秩序必须将在全社会系统的环境中的各种不可预期性,通过代码化和条件纲要化加以剪裁,通过程序法和实质法上细节化的专门发展予以补充。以上两点,最终保证了法律系统的分出,保证了法律系统运作上的封闭和认知上的开放。

第五章　正义作为偶联性公式解读

一、引言

　　法律与正义的关系，始终是西方法律思想史上的一个核心命题。法律与正义的关系也是自然法学派与其他法学流派的核心分歧。自然法学派把正义看成是法律的核心价值，是法律应当遵守外在的正义标准与追求的目标，如果法律无法符合正义的底限要求，法律本身的合法性（legitimacy）就会出现危机。实证法学派强调法律是一种由已经成型的规范所构成的体系，一旦法律经由合法程序通过，就构成现行有效的法律体系的一部分，即不受制于外在的正义标准。

　　在欧洲法律史上，民族国家的法典化运动导致法律进入实证化阶段，实证法学派也随之兴起，而法律实证化引发的社会悲剧，又导致"二战"后自然法学派的复兴。[①] 两大理论源流此起彼伏，各有其理论上不能完美解释的问题。自然法学及其各分支无法解决既

[①] 〔德〕哈贝马斯：《在事实与规范之间——关于法律与民主法治国的商谈理论》，童世骏译，生活·读书·新知三联书店2014年版，第482页。

有法律的安定性与外在正义标准对法律变革的要求之间的紧张关系，实证法学无法解决既有法律的正当性的问题，特别是在奥斯维辛之后，一切的事实性的法律权力都受到某些底限的道德要求的追问，使战后的新自然法学家重提正义对法律的价值锚定。[1]

在此前提下，"二战"后一代的法律社会学家开始将法律与正义的关系，放置于具体的社会情境中去加以思考，他们尝试解答如下问题：在不断变化且日益多元的社会情境之下，如何实现正义对法律的合法性要求引致的法律变革与正义对法律适用的一致性要求引致的法律秩序安定性的动态平衡？1970年，罗尔斯《正义论》的出版被西方学术界视为是公共哲学的转向，这是由于罗尔斯在西方思想史上，首次提出将大写的社会正义与具体的法律制度结合起来，将其纳入到法律制度的领域，从而使得伦理意义上的大写的正义原则首次具有规范意义上的可操作性。[2]哈贝马斯从政治自由主义的角度对罗尔斯的"先验式"法律正义提出批评，并尝试诉诸公共领域的意志动员来解决法律的合法性问题。[3]他们二者基本上代表了正义（或道德）的底限要求对法律的合法性的规定性要求的两个方向，罗尔斯代表了正义的实质性要求的规定性，比较注重正义与法的安定性之维，而哈贝马斯则代表了正义（或权利）的程序性实现过程的合法性意涵，比较注重正义在法律变迁过程中实现之维。

卢曼的系统论法学作为法律社会学的一个分支，从法律、正义

---

[1] 〔美〕富勒：《法律的道德性》，郑戈译，商务印书馆2005年版，第282—291页。
[2] 〔美〕罗尔斯：《正义论》，何怀宏等译，中国社会科学出版社2009年版，第3页。
[3] 〔德〕哈贝马斯：《在事实与规范之间——关于法律与民主法治国的商谈理论》，童世骏译，生活·读书·新知三联书店2014年版，第475页。

与社会三者之间的关系出发,把法律与社会视为正义分别发挥作用的两大领域,以系统封闭运作与认知开放、系统与环境的动态区隔为基点,从法律系统的事物维度、时间维度和社会维度三个视角出发,对法律系统与正义理念之间的关系进行了系统论法学意义上的建构性诠释,即卢曼在《社会中的法》第五章所论述的作为偶联性公式的正义。[1] 他以系统论法学的理论定义了正义,即作为法律系统的偶联性公式,一方面,阐明了正义作为偶联性公式与系统论法学的理论妥适性,另一方面,他也以这种方式,对历史上曾经存在过的法律与正义的理论表述加以系统论式的重述。

具体而言,卢曼从三个维度对正义这个问题进行了界定:在法律系统的事物维度,正义以条件纲要的形式,对全社会的结构保持认知开放;在法律系统的时间维度,正义以同案同判、异案异判的偶联性公式将正义的要求转移至时间,保持了系统运作的封闭性;在法律系统的社会维度,正义在自我观察与自我反思的层面,保持了系统的统一性与正确性(p.251)。

二、法律系统封闭运作及其与正义关系的一般性论述

根据传统的法律与社会理论的论述,正义自始就被认为是一项适用于全社会的基本原则,它适用于所有的生活领域,适用于所有

---

[1] 〔德〕尼可拉斯·鲁曼:《社会中的法》,李君韬译,中国台湾五南图书出版股份有限公司2009年版,第247—273页。

参与社会生活的个人及其行为。换言之，正义原则首先是全社会的一项伦理原则(p.251)，在欧洲的伦理传统中，正义原则被视为对整个社会的规范性要求，正义属于好公民必备的美德。[①] 因此，正义与社会和谐有关，与处理并规制人们和谐生活的规范性秩序有关；它构成人们日常生活及各项社会关系的伦理基础，对人们的行为和社会关系产生无法避免的价值判断。

在法律与社会发生作用的领域，人们的行为和各项社会关系也无可避免地需要受到法律的规制。正义作为社会生活的一项伦理原则，随着人们的行为和社会关系受到法律的评判，它也转变为法律体系的某种价值判准。传统的法律与社会理论认为，作为伦理原则的正义一旦进入到法律系统内，就成为法律的正义原则，并且统摄整个法律系统，成为锚定法律系统的价值判准的一项超级原则。这种关于正义原则与法律系统的关系的界定，实际上是建立在传统上对于法律与社会的关系的基本认同的基础上的。那便是，法律对全社会发挥作用，回应全社会的结构对法律系统提出的要求。法律与社会的关系，表现为社会以需解决的争议或事端对法律提出规范性要求，法律对此加以回应的关系。[②]

卢曼的系统论法学改变了上述对法律与社会之间关系的基本界定。他认为，法律系统对作为其环境的社会保持认知开放，但是

[①] 〔古希腊〕亚里士多德：《尼各马可伦理学》，廖申白译注，商务印书馆2003年版，第133页。

[②] 〔德〕哈贝马斯：《在事实与规范之间——关于法律与民主法治国的商谈理论》，童世骏译，生活·读书·新知三联书店2014年版，第482页。

它也保持封闭运作，它无法回应来自环境的全部事态。作为从全社会系统中分化出来的独立的功能子系统，它一旦开始运作，便进入到连续的运作状态中，成为一个在不断运作上自我指涉的系统（p.248），不再受到全社会环境的影响，因此，法律系统与作为系统运作的环境的全社会结构及其伦理原则保持着相互分离的关系（p.250）。

因此，卢曼的系统论法学从对法律系统的二阶观察出发，认为法律系统与作为伦理原则的正义之间，是一种相互分离的关系。正义原则是存在于环境中的伦理原则，而法律系统封闭运作、不断自我创生，不受环境中的伦理原则的导控。

（一）既非代码也非纲要：无处安放的正义原则

在本章第一部分，卢曼用一种逻辑上的排除法，对法律系统与正义原则之间的相互分离关系进行一般性的描述区分。法律系统作为从全社会系统中分化出来的独立功能子系统，与全社会之间存在着系统与环境的结构二分与动态区隔，那么，在这样一种结构二分的前提下，正义原则或者存在于环境中，或者存在于系统内。

第一，正义原则作为一项伦理原则，那么它首先存在于作为法律系统的环境的全社会中。作为一项适用于整体社会的所有生活领域的伦理原则，正义涵摄全社会，而全社会被视为受法律规制的共同生活，这就让人们误以为正义也是一种规范，也涵摄了整个法律系统（pp.250—251）。

第二，正义原则是否也存在于法律系统中，在系统论法学看来，这是一个开放性的问题，仍有待进一步探讨。这个问题需要从几个方面去考察。

其一，卢曼认为，统摄整个法律系统的法律正义原则，在法律系统的结构中无处安放。法律系统的结构由代码化与纲要化来表征。在系统的二元代码层面，在法律系统的法与不法的二元代码之间，无法加入第三值。因此，正义原则无法在法律系统的代码层面存在。虽然法律系统将自己视为是正义的，实际上，法律系统运作上的自创生及其不变的代码，都不会是"正义"的，这两者都无法容纳作为一项超级规范的或超级标准的正义原则（p.251）。

同时，正义的法律，在纲要化的层面并不存在，从法律系统的条件纲要的层面而言，正义的道德要求无法辐射到所有的纲要结构中。在法律系统的纲要层面，法律系统的各项纲要通常会以建筑法、道路交通法、继承法与著作权法以及其他法律领域的形式出现，而在这些可以完全列举的法律领域中，并不存在一种"正当法"或者正义的法律，与以上各项法律领域，或各项纲要并存（p.250）。

其二，正义原则既不能从法律系统外部对法律系统进行导控，它也同样不能变成法律系统内部的一种导控性价值，成为法律系统各项纲要之上的纲要，统摄整个法律系统，要求法律系统的每一项纲要应当是正义的，或者要求法律系统的每一次运作都应当是实质正义的。

系统论法学认为，系统和环境的差异是系统的首要差异，也是系统和环境区分的前提。环境中的正义原则，无法直接对法律系统进行导控。法律系统维持封闭性运作，天然排斥环境中的正义原则对法律系统的价值锚定。如果外在的正义原则可以直接作为某种超级原则对法律系统的运作加以指示，那么，系统论法学对法律系统封闭性运作的基本假定就无法维持。如果法律系统需要回应社会情境对它的要求,那么,系统与环境就混为一谈,系统与环境之间在系统运作过程中形成的动态区分也就无法维续。

(二)正义在法律中的位置:投射而非涵摄

那么,回过头来,我们需要思考,系统论法学如何看待法律系统与正义原则的关系呢?

作为法律系统的外在的观察者,系统论法学认为,法律系统的每一项纲要是否正义,或者法律系统的每一次运作是否正义,这个问题并非正义原则对法律系统的统摄,而是法律系统对自身进行自我观察和自我反思的结果。

换言之,无论是法律系统的纲要结构,还是法律系统运作做出的决定,是否符合正义原则,这不能从"客观上"正义原则有没有决定法律系统的价值判准的视角来考察,而应当从法律系统有没有在"主观上"认定自己乃是为了社会的正义在封闭运作、并执行着全社会的视角来看。

这就好比作为宗教系统的隐含假定的一神论,也好比作为经济系统隐含假定的稀缺性原则,这些也都是从宗教系统与经济系统自我观察视角所得出的结论。这是一种方向和出发点的逆转,这也是一种认知方式的转向。卢曼援引了心理学术语来解释这种认知方式的转向,即一种统一性的投射(a unitary projection)(p.250)。

1. 何为统一性的投射?

何为统一性的投射(projection)?投射是一种心理学现象,展示出了人际交往过程中的一种心理定势,是指将自己的情绪、特征与试图展现的东西归因到他人身上的倾向,也指人们往往以自身的主观判断来代替对客观情况的叙述。网上流传甚广的佛印、苏东坡和苏小妹的故事,便是这种心理学现象的典型例证。[①] 在系统论法学中,我们也可以把投射视为对观察对象的一阶观察所做出的完整的自我反思与自我观察,即一种二阶观察的形式。

　　法律系统的统一性投射主要体现了在法律系统的自我观察和自我反思形式中,法律系统以一种主观判断代替了对客观情况的叙述,换言之,法律系统在自我观察和自我反思的层次上,将自己视为一个公正的法律系统、一个能够实现社会正义的法律系统。法律系统迫不及待地认为每一次运作所做出的决定都是正义的,自己所有的规范与纲要结构也是正义的。法律系统对自身结构与运作的正义性的规定,形成了法律系统对自身统一性投射。然而,我们必须认识到,法律系统的统一性投射,是法律系统自我观察和自我反思的结果,法律系统借用正义这项超级规范来标示自身在连续不断的运作过程中的统一性。当系统论法学对法律系统的这种自我观察和自我反思再次进行二阶观察之后,就会发现,法律系统的统一性投射也仅仅是一种"统一性的投射"而已,它出自于法律系统对

---

　　① 一日,苏东坡去拜会佛印大师,正遇见佛印在打坐。于是,苏东坡也学佛印打起坐来。两人打坐完,苏东坡问佛印:你看我坐禅的样子像什么?佛印答:我看阁下像一尊佛。苏东坡窃喜,开玩笑地说:我倒看你像一堆狗屎。苏东坡觉得自己占了便宜,回家后和妹妹苏小妹得意地提起这件事,苏小妹说:哥哥你错了,佛说"佛心自观",你看别人是什么,就表示自己是什么。这个故事所表达的"境由心生",例证了心理学上的投射效应。在法律系统的情境中,则是法律系统在自我观察与自我反思中,期待自己的纲要结构以及运作结果,均为正义的。这既体现了环境中的正义原则对法律系统的投射,也是法律系统在自我观察过程中的投射。

自身的主观想象,而非客观描述。

法律系统试图把自己标示为正义的,而传统上自然法理论与实证法理论之间的差异,则是由于对这种标示的理解不同产生的。自然法学强调了实质的正义理念对法律系统的影响,却没有认识到,环境中的正义原则将自身投射到法律系统中,而法律系统运作中的对正义的归因则仅仅是法律系统的异己指涉;实证法学强调了法律系统的封闭运作及其与环境的区分,却没有认识到法律系统在自我观察过程中的统一性投射。而系统论法学则认为,既然法律系统已经是正义的了,那么实证法与自然法之间的差别就被法律系统自身给超越和弥合了(p.251),因为法律系统已经通过异己指涉将环境中的正义要求纳入系统,从而满足了自然法的要求,同时法律系统除了运作中的异己指涉之外,以其封闭运作排除了正义的伦理原则的要求,从而满足了实证法的要求。

2. 对统一性投射的二阶观察

法律系统在运作中对自己加以自我观察和自我反思,在此过程中,法律系统将自己的每一项运作与每一项纲要结构,都视为正义,这仅仅是法律系统"主观上"的一厢情愿,是法律系统自我观察的盲点所导致。

因此,既然正义是法律系统在自我观察过程中对自身的统一性投射,这种投射是自我指涉、自我观察与自我反思的。通过对法律系统的自我观察的二阶观察,我们可以发现:第一,法律系统与正义原则的关系是偶联的,可能存在正义的法律的系统,也可能存在不正义的或不那么正义的法律系统。第二,在法律系统的纲要层次上,法律系统的一些纲要结构可能是正义的,此时,伦理领域的正义原则已经被具体化为法律规范的形式,转化为法律系统的规范纲要,因此,进入到法律系统的正义,是法律系统的规范结构的组成部分,已经与环境中的正义原则无关。第三,并非所有的法律规范都是正义的,正义原则无法统摄法律系统的全部纲要结构。法律系统的纲要结构对正义原则的吸收,是偶联的。

我们也可以从环境中的正义原则的视角来探讨"统一性的投射"。我们通过苏东坡与佛印的故事,可以很好地理解这种投射效应,所谓心中有佛看见佛,心中有屎看见屎,存在于环境中的伦理原则也会很自然地将自身对正义的要求投射于法律系统的身上,认为法律应当是为实现正义服务的,而实际上,这仅仅是一种主观上的、单方面发出的思维定势,来自环境的主观投射,既非法律系统运作的真实情况,也无法统摄法律系统的运作。这种思维定势主要呈现了卢曼对自然法学理论的批判。依据投射理论,自然法学理论将某种外在标准适用于法律系统,实际上这只是一厢情愿的期待而已,自然法学对法律系统所提出的期望,能否实现,则是由封闭的法律系统来主导。换言之,自然法学理论体现了对法律系统的观察与描述的外部视角,而实证法学理论则主要体现了对法律系统的观察与描述的内部视角。

三、作为偶联性公式的正义原则

法律系统在自我观察与自我反思的层面,将自己看成是一个正义的系统,因此,正义实际上是法律系统对自身的隐含假定,正义是一种被神圣化的诫命,因为法律系统认为自己必须是正义的。法律系统借着作为理念、原则或价值的正义,来指认自身。在此基础上,卢曼把正义界定为法律系统的偶联性公式(p.252)。

然而,任何的自我观察和自我反思,都有无法克服的观察盲点。因此,当下的运作是否正义,并非法律系统的自我观察与自我反思能够确定,法律系统并不能跳出自身的运作来反思自身,因此,观察的盲点始终存在。系统论法学通过对法律系统的二阶观察,发现法律与正义之间的实质关系是偶联的。

(一)何为偶联性?

系统论法学引入双重偶联性来观察系统与环境之间的动态关系。环境中的正义原则与法律系统之间的关系也是偶联的。无论是正义的法律系统还是不正义的法律系统、正义的运作或不正义的运作、正义的纲要结构或不正义的纲要结构,都是既非必然,也非不可能。

法律系统与正义的偶联性关系,表现在几个层面。第一,法律系统的条件纲要结构中可能包含了正义的理念。这是通过系统与环境之间的结构飘移实现的。第二,法律系统在递回性运作过程中,作为与科学系统的结构性耦合,法律论证中可能会援引一些道德规范作为法律论证的理由,因此,在法律系统做成决定的时候,正义道德规范偶尔会如同科技标准、专家知识一样被援引(p.250)。但是这只是做成决定时候的偶然事件,是法律系统对正义原则的异己指涉,并非如传统法学理论所论述的,正义成为司法判决的论理基础与价值判准。第三,自然法援引自然律(natural law)对现行实证法秩序加以批判,试图要求实证法把自然法当作自身的唯一正当性基础，这是自然法理论为自己寻找获得承认的基础，从建构自然法理论的视角来看，或许也言之成理，但是，从法律系统封闭运作的视角来看，自然法并非实证法的正当性基础，把某种自然法的价值作为锚定法律系统的一种外在价值标准，这并非法律系统的实际状态。

环境中的正义无论是经由结构飘移的方式，还是以系统异己指涉的方式在法律系统中的呈现，都已经被法律系统所吸收，成为法律系统的某种表现方式。因此，系统论法学以偶联性这个概念，否定了对法律系统的一切价值锚定，包括正义的伦理原则。

另外，自然法传统默认的一项推论是，人类社会的法律应当符合自然正义的要求；这种自然正义包含两个方面，一个是事物原本的秩序，另一个是符合事物本来的秩序，即自然形成的秩序的，即为正义。法律的实际运作（即司法，administration of justice）就是对破坏了这种自然秩序的行为加以调整，从而将这种自然秩序恢复原状，即实现正义。然而，卢曼认为，自然本身与正义无关，合乎"自然"并非合乎"正义"（p.252）。自生自发的秩序，仅仅是自然演化的结果，并非按照某种自然法（正义）的要求建构出来的。其次，法律的实际运作所要求的对自然演化所形成的秩序恢复原状，可能合乎"自然"却不一定合乎"正义"。比如，即将饿死的人偷了一块面包，最后却被按照法律的要求归还面包店主，这种偿还是自然秩序中恢复原状的要求，然而法律要求的实现，却未必实现了正义。合乎自然，是一种事实性的结果，而合乎正义，则是一种原则性的规范判断。事实性判断是多变的，事实性结果和司法的决定，都不一定合乎"正义的要求"；规范则是一种反事实的期望，有可能在事实层面遭遇失落的风险。既然规范有可能失落，正义原则当然也有可能失落。

（二）何为偶联性公式？

卢曼认为，每个功能子系统都有自己的偶联性公式，正义作为法律系统的偶联性公式，也与其他系统的偶联性公式一样，标示了偶联性公式对于系统的特有展开方式。那么，何为偶联性公式？

1. 偶联性公式是一种悖论

卢曼以一种悖论式的方式给偶联性公式下了一个定义。他认为，偶联性公式是一种悖论，它借用区分来取代统一性，以悖论或套套逻辑的方式来描述，使无法被观察的事物变得可以观察。即，卢曼以指出偶联性公式的另一面的方式，来为偶联性公式做出界定：偶联性公式是锚定价值对立面，与非偶联性相对，也与偶联性公式相对立的诸多事实相对。作为偶联性公式的正义并非符合外在的正义标准，而是在法律系统的运作中排除了不正义的运作，并非不正义即为正义。因此，正义作为偶联性公式意味着，它是用循环论证、自我指明的方式，解除了对自然法理论基础的援引。

2. 偶联性公式是自我置入的（self-installing）

偶联性公式是"自我置入的"（p.253），也是自我架设的。因此，法律系统的偶联性公式并非系统之外的、环境中的正义理念对法律系统的实质价值判断，而是法律系统通过异己指涉将正义的理念应用于自身，这便是系统在运作过程中"自我置入的"偶联性公式，即"同案同判、异案异判"。偶联性公式不是被外在价值标准钳制的，而是由法律系统自我支撑、且收放自如。因此，偶联性公式位于系统内部，标示了系统自身的统一性。

3. 偶联性公式位于可界定性与不可界定性（indeterminacy and determinacy）之间

偶联性公式（formula for contingency），包含偶联性与公式这样两个关键词，偶联性意味着既非必然也非不可能，公式则是对某种规则的指明，前者具有不可能界定性，后者具有可界定性。那么偶联性公式则是试图在不可界定性与可界定性之间建立关联（p.253）。

我们借着偶联性公式的不可界定性与可界定性这一维度，试图去表明，第一，所有的规范，无论是承载了正义原则的要求的，还是未体现正义原则的要求的，既可能是当前被采取的形式，也完全有可能呈现另一种状态。无论它们是否呈现正义原则的要求，都是偶然的。法律规范与正义之间的关系，是偶联的。第二，法律系统越走向实证化，这种偶联性取向就越强。第三，法律系统在连续不断的运作过程中，通过自我反思，对另一种可能性保持认知开放。第四，偶联性公式，则是法律系统自我置入的一项公式。这项公式在法律系统自我观察和自我反思中、维持统一性中呈现为法律系统"同案同判、异案异判"的前后一致性（可界定性），从而隐藏实证化的法律系统与正义原则之间的强烈的偶联性，及其基础性的悖论（p.254）。偶联性公式的功能，其实就是法律系统在自我反思中时刻察觉到自身的每个运作都有可能走向另一种结果。但是，这种功能必须是潜在的，它不能公然宣称，系统的运作可以是另一种样子，这样就会让运作重新回到不可决断的、偶联性的悖论中。换言之，偶联性公式就是以这样一项公式，同时容纳不可界定性和可界定性，以便隐藏偶联性所带来的悖论。第五，偶联性公式在系统中具有妥适性，偶联性公式可以解释系统与环境的动态区隔、系统与环境之间的差异，偶联性公式还能为系统的自我指涉提供统一性的投射；总之，偶联性公式必须保持与系统论在理论上的自洽(p.254)。

（三）何为作为偶联性公式的正义

卢曼认为，正义原则是法律系统的一项偶联性公式，具体而言，这项偶联性公式可以通过区分，被标示为"同案同判、异案异判"。

何为法律系统中的正义？根据卢曼对偶联性公式的界定，正义原则也需要通过悖论的方式，借用区分以指明其反面来加以界定。

首先，从对个案的判决来看，正义并非选择的判准(p.254)。换言之，正义并非直接适用于个案的、区别于其他规范的一种规范。因为，如果说正义原则可以变成一项特定的规范，或一项特定的纲要，它就与其他的规范一起，成为所有条件纲要的一部分，这样就会导致条件纲要中区分了正义的规范和不正义的规范，那么法律系统做决定的时候只要选择正义的规范就行了，无须做出决定。换言之，正义之规范必须被采纳，法律系统就无须以决断实现递回性的运作，也无法以递回性的运作来实现自我再制，它也就无法成为法律系统进行自我观察时再现系统的公式。

恰恰相反，系统论法学认为，正义原则不能直接成为选择的判准，并且，正义原则也需以区分来界定自身，因此，法律系统在运作过程中借用正义理念所进行的自我观察，实际上也就是在做出决定时，排除某些相对不正义的规范。具体到法律系统的运行过程，排除不正义的规范，即排除导致同案异判的规范。

其次，偶联性公式不是当下的法律系统的正当性基础（p.254）。系统论法学通过对法律系统的二阶观察发现，当下的法律系统正义与否，仅仅是法律系统的一种自我期许，是法律系统对于正义理念的异己指涉，而非正义理念对法律系统的锚定。

自然法学将正义原则视为一种锚定的价值、法律的正当性基础，并在此基础上将正义原则视为法律改革的目标与愿景。卢曼认为，这是由于自然法学没有区分偶联性公式与选择判准。古希腊以来的传统将正义视为个人心灵的美德，并且要求人人的行为都符合这种美德，如果法律系统也抱持自然法理论来看待正义原则，实际上是未能将偶联性公式与选择判准区分开来。正如卢曼所言，神是"分歧的制造者"，而非分歧世界中的要素之一。正义原则制造了分歧，正义原则无法成为人们在分歧世界中随时随地持守的教导。因此，正义是偶联性公式，它以寻找差异和区分的方式作用于法律系统的每一项运行，而非人们必须遵守的选择判准。

再次，偶联性公式不是法律系统面向未来的成长公式（p.254）。偶联性公式不是为法律系统设定的某种目的论，不是对法律系统发展方向的期许，也不是为法律系统设定某种改良目标（比如，让法律系统变得更符合正义、更接近正义）。历史上，特别是18世纪后半叶，法学家们曾经热衷于法律改革，以便令法律系统更为接近正义或实现更多的正义，诸如对既往法律规则的法典化、法律的体系化等。然而，这些法律改革与法律系统的关系，是由特定的历史诠释所建构的，换言之，这是法学家们对法律系统与社会历史时间之间关系的一种建构性描述，本身并非法律系统的一部分，也不能改变法律系统自身的运作。同时，来自环境的干预与对特定选择走向的强行贯彻，由于破坏系统的封闭运作，还引发了系统中的成本、负面效应、风险以及偏离的强化等问题。

（四）偶联性公式的一般化与再指明

正义是一项规范，规范意味着它具有反事实性。规范的反事实性导致了人们对于规范的稳定性期望，即便这种期望可能会遭遇失落，人们依然不会改变这种期望。法律系统对于自身的系统统一性的指涉，也折射出规范的反事实性的一面。

正义规范的这种反事实性体现于，它要解决系统统一性的指涉，因此，一方面，法律系统的全部运作、全部结构，都应当"合乎正义"（p.255）。卢曼在本章第一部分已经阐明，这种统一性的指涉，是法律系统自身对于正义这项规范要求的主观投射，而非正义的规范要求对法律系统的客观价值锚定，这是系统论法学与传统的自然法理论的理论分歧，也是系统论法学对自然法理论的一种反思性的描述。另一方面，正义规范要对个案提供指引，这样才能让偶联性公式与系统的每个决定（all decisions）具有相关性，偶联性公式也才能够完整。人们也才可以从中推断出，系统的这个运作是合乎正义的。换言之，作为偶联性公式的正义原则与法律系统之间的妥适性，既要呈现于法律系统在整体上对于系统统一性的投射，也要呈现于法律系统在每一个运作过程中对正义原则的指涉。除此之外，正义这种特殊的规范还需要在系统与环境的结构中获得其自身的实质性再指明。换言之，正义作为一种特殊的规范，其特殊性体现在一般化与再指明的关系中。

1. 偶联性公式的一般化:"同案同判、异案异判"的平等要求

当然,在卢曼看来,法律系统是否正义,或系统运作的每一个决定是否正义,并非表现为两者实质上的相符合或遵守的关系,而在于法律系统对于平等的形式性要求的指涉。

作为偶联性公式的正义理念,体现为平等原则的规定性要求(p.255)。在两千多年的法律史中,平等作为正义概念的核心要素,体现了正义的一般性、形式性要求,即相同情况相同对待、不同情况不同对待的规则性与一致性要求。

首先,偶联性公式的概念仅仅标示了一项追求理由和价值的图式,而这个概念本身则是抽象的、形式化的。在两千多年的漫长历史中,至今依然在发挥约束力的传统中,正义这项偶联性公式始终与平等这项形式性原则联系在一起。正义即为对平等的要求,比如,在历史上各个时代的所有正义概念,如果要寻找到共同的要素,那便是要求"按规则行事",并且保持前后一致性;正义原则背后未包含任何实质性的内容,并未对法律的本体或本质有过任何的界定,也无法以自身的独立价值为法律提供效力来源,也不是一项令法律系统显得比其他系统更优越或者更招人喜欢的价值(p.255)。同时,偶联性公式与平等原则的共同特征就在于,两者都是不证自明的,不需要进一步以伦理基础作为自身的正当化理由。这就导致两者均未指向某种固有的或确定的理由或价值。偶联性公式可能一般性地指示了某种对于理由与价值的追求,而这种对于理由与价值的要求最终需要凝结在系统的诸纲要形式中,才能获得法律的效力或法律规范的形式。

其次，正义作为偶联性公式，即呈现为"同案同判、异案异判"的平等要求。正义作为偶联性公式，在法律系统运作过程中，同时纳入了为对平等／不平等的区分，根据亚里士多德对正义的定义，正义原则要求对相同案件进行相同处理、对不相同案件做不相同的处理。

法律系统以相同情况相同对待、不同情况不同对待的方式呈现平等和正义，并排除不平等、不正义（p.256）。通过这样的方式，作为偶联性公式的正义原则在法律系统内才具有完整性，偶联性公式才对系统的每一个运作、每一项决定都具有相关重要性。系统的统一性也就在相同案件相同处理、不相同的案件做不同处理（即平等／不平等）的差异中展开，于是，正义原则也正是在这个意义上，对系统进行着全面的管辖。偶联性公式所遮盖的悖论，也会随之呈现出来。

正义作为偶联性公式的形式性，涵括了差异性事物的统一的悖论，即正义即不正义（平等即不平等），不正义也是正义（不平等也是平等），正义／不正义的悖论（通过差异来展开统一性）可以覆盖整个法律系统。

2. 偶联性公式的再指明（re-specification）

卢曼认为，所有的偶联性公式，都会在全社会结构发展中，借鉴不同的再指明方式（p.256）。在这个前提下，偶联性公式的再指明，是指正义作为偶联性公式，与全社会结构的对应关系，以及偶联性公式与法律系统以及全社会结构之间的关系。

（1）偶联性公式在全社会结构中的再指明

首先，依照不同的历史状态，偶联性公式会采取各种不同的表达方式。展现为形式性原则的正义与平等,要与其背后的全社会结构相对应,因此,全社会结构不同,正义原则的具体内容也不一样,需要由全社会结构对其意涵加以填充。因此,作为偶联性公式的正义,具有相对性,需因应不同的全社会结构,因应不同的历史状态与历史阶段。比如,亚里士多德创设的分配正义概念,与当时层级式分化的全社会相对应,因此,亚里士多德时代的分配正义,便是按照人们不同的出身,按照人的身份,区分自由人和奴隶、贵族和平民,来分配其政治地位与官职,使其"各得其所应得"。因此,亚里士多德时代的分配正义,意味着相同身份的人的平等分配与不相同身份的人的不平等分配的差异所展开的统一性(p.256)。

到了后自然法时代,启蒙运动之后的社会逐渐进入到功能分化的社会,人们由于社会阶层所造成的身份的差异也逐渐消弭,因此,后自然法时代的分配正义就开始将人们的政治地位平等纳入其中,平等意味着所有人的政治权利平等;同时,因应功能分化的社会中经济系统自身的运作规律,分配正义与平等的关系被定义为自由竞争之下的机会平等。

层级式分化的全社会与位阶指涉相对应,功能分化的全社会与功能系统之指涉相对应。不同的全社会结构,决定了相同情况相同对待、不相同情况不同对待的形式平等原则,各有其不同内涵,因应全社会的结构,呈现出不同的诠释。

"各得其所得"的分配正义原则,也同样如此,它并不能直接决定如何分配,而须取决于不同的全社会结构条件下偶联性公式再指明方式的不同。偶联性公式在不同历史时代、不同的全社会结构中的具体化,便是偶联性公式在全社会结构中的再指明。

(2)偶联性公式在法律系统内的再指明

卢曼在上文以心理学上的"投射"来描述传统上认为的正义原则对法律系统的统摄，认为全社会结构中的伦理原则对法律系统的运作及其结构的统摄，仅仅是从伦理原则出发的主观想象。

那么从法律系统作为出发点，法律系统与全社会系统之间的关系，又是如何呢？许多法律社会学家认为，社会情境的变迁，将会对作为社会系统的子系统的法律提出要求，而法律系统势必要对社会情境的要求做出"回应"，因此，有学者提出回应型的法的概念，来解释法律与社会之间的关系。[1]

然而，系统论法学认为，法律系统作为一个封闭的自创生系统，它与全社会系统之间应当不是回应型的关系，因为一旦法律系统作为全社会系统的回应，它就无法作为一个封闭的自创生系统而独立存在。

卢曼把这种来自全社会系统对法律系统的要求称之为"激扰"，而法律系统对于全社会系统而言，则具有"可激扰性"（或可干扰性、敏感性、共振）（p.257）。全社会系统以其要求"激扰"法律系统，法律系统可以对来自全社会结构正义原则的"激扰"加以"回应"，但是这种"回应"并不意味着法律系统与全社会系统的联动，"激扰"有成功与不成功之分，法律系统处于自身固有的复杂性结构中，就无法考虑全社会的所有事态，法律系统要化约来自全社会的复杂性，只有那些可以"法律化"的事态，才能穿越系统与环境之间的差异性的"高墙"，进入到法律系统中。

---

[1] 〔美〕诺内特、塞尔兹尼克：《转变中的法律与社会：迈向回应型法》，张志铭译，中国政法大学出版社2004年版，第81页。

与此同时，法律系统在将部分社会事态纳入到法律系统之后，系统与环境之间的动态结构也随之发生改变。一方面，从法律系统内部对环境所做的重构，会不断地使法律系统的结构变得更为复杂，另一方面，在环境的激扰过程中，法律系统与全社会环境之间的动态区隔也不断发生改变。

因此，实际上，偶联性公式在法律系统内的再指明，实际上是法律系统通过对来自环境的激扰（全社会结构的正义原则）的"回应"，在法律系统内再现了环境，实现对环境的异己指涉。法律系统通过对环境的异己指涉，对环境所做的重构，或多或少会令自身的复杂结构变得更为复杂，但法律系统依然需要在前后相继的决定中，对偶联性公式"同案同判、异案异判"的要求以及变异性与冗余性的区分中，呈现正义的要求。

四、偶联性公式与系统论法学的妥适性

（一）系统论法学对正义原则的历史梳理

1.社会系统中的正义原则：片段式分化的社会与层级式分化的社会的相互性准则

系统论认为，社会系统在历史的发展进程中，经历了片段式分化社会、层级式分化社会再到功能分化的社会的变迁。正义原则在片段式分化的社会中，体现为相互性的准则（p.257）。这种相互性的准则，在契约法中表现为各得其所应得，给付的对价的数量应当与获得的商品的数量相等；在侵权法中表现为各失其所应失，侵害

他人权益造成多大的损失，就应当支付多大的赔偿。亚里士多德在《尼各马可伦理学》中将其界定为交换正义与矫正正义，[①]这两种正义形式一直被人们沿用至今，尤其是交换正义中所体现的互惠原则，甚至被认为是全部社会结构的首要原则。

正义原则所要求的相互性准则在层级式分化的社会中，也随之发生改变。具有较高地位的人所进行的给付，被赋予了更高的价值，相反，地位较低的人所进行的给付，其价值也就相对比较低。并且，具有较高位阶之人的给予，被视为是一种施恩的方式。基于恩惠向下流动的基本规则，较高位阶的人可以向地位较低的人施恩，而地位较低的人实际上无法回馈这种恩德，因为互相的给付所蕴含的价值不对等；同样，从这样的预设继续推演，那么神的恩典是阶层式社会的最高价值，他单方面做出的给付泽惠整个社会，而全社会的各个阶层都无法回馈神的恩典。这样一来，在改变了的全社会结构中，互惠原则与相互性准则也逐渐发生了一些无法适用的情形。

随着社会逐渐复杂化，相互性准则开始逐渐丧失了实际的适用性。一方面，由于人的身份、地位等其他因素成为给付的附加值，给付的交换价值就无法通过市场价格来加以确定，相互性准则在阶层式社会中无法持续；另一方面，一些专业的角色和特定行业的从业者，从涵盖全社会的相互性准则中脱离出来，比如，一些行为不再是互惠的，比如法官的审判行为，如果法官依然被纳入到相互性准则的体系中，法官从审判活动中获得了利益，那么就会造成实际上的腐败行为。

[①] 〔古希腊〕亚里士多德：《尼各马可伦理学》，廖申白译注，商务印书馆2003年版，第134—137页。

由此，相互性准则无法适用于社会系统的全部事态，也就无法再现系统的统一性。要再现系统的统一性，就必须把相互性准则背后的携带实质性信息（身份、地位等等）从中剥离，重新回归正义的相互性准则的纯粹形式性。

2. 功能分化的社会中的正义原则：以"同案同判"的偶联性公式再现系统统一性

进入功能分化的社会之后，全社会结构中的正义原则与法律系统中的正义原则开始区分开来。全社会结构中的正义原则不能直接进入法律系统，也不能构成法律系统的外在标准。

而法律系统内的正义原则，则开启了从法律系统自身出发的对正义原则的理解方式。法律的实际运作是法律系统存在并发挥功能的方式，而法律的实际运作，是从文本、概念和教条这些法律系统的结构出发的，上述结构中可能携带了正义原则的某些实质要素，但是这些结构由于存在相反的可能性（偶联性），并不能在自身的实质性内容中重现系统的统一性。同时，从法律系统的文本结构出发，实际上隐含了连续不断的运作过程中对同案同判（且异案异判）的要求，此时，正义与平等的要求，在法律系统的实际运作中，就转化成了决定的前后一致性，并且这种一致性要求把法律系统的每一个运作都贯穿其中，以同案同判与异案异判的差异性重现了系统的统一性。

总而言之，从片段式分化的社会、层级式分化的社会走向功能分化的社会之后，一个封闭运作的法律系统分化出来。原本在片段式分化的社会与层级式分化的社会的交换正义、分配正义中，所涉及的是每个人实际上是否被正义地获得交换或正义地实现了分配，这里所关注的,是实际所得的正义,而进入到功能分化的社会之后,法律系统以"法律化"的方式来处理上述的分配正义与交换正义,就只会对法律系统所建构的法律案件,做出一致性的决定。两个相同的案件最后得到了相同的结果,这是正义的;两个不同的案件最后得到了不同的结果,这也是正义的。这样两个案件,在涉及到物品分配时,是分配正义的实现,涉及物品的交换时,是交换正义的实现。因此,按照片段式分化的社会与层级式分化的社会的正义观念,正义是一种美德、是人的一种道德或伦理的目的,是法律所规范的中道的决定,"要使事物合于公平正义,须有毫无偏私的权衡;法律恰恰正是这样一个中道的权衡"。[①]

在进入功能分化的社会之后,正义原则就从这个实质性的判断,转变为法律系统合乎正义地做出决定的形式性要求,对法律系统合乎正义(一致性)的要求,也就转变为在其做出决定的递回性网络里,对何为相同、何为不相同的判断(p.258)。一方面,正义原则对于个案的实质性要求,转变为个案与个案之间的同等对待;同等对待与否,与特定的文本相关,也与当事人之间的冲突及具体案情都有关系,根据区分来对相同案件与不相同案件进行分类,以冗余性与变异性的区分,最终使得正义与否的问题,成为决定规则基础之上的技术性问题。

另一方面,个案对于正义实现的实质性要求,被转嫁给系统运作的时间,当下的决定与过去的决定之间是否相同,由系统在运作过程中的自我反思与自我观察来达成,从而实现系统的统一性,并把决定是否正义的问题交给系统做出下一个决定时的反思来甄别,

---

[①] 〔古希腊〕亚里士多德:《政治学》,吴寿彭译,商务印书馆1965年版,第169页。

从而将系统做出不正义决定的风险，转化为系统做出不一致决定的可能性。

（二）法律系统的结构变迁与正义理念的重新校准

1. 社会通行价值与衡平法

法律系统做出决定的一致性要求，不考虑社会通行的价值判断，不考虑与已经被"法律化"了的各项因素无关的其他方面，比如当事人的身份地位、当事人的现实处境，或当事人的道德品格等等，因此，法律系统不受制于社会生活的各种事态，而仅仅考虑与法律规则相关的各项因素。因此，系统论法学认为，法律现实主义者所言的"书本中的法"与"行动中的法"之间的张力是个伪命题。"法律的生命在于经验，而非逻辑"，也仅仅是在法律系统运作过程中保持与环境的动态区隔，经验事实并不能改变法律规范自身的结构。换言之，法律并不会因为社会生活的事态而偏离了自身的规范性判断的轨道。

社会通行的价值判断，或全社会结构中的与案件相关的因素，必须先进入到法律系统中，成为实证法的纲要结构的一部分被列举出来，比如成为法律事实的构成要素（facts）的时候，才会在法律系统做出决定的时候得到考虑（p.258）。比如，日本《刑法》第200条被废除之前，规定杀害尊亲属要加重处罚，这一条体现了当时的社会价值观对实证法的纲要结构的影响，法律系统在做出决定之时就必须对此加以考虑。这条规则在被废除之前引发了众多争论，作为对法律系统的"激扰"始终未能成功，一直到1995年大幅修改刑法之后才废除了这一条规定。因此社会通行的价值判断与社会事态,并不能直接进入法律系统的运作过程,它必须先"法律化",成为法律系统的实证法纲要结构,才能成为法律系统运作中做出决定的要素。

如果有学者质疑,在阶层式社会向功能分化社会过渡的历史阶段,实证法的纲要结构还不足以将各种社会事态以足够的价值敏感性、分化性与复杂性纳入到法律系统中,法律系统仍需对一些社会事态加以衡平,以便形成新的纲要结构时,那么,法律系统在面对这些社会价值的冲击时,如何维持自身的复杂结构与封闭运作?

卢曼认为,衡平作为早期法律发展的一项技术,不能将其视为法律系统之外的社会事态对法律系统的输入,恰恰相反,衡平法发展或衡平这项补偿概念,都源于一个发展的原动力(motivational force),这项原动力通常表现为主权的一般性裁判权。换言之,在阶层式社会向功能分化社会过渡阶段,政治系统与法律系统的未完全分出,两者结构耦合于主权的一般性裁判权。因此,此时,衡平法与衡平裁判权统一于"主权性"决定者,而主权决定者以正义与衡平为名,在特殊范围内,充当了政治系统与法律系统结构重叠或耦合的部分。当法律持续发展至法律系统完全分出,衡平所承担的制造新的实证法纲要的功能,则由立法部门来解决,而法院作为法律系统的中心,也就必须以"法律化"的实证法纲要为基础,对正义的要求加以呈现。因此,衡平法出现的历史阶段,仅仅是法律系统逐渐从政治系统中分出的历史见证,并非法律系统受制于全社会中的通行价值判断的证据(p.259)。

2. 法律变革与价值冲突的问题

在实证法的纲要结构比较完备之后,立法活动的频繁会引发新旧法律交替导致的法律变革。立法引起的法律变革，则又会引发正义原则所要求的决定一致性的断裂，比如由于新的制定法的出现，在新法生效前后，会导致对相同案件的不同处理，或者会对不同案件予以相同处理。比如，我国1997年刑法废除了流氓罪等一些罪状不明的口袋罪，导致1997年之前对一些犯罪嫌疑人的处置与1997年之后不同。对于法律变革所引发的不一致的问题，法律系统通常有两种处置方式：其一，由于立法仰赖全社会，全社会结构的变化，导致立法规定的前后不一致，不会被视为不正义，由于全社会结构改变而给予法律变革的论理基础，也被推移至政治系统来讨论和解决，这样实际上就将法律系统做出不一致决定而给法律系统带来的风险，转移到了政治系统。

当今社会存在各种各样的价值冲突，这些价值冲突会随着公共领域的讨论影响到政治系统及其立法过程，立法的变革对法律系统决定一致性的断裂，让人们误以为这些价值冲突也直接作用于法律系统，因此，人们尝试诉诸正义，作为横跨政治系统与法律系统之上的恒定价值，并为其寻找统一的表述方式。

然而，卢曼认为，这样一种寻找至上价值的方式，实际上也仅仅是把正义规定为诸多价值中的其中一种，这种价值如何呈现以及是否得到呈现，依然要委诸个案的权衡。对于法律系统而言，偶联性公式的问题无法以这种方式获得解决。

卢曼认为，要解决偶联性公式与法律系统的妥适性问题，应当将偶联性公式与法律系统的中心，即裁判权的核心领域相联系，通过连续不断的运作所做出的决定的一致性，来实现正义对法律系统的统一性涵摄。立法活动与合同缔结，构成法律系统的边缘形式，属于法律系统与其他系统（政治系统、经济系统）的结构耦合，受制于后者的规训化运作，与正义的偶联性公式不相关。由于其他系统领域的规训化运作，立法活动与合同缔结即便不受正义的控制，也不会以恣意的方式形成（p.260）。

（三）福利国家的目的纲要与偶联性公式

除了全社会结构变迁导致的立法变革之外，福利国家的兴起，使得诸多目的纲要也开始出现。

福利国家的目的纲要在政治上的正当性，主要来自于个人主义观念的重新校准。社会群体的观念替代了原子化的个人观念，导致社会将更多的个体涵括进社会利益分配的领域，社会有义务对个体的非由自身原因造成的不幸加以救助，这样一种新的个人观念的图式，导致社会利益再分配的观念被重新引入分配正义的理念中，改变了分配正义的意涵。

然而，福利国家观念的兴起，基本上可以完全归因于政治决定的偶联性，政治决定由于其偶联性而欠缺自然法的基础，无法从社会的自然秩序中对其加以合理化，因此，福利国家的目的纲要，无法径直以社会利益再分配的涵括原则为依据，直接视为合乎正义，其中的"目的"无法在法律系统中完全实现（p.260）。

同时，政治系统做出的决定，进入到法律系统中，需要借助于政治系统和法律系统的结构耦合的部分，针对福利国家目的纲要的情形，主要是借助宪法裁判权来加以处理的。宪法裁判权在大陆法系国家通常由宪法法院掌握，在英美法系国家则由普通法院（比如，联邦最高法院）来掌握。无论宪法法院还是普通法院，在实施宪法裁判权的时候，通常会以受宪法保护的各项基本权利和价值为依据，比如 2018 年美国联邦最高法院判决的蛋糕案，被视为涉及宗教信仰自由与法律平等保护原则之间的冲突。[1] 因此，一些学者认为，美国联邦最高法院同时作为司法机构的最高审级和联邦政府的一个分支，它在审理宪法案件之时，必然承载了特定的政治功能。[2]

然而，卢曼认为，如果实施宪法裁判权的部门在进行宪法裁判时是在进行价值衡量，比如，对自由的价值与平等的价值进行衡量，那么它实际上就是混淆政治系统与法律系统的界限。宪法裁判，或违宪审查，归根到底依然是一种裁判，是基于法与不法的二元代码所展开的法律系统的运作行为，也需要遵循作为偶联性公式的正义原则对法律系统提出的一致性要求（p.261）。无论是法与不法的二元代码，还是正义这一偶联性公式的再指明，都需要条件纲要加以补充。法律系统的运作过程将正义的理念带入到作为前后一致性的平等的形式中，并以抽象化的条件纲要作为基础，对"相同案件与不相同案件"展开诠释。因此，首先，此时福利国家目的纲要所涉及的各种价值冲突，最终必须以条件纲要的形式成为法律系统的结构的一部分，换言之，目的纲要必须再条件化，或"法律化"。目的性的环境政策能够发挥规范性效力，要依其是否具有法律的相容性。其次，法律系统中的正义原则对目的纲要提出的要求，并非期待目的纲要具有实质的合目的性或实质的正当性，而仅仅是期待目

---

[1] *Masterpiece Cakeshop, LTD., ET AL. v. Colorado Civil Rights Commission ET AL.*, 584 U.S. (2018).

[2] 〔美〕麦克洛斯基、列文森：《美国最高法院》，任东来等译，中国政法大学出版社 2005 年版，第 271 页。

的纲要的法律形式在系统运作过程中,因应"同案同判、异案异判"的偶联性公式,以冗余性和变异性再现系统的统一性。

(四)小结:正义原则的危机

政治系统的立法活动导致的法律变革,与福利国家兴起导致法律的目的纲要化,给法律系统的结构造成改变,并由此引发法律系统的一致性的断裂,卢曼称之为政治决定引发的关于正义原则的危机(p.262)。

政治决定引发的正义原则的危机,是由新法与旧法的冲突、目的纲要的价值冲突引起的,由于两种实证法或两种价值之间的截然冲突,导致对于自然法或外在价值标准的追溯尤为无法解决这项危机。人们无法通过外在的价值判断来解决问题,因此就会转向实证法律的内在判准来解决其正当性问题。一旦人们重新回归实证法律来解决法律的正当性问题,那么正义的法律,则依然需要化约社会事态的复杂性,回归到以一致的方式做成决定,即做到同案同判、异案异判;其次,基于法律系统的封闭性与自主性的要求,法律系统的正义原则应当与道德判断或伦理偏好区别开来。对于法律所做的道德判断,不属于法律系统,而是人们对法律系统的一种外部观察。这种外部观察与外部评价,可能会由于人们的价值冲突而存在不同的判断。然而,针对法律所产生的道德上的歧见,独立于法律,并非法律(p.262)。

五、结语：对法律系统与平等原则的关系的二阶观察

（一）平等价值的历史展开：一项悖论

在我们可以查阅的文本记载中，两千多年以来的人类社会一直保持着对于平等价值的倡导和追求。在两千多年的人类历史中，平等在其文本形式中保持了同一性。然而，我们通过对不同历史阶段的考察可以发现，从片段式分化的社会到层级式分化的社会再到功能分化的全社会结构，平等这一形式性的概念所指向的实质内容却在不断发生变迁；平等概念项下的其中有些意涵一以贯之，有一些则已经发生明显变化。

为了阐明平等的不同实质内容，卢曼以两千年以来的自然法传统为考察对象，对平等在不同社会结构中的"再指明"进行论述（p.262）。

首先，在启蒙运动使自然法发生近代理性主义转向之前，传统自然法所对应的是层级式分化的社会，层级式社会结构的基本特征是身份的不平等。并且，传统自然法的认知模式，在本体论的意义上探究事物的可认知的本质的相同与不相同，并且在认识论意义上将这种对相同与不相同的判断确立为事物的判断。一切与这种相同与不相同的判断不一致的看法，均为谬误。换言之，传统自然法对事物的认知属于一阶观察，它认为存在一个本体论意义上的客观物质世界，而人们对客观物质世界本质的看法，可以真实地反映物

质世界本身,且这种真实反映乃是唯一的正解,该唯一正解便是真理(p.263)。传统自然法的这种认识论的范例便是由亚里士多德所开创的真理符合论。[1] 然而,二阶观察通过对一阶观察盲点的观察发现,这样的根本意义上的平等不可能存在。[2]

其次,启蒙运动之后,近代理性主义自然法对传统自然法进行了改造。理性主义自然法理论所说的"自然"将本体论意义上的自然概念及内在于自然概念的各项信息都加以排除,从而将"自然"加以形式化与抽象化,将个别的自由权和平等权一般化为基本的、天赋的人权。换言之,近代理性主义自然法排除身份不平等,倡导自由与平等原则,这些原则却与演化而成的现行法律秩序产生矛盾,对本体论意义上的自然的一阶观察所形成的自然秩序与整体法秩序,和对理性主义抽象化之后的认识论意义上的自然的二阶观察所形成的"自然法",产生了矛盾,导致理性主义自然法所倡导的自由与平等价值构成了对现行法律秩序的批判。理性主义自然法意义上的自由价值,否定了自然带给个体的必然性,比如自然的偶然性给人们的自由造成的差异,而自由价值发挥到极致,便会与必然性相遇,一方面,自由不能与他人同样的自由权利发生冲突,另一方面,自然偶然性导致个体无法充分展开自身的自由权利;平等则与不平等相对立,它否定了人们自然的不平等,比如由于出身给个体造成的不平等,但是抽象的平等价值在落实到具体的社会事态

---

[1] 亚里士多德对平等和不平等的定义就体现了这种本体主义认识论,参见〔古希腊〕亚里士多德:《尼各马可伦理学》,廖申白译注,商务印书馆 2003 年版,第 128 页。

[2] 〔德〕尼克拉斯·卢曼:《法社会学》,宾凯、赵春燕译,上海人民出版社 2013 年版,第 386 页。

中,则必须依据关于相等与不相等的区分加以展开,由于何为相等何为不相等无法界定,最终导致平等价值也成为一种不具可能性的观念、一种悖论(p.264)。

再次,进入现代的功能分化的社会之后,自由与平等均通过抽象层面的标示来界定,这就导致自由与不自由相对立,平等与不平等相区分。自由排除给人们带来不自由的外在限制,平等排除人们之间的不平等。这种抽象意义上的区分和标示将我们重新带入悖论。我们追求作为纯粹价值的自由与平等,并将自由与平等的价值施以实证法的保护。然而,自由与平等一旦演变为法律上的自由与平等,悖论就产生了。法律上的自由意味着要接受众多法律上的限制,法律上的平等意味着要接受法律上的众多不平等。

按照美国宪法第一修正案言论自由的规范建构方式,人们享有言论自由,是建立在法律对挑衅性言辞、色情言论等可能引发即时危险的言论的限制的前提下的;而法律上的平等保护,则是以肯定人们财富、社会职位的层级式划分为前提的。法律将自由与平等的另一面也涵括进法律,导致实证法上的自由与平等是一项悖论,自由即限制,平等即不平等。我们从二阶观察的视角依然可以发现,自由与平等的价值依然是现代社会的基本价值,只不过当这两项价值转变为法律上的自由与平等原则之后,法律上的自由与平等,和全社会结构中的自由与平等价值之间,仅存在偶联的关系。随着法律的不断实证化,法律规范的偶联性也随之强化,那些从诸价值、权利或原则作为法律的出发点的表述方式,仅仅是为了掩盖这种偶联性。法律的基础并非一项能够作为原则而发挥作用的理念,而是一项悖论(p.264)。

(二)偶联性公式的作用:对法律系统的二阶观察得出的结论

通过对法律系统的二阶观察,我们可以发现,正义的设准其实是一种偶联性公式(p.264)。因此,在卢曼看来,人们在社会生活中,必须接受法律裁判的不尽如人意,接受偶联性公式所呈现的正义设准,随时存在其他可能性的情况。针对这种情况,人们通常只能通过政治系统的立法形式或经济系统的合同形式来变更法律,以推进条件纲要对正义设准的校正。这与哈贝马斯的公共领域理论形成对照,哈贝马斯认为,人们将案件诉诸法院,甚至提起宪法诉讼,便是变更法律、重新校准正义原则的方式。[①] 卢曼认为,正义原则对法律变革的实质影响只能通过政治系统、经济系统与法律系统的结构性耦合影响到法律系统的纲要结构,而宪法诉讼以法与不法的二元代码所引致的裁判结果,则是在冗余性和变异性意义上遵循一致性要求,体现了在自由与限制、平等与不平等脉络下的正义的形式性判准,需要交付法律系统的"不可决定之决定"来达成,这本身即体现了偶联性。

卢曼认为,对法律系统的正义理论的这种表述,属于人们的现代性的智识话语(intellectual discourse of modernity),换言之,是人们对观察者的观察所进行的观察(对法律系统的自我观察的观察),人们通过对法律系统的自我观察的二阶观察,为自身所处的社会情境找到妥适的处理方式。

[①] 〔德〕哈贝马斯:《在事实与规范之间——关于法律和民主法治国的商谈理论》,童世骏译,生活·读书·新知三联书店 2014 年版,第 341 页。

同时，人们对法律系统的二阶观察也会发现，法律系统也在为自身的决定寻找在系统决定脉络中的妥适性定位。首先，法律系统要去观察"立法者如何观察法律"，其核心问题在于立法者修改法律的目的是什么；其次，法律系统也必须去观察"做出司法裁判的人如何观察法律"，其核心问题在于法院裁判如何界定案件的争议、如何运用判决理由。

普通法传统就发展出了对"判决理由"加以考察的文化，并形成了先例拘束原则。在普通法传统中，先例拘束原则把合乎正义的个案解决方案（平等/不平等的区分）转化为前后一致的决定。法学家们通常会认为，遵循先例原则对过去的判决及其法理的回溯，会导致法律系统倾向于变得保守。然而，卢曼认为，由于所有事物都是偶联的，每个判决与先前判决之间也是偶联的，做出另一种决定的可能性始终存在，对法律系统的二阶观察可以发现系统运作的变异性。法律系统的这种偶联性突出表现在：其一，法律系统会以立法与合同的形式，分化出对系统冗余性的修正机制，即法律的变革。比如，1964年美国国会通过《民权法案》，改变了原有的法律秩序对于种族与性别群体的权利的规范。其二，法院组织的层级秩序引发的下级法院受到最高法院先例拘束的保守倾向，会受到正义的偶联性公式的矫正（p.265）。比如，1954年布朗案判决推翻了1896年普莱西诉弗格森案，实际上是以法院将前后两个案件涉及的问题界定为两种不同情况（异案异判），由此，法律系统通过对社会事态的不同的异己指涉，实现了法律决定的变异性。

1. 判决理由：遵循先例？

由于每个决定与之前决定之间都是偶联的，那么探讨待决案件与之前的案件属于相同情况，还是属于不同情况，并不能从案件实质争议的视角去加以判断，仅仅是从相同／不相同的图式中展开了一项分叉。这项分叉的实际意涵在于，法律系统做出决定时，做出与之前一致的决定，那么两个个案就被视为相同情况，而如果做出决定时，做出与之前不一致的决定，那么两个个案就被视为不同情况。

根据法院所设想的相同／不相同的观察图式，1896年普莱西诉弗格森案认为种族隔离并非不平等，只需为黑人和白人提供相同的设施即可；到1954年布朗案认为种族隔离的教育不会平等，是因为隔离的设施不可能相同。我们可以看到后一个决定与之前的决定完全相反，但是法院在自我设想的观察图式中，认为两个案件都符合宪法第十四条修正案的平等保护，两个决定都是针对平等／不平等做出决定，种族隔离是平等的，是因为隔离的机构为两个种族的人们提供了相同的设施，而种族隔离不平等，是因为隔离的机构实际上没有为两个种族的人提供相同设施。两个决定的不同，是由于两个案件不属于相同情况，异案异判符合平等原则，合乎正义的要求（p.265）。

因此，这项相同／不相同的图式，实际上是从系统当下的决定出发，从过去的判决中寻找到了先例的依据。基于这种图式所做的区分，实际上使得过去的判例始终对未来的决定呈现出开放的姿态，过去的判决会因未来判决理由的具体需要而得到不同的诠释。换言之，从观察者的视角对法律系统进行二阶观察可以发现，所谓的遵循先例，并非当下的判决受制于过去的先例的拘束，从而令法律系统变得保守；恰恰相反，遵循先例是为了隐藏当下决定的不可决定性而转移的悖论。过去无法决定未来，未来却无时无刻不在改写过去。

2. **法律解释的原旨主义？**

除此之外，法院做出裁判时对法律进行诠释，还经常会探寻立法者的原意，作为适用法律的依据，这里呈现的相同/不相同的图式则是，法院做出裁判时所构造的立法者原意，与立法者制定法律时候的原意，能否达成一致？两者是相同还是不相同。针对这一问题，实际上，系统论法学依然认为：第一，当下的决定无论是在实质上改变了立法者的原意，还是在实质上回归了立法者的原意，都是偶联的。第二，当下的决定与立法者原意的偶联性，使得在时间上存在先后秩序的一系列判决都处于被进一步观察的状态，可以在法律系统的持续性运作中被重新观察。立法者通过制定法实施的法律变革，有时候会被法院纳入到该观察图式中，比如1964年《民权法案》；有时候也许会被法院置之不理，比如1875年《民权法案》，这取决于法院在时间秩序中对不同的案件根据观察图式所做出的决定。法律变革是否被法院纳入到观察图式，这本身也具有偶联性。

综上所述，卢曼认为，正义作为法律系统的偶联性公式，是从对法律系统的二阶观察中建构出来的。我们可以从中发现法律系统在变迁中（以冗余性和变异性形式所达成）的系统统一性，即"同案同判、异案异判"的作为偶联性公式的正义。

第六章　法律之演化解读

一、引言

总体上看,演化理论应当回答演化如何启动,又如何持续进展的问题。理论的起点在于一个悖论问题的解决,亦即:原本难以实现的演化,最终如何得以实现?毕竟,依照我们的惯常所见,演化启动的初期都遭遇到阻力,表现为对于个人、家庭或者整体社会而言的较难实现性,可是演化还是不断达成并形成新的结构性内容——这又是缘何可行呢?

不同时期的演化理论给出的答案各不相同。早期演化理论将历史的时间作为重要线索,通过经验上可以验证的、规律的概念解释演化问题。也有诸如古典自然法学派、启蒙思想家等,通过理性的利好来解释演化的问题。晚近的演化理论认为演化是非规律性、非目的性的,而是一种演化程序的自我套用,如达尔文主义的变异理论。以上实际仍旧是对于演化结果或者状态的描述,没有触及演化之所以实现的根本解释。

带着这样的思考,卢曼展开了本书第六章的论述,也就是系统理论在法律演化中的应用。早在本书第二章,卢曼已经开宗明义地预设了有关法律演化的基本观点，即"法律系统也是一部历史的机器……（它）因此透过每个运作而建构出一台新机器"（p.80）。本章的论述中，达尔文主义为演化提供充分的理论启迪。卢曼借鉴达尔文变异、选择和再稳定的演化理论获得启发，认为演化达成的基本前提是：(1)演化需要机缘的出现；(2)机缘可以是短暂而非永久的，但机缘必须对演化是有用的；(3)如果机缘没出现，演化必须维持自身并等待机缘的出现；(4)以上三点要求时间上的适用稳定性。本章在此基础上诠释了六节主要的内容，以系统论解释法律演化的可行性、法律演化的机缘、法律演化的展开机制、法律演化的全社会条件、法律演化的结果与未来等。

二、法律之演化如何可能：系统论的解释

卢曼认为，系统论可以为长久存在的演化理论提供重要补给。[①]在卢曼看来，如果没有系统论的视角，从古至今的法律演化欠缺足够精准的理论分析（p.276）。对此，18世纪、19世纪的早期演化论可以提供比较恰当的分析视角，但是，这些演化理论仍旧错失了"差异理论"的分析维度。在这一点上，卢曼颇为认可达尔文的演化论（theory of evolution）[②]，因为达尔文演化理论已经关注到"变异/选

[①] 〔德〕尼克拉斯·卢曼：《法社会学》，宾凯、赵春燕译，上海人民出版社2013年版，第185页。

[②] 达尔文演化理论（theory of evolution）目前的通译为达尔文"进化论"。"进化"一词暗藏从低等到高等、从落后到先进的定向性、目的性方向，而这其实与达尔文已经认识到的演化多样性和不确定性并不一致。这里，我们以"演化"代替"进化"的适用，以弱化定向性、目的性的表述。

择／稳定化"的程式,且承认演化不是遵循一成不变的线索,而是具有非计划性与多样性。①尽管如此,达尔文演化理论对于法律演化的诠释仍是不充分的,原因在于达尔文过度强调了"自然选择"等诸如环境的因素,而忽略了"变异／选择／再稳定"之于演化的重要意义。这种不足,构成了系统论进一步阐明法律演化原理的必要性。当然,系统论在演化问题上的适用,无疑是增加了分析演化问题的难度——根据系统论的基本理论预设,系统是具有封闭性的系统,那么系统的改变与演化,是否与系统运作上的封闭性存在矛盾?演化究竟如何在系统论的语境中得以成就?

卢曼认为,演化理论的重点在于"变异／选择／稳定化"的区分(p.277)。基于这一点,系统的变异会制造出新的形式多样性,这种新的多样性会获得选择并稳定成为系统结构性的内容,从而成为再次变异的起点和条件,使后续的演化成为可能。正因如此,卢曼认为达尔文所提出的"自然选择"理论,重要性不及"变异／选择／稳定化"理论,前者毋宁仅仅是后者的事实性结果。演化理论本身就不应着眼于"自然选择",而是转为下述问题的解决:系统如何处理

---

① 参见达尔文:《物种起源》,第1版(由约翰·默里出版),1859年,第6页。达尔文《物种起源》讨论了"遗传""变异"和"选择"。卢曼认为,达尔文在演化论上的伟大革新,就在于他承认演化并非一种拉马克(Lamarck)式的高而更高、好而又好的自发上升过程,而是这样一种现象:生命体在其中表现出了多向发展的自发趋势和保持自己祖先模式(pattern)的趋势。这两种效应的结合就铲除掉了自然界中乱七八糟的发展,同时通过"自然选择"的过程淘汰掉那些不能适应周围环境的有机体。这样铲除的结果就留下了多少能够适应其周围环境的生命形式之遗存模式(residual pattern)。而"近乎平衡"的模式就其本性而言是要长期持续下去的,至于"远乎平衡"的模式只能暂时地出现。有机体或由有机体组成的社会将在下述活动样式中比较长期地保持现状:组织的各个不同部分按照一个多少是有意义的模式而共同活动着。

差异并启动演化，以及系统与环境的关系在此间起到的作用。

演化之可能，是基于系统"自创生"（autopoiesis）的特质。系统的自创生，是系统自我凝练并确认系统结构的运作，本质是在系统运作的过程中生产运作，这个过程制造复杂性又化约复杂性。自创生的特质使系统在封闭性运作的过程中面临"选择的压力"，换言之，在系统运作的过程中，由于系统同时具备结构的封闭性和运作产生的复杂性，那么在维持系统结构封闭性的同时，系统也不得不化约运作产生的复杂性，这种化约仍需在遵循固有结构的基础上进行，它给系统造成了取舍的压力。有了自创生的特质和选择的压力，"变异/选择/再稳定"可以成为系统演化过程中的关键节点：一是变异，系统某元素基于自创生而产生变异，这种变异是相对于系统的固有模式而言；二是选择，系统会对变异所致的新可能进行选择，这既是巩固系统结构之必需，又是启动演化的前提；三是再稳定，系统接纳了获得选择的变异并再次稳定于系统之内，系统的结构做出了有限制的改变，这里实现了系统统一性的维持，也为下一变异的启动奠定了基础（p.278）。

变异性 ⟶ 选择性 ⟶ 稳定性

⟵ 条件性 ⟵

图1　法律之演化第Ⅰ部分第4段(1)—(3)
演化的出现与变异/选择/再稳定

如此，系统理论几乎是预设了全社会的演化。那么，全社会系统内部的、子系统的演化，如法律系统之演化，是否一样成立呢？

这个问题同样可以继续表述为，自创生系统的内部，是否还存在着次一级的自创生系统？

法律系统存在于全社会系统之中。当我们说全社会系统进行着沟通，且凭借这种沟通，全社会系统与环境做出了区分，法律系统实际上是包括在全社会系统的沟通之内。从这个意义上说，法律系统执行着全社会系统的沟通，也执行着全社会系统的自创生机制。全社会系统的运作依赖其与子系统的结构性耦合，比如全社会使用语言，作为子系统的法律系统亦然。但是，这并不意味着法律系统没有独立的演化，因为法律系统也有着属于自己的自创生机制。同全社会系统与环境的区分一样，全社会系统内部的子系统（例如法律系统、政治系统、经济系统等诸多子系统）与环境（如法律系统的外部世界，构成法律系统的环境）也有着区分，子系统与子系统的环境之间也是相对稳定的关系。

法律系统的独立演化是成立的。这里要排除两个常见的误区，一是必须排除演化渐进性、连续性、无断裂提升的认识，接受演化可能停滞也可能剧烈改变的非连续形式；二是排除系统封闭性运作会阻碍演化进行的观念。

为了排除第一个误区，卢曼引入了观察者的视角。观察是一种高度复杂的系统运作方式，它导致系统对自身与他者的区分和标识。其中，"一阶观察"使系统将自我与环境做出区分，如法律系统的一阶观察将"法/不法"确认为法律系统区分于环境的基础代码；然而"一阶观察"是存在盲点的，因为"法/不法"的局限性无法在"一阶观察"中被发现，这就使"二阶观察"成为必要，即跳出一阶观察中的"法/不法"而对法律系统进行再观察[①];二阶观察的结果,则是能够发现"法/不法"代码化的局限性,然后结合法律本身存在的"条件式纲要"(通常为原则性的内容),实现法律系统的演化与改造。正是在二阶观察的层面上,卢曼看到了法律系统自身的长久积累,及其藉着"法/不法"的代码化进行的法律系统运作——这是可见的、法律演化的基础和前提,但这却不引起演化的连续性,反而更多呈现为偶然性和断裂性的演化。

为了排除第二个误区,卢曼不仅不将系统封闭性作为演化的阻碍,反而将之作为演化的动力。早在法律系统实现封闭性独立运作之前,就已经存在丰富的法律素材,这些法律素材以"条件式纲要"的形式获得记录,这就类似于初步的法律原则性指引。这些纲要同样具有规范性和实践性,它们会随着经验不断丰富获得充实,但是,它们都不必然导致演化。只有法律系统实现"法/不法"的代码化之后,也就是实现法律系统的封闭性之后,法律系统才能获得演化的动力(p.279),才能探讨"变异/选择/再稳定"的问题。至此,在法律演化的问题上,卢曼打通了系统理论与演化理论的兼容性。

那么,法律系统究竟如何实现了演化?

[①] 〔德〕玛格特·博格豪斯:《鲁曼一点通:系统理论导引》,张锦惠译,中国台湾暖暖书屋文化事业股份有限公司2016年出版,第66页。观察存在盲点,但是观察者本身无法看到自己的盲点,但是一个外部的观察者,也就是观察者的观察者可以看到盲点。例如,相对于立法者而言,媒体、法律适用者是外部的观察者,可以看到立法的盲点。

三、法律演化的机缘：文字的产生与固定化

法律系统的演化，必须获得文字产生并固定化的机缘。文字承担社会记忆的功能，即便时间流逝，我们依然可以从文字之中反复汲取信息。在文字形成之前，人们本能的生理记忆一定程度上发挥着类似的功效；当然，生理性记忆具有暂时性，容易产生极大的不确定性，欲在这种不确定性的基础上解决争议，只能依靠专门性的、仪式感较强的复杂知识来排除，比如对未知领域进行占卜。在这种不确定性中，人们开始寻求更为有效的记忆储存方式，文字记载就是这样的方式。文字的反复使用填充了不确定性，也导致更多文字记载的产生（p.280）。具体而言，文字推动法律之演化的特征体现在以下三个方面。

首先，由于文字与物理的、心理的社会实在是结构性耦合的，因此文字可以发挥超出其表达内容的更大贡献。具体而言，文字本身所包括的物理性、感知性和沟通性内容，是文字与物理、心理系统的结构性耦合部分。因此，尽管文字的外观是恒定的，结构性耦合的部分可以给文字带来较多的解释或者不同的意见，而这种解释或者意见又必须以文字为同一性的基础，这种同一性至少在书写的形式上有所体现。

其次，文字的恒常性外观，使文字面向过去又面向未来。文字首先包括确定性的内容，它用于沟通并表达信息和意义，这种信息和意义可以在适用文字的过程中得到反复的指认，文字的信息和意义也就获得了凝练和保存。文字还预设了空白的空间（espace blanc），这又预设了文字进一步做出标记的无限可能性（infinite marque et marquable）①，这种可能性同样藉由文字才能够实现。文字在既有的信息和可能的期望之间充当了媒介。

最后，文字的恒常性使遗忘变得困难。一方面，尽管文字表达出的信息和意义可以因诠释而改变，但文字的物理形式却仍旧保留。结果，文字以恒常的形式在不同场合得到使用，储存在文字形式中的信息就抵抗了遗忘。另一方面，由于文字的形式是恒常的，文字本身又能够独立于文字的沟通属性而存在。不少情形下，当文字的信息和意义经由文字的恒定形式表达完毕，也就仅有文字的形式得到了保留，最好的例证就是外观不变的同一文字，在差别情境之下则表达了不同的意义。此时，文字的意义、沟通的参与者都不继续留在文字的形式之内，所以借用卢曼形象的描述，就是他们都"不在场"了（p.281）。正是在这个意义上，文字所进行的沟通能够独立于时间和空间。

文字用于记载的功能，早于文字用于沟通的功能，因此与法律有关的文字其实有着与法律分离的、更为悠久的历史。法律与文字的结合，亦即法律以文字的形式固定化，其实最早来自于两个层次的压力：一是占卜决疑的应用，二是民间契约、遗嘱等与法律相关的交往约定。占卜是从诉讼裁判的角度进行决疑，这是公法的视角；针对民间常见的争议立下字据，这是私法的视角。无论是哪

---

① "infinite marque et marquable"，可概译为"无限标记与可标记"。这里可以中世纪罗马法学家写在罗马法原文空白处的注释和评论为例证。参见 Corpus Iuris Civilis, Lione: Hugues de la Porte, 1558—1560, C.4.64（优士丁尼：《民法大全》，1558—1560年版，C.4.64）。

个层次的压力,都解释了文字终将与法律结合,法律会以文字的形式固定下来,只是这种固定化最初并不体现为我们习惯列举的制定法,尽管我们很容易认为制定法是最先发展起来的法律。

文字推动法律之演化的第一层压力,是用于占卜决疑的语词不断得以创造出来并具有了复杂性(p.282)。占卜最早回答了人们对于未知事物的追问,这本身就解决了意义固定化的问题,并使自身获得了较为广泛的传播。这使占卜与法律具有同构性,但占卜又不简单等同于我们常见的成文法,更不是政治权威的制定法。因此,法律问题往往最早通过占卜加以解决,也就是判断事件的具体情形并进行罪与非罪的归结。当这种归结不断化为具体的判断和鉴定知识,也就越发具有了法律的意义,诸如通过龟甲兽骨上的裂痕进行预计并加以事实上的验证,使得这些做法不断堆积,最终产生了文字记载的必要性。这是一个通过占卜的途径赋值"若—则"推理过程,此时占卜的法律意义也就形成了,并逐步被文字所记载。[1] 在这个意义上,《汉谟拉比法典》并不是今天意义上的制定法,尽管外观上类似于制定法,但《汉谟拉比法典》没有明确的立法目的性,它仅仅是占卜决疑堆积形成的文字集。

文字推动法律之演化的第二层压力,是日常交往口头契约向书面契约的转化(p.282)。契约的形式变迁是自下而上产生的,人们

---

[1] 〔美〕吉尔茨:《地方性知识——诠释人类学论文集》,王海龙等译,中央编译出版社2000年版,第238页。吉尔茨的人类学研究证明,在接近初民社会的巴厘岛部族,法律文字表达的基本逻辑形式已经被提炼为"if... then..."(如果……那么……)和"as... therefore..."(由于……因而……)。

最初确立口头的承诺，后来则在交往过程中立下凭证，避免今后争议的状况，这就要求文字的利用。文字废弃了其产生之前"口头要约＋到场证人"的模式，因为与口头约定相比，文字的优势就在于能够"使偏离现象清楚可见，这些偏离现象，若是在口头争执式沟通的剧烈性质中，恐怕很容易就消失无踪"（p.283）。文字将要约的形式固定化，明显有利于事后违约行为的甄别，而口头争执则无异于过眼云烟毫无凭据。这一进程存在于成文法产生之前，文字针对事后可能的争执做出先期的规制，这已经具备了法律的功能。当然，契约文字化的前提，需要一些具有文书知识的专家才可完成。到了后来，随着全社会的阅读能力普遍有所提高，文字可以在人们之间广泛流传，也就实现了对所有人公开的效果。这时用在书面契约中的文字，已经与我们所理解的法律无异。

　　从发挥着法律功能的口语表达，到法律的书面形式，这期间经历了复杂的演化历程。口语的适用，要求事态具有简单可判断的属性，然后通过特定的仪式进行反复，这种仪式假借宗教的外观而获得权威，最终保持约束力的一致性和固定性。作为法律的文字，则是用固定记载的方式取代了简单仪式的重复，进而对文字表述的严谨性、可理解性和可诠释性提出了较高的要求。这些方面的努力，使法律的文字有了针对未来的稳定性，它不仅具有稳定的效力意涵，还有面向未来的、时间上的拘束力。因此，作为法律的文书能够运用于相对复杂的社会形态，如复杂阶层式社会；口语的约束力则更加限制在简单、即时的情形中，如初民社会的法律适用。二者在存在时间、产生途径、外观形态以及适用环境中的差异，大致体现为下面的列表：

表 1　"发挥法律功能的语言"和"作为法律的文字"

	发挥法律功能的口语	作为法律的文字
时间	古早	晚近（梭伦以后）
途径	仪式的反复／象征化	情境化／清晰化／复杂化
形式	简洁可判断	可判断／严谨可诠释
功能	针对当下的行为偏离	当下／未来的拘束力
环境	片段式社会	阶层式及更高社会
举例	摩西十诫与摩西五经	成文法与不成文法

　　法律的文本终于获得成就，但它又如何与其他种类的文本产生区分呢？

　　一方面，法律文本与其他文本的区分，来自法律体系化的进程，这种进程首先体现为法律的位阶层次。"法律作为文书而具有效力"必定导致口语式社会的巨大变革（卢曼甚至形容其为口语式社会的"灾难"，p.285），其最重要的表现，就是对于法律资源的把握逐渐归属于高低不同的权威。根据系统论，成熟法律的效力会附加到诸多针对法律的规范性期望之上，并具有时间上的拘束性，最终在法律获得递回适用的任意时间点上得以确认（p.116）。这种法律效力不是一蹴而就的，它有着过程性的内容——由于形成初期的法律文字不容易被充分援引和把握，法律的资源会先期集中于统治者的手中，换言之，社会结构中的高阶层者最早以相对权威的形式掌握法律文本，然后随着政治权利的高位至低位，法的不同位阶也就形成了。这是法律体系化的进程，就具体的时间节点而言，这一进程直到罗马民法甚至中世纪法律体系化之后，才得以完成（p.285）。

　　另一方面，法律文书与其他文书的区分，与全社会的分化形式密切相关。法律作为文书体现为不同位阶的效力，与全社会的阶层式分化是同时进行的。较高层次的、相对集中的社会阶层，与法律的位阶具有一一对应的关系，也只有当曾经口语式、仪式化、简单化的片段式社会被阶层式社会分化所取代，不同阶层的法律才具有了自主性的实施者，法律不仅在体系上，也在实施者的层面与其他种类的文本区分开来。这一大致的进程可以呈现为下图：

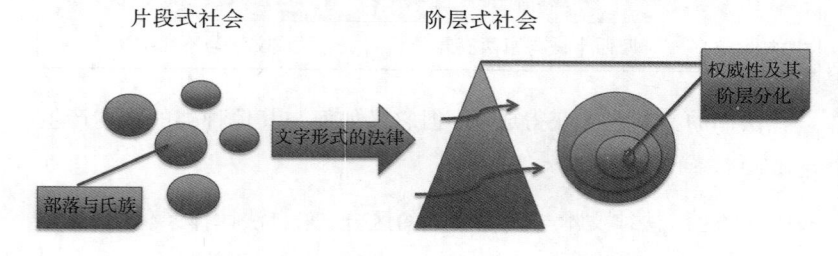

片段式社会　　　　　　　阶层式社会

权威性及其阶层分化

文字形式的法律

部落与氏族

举例：氏族与胞族的禁忌　　举例：英格兰普通法
　　　日耳曼习惯法　　　　　　中世纪层级法律体系
　　　英格兰亨利二世改革之前的法
　　　罗马后期多元法律传统

图2　中世纪法律的体系化释义[1]

---

[1] 值得注意的是，在中世纪法律体系化的问题上，卢曼认可美国学者伯尔曼的观点，在该书第83页，卢曼评价伯尔曼并认为，"伯尔曼提出了许多相关例证来证明，法律系统自主性生成的这项转变，早在十一/十二世纪的时候，就已经藉由整体法律文化的'革命'此一形式，而获得实现。在做全世界的历史比较时，这样的论点或许也可以用来解释欧洲的特殊情况，亦即法律对于欧洲全社会日常生活亦即全社会发展所具有的之不寻常的意义。"亦可参见〔美〕哈罗德·J.伯尔曼：《法律与革命》，贺卫方等译，中国大百科出版社1993年版，第141—145页。美国学者查尔斯·蒂利从战争的角度解释了相似社会阶段的演化，可以形成理论的对照。参见〔美〕查尔斯·蒂利：《强制、资本和欧洲国家(公元990—1992年)》，魏洪钟译，上海人民出版社2012年版，第86页。

至关重要的是，法律的文字化使文本诠释与演化之间的张力呈现出来。法律与文书的结合，使法律更加容易集中关注属于"法律自身的内容"，这种关注导致对于法律文本诠释的开展，诠释本身具有限制或者扩张文本信息的功能。藉着文本诠释的扩张，法律演化的各种机制才得以成就，因为诠释的可能性使法律文本有了对外部环境做出反应的途径。同样，藉着法律文本的限缩或集中，人们可以更加容易地进行法律或者非法律的区分。因为在不断诠释和凝练文本的过程中，关于法律的界定已经完成，结果又对进一步的法律解释构成了限制，法律解释不再取决于曾经口头社会中情境化、仪式化的解读。正是在这个意义上，文本诠释创造了法律演化的契机，又限定了法律演化的开展。

这又引起了另外的问题，即在法律文本诠释的限制与扩张之中，文字本身的意义也会产生前后不同的差异。既然文字的意涵有所变化，那么我们又为何使用文字？这种文字变化所引起的差异内部，是否存在着不变的内容呢？也就是卢曼提出的，文字的"固有值（p.286）"是什么呢？

首先，文字回应了对于稳定性的需求，这满足了人们基于日常行为的规范性期望。在这个基础上，法律文本再次与其他文本做出区分，法律文本可以被反复感知、预期和适用，它稳定了人们的规范性期望。这种规范性期望在两种情形中有所体现，一是在期望产生的时间点上，二是在违背期望的行动（遭受了侵害或者损失）出现的时间点上，保有固定形式的文字都成为反复做出判断的依据，这可以推知守法之人或者违法之人在反事实状态下的结果，亦即稳定地回答了"假如不这样做会如何"的问题。这里无论得出正面的评价还是负面的评价,都可以藉由文字的形式具有稳定性,这种稳定性是对人们日常行为不确定后果的平衡——人们一方面要实现自己的期望,但另一方面却对消极的评价习惯性地不去学习和矫正,所以,重申文字所记载的"何种事情为合法"的信息,就突显了文字稳定性的优势。

其次,仅有形式的稳定性不能促成演化,文字还有面向未来的可调适性。在社会变迁的过程中,固定不变的利益关切往往并不存在,这会导致文字意涵的改变。即便文字的形式并不改变,文字传递的信息也在面向未来的过程中出现改变,这种改变在口语表述中更为常见。这种改变反复出现在沟通的过程中,最终与现实的需求相耦合并得到使用,新的文字意涵也就保留下来,同样的文字外观复又可能面对未来新的调适。

最后,稳定性与可调适性共同决定了文字具有规范上的可期望性。尽管文字的稳定与变动是客观存在的,但是认知上借助文字的判断仍然可以实现。一旦我们开启了文字的阅读和引用,我们也就开启了对文字意义的参考,而文字形式与意义的差异将不断出现并获得保留。这种保留不是随意进行的,它受制于文字固有的形式和结构,并在此基础上得以排除无关信息且得到简化。可以说,这个过程本身创造复杂性,又化约复杂性,它遵循自我调适与平衡的路径。

正是在文本与诠释的基础上,法律演化的进程启动了。尽管法律效力的稳定性可能会对文本的诠释加以限制,但诠释仍然适用于全部的法律,并且只要文本与诠释的区分没有被改变,法律的演化也不会停止。因此可以说,文本上固定下来的法律都是有待诠释的法律(p.288)。针对文本的诠释,可以进一步提出的问题是:"谁做出诠释?""如何进行诠释?"根据20世纪60年代美国宪法关于"制宪者原意"的争论,可以引申出来的回答是,新的诠释是通过立法手段得以完成,或者通过司法手段得以完成,又或者通过文本诠释的争议和理论即可完成。无论如何,在稳定性与差异性的层次上,法律文本成为法律演化得以实现的媒介。

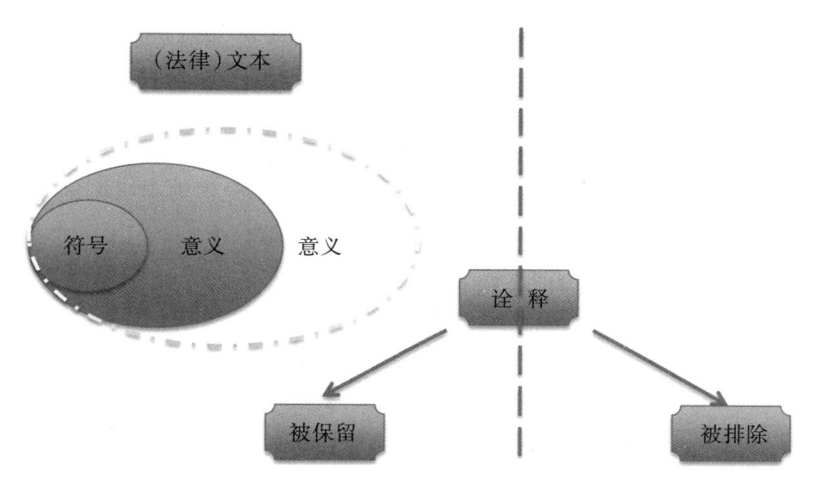

图3 文本与诠释,及其和法律演化的关系

四、法律演化的展开:变异、选择和再稳定

演化是系统自创生的结果,演化的条件本是演化的产物。演化与演化条件的关系,约等于文本和诠释的关系。演化可以分解为三个层次:首先是元素的变异,体现为生命体局部的变化,如口腔的缩小、脑容量的增加等;其次是诸结构的变化,类似于生命体系统性的变化,如消化、神经和生殖系统的联动性变化;最后是变化的

再稳定化，即重新达成生命体的稳定结构，又为进一步的演化做好了准备。

　　法律演化的起点在于变异，变异则体现为"期望之失落"。这种期望和失落是以事实为基础的，"法律系产生于事实"（Ex facto ius oritur）(p.289)。具体而言，这种"期望之失落"指向当下的规范缺失，即当前的规范体系并不包含某种情形的规定，但这种情形却已经存在于事实之中，期望者便因此而"失落"。对此，期望者可以通过指控与反指控，将事实的情况牵扯进规则的体系并予以安排，这不仅令法律的边界出现了模糊性，并且通过诉诸事实的方式，应对法律的模糊性(p.290)。此间，适用何种法律的疑问已经产生了，法律适用的迫切性必然对现行的法律结构形成了压力，而当下的法律体系并不存在直接的、可以对应适用的内容，却必须做出化解压力的相关努力，这就是法律演化的起点所在。一些关键性的法律演化可以为此提供佐证，例如近代平权法案演进过程中的黑人受教育问题、男女平等问题，最初都因得不到法律的回应进而表现为"期望之失落"，并体现为既有秩序的干扰者。这些秩序干扰者的动机与权利并不重要，重要的是他们启动了针对现行规范之缺失的自我辩护，法律演化也随之启动。

　　这里的关键仍然是已经书面化的既存法律。"期望之失落"的现象存在于司法能动主义的普通法系，也存在于具有制定法传统的大陆法系。这时候法律文本和法律解释必须有先在的结构和存在方式，否则适用法律的压力一旦产生，就无法区分出不同的"失落"：到底是由于法律缺失或者法律的自我矛盾而导致"失落"，还是单纯秩序违反者个别性的"失落"。如果没有法律文本的存在，就很可能无法判断法律究竟遇到了什么问题，因此，法律的不断丰富和固定化都与这种"失落"密切相关。这其实是自下而上地、适用并诠释法律文本的进程，而不是"自上而下"创制法律的进程，诸如小亚细亚交易规则的产生和罗马民法的出现，正是基于这样的进程。

启动这样的进程，应对当下的法律规则采取"二阶观察"的视角（p.291）。只有指明当下法律的模糊性，且人们开始表达当下法律规定的例外，才有可能跳出现行的法律规定，随之进行当下法律的再审视，亦即跳出"一阶观察"的盲点，以观察者的身份进入"二阶观察"。法律问题不断清晰化，人们不仅在"法/不法"的判断中，而且在"规则/例外"的图示中思考并适用当下的法律。当然，个案的法律冲突不必然导致法律秩序的变异，但是，法律秩序的变异和再稳定则多由个案法律冲突引起。为此，个案与既有法律之间的张力，应当实现足够充分的积累，而针对个案的法律对策也不仅回应暂时性的问题，还应提供相对稳定的解决范式，也就是尽量回应全社会之于法律的规范性期望。

演化的成果，经由程序性的内容达成稳定。规范法律模糊性、解决事实与法律的张力问题，可以首先在程序（即裁判和处分的环节）中获得选择，并最终确认。此时，如果类似的期望者继续保持同样的诉求，将导致这种裁判方式的反复使用，并上升为稳定的规范性内容。这体现出演化的变异、选择以及演化结构的再稳定，如果没有变异和选择，则系统就凝固了，无法回应期望者的需求；但系统又不能仅仅实现变异和选择，还应诉诸再稳定，否则就导致系统崩盘与失灵的代价。实际上，法律系统是在做出回应的同时维持运作，则法律演化进一步呈现为：

　　　　现实对既存法的偏离　　　　（变异）
　　　——"二阶观察"+程序适用　　　（选择）
　　　── 一般化确认　　　　　　　　（再稳定）

　　根据这个脉络，我们可以发现古典自然法学派建立在"所有人赞同"基础上的共识，是根本无法实现的。共识不会成为法律效力的现实基础，更无从产生法律的演化。为了解决社会协调的问题，人们依靠程序，唯程序有一视同仁的拘束力和决定性，并使人们认识到法律的确定性与不充分性——这才真正具有切实的可行性。很明显，具有实际关联性的专门程序的分出，即"由一些人为所有人做决定"（p.293）的原则，需要具备三个前提：一是承担专任特殊角色的可能性，这是从曾经的兼任角色过渡而来；二是专任特殊角色的职业性要求提高；三是特殊角色人格中立性的确定。如果说法律文本提供了法律演化的机缘，那么，法律程序使演化过程中的"变异"与"选择"具有了可行的载体。"变异"意味着法律冲突的出现，程序则意味着对这种冲突进行"选择"和界定，且终将导致"再稳定"的实现。

　　程序蕴含了"演化的决定性门槛"（p.294）。一方面，程序使古老的法律时过境迁。裁判必须不再仅仅针对个案而进行论证，这使裁判具有了一般性，同时也就与古老的裁断形式（如古老的陪审团）进行了分裂，这种程序就可以成为法律演化的"选择"机制。这种一般性的程序机制最初不具有普遍性，但它的存在却使古老裁判机制的淘汰成为必然。原因在于，诸如古老民众裁判的典型做法就是誓约辅助人，此类裁定是极其不确定的，不同个案的裁决都具有差异性，几乎是每次裁判都有改变；对于这种随机性裁判的放弃，相当于人们放弃了法律适用在"弹性上的优势"（p.294），因为一事一议的裁判并不可取。另一方面，人们还发现，由于旧的裁判方式遭到了排挤，古老的法律再也不能提供有效的援引，古老法律中所包含的、法外社会结构对法律运作产生的直接影响，例如道德标准的介入、社会地位的差别、裙带关系的影响等等，同样失去了约束力，这使法律系统最终得以独善其身，实现了仅仅参考法律自身做出裁判。

总体上看，程序的分出导致了一种特定的正义概念："对相同的案件应做成相同的决定，对不相同的案件应做成不相同的决定"（p.294）。"对相同的案件应做成相同的决定"，是指程序进行一般化的裁断，这种裁断不因为新案件的出现而有差异，这就维持了法律规定的稳定性和法律效力的拘束力；"对不相同的案件应做成不相同的决定"，则昭示了法律适用的变化可能性，新情况会不断在事实中出现，这个时候程序的裁断应该对不同的情况做出不同的对待，但是，在程序的裁断和处理之后，针对新情况而出现的新要素会重新融入"同样情况同样对待"的一般化结构中。如此，程序就在法律系统的基础上，推动了法律演化的展开。这个过程可以参考下面的图示：

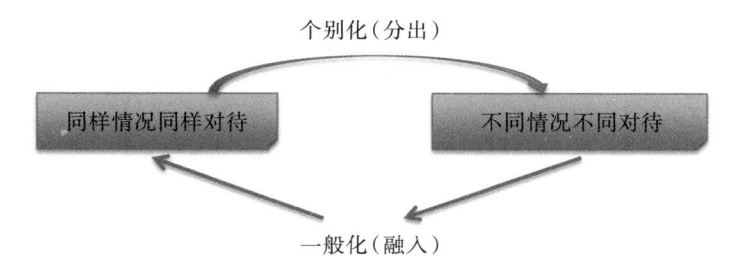

图 4　程序导致法律演化的特定走向

罗马法尚不具备法律体系化的特征，但是，罗马法却形成了法律演化的两个基础，一是一般化、概念化的法律知识不断增强并形成专业性，二是专业化法律职业群体的生成，如古罗马的裁判官。这里，个案实务是推动罗马法演进的重要因素。对古罗马执政官所任命的裁判官而言，个案的裁判和指示仅具有当下性或即时性，只不过裁判和指示随着情势变迁而越发复杂化，法律才得到校订和细致化的处理。在这个基础上，先前并不存在的法律体系就开始凝练出来，它们从古罗马到中世纪初期越来越多地获得适用。这种法律已经具有了独立性的特征，它几乎是仅仅围绕法律本身"法/不法"的标准来判断，而不考虑其他外在于法的因素。

罗马民法尤其体现了法律演化的突破性进展，这种突破还包括了法律系统与经济系统的耦合。之所以存在法律系统与经济系统的耦合，是由于社会经济结构的变迁成为事实，并最终进入法律调整的范围。为这种结构性耦合提供支点的法律概念，就是所有权和契约。"所有权"在罗马法中的分化，成为法律演化的重要例证。这一过程共分为三步。

第一步，所有权从旧有"家庭"的概念下分化出来。传统"家庭"的概念囊括了全部可支配的要素，"所有权"是"家庭"的等值概念，所有权的重要表现形式就是"占有"，"家庭权利""占有权"与"所有权"几乎可以划等号，它们都抵制着来自家外的侵犯。然而，随着社会发展复杂性的增加，对某物予以支配(p.297, manus, 拉丁语直译"手，持有")的事实，与某物从属的状态一样，逐步具有了权利属性，这不仅获得了他人的认可，还获得了法律的认可。后来，基于支配事实的抵押权、用益权、典权、质权从所有权中分化出来，

"占有"不再等于"所有"。这里,"所有权"的内涵不再是笼统的,"所有权"和它所分化产生的"占有权"同样受到法律的保障。

第二步,民法从刑法中分化出来。前述"所有权"和"占有"的分化并不是通过弱肉强食的武力方式取得的,而是基于事实。此后,权利的实现除了借用暴力的方式以外,又多了"所有"还是"占有"等事实性的途径,这种途径具有独立性,也具有普遍性。借此,人们可以仅就事实问题争论"谁是系争物之所有人"(p.296),而不再诉诸武力,新的法律形式——民法也就产生了。

第三步,法律系统的参与人可以利用这种独立的民法关系拟订契约,这又拓展了"所有权"或者"占有权"的时间拘束力。由于"所有"和"占有"的区别,契约本身也被复杂化,而不再是简单、即时的现货交易,这就形成了具有时间拘束力的、可期望性的债。契约关系中当事人权利和义务都有了详细的规定,诸如采用要式契约还是不要式契约,口头契约还是书面契约,违约之债如何生成并受到法律的保护等,这些问题使契约本身形成了具体的规制,直接的所有权交换不再是契约的核心,契约的形式与情境产生了复杂性。

作为结果,这种对于契约的援引,成为后来人们接受并援引有效制定法的原型,援引并适用法律成为人们所认为理所当然的事情,而演化过程中所出现的、经由个案实务而产生的法律演化,则逐渐淡出了人们的视野。当然,法律适用领域的疑难问题,仍旧是采取个案的方式做出处理,法律之演化仍在继续。比如,对于现行有效法律的适用和解释,仍旧会用"利益衡量"之类的事由,进行针对个案的灵活裁判。然而无论如何,就法律之演化的整体进程而言，我们必须看到它的非目的性和非导向性。法律之演化，毋宁仅仅是自创生运作之中持续产生的差异之累积。

首先，法律系统在全社会系统二阶观察的视域中分化，这意味着法律系统的确立。全社会系统对于法律系统的二阶观察，使得以"法/不法"为核心代码的法律系统区分出来，此后"法/不法"会经由"纲要化"而实现，纲要化的语意诠释了代码的目的性或者条件性适用，也成为法律适用的稳定模式，只要人们想要适用法律的代码，就必须回溯到法律系统纲要化的语意上，进而形成一种法律适用上的稳定性（p.298）。

其次，法律系统并不总适用于新的情况，这就需要启动辅助的机制，最早的辅助机制是法律系统以外的"宗教神"，或者"自然"。这种辅助秩序之所以能够提供法律运行的支撑，是因为他们被假定为是先在稳定且合法的，这种稳定甚至无须争论。例如古罗马皇帝敕令的颁布就同时考虑到法律适用的特殊情境和神所给予的秩序。

最后，法律程序的类推、选择和界定成为不同于早期系统外辅助力量的、演化的机制。这一方面体现为法律程序，程序尊重既有法，同时对于新情况的法律类推和适用十分谨慎。另一方面，缓慢推衍获得的内容毕竟在法律系统中累积下来，法律借此获得了演化的一般形式，这种形式是非刻意的、非突变的。当然，法律演化的激烈形式也有存在，诸如古希腊神话中安提戈涅对法律的直接挑战，也可能导致新法适用的突变，但这只构成了前述规律的例外，且例外毕竟不占多数。通常情况下，这种直接的法律对抗很难取得胜利。

同期法律知识和见解的书面化，事实上承担着保存法律演化成果的功能。在印刷术尚不普及的社会中，法律规范和法律见解藉书写固定下来，却主要由口语进行传递。此时，法学家提供的法律咨询和概念诠释却以书面的形式固定下来，法律获得了记载，并可以被学习，不合时宜的法律也得到了人们的注意。就罗马法后期的发展状况来看，法律部分来自既有的法律（如优士丁尼《国法大全》），部分又借用了其他权威的评注。这些记载下来的规范与见解，真实地支撑并保存了法律演化的成果。

法律知识来自实务中已决案和新案的对比。这种对比的意义在于突显前后的变异，这种变异的结果"同时是某个演化阶段的终结，也是进一步变异之可认知性与可指明性的条件"（p.300）。那么，哪些内容值得进行这种对比呢？关于分类的概念和重复使用的裁判规则，都成为这种对比的重点。具体观之，有待做成的新决定对已决案的库存进行测试和类比，类比的结果将突显新裁定的新颖性，这种新颖性回应了既有的法律库存，又构成了进一步变异的条件。这样，法律就处于动态的调整之中，且法律系统存在固有的封闭性又保持着认知上的开放性，从而实现了演化的可行性。作为这一进程实务中的支持，司法裁判"对相同与不相同做出区分，并且对相同者给予相同处理，对不相同者给予不相同处理"，即如果是相同情况，则从既有的法律中援引规则；如果不是相同的情况，则从当下的案件中发展出新规则——也仍旧在新旧规则的对比之中，保持法律系统的封闭与演化。在此，我们可以借用"控制论"的方式进行论证，用"负面的反馈"或者"正面的反馈"类比法律演化的问题。符合现存法律规则的法律适用，属于"正面的反馈"，而导致更新和结构变动的新型变更属于"负面的反馈",后者涉及变异、选择和再稳定的问题。法律实务进入了"稳态—对比(新事物是否从属于既有稳态)—更新(正反馈/负反馈)—再稳态—再对比—再更新(正反馈/负反馈)"的回溯、变更且稳定的演化过程。①

印刷术在上述过程中起到关键性的作用。在印刷术提供文本传播的途径之前,推动演化的关键力量是法律知识,起初是由口头传递来加以约束的,例如"摩西十诫"是作为口头传送的方式而直接适用,中世纪法律呈现的碎片化特征,这些都是因为书面固定和体系化的缺乏。印刷术的出现、改进与适用丰富了传播的途径,法律资料的选择与汇编实现了体系化,并且更加直观可查阅。印刷术也更加方便了有关法律的反思,这也促成了法律系统"二阶观察"

---

① 〔美〕维纳:《人有人的用处——控制论与社会》,陈步译,北京大学出版社2010年版,第17—18页。维纳的"控制论"(cybernetics)来自希腊文,意为舵手、掌舵者,指的是动物和机械中的通信和控制理论。根据控制论,复杂动作乃是这样一种动作:为了取得对于外界的一种影响(我们称之为输出),而在这种动作中引入了可以含有大量组合的数据(我们称之为输入)。这些组合既有当下放进的数据,又有从过去存储的数据(我们称之为记忆)中取出的数据。在控制中,由于经常使用穿孔带或者磁带,所以,放进这些机器中用以指示机器组合信息的操作方式的数据,统称为程序带。为了使任何机器能对变动不居的外环境做出有效的动作,那就必须把它自己动作后果的信息作为使它继续动作下去所需的信息的组成部分再提供给它。这种以机器的实际演绩(performance)而非以预期演绩为依据的控制就是"反馈";机器需要使用种种感觉元件,这些感觉元件由启动元件来激发,它们执行着预报器和监视器的职务,亦即执行着对一项演绩做出"指示"的任务。这使组织解体的力学趋势受到控制,亦即使熵的正常方向发生了暂时和局部的逆转,最终实现"稳态"(homeostasis)。稳态是一项重要的生命特征,是由"内环境恒定"的概念衍生和发展而来的。维持稳态就能使机体适应外界环境的不断变化,破坏稳态可导致生理功能的破坏和疾病的产生。负反馈是保持稳态的重要机制,但它不是稳态的唯一支柱。稳态是相对的,是有波动的。机体在自身的节律周期中,在千变万化的内外环境中保持着有限度的稳定,科学地评价稳态的地位。

的实现。此后，无论是通过缜密思考的技艺理性，还是经由法律汇编的逻辑理性，法律的体系于18世纪逐渐形成，法律的地域色彩、民族色彩也随之出现，作为结果，英美法系和大陆法系的地域性法律体系也最终形成。

上述分析，本质上触及到法的文本和语意学维持法律体系性与历史连贯性的功能，这种法的语意学素材最初掌握在法律适用者的实际问题之中，这种法律的适用者更多地意指法律关系中的当事人。此时，无论是法律之稳定形态还是演化进程，围绕法律所展开的语意探索，同样构成进一步探讨法律问题的基础。借用法律概念的语意诠释，既可以保障法律适用过程中的一致性，又可以对应当保留的新变化做出论证。当然，无论保持一致还是做出变化，这些语意的建构和论证，终究都体现为法律适用者的实践活动，法律实践成为新的法律建构或者论证的执行者。正是藉着这种方式，"那些在概念上可被列举出来的法律制度，就会在其涉及范围上出现渐进式的扩张"（p.301），也就是法律概念及其语意所影响到的实务中，法律能够得以演化。纵然存在外部环境的干扰，也只能纳入法律自身的诠释中获得认识，诸如借用诚实信用原则所做的法律诠释、借用契约理念扩张而保障的现实利益、借用旧式团体创设的法人主体，都体现了法律演化的结构性固守与扩张性意涵——既受到现行法律框架的拘束，又在法解释学的基础上进行着建构。

官方的立法或者立法的诠释成为法律革新的重要方式，司法者尤其能够在适用法律的过程中诠释法律，最终推动完成法律的革新。如普通法的变更方式提供了"众多解决方案"的资料库，法官从中加以摘选并判断；在大陆法系的制定法传统中，可能更加探讨立法者的原意，法官基于立法者原意的解释与判断解决了新的问题，同时又维持了稳定性。这样，也就"部分藉着变异而对外在冲击做出反应"，"部分重复使用稳定化，作为革新的促动因素"（p.304），也就是一方面迈向革新，另一方面促使自己基于稳定性而获得一致性，并最终实现正义——这两个方面是同时进行的。如果结合时间的延展性，这种形式的法律演化以特定且循环的形式进行，也是不断在稳定化基础上实现再稳定化，实质体现为如下的态势：

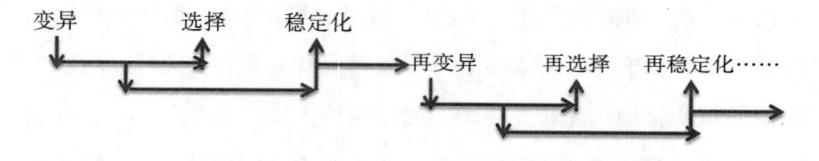

变异　　　选择　　　稳定化　　　再变异　　　再选择　　　再稳定化……

图 5　变异、选择与再稳定的演化路径

在法律演化的过程中，系统一致性的维持实际并不容易。首先面临的问题是，环境性的因素对法律系统从"稳定化"到"再稳定化"的演化过程有着怎样的影响？法律系统的演化面临政治等环境性因素的干扰，政治会"藉着大量不断更新的指令，在法律系统中引发阵阵冲击，这些指令期望能被接纳、理解与消化"（p.304）。然而，并不是外部的冲击可以直接改变法律，而是必须进入法律既有的变异和选择机制，使法律能够以自己的方式驱动着自身的变异，法律之演化仍旧是基于系统自身之运作。法律演化的此种机制使法律制定者不能随心所欲，且为了法律的一致性，立法者要尽量信赖司法者，司法也就成为保持法律一致性的实际担纲。司法实践不得不对新的、法律模糊领域保有较大容忍和调适的压力，法院最先在现有的法律脉络基础上,对变异的问题进行审查和论证,例如英美法系的法官裁判,以及大陆法系的司法解释、案例公报、指导性意见等等。无论如何,这种实务性的、针对既有规范的调适具有滞后性,它与先在的法律规定存在一定的时间差。但是,时间差使人们对于法律整体变革的关注转移到个案裁判之中,法律系统的一致性通过这种时间差之中的个案弥补而最终保持。这意味着法律系统的自我定位越发精准,进而与法律系统之外环境的区分也越发鲜明。法律系统越发坚固,而法律系统的壁垒性也越发坚固。

法律演化的载体最终体现为实证法。实证法是获得适用的法律,也被法律系统赋予效力和正当性。实证法在大陆法系的正当性当然毋庸赘述,而诸如英美法系的先例之约束也体现了这样的效力赋予。实证法的效力来自法律系统,实证法在持续的运作中自创生并演化,法的效力又得到反复的认定。有效力的实证法在增加差异性和减少冗余性的过程中持续运转,其每一次的变异、选择和再稳定将构成法律进一步演化的基础。这是法律演化的机制,也是赋予法律效力的源泉,它来自系统的运作以及运作产生的变异。

五、法律演化的全社会条件:强制力适用

在前面论述的基础上,法律演化的基本观点应当是:"法律是由自身演化出来的,全社会的环境则提供了一些偶然冲击,这些偶然冲击引发了变异,以及可能具有革新作用的选择。"(p.307)封闭性运作的法律系统面对环境的激扰,其对于环境的回应实际呈现于具体法律变异、选择与再稳定,如刑法应对社会变革的变迁,民法

诉讼便利性的获得，以及近代宪法运动的成果等等。那么我们可以继续追问，是否存在一些"全社会的条件"，这些条件可以发挥之于法律系统整体的作用，推动法律系统作为整体的结构得以最终形成并完成封闭性的运作。这样关键而又超脱的全社会条件是否存在呢？

这种"全社会的条件"是存在的。霍布斯所讨论的、无所不在的物理性强制力构成这种全社会条件。霍布斯根据"丛林法则"来描述最初的人类社会，认为强势者基于肉体的暴力强制是无所不在的，这是最为初始的社会条件。在比较古早的时期，由于这种强制力早已被政治系统所持有，这种强制力会适用在纠纷和冲突出现的场合，比如同态复仇的情况。只有当法律取代物理强制力成为纠纷解决的依据，法律系统的封闭性运作与演化才能启动，而法律适用过程中的问题，也能够仅仅作为"法律自身的问题"并在法律系统之内获得解决。此时，法律程序在演化中的作用也突显出来了。

法律程序的适用也需要特定的前提，法律的可执行性必须首先能够实现。因为，即便法律规则取代丛林法则成为解决纠纷的方式，也不必然导致法律程序的出场。早期，法律的可执行性并不以法律自身为准据，而是经常受到法外因素的控制，比如欧洲中世纪的宗教干预、古代东方的家族人情等等。这些干预影响到法律的可执行性，也影响法律语意学的精确适用。法律如果不能依法被执行，则法律程序的适用就遇到了阻碍，法律的封闭性运作就无从实现，法律之演化也就无法达成。

为此，必须保障法律裁判的可执行性，并实现属于法律系统自身的强制力。这应当首先使政治强制力退出法律的领域，同时又通过政治系统和法律系统的分化与结构性的耦合(structural couplings)，启动法律系统的强制力。在这种情况下，政治系统虽然也掌握了强制力，但法律系统可以在不受政治系统干扰的情况下独自启动强制力，最终使法律获得可执行性。政治系统与法律系统的分化进一步推动了法律的演化，使法律系统专注于自身的建构成为可能。

强制力借助政治系统与法律系统的结构性耦合推动法律系统的分出与演化。在法律系统运作的领域，强制力采取的是法律的专门形式，行为不仅仅理解为单纯的侵害，而是上升到对法律秩序整体的侵害，也就是将对私人的侵害转向对法律秩序的侵害，同时导致了从私力救济到公力救济的转变。尤其是法律部门的形成，例如刑法"殖民地"的完成，其实体现了早期强制力的场域向法律中转移，也就是将刑罚实施的权力交由法律来进行决定，并由公共机构来实施惩戒，这是私力复仇到公力救济的过渡，表明从"以暴制暴"到"无法律即无刑罚"的演化出现了。这里，外部环境对于法律系统的激扰，都会进入法律系统的规定与运作，结果是外部影响终会被剪断，从而形成法律系统的自我援引，在此基础上才与外部环境实现互动。在应对环境激扰的过程中，曾经专属于政治系统的强制力，现已成为法律系统与政治系统的"结构性耦合"，同时作为法律系统自我援引的部分而运作。尽管这一过程经历了相当长的历史时期，但是到了18世纪时，这种法律系统的分化终于完成了，而位于法律系统内部的、应对不同环境激扰的部分，也已经完成了法律部门化的过程，不同的法律部门都必须仅仅援引法律本身实施强制。这一进程大致体现为下面的图解。

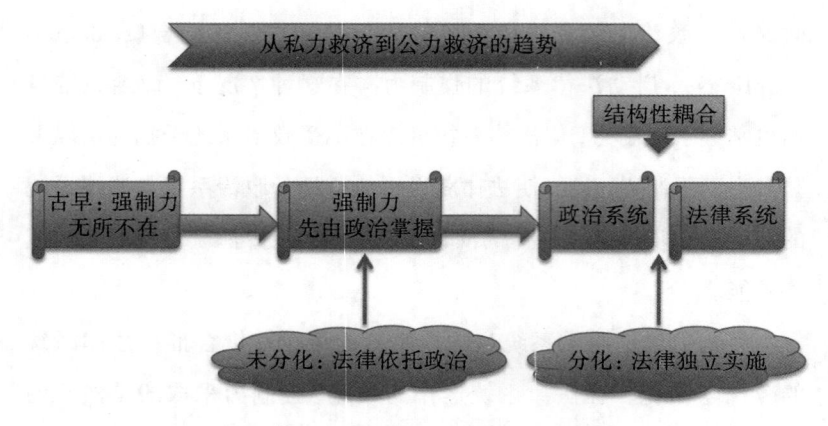

268　系统论法学——《社会中的法》解读

```
        从私力救济到公力救济的趋势
                                              结构性耦合
                                                 ↓
  ┌─────────┐     ┌─────────┐     ┌─────────┐  ┌─────────┐
  │古早：强制力│ →  │ 强制力   │     │政治系统  │  │法律系统  │
  │无所不在  │     │先由政治掌握│    │         │  │         │
  └─────────┘     └─────────┘     └─────────┘  └─────────┘
                        ↑
              未分化：法律依托政治        分化：法律独立实施
```

图6　作为法律演化之全社会条件的强制力

借助强制力，法律系统实现分化并形成封闭性运作之后，法律系统的自创生才成为可能。法律的代码化即"法/不法"的区分才能形成，法律系统必须依照法律做出裁判，且无论如何也不能拒绝裁判，这与法律事实的不断出现存在悖论。但是，法律问题要坚持以法律系统的代码来解决，"法/不法"的代码无须遭受外力的干涉，依法裁判也成为"定理式"的内容加以遵守（文中表述为：不需要"不完全定理化"）(p.310)，无须为法外的标准做出保留。

当然，来自环境的激扰和挑战，实则有着悠久的历史传统并继续存在。代码化的、法律系统的运作方式不是从来就有的，几乎可以说是近代的产物，历史上大多数的时刻则是相反的情况。即便在今天，法外因素的激扰仍旧是客观存在的，我们可以在边界案例、疑难案件的领域感知到这种挑战，法律系统也通过正当防卫、紧急避险的规定体现了例外情形的存在。这些边界案例和例外情形成为严格依法裁判的悖论——法院依法做出判决的程序遇到阻却，但法院却不能拒绝裁判，法院裁判的强制执行也必须实现。作为结果,这种悖论还是在法律系统的内部解决了,并通过法律程序的运作获得了实施,继而将严格依法裁判的悖论隐藏在法律系统的运作过程中。

至此,强制力构成了"结构性耦合"与法律系统自创生之间的关联点,也成为法律演化的全社会条件。法律的演化包含两个同时性的内容,一部分是遵循法律系统代码的自创生,另一部分,则是结合法律执行的强制力(与政治系统的结构性耦合),使来自环境的激扰在法律系统的内部化解。[1] 然而从根本上看,法律系统的自创生真正促成了法律系统"变异/选择/再稳定"的进程,环境的激扰只能进入法律系统自创生的过程获得处理,并不能直接改变法律系统的运作。在强制力这一点上,政治系统与法律系统的"结构性耦合",协助法律系统实现了运作上的封闭性,同时为环境的激扰与偶发事件进入法律系统提供了渠道,法律系统以外的激扰借此获得法律系统的处置,法律系统也实现了内部的自洽性。

六、法律演化的结果:复杂性及其容受

演化就是进步的观点,根植于达尔文演化理论在社会领域中的运用。人们一度认为,演化即是进步。但是,假如演化并不等同于进步,演化论又该如何表述?

---

[1] 即本章原文第Ⅲ节"部分藉着变异而对外在冲击做出反应","部分重复使用稳定化,作为革新的促动因素",也就是一方面迈向革新,另一方面促使自己基于稳定性=一致性=正义。两个部分同时进行。

人们将演化解释为进步，主要用于理解近现代高度发展的社会成果。在这种进步演化理论的框架中，人们习惯性地认为进步具有不可避免性，许多已经存在的制度都具有必然性和目的性，演化的进程也限定在必然进步的路径之内，并因此忽略细节性的分析。实际上，演化等于进步的论点，确当存疑。演化在社会各领域中虽是常见的，但演化自身却更是或然性的，演化的进程实际不具有必然性的导向。这就颠覆了传统的演化观点，使人们在演化论的框架下，陷入了对于将来的未知。因此，尽管演化是不可避免的，尽管某种程度上我们可以促成演化，却无法决定演化的结果（p.311）。演化理论其实是建立在或然性的基础上。

演化论具有未知性和非计划性，无法为一些特定的、目的性的理论提供佐证。常见的做法是，人们为了证明某种理论的合理性，就会将其论证为基于演化而产生，使这些理论看起来像是演化进程取舍之后的结果，继而具有天然的合理性。这种演化的理论并不成立，因为事实的情况是，演化的进程根本无法加以计算，演化对人类思维的建构，也在非预计、非意识的情况下已经建构起来，与演化相关联的事务、演化所导致的成本等内容，都无法限定在刻意设计的框架之内。

演化论的诠释，可以藉由系统论而获得突破。在系统论的视域中，演化体现为更为复杂的多层次外观，第一，演化导致高度复杂性的系统产生并获得维系；第二，演化导致系统的形态创生（morphogenesis），以及在此基础上的自创生；第三，演化仍旧保有未知性和非计算性，无论是系统的复杂性或者自创生均无其他的意义，它们仅是系统建立和维系的运作形态而已。与此同时，系统的内部又可以区分系统结构和自创生。以法律系统为例，尽管法律系统的结构已经形成，但是法律系统同时执行着自创生，也就在法律系统运作的过程中产生多样性和变异性。作为结果，就是法律的复杂性程度不断提升，这当然是演化导致的结果，演化也为了化约这种复杂性而做出回应。但是，系统运作与演化的过程仍然是非目的性的，即便产生复杂性且化约复杂性，也不意味着演化具有某种更高层次的目的或者价值，更不意味着某种理念或者精神诉求的刻意实现。这是因系统论而获得的演化分析。

演化作为事实而存在。演化导致复杂性的产生，系统则应对复杂性且化约复杂性。对系统而言，那些"偏离"系统结构的情形会不断出现，且在演化的过程中成为常态，这些"偏离"积累下来导致复杂性的增加。作为演化产生的客观结果，复杂性是把"双刃剑"——复杂性的增加帮助系统获得了适应的能力，又导致了"复杂性难以获得处理"的负担。这表明，演化所产生的复杂性暗藏悖论，化解悖论就必须借助系统的运作容受复杂性。然而，复杂性始终是客观存在的，为此，现代社会的法律出现了通过一般化抽象概念简化复杂性的趋势。这种累积复杂性又限制复杂性的演化机制，具体如何展开？

实际上，维持封闭运作的系统，会产生容受复杂性的压力，这就导致对复杂性的限制。这种限制一方面使系统制造出适当的结构变化，另一方面又通过系统再稳定进而巩固系统的封闭性运作，系统的再稳定性为进一步演化提供了起点。至此，我们看到以复杂性为起点，以系统稳定性再实现为终点的演化过程。这个过程是基于系统的封闭性运作，它遵循系统自身固有的结构，外部环境在这一运作的过程中被排除了。系统本身依照其固有的处理标准，做出"自我指涉"（自我的界定）与"异己指涉"（自我界定基础上的界定他者）的区分。当然，这种区分在今天已经体现为法律文本的形式，亦即我们常说的法教义学（legal doctrines）(p.313)[①]。

不仅如此，演化的结果还包括法与法外因素的脱离，这意味着法的效力不来源于历史起源或者法律外部权力，法的效力就是来源于法，关于法的描述也只针对于法本身。法律系统内部做出了立法与司法的区分，这使得所谓友谊、裙带关系甚至社会地位等其他与法无关的因素无法在法律系统中占有位置。经历了18世纪立法与政治的妥协（例如法国大革命及其立法成果），以及19世纪法渊源的多样化（如法律部门的细致化、判例法与制定法的并存）之后，实证法正式成为了法的效力基础，法的效力就是来源于法本身。演化带来的结果，就是法律系统的成立、运作、展开且实证化，也就是"整体的法律被铺陈为自身制作的、实证的法律"(p. 314)。法仅仅是关乎法律自身的系统，法律系统的封闭性运作获得了实现。

具体观之，法律系统通过两个主要的机制容忍复杂性。一是复杂性的时间化（temporalization of complexity）。演化所导致的复杂性，开启了"复杂性的时间化"概念。这样，原本是不同个体和不同情境的差异，首先体现为时间线索上的区分，也就是转化为"先""后"或者"新""旧"的差异。那么，如果新法可以废止旧法，新裁判可以取代旧裁判，则按照新的标准，即便存在先后的差异性。

---

① 台湾译本原表述为"法释义学"，此处根据英译本和大陆地区用词习惯，调整为"法教义学"。

这种时间上的差异，同时经由政治化的解释来得以解决，比如美国内战时期的黑奴解放运动、1960年代的平权运动所导致的法律变迁，都补充了政治化的解释。结果，基于个体和情境的复杂性变化也就在法律系统中获得了保留。

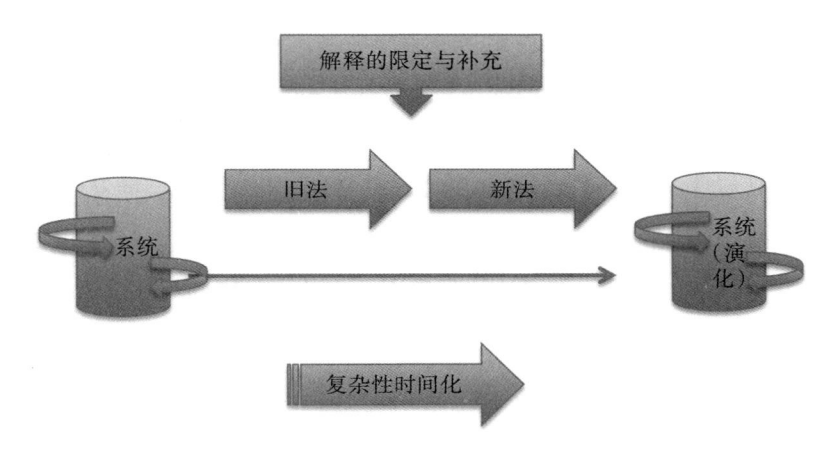

图 7　复杂系统的时间性容忍机制

另一个能够容忍复杂性的机制，就是变异性（variety）和冗余性（redundancy）的区分。按照卢曼的解释，冗余性是对个案决定之一致性的严格要求，变异性则是新的、兼容性较高的处理方式。并且，"倘若法律系统能够放弃对个案决定之一致性的严格要求（此即冗余性），并为此找到一些新的、能够兼容于较高的变异性的形式，它就能够处理更多的、而且是各具不同性质的案件。"（p. 314）按照这个思路，在个案决定的问题上，法律系统是冗余性与变异性并存的。这就是说，做出个案决定所采用的一致性诉讼程序，与兼容性更强的诉外程序（比如为法律所认可的、私人意志决定的归责和免责），同时存在。以罗马法为例，一方面诉讼程序受到罗马法的限制，另一方面诸如"私了"这种形式也部分地获得了认可，使人们放弃法律适用一致性的严格维护，也就是放弃了对于冗余性的维护，放松了法律所严格倡导的正义标准。这个时候，纠纷是否要诉诸法院并依法解决，实际完全委由利害关系人的决定，法律未必得到适用，当事人的协商构成了法律的变异性。这在实践中可能体现为民事关系中的合同缔结、协定债务免除，甚至雇佣关系中的"黄狗条款"等。后来，制定法开始针对变异性进行限制，例如劳动法、环境保护法等社会政策型的立法都是针对变异的社会问题应运而生。但是，制定法的这种限制同样会出现矛盾，不同法律的主旨本身就是有差异的，如民法体现自由意志的立法原则与反垄断法、劳工保护法之间，彼此如何实现容受呢？制定法不等于冗余性的实现，且在冗余性重新取得之前，人们可以通过个案的裁断解决差异性的问题。冗余性与变异性之间的张力，使法律系统实现了复杂性的化约。

在演化的脉络中，理解现今的法律系统，还应当讨论"法律态势的人格化"对古代法律的革新。演化所导致的古今法律差异，经由"法律态势之人格化"（the personalization of legal matters，译者译作"人格化"，这里结合语境可以作法律个体化、个人化的理解）来实现，它最重要的成果是近代的主观权利（subjective rights）。主观权利尤其体现为个人的自由及其限制，以及它们在司法上的实现。在18世纪末，从法国大革命的《人权宣言》到法国民法典的诞生，主观权利获得了重要的法律确定形式，人的权利能力从传统的等级和出身因素中分离出来，主观权利完成了实证化。这一过程，可以细分为以下四个环节（p.315）：

| 人格化之主观权利 | (1) 当有需要时，自由在法律上的界限就会有变动。
(2) 法律程序中关于守法与违法的涵括和排除（inclusion and exclusion），应以法律为基础，但也会出现裁判的变异性，即人们必须适用法律，尽管裁判结果可能具有复杂性。|

| 个人化之集体人格化 | (3) 依据上述法律的稳定与变异，刑法逐渐摒弃了集体责任、集体赔偿和集体请求，权利体系中的"集体"为"个人"所取代。
(4) 根据集体组织参与法律系统的需要，又将集体拟制为"法人"，最终丰富了演化所产生"人"的范畴。|

这四个环节都具有低或然性，演化的成就需要相当的社会支持。在这个过程中，如果没有"法律态势人格化"的实现，法律系统中的个人就无法独立出来，就无法脱离寻求社会关系和法外协助的可能，最终法律系统也就无法分出。"法律态势之人格化"的实现，使得个体人放弃了通过集体可以争取权利的途径而孤立出来，个体人单独进入法律系统，且只能求助于法律系统本身的运作。若干辅助性的设置也因此获得成立，比如出于个人意志和权利而得到保护的遗产处分权利、团体为个人所监督的途径，以及权利保障的稳定实现等等。

"法律态势人格化"的实现，使法律之外的影响，如政治因素的影响，只能间接作用于法律系统。政治想直接利用法律系统则显示为异常，且这种利用并不容易，它只能在法律系统的内部获得分解并转化为法律问题。这也再次说明，系统的自创生给出了系统可以自行运作的空间，而不是受到环境的左右。因此卢曼说，自创生决不是要协助系统对某个已被给定的环境做出调适（p.317）。在这个意义上，唯有系统自身的复杂性，才构成了连接系统运作与系统演化的中间项。

七、法律演化的未来：无法预测之预测

当下，演化所导致法律爆炸的时代看似已经来临，我们应当回答的重要问题是：法律之演化是否等于体量或数量的膨胀？卢曼对此持否定态度，尽管这种从数量上进行描述的演化观念，经常占据一般的社会认知。毕竟，根据绝对数据的统计显示，法律在全社会系统层次上的规模确实有所扩大，因为相较于之前，法学家和制定法的数量都有大量增加。因此，法律的庞杂构成社会创新的桎梏，人们对于法律的厌倦感与日俱增。人们试图自法律系统的管制罗网中逃离，并试图寻求法院外的非诉纠纷解决途径，甚至保有去官僚化的诉求。当然，这种膨胀的情境并不限于法律系统，而是遍布其他的全社会功能子系统，比如政治、经济甚至教育的系统都出现了扩张式的发展。对这一现象的描述，卢曼提到了哈贝马斯"生活世界殖民化"的观点。[①] 沿着哈贝马斯理论的脉络，正因生活世界

---

① 与卢曼不同，德国学者哈贝马斯持有"生活世界殖民化"（the colonization of the life world）的观点。在哈贝马斯看来，生活世界的殖民化指的是系统侵入生活世界的各种关系中，使生活世界越来越商品化、金钱化和官僚体制化，就是现代社会的市场机制和官僚机制侵蚀了原本属于私人领域和公共领域的非市场和非商品化的领域。原因有内因和外因两种，内因是最根本的，即生活世界自我调节功能的弱化，由于科技的兴起使得人们对生活世界和交往行为失去了兴趣，从而在遭遇入侵的时候无力抵御，社会本身成为一盘散沙。原本属于私人领域的活动被市场机制和权力的规划所侵蚀，人成为"单向度的人"，失去了反抗性，舒舒服服地成为"工业文明的奴隶"。哈贝马斯之于卢曼系统论的商榷，可见〔德〕哈贝马斯：《在事实与规范之间——关于法律和民主法治国的商谈理论》，童世骏译，生活·读书·新知三联书店2011年版，第587—588页。

处处遭到系统的入侵，人们出现了"返回自然生活"的意愿与行动，但这也无法实现对于系统的逃离。卢曼认为，在系统论的视域中，这里存在不可克服的系统悖论，即对于系统的逃离也要借助系统才能开展，逃离运动本身也必须借助于系统既定的结构性才能实现。例如，为了实现行政系统的简化，又在遵循行政系统的基础上添加了新的简化规定和检验程序，实际上起到的作用并不是简化，而是又创造了复杂性并回归了行政系统。既然简化只能是系统复杂性基础上的简化，逃离终究也是系统的回归，那么仅仅在体量上描述法律系统增长的意义，就只停留在了"粗浅的层次"（p.318），关于演化结果的问题就有进一步的解释空间。

人们对于法律演化的认知，还经常体现为人口数量和法学家数量、法律实践增加的呼应，但这也无法解释演化问题。因为，人们与相互关联的法律单元的对应关系，是建立在随意性的基础之上，并不存在必然的解释力。尤其是，多元化的媒体沟通模式层出不穷，人与法律之间的关联其实更加多样且不确定。因此，即便法律呈现为体量膨胀的状态，也不能简单地以数量来解释法律演化。

八、结论与评述：法律演化的系统理论

本章主要讲了法律系统演化的基本理论。总的看来，卢曼所阐明的法律系统演化理论，包括以下主要的观点：法律系统的演化，是在系统封闭性运作并维持规范性期望的过程中展开，正因如此，法律系统的演化受到环境的激扰但是不受环境的决定，演化是取决于系统本身的事实进程。卢曼受到达尔文生物演化论的启发，将法

律系统类比于生物系统,强调了演化本身的动态性,但是,卢曼的类比十分谨慎,他弱化了环境在自然选择过程中的重要性,注重演化过程中的系统变异、选择与再稳定机制,最终强调了演化的非目的性、非决定性和非必然性。具体而言,卢曼的演化理论包括演化何以可能、何以展开以及何以走向未来三个层面的主要问题。

1. 法律系统之演化何以可能?

系统具有运作上的封闭性,同时保有认知上的开放性。生物体每过一天,生物的记忆结构会有所改变,生理结构也成长、老去或者病变,系统亦是如此。系统随着时间的展开而获得越来越复杂的信息,同时也产生了应对复杂情况的压力,系统需要通过自身的运作容受并化解这种压力。体现在法律系统中,就是在案件受理之后,法律系统对案件的处理一方面不受环境的左右,一方面又难以完全按照法律系统内部的现行制定法或者判例机械地做出判决,结果只能是,法律系统在现有基础上化约案件的复杂性并做出立足当下的决断。在这一过程中,无论进入法律系统的案件具有怎样的复杂性,法律系统仅仅考虑自身"法/不法"的二值代码,不考虑法律系统以外诸如道德、宗教、政治的意愿——系统就这样一直做出化约复杂性的选择。当然,决断并没有唯一的正解,决断的未来效果也尚不可知。在这个意义上,有关案件的决断实际是难以做出的,决断本是对不可决断之决断。这么一来,每个案件本质上都是独特的艺术品,却也同时维持了法律系统内部"同案同判"的外观。我们所知的仅是,法律系统的运作产生复杂性并化约复杂性,而这又成为下次演化的起点;法律系统之演化,唯一必然的只是系统的运作本身,但运作的结果却不可预期。

2. 法律系统之演化何以展开？

为此，卢曼回答了法律系统的演化机制、演化机缘、演化条件三方面的内容。

第一，法律系统的演化机制是"变异/选择/再稳定"，这主要基于法律系统的自创生。自创生本是生物细胞的自我复制，这种复制不是原版的自我套用，它又包含变异的进程，经过变异之后的自创生进程使生命体实现了演化。凡生命体都拥有自创生的机能，如同蝌蚪成长为青蛙所需的细胞分裂与变异，但是生命体始终维持了自身的稳定性，如同蝌蚪不可能成长为其他种属的生物。同理，法律系统在运作的过程中自创生，但为了维持法律系统的稳定性，自创生实现了法律系统的"不变之变"。法律系统的变异，主要是法律系统中结构性要素的变异，这直接体现为判例或者制定法的变化，它们由偏离当下法律秩序的案件所致，为此，法律系统坚持"同等情况同等对待，不同情况不同对待"。在法律系统自创生的过程中，法律的"变异性"会增加，"冗余性"会缩减；而增加"变异性"并减少"冗余性"，意味着法律系统对时间变化所致的充分资源和材料做出选择，之后实现法律系统的再稳定，且以此作为下次变异的起点。作为结果，法律系统与外部环境的区分也越发鲜明，法律系统的演化将最终达成，且从长时段的社会进程来看，法律之演化又体现为从片段式社会到层级式社会，再到功能分化社会的几个阶段。片段式社会是简单的部落与氏族社会，法律形式具有仪式性；层级式社会则形成了高低不同的层级，且由较高的层级掌握法律实施；这两种社会均未实现法律系统的分化。唯有功能分化社会依托于不同的功能子系统——每个功能子系统在全社会系统的范围内负责一个专门的领域，不同的功能子系统之间是平行的关系，这才是法律系统分化的实现。此后，法律系统的运作依照自身"法/不法"的运作来进行，它不受外部环境决定，但也不能完全不回应来自环境的规范性期望，否则，法律系统成为"孤岛"并终被环境颠覆。它与环境之间高度敏感的互动，是通过"强制力"这一结构性耦合的要素来实现的。

第二，文字为法律系统的分化提供了机缘。在以往的社会学研究成果中，行为是最小的分析单元，而在卢曼的系统理论中，最小的分析单元则是沟通，沟通又由信息、告知和理解三个要素构成——信息是文字的意义，告知也是经由文字才能实现，理解也是对文字意义的理解。法律系统的分化具有或然性，作为沟通载体的语言文字为法律系统的分出提供了机缘，尽管这仍旧不是法律系统分化的必然原因。文字在演化中的作用主要是三个层面，一是信息的反复使用使文字稳定下来；二是文字的出现，使信息传播更广泛，准确性更高，固化程度极大提升；三是文字的固定化与普遍化，与片段式社会到层级式社会直至国家发挥重要作用这个进程基本同步，文字的适用得到了国家强制力的保障，诠释文字成为法律演化的重要形式。在此，卢曼尤其强调文字的意义，而非作为符号的文字形式本身；演化之机缘，就在于文字的形式固定化，而文字的意义确是可变的，适用文字的语境也存在差异。法律演化的结构性固守与扩张性意涵——既受到现行法律文本框架的拘束，又在法解释学的基础上进行着建构。14世纪印刷术出现并逐渐广泛适用，实际上更加方便了基于法律的反思，这促成了对法律系统"二阶观察"的实现。印刷术本质上触及到法的语意学在维持法律体系性和历史连贯性上的功能，借用法律概念的语意诠释，既可以保障法律适用过程中的一致性，又可以对应当保留的新变化做出论证。作为结果，法律系统的同一性总是能够得到维持。在此基础上，法律演化的典型结果就是实证法，围绕实证法的语意诠释将法律适用过程中的冲突和矛盾进行整合。法律系统的分出也在18世纪之后成为常态。

第三，演化的全社会条件，是法律系统与政治系统在强制力上的结构性耦合。为什么法律系统需要全社会条件，全社会条件又是什么呢？这其实是讨论法律演化在全社会的执行机制问题。在传统的法律系统产生之前，宗教祭祀、氏族首领、家族族长掌握着法律的执行力，它体现为私人之间以武力解决纠纷，比如同态复仇、血亲复仇、共誓涤罪，私人强制力的极端形式是暴力。国家政治权力将强制力从私人的手中抽离出来，强制力只能由国家组织和掌握。这里的悖论在于，法律本是一个和平解决纠纷的秩序，如果它不能与强制力做出区分，那么这种秩序本身是有缺陷的，因为依靠武力获得强势，将导致法律系统无法进行"法／不法"的二值判断，法律系统实际与战争并没有差别；但是，法律毕竟需要"牙齿"，完全摆脱强制力的法律根本无从获得实施。这里就出现结构性耦合的问题——一方面，国家形成之后，强制力从曾经的社会权力中分离出来归属于政治，另一方面，法律系统的实现无法离开强制力的保障，导致政治强制力不可能完全作为法律系统的环境而存在，法律系统在强制力的环节做出了结构性的保留，并且与政治系统的强制力是高度敏感的共振关系——意味着法律系统将依托政治系统的强制力，实现法律执行的问题。在这一点上，宪法是个"两面神"，宪法在政治系统中规制政治结构，在法律系统中则遵循"法/不法"的运作方式，二者的实现都要依托国家强制力。可以说，在强制力的问题上，法律系统和政治系统有了耦合性（coupling）。

3. 法律之演化如何走向未来？

演化理论不是一个关于进步的理论。无论是进步还是退步，成就或者毁灭，达尔文也拒绝使用高级或者低级这样的词汇来描述物种演化，尽管没有一以贯之。即便是演化客观上提升了系统对环境的适应能力，也不能必然理解为进步，因为环境也是持续变化的；我们不能得出结论，说物种提升了适应能力，因为物种更是处于动态的变迁之中。斯宾塞将演化理论在社会经济领域加以运用，并将其普遍化为一种规律性的内容[1]，这可能导致理论上的不周延性。事实上，演化理论不应具有控制性，不应当使我们认为可以纠正历史或者把控历史。演化理论毋宁是一种解释的进程，这个进程具有非计划性，它不关心如何实现某个目的，以及是否能够实现。结构的改变就在不经意之间，演化是永恒且无处不在的。

总之，根据卢曼的理论，法律之演化不应在数量多少、重要性大小的层面进行评价。诚然，在全社会沟通不断增加的基础上，法律满足需求的可能性也不断在增长。但是，复杂性及其化约才是演化不能避免的结果，数量和重要性的描述远没有触及这个症结。我们可以说，演化是法律的系统"不变之变"——"变"，是指法律系统的代码以及结构的普遍化，这导致法律适用的广泛性与多样性，法律的调整不仅限于国家与社会的生活，还扩及家庭内部事务；"不

---

[1] 〔美〕赫伯特·斯宾塞：《社会静力学》，张雄武译，商务印书馆1999年版，第14—15页。

变",则是法律系统遵循"法/不法"代码进行的封闭式运作不改变。这使我们回到系统稳定与变异的陈述,法律系统的演化完全属于法律系统本身之事务(p.319),它在自我限制的基础上获得发展,其他社会功能子系统也是如此。正因如此,我们应当舍弃从数量增长、重要性大小的视角讨论法律演化,并且也应当放弃就演化问题做出预测——因为法律系统的演化并不取决于评判者。无论我们见或者不见,法律系统的"不变之变"是一个事实,仅此而已。

第七章 卢曼的司法中心论

一、引言

除了交代理论和方法论前提的第一章,《社会中的法》前六章主要聚焦法律系统的"外部分出"。这些章节描述了,法律系统如何在与全社会"共同演化"的进程中,逐步形成固有的"结构"(法/不法代码、条件纲要)和"语意"(作为偶联性公式的正义),在规范层次上自主展开封闭"运作",执行稳定规范性期望这项独特的"功能"。但按照系统分化的一般原理,系统的外部分出,还"须以某种同时发展着的内部分化,为必要条件"(p.338)。因此,第七章《法院在法律系统中的地位》,转而讨论法律系统的"内部分化"。[①]

法律系统经由内部分化形成诸子系统,提升了自身的复杂性。一旦自身达到充分复杂的程度,法律系统就可能从全社会中分出,适应高度复杂的社会环境。这取决于采用何种"内部分化形式",亦即在诸子系统之间建立何种关系。"平等"的内部分化形式,通

---

① 本章的另一个中译版本,参见〔德〕尼可拉斯·卢曼:"法院在法律系统中的地位",陆宇峰译,泮伟江校、高鸿钧审定,载《清华法治论衡》2009年总第12辑,第118—154页。

常只能处理较低的社会复杂性,比如中世纪欧洲,位阶相等的领主法院的并行存在,就只适合地域相对狭小、人口相对有限、人际关系相对简单的社会条件。"不等"的内部分化形式,则往往能够处理较高的社会复杂性,比如自近代领土国家兴起之后,面对社会合作和社会冲突的双重增长,法律系统发展了位阶不等的中央法院与地方法院;又如随着当代社会各领域专业化水平的持续提升,在普通法院之外,海事法院、铁路运输法院、行政法院、知识产权法院乃至互联网法院等功能不等的专门法院也应运而生。

卢曼关注的内部分化,发生在运作层面。在法律系统走向"自创生"的演化过程中,那些语意层面的内部分化,不论是公法/私法、行政法/宪法、物权法/债法等法律领域之分,还是罗马法上经典的人法/物法/诉讼法三分,都并不重要。源自实证法理论的制定法/法官法二分,尽管触及了系统内部立法与司法的运作性分化,但把焦点引向了是否存在多元法律渊源的问题。这个问题,不考察法院的裁判实践,仅仅诉诸抽象理论,也根本无法做出回答。因此卢曼认为,理解法律系统的内部分化,必须直面法院子系统的地位。他在详细考察法院地位的基础上,阐发了独树一帜的"司法中心论"。

二、立法与司法的分化历史

更基本的前提问题在于:法院是否构成一个法律子系统?如果立法与司法并非相互独立,或者二者之间乃是"决定—被决定"的线性因果关系,答案就是否定的。为了解决这个前提问题,有必要回顾立法与司法逐步分化的社会历史进程。

（一）初民社会："立法"与"司法"不分化

初民社会固然没有法院和议会，但若把"司法"理解为纠纷处理，把"立法"理解为规则生产，也可认为二者早已存在，只是无法实际区分。这主要是因为，初民社会按照亲属原则，分化为地位平等的诸家庭、氏族。此种"片段式分化"的社会组织模式决定了，一方面，不可能出现超越诸氏族的政治权威和诸氏族共同遵从的法律规范；另一方面，原始法律高度依赖氏族的事实性力量，其实体内容因具体的纠纷情境而异，严重缺乏"有效性"。在此背景下，纠纷处理与规则生产合二为一。梅因考察荷马史诗，指出最早的法律现象是"地美西斯"，即一个个单独的判决，从一个侧面例证了此项特征。[1]

又以原始法律现象"复仇"为例。复仇的必要性在于，当甲氏族遭遇乙氏族的侵犯时，并没有一条规范可以预先确定侵犯行为的非法性质和法律后果。只有甲氏族以复仇作为回应，才能清楚表明乙氏族的侵犯行为不符合它的规范性期望，也才能使乙氏族实际承担法律责任。可见，复仇行动既是立法，又是司法；既宣示了法律，又处罚了不法。

随着氏族之间相互依赖程度的加深，部落、部落联盟出现，"神明裁判"逐渐替代社会成本高昂的复仇，成为更具优势的纠纷解决方案。但由于片段式分化的社会组织原则没有改变，神明裁判仍然

---

[1] 〔英〕梅因：《古代法》，沈景一译，商务印书馆2015年版，第1—3页。

既无法援引实体的法律,也无法诉诸裁判者本身的权威,只能借助巫术性的、高度仪式化的程序,以神的名义做出纠纷各方都能接受的决定。显然,这类仪式亦兼具立法与司法属性,仪式终了之时,规则与判决一并产生。[①]

(二)传统社会:立法与司法初步分化

跨越初民社会的门槛之后,依托高等阶层的政治支配地位,在许多"前现代高等文明"之中,法院组织正式形成。[②]相应地,立法与司法开始分化。亚里士多德从理论上区分二者,并明确表示这是为了使司法独立于亲友关系。在他看来,立法者承担着预先颁布一般规范的任务,无法确知这些规范对于近人与远人、敌人与朋友的未来影响;在此前提下,只要另外任命法官,严格按照立法进行裁判,就可以满足法谚所谓"不考虑涉案者为何人"。

然而,为何古希腊司法主张"不考虑涉案者为何人"?初民社会的司法当然要考虑涉案者的身份,尤其要考虑他们来自哪个氏族;"神明裁判"不得不顾及涉案氏族的实力,以免裁判无法实际执行,动摇神的权威;法律意义上的"复仇"则不会在氏族内部出现,杀害本族人的行为,甚至被理解为"自杀"。卢曼没有将此种司法理念的变化,归结为社会观念进步的产物,而是强调了社会结构的变迁。古希腊时期,基于身份的阶层分化和城乡分化替代基于血缘的片段式分化,成为社会组织的主导原则。为了维持这项原则,司

---

① 卢曼论"古代法",参见〔德〕尼克拉斯·卢曼:《法社会学》,宾凯、赵春燕译,上海人民出版社2013年版,第195—211页。

② 卢曼论"前现代高等文明的法律",同上书,第212—233页。

法必须同等对待同一层级的所有成员，不论他们来自哪个家族，关系是亲是疏，血缘是近是远。

不过，层级式分化不仅要求保障层级内部的平等，还要求维持阶层之间、城乡之间的不平等。在层级式分化社会中，立法与司法仅仅"初步分化"，就是因为二者都必然受到高等阶层的支配，统一于高等阶层的意志。即便罗马共和时期，平民分享了立法权，贵族裁判官的司法活动必须依立法而行，但由于贵族法学家垄断法律知识，通过"法律答问"左右着司法裁判，阶层的影响也并未削减。唯有在政治系统相对自主的特殊历史时期，立法与司法才进一步分化，此时强大的王权抑制了贵族阶层，使之难以实现过多特权。然而，直到领土国家兴起之前，绝大多数时候，地方司法都完全掌握在领主法庭或者城市法院的手中，立法与司法界限模糊的情况才是常态。因此，中世纪欧洲，立法与司法被视为一体，称为"裁判权"，附属于弥散在贵族阶层之中的政治权力。这种理解，甚至一直延续到近代。

16世纪，欧洲社会走向政治集权，英、法、俄等国先后进入君主专制。贵族势力自此大大弱化，层级式分化的社会组织原则趋于瓦解，立法与司法的分化取得新进展。立法相对于司法占据了更高地位，它不再是"裁判权"的分支，而是行使"主权"的主要方式。如果说古代封建君主的命令，只有符合贵族阶层的利益及其"自然法"观念，才具有法律属性，相应地，封建君主无权擅自制定、修改、废除、暂停执行和解释法律；那么近代的专制君主，则真正拥有了包含上述所有权能的"立法权"。为了实现政治集权、全面贯彻自己的意志，专制君主还着力推进司法改革，以期建立全国统一的法院体系。这也从客观上改变了地方层面司法与立法边界不清的状态，防止了地方贵族通过控制司法扭曲立法。但不论如何，由于立法权从属于君主的主权，司法又是立法的附庸，二者的分化仍然有限。

（三）现代社会：立法与司法高度分化

18世纪开始，立法与司法之分"获得了今天已经为人习惯的显著性"（p.341）。就连在"司法治国"的普通法系英国，边沁也提出了明确隔离立法与司法的主张。这是由于全社会的组织原则再度发生了改变，层级式分化社会向功能分化社会转型。

在功能分化的社会模式下，法律系统不仅失去了高等阶层及其"理性""自然""正义"观念的支撑，而且必须与政治、道德、宗教等功能系统相互隔离，依靠完全"实证化"的法律规范独立承担稳定规范性期望的功能。换言之，法律系统必须自主做出各项决定，独自承受复杂社会中日渐加剧的决定风险，无法借助阶层势力、政治权力、道德伦理、宗教信仰转移风险。此时，在系统内部，将风险分配到立法与司法两个肩膀上，就成为一种合理的策略：立法决定的错误，可以依靠司法调整；司法裁判的错误，可以诉诸立法纠正。

现代社会立法与司法的高度分化，得到了法律程序的制度性保障。立法机构与司法组织在不同的法律程序框架下运行，各自拥有不同的权限，受到不同的限制，这种程序性的隔离也是为了适应功能分化的要求。作为两个法律子系统，立法与司法一旦严格区分，就都可以仅仅依靠相互观察做出决定，不必诉诸外部环境，这奠定了整个法律系统的自治基础。法官考察立法者的意图进行裁判，立法者基于对法院处理纠纷的预测制定法律，系统内部的"控制论循环"由此形成，法律得以在"二阶水平上观察自身"，进而实现"自创生"。

三、"立法至上"的理论谬误

现代学者已很少否认立法与司法的分离，但往往认为立法与司法经由层级式分化，形成了等级关系。在卢曼看来，这种"立法至上"理论并不符合法律系统的运作实际。

（一）"立法至上"的社会背景

"立法至上"是一种非常晚近的法律意识形态。在中世纪欧洲的等级制社会，国王不过是"同侪之首"，其立法受制于贵族阶层的利益和观念，若无贵族支持，难以付诸实施；"王室法"不仅只是与封建法、城市法、教会法、庄园法、商人法并行的法律渊源，而且只有借助强大的王权，通过提供更具执行力和公平性的司法裁判，才能换得相对的权威。①

"立法至上"观念的形成，根源于现代社会的功能分化，以及政治情势的相应变革。现代政治一方面在全社会之中分出，垄断了原先由贵族们掌握的分散的政治权力；另一方面与宗教系统分离，脱离了罗马天主教会的控制；加之频繁的战争需要国家的凝聚力，"主权"理念应运而生。"立法"被视为行使"主权"的最重要工具，

---

① 英国的情况最为典型，参见〔比〕R. C. 范·卡内冈：《英国普通法的诞生》，李红海译，中国政法大学出版社 2003 年版，第 37—78 页。

法院则必须作为执行立法的代理人,与行政分支一道落实"主权者命令"。资产阶级革命之后,"民主"成为新的政治原则,立法作为民意表达工具获得了正当性。精英控制的司法,更加让位于反映民意的立法。

"立法至上"理论的产生,也是用旧的社会观念解释新的社会结构的结果。作为全社会组织模式的根本变革,"功能分化"长期没有获得理论表述。囿于"政治国家/市民社会"的二元分析框架,法律系统在全社会之中的分出,以及与政治系统的分离,都无法被充分把握。在法律系统内部,立法与司法的高度分化也令人不安。学者们不能想象不受立法支配的司法,正如他们不能想象并非政治统治工具的法律。因此,他们倾向于按照"旧式天文学的阶层性世界架构图像"(p.342),将立法与司法视为类似贵族与平民、统治者与被统治者的等级关系,以构建二者的统一性和协调性。在他们看来,唯有如此,立法与司法的高度分化才是可控的,"秩序"才是可以维持的。相应地,从莱布尼茨开始,司法就被理解为依靠严格的演绎逻辑适用立法;遇到法律不明的案件,法院则须提请议会释法。

(二)"立法至上"的现实困境

但早在18世纪,"立法至上"论就已脱离现实:议会既然不可能垄断法律解释之权,也就不可能收回法院在裁判事务上的自主决定之权。太多案件需要明确法律的含义,议会根本没有精力一一处理;法院出于揽权或者按期结案的考虑,也并不经常提请议会释法,而是往往不露痕迹地自行解释法律。更不用说,自"马伯里诉麦迪逊"以降,各国纷纷建立了司法审查制度,以至于立法规范的效力,都成了司法解释的对象。法院如果认为立法并未提供解决纠纷的合理方案,甚至可以诉诸"违宪"等理由,拒绝"主权者命令"。

19世纪,"立法至上"遭遇了更加严峻的现实挑战。一方面,大量法典日渐陈旧,远远不能适应工业革命之后飞速发展的社会,法院必须行使更大的法律解释权,才能缓解立法滞后的困境。这一困境在欧洲大陆激发了"自由法运动",也影响到了美国反对兰德尔法律形式主义的种种思潮。[①] 另一方面,越来越多的案件以合同而非立法作为裁判依据,这不仅意味着立法重要性的持续下降,而且意味着法院除了解释立法,还要解释合同当事人的意思。面对堆积如山的案件,法院不得不发展出利益衡量等新法律方法,严格运用逻辑演绎的情况越来越少。这就从司法技术的层面,进一步冲击了立法与司法的等级关系。

法官们则被置于双重压力之下,他们既要在审限之内裁判所有案件,又要保证同案同判、不同案不同判的正义。在变迁时代,为了避免僵化适用法律造成的荒唐裁判,他们不仅必须不断解释旧规则,而且必须不断创制新规则。其结果是,议会越立法,法官就越造法;法官法逐渐成为与制定法并行的法律渊源,甚至在司法裁判之中发挥更为关键的作用。

(三)"立法至上"的理论修正

面对19世纪的司法现实,学者们不得不修正原教旨的"立法至上"理论。他们仍然不愿否定立法与司法的等级关系,但在一定

[①] James E. Herget and Stephen Wallace, "The German Free Movement as the Source of American Legal Realism", 73 *Virginia L. Rev.* (1987), pp. 399—455.

程度上承认法官参与了法律的生产。他们声称立法是一种"理性"的"行动",从方法论角度指出,法官并非直接依据立法"文本"裁判案件,而是通过解释立法文本把握立法者的"理性",在此基础上裁判案件。这样一来,法官造法的实践,似乎就只是为了更好地适用立法,并未偏离立法控制司法的教条。

19世纪法教义学的发展,也起到了维护立法至上和松绑法官造法的双重作用。这一时期的法教义学拟制了"字面含义"与"内在精神"的新区分,提出在白纸黑字的立法规则背后,还存在着一个没有漏洞的"法秩序";正确的司法方法,绝不是从字面上理解和适用立法规则,而是将个案纳入这种完美的法秩序。

但19世纪的理论修正并不成功。当时已经有人批评,"法理论对方法给予了过度的重视"(p.344)。的确,倘若借助如此复杂的法律方法,才能够维系立法与司法的等级关系,人们就不得不怀疑,问题可能在于"立法至上"的理论本身。等到"论题学"和"修辞学"等更多法律方法被采用,怀疑进一步加剧了。这些法律方法的"古为今用"表明,法院甚至不再追求司法裁判的"正确性",不再强调通过演绎逻辑发现法律的"真理",而是满足于司法裁判的"可接受性",也就是个案情境下当事人对裁判结果的认可。

20世纪,立法与司法的关系第一次得到实事求是的描述。特别是在20世纪20年代的美国,法律现实主义者突破"立法至上"的桎梏,区分"纸上规则"与"真实规则",指出法院实际使用的规则才是真正的法律。他们站在司法中心主义的立场,将法官法与制定法一道界定为法律的渊源。这就把立法与司法之间的关系,从非对称的线性关系,变成了对称的循环关系:立法不再决定司法,而是仅仅构成法官自由裁量空间的限制性前提；司法当然也不可能决定立法，但司法同样对立法者的恣意行动构成一种限制，因为立法如果不能满足司法裁判的正义要求，就将沦为纯粹的摆设——"纸上规则"。①

四、现代司法的基本特质

法律现实主义关于司法地位的见解，至今仍未成为主流。这主要是因为，精英主义的司法必须接受民主立法控制的社会观念，已经根深蒂固。"二战"之后，出于对"纳粹"暴政的怵惕，人们更加不愿赋予法官过大的权力，法律现实主义甚至因此走向衰落。学理层面重要的问题则在于，法律现实主义固然客观地描述了司法与立法的关系，但没有从现代司法的基本特质出发，深入讨论背后的社会原理，这削弱了它的说服力。卢曼更加深刻地阐述了，由于"禁止拒绝裁判"原则的确立，现代司法呈现出"决断"的属性，两大法系都试图掩盖此一基本特质，却并不能改变由此形成的立法与司法的对称关系。

（一）司法内涵的传统理解

传统上，两大法系都按照"立法至上"的框架，相对于立法界定司法。大致说来，大陆法系将司法理解为"法律适用"，英美法系将司法理解为"法律发现"。

---

① 关于美国的法律现实主义思潮，可参见陆宇峰："美国法律现实主义：内容、兴衰及其影响"，载《清华法学》2010年第6期，第85—97页。

"法律适用"论强调,司法仅仅裁判具体的个案,只有立法能够创制一般的规范。司法不过是借助演绎逻辑,将作为小前提的案件事实,涵摄进作为大前提的立法规范的过程。即便法院为了裁判个案,发展了一般性的裁判规则、准则、原则或者法律理论,那也是遵循"裁判必须说理"的立法要求的结果。司法与立法的根本区别就在于,只要当事人不就具体纠纷提起诉讼,法院永远不能主动启动审判程序。"法律适用论"者坚信,这种"被动性"决定了司法裁判的"具体性",决定了法院发展的规则最多只是"副产品",全然不顾"在某些领域中,'法官法'可能远比制定法更具重大意义"(p.345)。

"法律发现"论则强调,法官在司法过程中并非自行做出法律决定,而是从制定法和先例那里"发现"既有的法律决定。因此,制定法和先例等法律渊源,也被称为"法发现的渊源"。较之"法律适用"论,这种理论有其合理之处:一是承认了包括先例在内的法官法的存在,二是承认了法官一定程度的能动性,毕竟"发现"虽然不是"发明",但本身还是带有创造的意味。不过,法律发现论最终还是固守立法与司法的非对称关系,回答不了在"法无明文规定",也就是无法"发现"相关立法的情况下,司法如何裁判的问题。

(二)"禁止拒绝裁判"原则

无论"法律适用"还是"法律发现",都将司法的本质理解为"计算"。在传统社会中,这样的理解或许并无大错,因为当时的法官并不裁判所有案件。古罗马法上的诉讼先是"法定诉讼",仅仅赋予罗马市民诉权,且以法律规定的五种类型为限;再是"程式诉讼",

把市民与外邦人的纠纷纳入管辖，但需由裁判官决定诉权是否存在；最后是"非常诉讼"，范围有所扩大，但除了法律已经规定的类型之外，也只有君主或者特定官员认为应当受理者，才予以受理。中世纪英国的情况大同小异，普通法"无令状则无救济"，只受理"打扰国王安宁"的重要案件。在此背景下，如果"有法可依"，法官就"依法计算"；如果"法律不明"，法官完全可以拒绝裁判。这符合功能分化尚未展开的社会条件，当时宗教规范、伦理规范和习惯都被用于稳定规范性期望，法律只需选择性地处理特定问题。

但现代司法以"禁止拒绝审判"为原则，《法国民法典》甚至明文规定之。普通法系，英、美也都在19世纪中叶废除"令状制"、统一程序法，使"有权利就有救济"成为新的法律格言。对于这一重大变革，以往的解释是若非如此，则法官无法获得政治独立，难以限制公权、保障私权。此种"分权"解释有助于说明从专制向民主的政治转向，但远远不能把握"禁止拒绝审判"在全社会层面的结构意义，远远不足以回答以下问题：在日常生活中，既然只有很小一部分纠纷需要诉诸司法，有何必要为一切纠纷赋予可诉性？

20世纪下半叶，出于司法成本等方面的考量，大量学说曾试图否定此种必要性，倡导替代性的纠纷解决机制。然而，在功能分化的现代社会，司法裁判是无可替代的。随着利益和道德的多元化，随着共同体的解体和习惯、"礼教"的瓦解，随着宗教成为"个人信仰"，唯有法律能够继续发挥稳定规范性期望的功能。哪里出现了不能依法裁判的案件，哪里就暴露出了法律的漏洞，涂尔干所谓"失范"必然接踵而至，人们将难以预期对方的行动。这在高度"陌生化"的社会，在风险日益加剧的社会，是无法承受之重。

（三）现代司法的"决断"属性

《法国民法典》第 4 条的具体内容是："法官借口本法无规定、规定不明确或不完备而拒绝审判者，得依拒绝审判罪追诉之。"但任何使用抽象语言的文本，都存在解释空间，都难免"规定不明确"，拿破仑的法典也不例外。一部 1804 年出台的法典，也绝不可能对往后的全部民事生活都做出详尽、适当的规定。考虑到伴随着第二次工业革命的展开，整个市民社会发生了翻天覆地的改变，"法无规定""规定不完备"等情况更是常见。

面对"必然不足"的立法，"必须全能"的司法承受着巨大压力。其首要后果就在于，现代司法的基本属性不再是"计算"，而是施密特所谓"决断"。[①] 康德最先意识到，在日益复杂的现代社会，不可能仅仅依靠"理论理性"把握世界，"生存态势"迫使人们放弃基于文本和逻辑的完备知识，转而投身实践和行动。的确，如果所有纠纷都可以提交法院，就避免不了没有适当规则、规则存在多种解释、多条规则均可适用且相互矛盾等情况。必须裁判一切的司法，因此总是面对不同的可选方案，要求选择的行动。更棘手的问题是，选择任何一个方案，都将导致一系列后果，它们只在有限程度上可预测；至于该选择将会打开的进一步选择空间，以及将会引发的进一步选择行动，则根本不可预测。因此，情况既不是说，立法已经给出且仅仅给出了一个答案，法官只需找出这个唯一的答案；也不是说，虽然存在着两个以上的可选方案，但法官清楚地知道选择各种

---

① 施密特的"决断"概念与卢曼司法决断概念的关联，参见陆宇峰："'自创生'系统论法学——一种理解现代法律的新思路"，载《政法论坛》2014 年第 4 期。

方案的后果是什么，从而可以做出一个"正确"的决定。恰恰相反，司法裁判系基于 AB 可选项做出了一个"决断"，这个"决断"既不是 A 也不是 B，因为法官根本不知道 A 和 B 确切地意味着什么。

比如，一项立法规定："雇员工伤由雇主赔偿，但若损害系由其他雇员的过失所致，则由该雇员共同赔偿。"工人甲因工友乙的操作失误失去了一只手，但甲将雇主铁路公司丙诉至法院，要求赔偿。在受案法官看来，A 选项是丙公司无责，这符合立法的字面含义，却可能使甲无法得到任何赔偿，因为乙是一个穷光蛋；未来出现类似案件，如果继续判定丙这样的大公司无责，还可能引发"工人运动"。B 选项则是丙公司有责，只要解释说丙存在没有为安全生产提供充分保障的"过失"，该选项也不违背立法"精神"；但这又可能导致更多企业面临工伤事故诉讼并被判败诉，增加它们的经营成本，造成工人失业。没有哪个选项绝对正确，更重要的是，做出任何选择，也并非真的就会出现上述分析的后果。因此，裁判既不是简单地适用立法，也不是在 AB 选项之间进行选择；裁判的实质是做出了决断 C，C 作为权衡 A 和 B 的结果，是被 A B 两个选项排除的第三者，是二者差异的统一。

正是在这个意义上，卢曼认为司法裁判作为决断，不仅是"未被决定"的，而且是"无可决定"的；亦即不仅没有被立法预先决定，而且发生在并不清楚可选方案及其后果的情况下。他从时间面向进一步解释说："一切万有，皆为当下"，法律系统也只存在于"当下"，只能以"当下"存在着的世界为出发点。由于这个最基本的原因，法院不可能充分把握世界，做出绝对正确的裁判，此即"无可决定"。在"无可决定"的同时，又被"禁止拒绝裁判"的法院，只能通过"时间化"的方式，建构出"过去"与"未来"两个可选项。其中，保守的选项是"按过去方法办"，激进的选项是"考虑未来后果办"。然而，不论选择哪个选项，都改变不了司法的决断本质。过去已经过去，未来还未到来，二者都不过是当下的建构，不过是"当下的过去"和"当下的未来"。因此，看似诉诸过去或未来做出的决定，归根结底还是当下的决断，还是面对着无法全面认知的世界，还是"无可决定"。

（四）两大法系对司法决断的掩盖

"无可决定的决断"是现代司法的根本悖论，可能暴露出法官的恣意，甚至暴露出法律系统统一性的匮乏。近代以来，为了掩盖司法的决断属性和根本悖论，维护"依法""正确"裁判一切案件的法院形象，两大法系发展了各种法律装置。[①]

一些法律机制通过将司法活动"神秘化"，阻止对司法属性的追问。这些法律机制包括"权威、尊荣、对于接近奥秘所设之限制、能够为人们所援用的文本，开庭与退庭的庄严等等"（p.348），它们塑造了法官不容置疑的法律宣示者形象。

一些法律制度通过帮助法官回避实质判断，为司法裁判"减负"。程序方面，法官仅仅依靠负有举证责任者提供的证据，诉诸"证据事实"而非"客观事实"进行裁判；按照"诉讼时效"的规定，一旦被告提出时效抗辩，法官只需查明并无中止、中断、延长事由，

---

① 这也证明了卢曼的一个重要观点：法律的悖论非但不是系统运行的障碍，而且具有"生产性"。参见宾凯："法律悖论及其生产性——从社会系统论的二阶观察理论出发"，载《交大法学》2012年第1期，第65—73页。

即可做出驳回原告诉讼请求的裁判。实体方面，在美国联邦法院，宪法争议如果"确属细枝末节""稀松平常""完全没有价值"，或者被认定为"政治问题"，都可排除管辖。[①]

一些法学理论承认"法官造法"，但否认其决断属性。比如，与古罗马不同，"法律原则"被现代法学抬高到无以复加的地位，法院除了"依规则裁判"，还可以"依原则裁判"，后者无论存在多大的自由裁量空间，仍被视为"依法裁判"。又如，现代普通法自确立"遵循先例"原则以来，法官在"疑难案件"中首次创制的裁判规则，就对以后的同类案件具有了拘束力；但根据德沃金等人的理论，这些裁判规则也并非决断的产物，而是源于法官的道德论证，符合法律共同体甚至全体人民的道德观念。当然，遵循先例原则并未说明裁判规则的效力来源，道德论证说更带来了一个不可接受的后果：被判决败诉者，不仅非法，而且不道德。这直接违背功能分化的社会原则。实际上，现代司法处理疑难案件的方式类似于"神明裁判"，前者诉诸"人民的道德确信"（p.351），后者诉诸"神意"。它们作为"功能等同项"，都是裁判之前无可预见的，都不过旨在为裁判结果提供各方能够接受的理由罢了。

还有一些技术和制度致力于防止司法决断可能带来的灾难性后果。比如，鉴于先例只是法官面向特定个案的决断，往往并不适合处理类似案件，"判决理由/附带意见"的区分技术发展起来，被用于限制甚至规避遵循先例原则。又如，"既判力"制度为司法决断提供了终极保护：不论有没有说服力，也不论是否基于成功的后

[①] 程洁："从贝克诉卡尔案看美国政治问题的法治化"，载中央财经大学法律系编：《面向21世纪的司法制度》，知识产权出版社2000年版，第315—323页。

果预测,裁判一旦生效,就具有了不可改变的法律效力;换言之,至少在法律系统中,生效判决被拟制为正确的。

总而言之,法官造法的存在、现代司法的决断属性以及由此形成的司法悖论,都是被掩盖的事实。司法与立法都是法律规则的生产者,二者之间不构成上/下等级关系。

五、法院作为法律系统的中心

但司法与立法显然占据不同地位,在法律系统之中,二者并非只是对称的子系统。

一方面,法律并不强制立法决定所有问题,禁止拒绝审判的法律诫命仅仅指向法院,这从根本上决定了法院的特殊地位。在卢曼看来,正是由于法院必须裁判一切案件,才出现了法律方法的混乱、法律确定性的丧失、法教义学原则的分裂、利益和价值衡量的兴起、司法的立法化等饱受争议的现代法律现象。正是由于法院在法律系统之中占据特殊地位,才引致了对于司法的各种批评,包括成本高昂、难以接近、只考虑有限的法律因素、无法从根本上化解矛盾冲突等等。有的学者甚至认为,司法裁判并非解决纠纷的合理机制。

另一方面,较之立法,司法才是法律系统"自创生"的关键。在司法过程中,制定法总是经由法院解释选择性地被适用;在疑难案件的情况下,法院甚至必须诉诸自身的裁判历史,自行创制裁判规则。法院的这些做法,保证了所有案件都可以依靠"纯粹的法律论证"加以解决。现代的欧陆法学,几乎都以此为出发点,服务于立法不足条件下司法的"自我"决断。英美"交叉询问"的法院诉讼程序，更加明显地保证了法律系统的自我再生产：在庭审过程中，只有法律的法／不法代码和条件纲要受到关注，道德、政治、效用问题则被排除。当事双方及其律师，系围绕法律争点展开辩论；诉讼的结果，只有法与不法两种可能；法官必须避免对当事人的道德预判，律师必须搁置个人好恶，为委托人的利益辩护。

（一）法律系统的中心／边缘分化

更重要的是，"法院承担了为法律系统去悖论化的任务"（p.356）。立法无法避免逻辑性、体系性、合理性、完备性的欠缺；仅仅诉诸立法，许多案件的裁判必然暴露出恣意性，呈现出"法律系统自己决定何为合法何为非法"的悖论。法院通过实际的司法运作展开这一悖论：法官在诉讼程序和证据规则的帮助下，在法教义学、法律解释学、法律推理、法律论证理论的帮助下，在各种司法技术的帮助下，把日常纠纷加工为法律纠纷，对制定法加以高度选择性的解释和运用，进而做出"无可决定的决断"并予以正当化。[①]原本停留在纸面上的法律体系的自洽性，由此呈现为法律系统的运作统一性。有鉴于此，最好用"中心／边缘"之分，描述法律系统的内部分化，其中法院占据中心，立法和合同处于边缘。

此处需要说明的是，传统的法律渊源论认为合同只是法律制度之一，属于法律的"语义"而非"语法"。但在系统论法学看来，合

[①] 关于法官如何将社会冲突转化为法律冲突，可参见〔德〕贡塔·托依布纳：《魔阵·剥削·异化——托依布纳法律社会学文集》，泮伟江、高鸿钧等译，清华大学出版社2012年版，第317—345页。

同与立法一样，都是存在于法律系统边缘、能够创制法律规范的子系统。早在20世纪20年代，就有"经济领域自我生产的法律"之说，强调立法仅仅规定了合同的一般条款，当事人之间的具体法律关系，完全是合同自身的产物。今天，在各种社会组织之内和之间确立重要权利义务关系的合同，更是被法律系统理解为有效的法律。正是由于合同的法律创造作用，这些社会领域才发生了全盘的法律化，形成了私人的法律秩序，否则也就无须"反垄断法"等国家法介入干预了。

中心与边缘相互区分，又相互补充。首先，中心组织化，边缘则并非组织系统。作为组织，法院能够对其成员施加特殊的双重约束，要求法官在裁判所有案件的同时，按照特定的方法和内容标准创制新的法律规范。未经组织化的立法和合同领域，则既不强制法律的制定或合同的缔结，亦不将"法／不法"区分作为唯一考量。其次，法院在高度的认知性自我隔离的条件下运行，比如法官只依靠有效的证据认定事实。立法和合同恰恰相反，它们在法律系统的边缘，对环境保持开放，建构地认知政治的意志或者经济的需求。再次，立法诉诸全体公民的共识，合同诉诸当事人之间的共识，但法院必须裁判那些甚至连法律依据的效力都缺乏共识的案件。法官最多只是独断地宣称自己的裁判符合人民的道德共识，并不对此进行程序审查。最后，中心分化，边缘不分化。法院组织经由片段式、层级式、功能式三种类型的分化，形成了不同地域、不同审级、不同专业的独立子系统。地方法院与中央法院、初审法院与上诉法院、普通法院与海事、军事等专门法院，都在各自的职权范围内充分发挥作用，其生效判决都是不可改动的终局判决。立法和合同领域则不同，即便委托立法的情况，也并没有形成独立的"自创生"子系统，因为被委托的一方，必须完全服从委托者的命令。

（二）法院负责法律系统的运作封闭

如前所述，位于边缘的立法和合同，面向社会环境认知开放；占据中心地位的法院组织恰恰相反，它从时间和事物两个面向负责法律系统的运作封闭。

在时间面向上，法院维护着法律决定的"连续性"。这当然不是说，过去的法律决定提供了充分的信息，确定了未来的法院裁判。恰恰相反，司法作为决断，总是截断过去与未来的法律决定。但若抛弃"过去—未来"这种二维、线性的时间观，引入当下这个时间点，采用以当下为中心、在当下被建构、随当下而变动的时间框架，则可看到法院的司法裁判立足"当下"的案件，连接了"过去"与"未来"的法律决定。在司法裁判的当下，法官总是根据对裁判之未来后果的预测，从过去的法律决定之中，重构适用于本案的裁判规则，并主张这些裁判规则之于未来类似案件的拘束力。不过，这些裁判规则终究无法束缚未来的法官。未来遇到类似案件，法官将再一次立足当下，预判未来，重构过去，并试图拘束未来。一言以蔽之，法院经由司法活动，在每一个案件裁判的当下，呈现法律决定的连续性。

在事物面向上，法院监控着法律决定的"一致性"。法官在司法裁判的过程中，通过"解释"重构既有的法律决定。这些法律决定，不论是制定法、合同还是判例，原本就已经是观察法律的产物。因此，法官的解释行为，实际上是一种"二阶观察"，亦即对既有法律决定如何观察法律进行观察。在这一过程中,法官对法律是否符合上位法、合同是否违反法律的禁止性规定、先前的同类判决是否正确适用法律或者先例所确立的原则,进行了实际的检验,确保了各种法律决定的相互协调。更重要的是,法官在"论证"的意义下解释法律,旨在将既有的法律决定与当下发生的具体个案结合在一起,并给出合理的理由。换言之,是法官而非其他任何人决定了,面对当下的纠纷以及纠纷背后不断变动的社会情境,既有的法律决定是否能够得到遵循,如果能够,其具体含义又应该是什么。法官真正执行着作为"偶联性公式"的"正义",通过法律论证,落实"同案同判,不同案不同判"的原则。[1]

在社会面向上,还存在着一系列社会建制,它们保障了法院的封闭运作,进而保障了法律系统的封闭运作。一是"组织化"。法院作为组织系统,向其成员施加了工作职责和时间压力,通过监督和合议机制迫令法官按时完成裁判任务。法院组织也向其成员施加纪律限制,要求法官只能在"法律上可接受的范围"内犯错,只能向上级法院提出经过理性论证的异议意见,如果上级法院不接受,则不得一直主张异议意见。法院组织还根据按时完成工作的情况和遵守纪律的情况,向法官们分配不同的地位、薪金和职业生涯。除此之外,法院组织尽管无法帮助法官摆脱媒体的压力,但可以保障他们不因正常的裁判行为遭受地位和金钱的损失。法院组织承担了裁判的风险,只要没有贪赃枉法的情况,法官对裁判的后果不负责任,这使他们敢于独立做出决断。二是"职业化"。职业律师

---

[1] 参见泮伟江:"作为法律系统核心的司法——卢曼的法律系统论及其启示",载《清华法治论衡》2009年总第12辑,第167页。

显然有助于依法解决冲突，这既是因为他们拥有专家的声望，可以拒绝委托人不适当的要求，使争议聚焦于"法律问题"；也是因为他们之间始终可以维持友好关系，即便委托人之间的冲突已经失控，理性的沟通仍然可以进行。职业律师也有助于降低裁判的难度，他们与法官一道，为正式的司法裁判做准备，特别是将"公说公有理，婆说婆有理"的社会冲突，转化为能够做出"法/不法"二元判断的法律冲突。政府和公司的法律顾问，也努力设计各种预防性的法律方案，这从客观上减少了进入法院的纠纷。此外，随着律师职业的发展，不同的律师开始服务于不同的阶层或者政党，这提升了他们的社会信任度，也有助于他们说服当事人服从法院的判决。三是"程序化"。法院程序通过维持结果的不确定性，诱导当事各方的参与，化解裁判的风险。当事各方被确定为不同的法庭角色，处于对抗的地位，相互辩论和交叉询问。最终，裁判仿佛并非法官的决断，而是在中立的法官的主持之下，各方共同参与、相互合作的结果。此后除非经由政治途径改变立法，按照法院程序，就只剩上诉这一种正当的救济手段了。

（三）其他现代功能系统的类似情况

的确，在"功能分化"的现代社会，"中心/边缘"分化不占主导地位。但在诸功能子系统内部，此种分化形式并不鲜见。法律系统不是孤例，政治和经济同样如此。

经济系统以银行为中心。正如法院负责处理法律系统的悖论，银行负责处理经济系统的悖论。只有银行可以通过出售债务赚取利润；只有银行既刺激存钱，又刺激花钱。银行也负责处理基本经济运作带来的时间问题。作为最基本的经济运作，每一次"支付"都使交易一方产生支付能力，另一方丧失支付能力。银行保证了无支付能力的一方可以获得贷款，有支付能力的一方可以通过存款获利。银行帮助许多人用上了原本只有未来才能用的钱，从中赚取利息差额作为利润。因此在现代经济之中，投资和投机不再取决于自有资本，而是取决于资本与信用的更佳组合。银行还负责整个经济系统的封闭运作。与18世纪不同，今天货币供给的增长，早已不再主要依靠国债，亦即不再依靠国家及其政治权力的担保。商业银行贷出的货币，总是又成为商业银行的存款，这种循环往复的货币创造过程，不断增加着货币总量，从根本上保证了经济系统的自我再生产。中央银行对商业银行加以二阶观察，运用准备金等政策工具调节货币供应；银行体系则对占据经济系统边缘的生产、贸易和消费加以二阶观察，通过调整存贷款利率，实现整个经济系统的自我调整。此外，在经济系统中，唯有银行以等级方式组织起来，形成储蓄银行/中央银行、商业银行/客户的区分；边缘的生产和贸易都不分化，只在从事生产和贸易的私人组织（工厂、企业）中产生等级。

政治系统则以国家为中心。[①]同样，政治系统的中心高度组织化，形成了国家机构。国家机构承担着政治系统的核心任务，即做出有集体约束力的决定。国家机构也致力于处理政治系统的根本悖论，即主权者的决定同时约束着主权者自身的"主权者悖论"。作为主权者，国家机构必须既受自己的决定约束，又不完全受自己

---

① 进一步的论述，参见 N. Luhmann, *The Differentiation of Society*, Columbia University Press, 1982, pp.138—165。

的决定约束,否则它就无法做出新的决定。卢曼指出,"这件事情是借着时间距离的内建、借着事物面向上的(特别是依照程序的)条件化,以及借着对变更之进行提出关于必要政治性共识的最低要求"(p.368)。换言之,国家机构可以依靠时间、事物、社会三个面向的政治机制,正当地做出更"与时俱进"、更"符合国情"或者更"受人民拥护"的新政治决定。但国家只是政治系统的中心,它既不能像18世纪那样被视为"政治国家/市民社会"的一面,也不能像19世纪那样被等同于整个政治系统。现代政治的正常运转,需要边缘过程与国家机构的相互配合。这些边缘的政治过程,包括"政党"的政治群体形成和规训过程,"公众"的共识达成过程,以及政治利益的日常协调过程。边缘比中心更加自由,政党、公众、利益集团表达各种意见,以各种方式施加政治压力,采取各种战略性的政治行动,不像国家机构那样,必须做出有集体约束力的决定。中心与边缘以是否"担任公职"划分界限,由此造成了国家与政党、政府与反对派的区分,以及压力集团的存在和官职任命的竞争,带来了政治的民主化。所有这一切,"在相当的范围内提高了系统的复杂性",亦即提升了政治系统的效能。

与经济系统和政治系统的类比有助于进一步说明,现代功能系统往往通过"中心/边缘"的内部再分化,应对高度复杂的社会环境。具体到法律系统内部,位于中心的法院主要承担系统的运作封闭,位于边缘的立法和合同主要负责系统的认知开放,二者相互配合,共同在高速变迁的复杂社会之中执行着稳定规范性期望的功能。

五、本章点评

在第七章《法院在法律系统中的地位》中，卢曼首先分析了立法与司法逐步分化的历史过程，指出随着现代社会功能分化的展开，立法与司法成为了两个相互独立的法律子系统；接着批判了近代以来"立法至上"理论对法院地位的错误理解，否定了二者之间的等级关系；进而从"禁止拒绝审判"的现代原则入手，有力地论证了在立法"必然不足"的条件下，"必须全能"的现代司法具有"决断"的属性；最后基于以上认识，进一步阐述了自己的司法中心论，认为与现代经济和现代政治类似，为了应对日益复杂的社会环境，现代法律系统内部也发生了"中心/边缘"再分化，其中法院占据中心地位，立法和合同则处于边缘。

卢曼的司法中心论是独一无二的。他不是讨论美国那种司法权起主导作用的法治模式，不是讨论肯尼迪和赫希所观察到的全球"司法治理"浪潮，[①] 不是讨论德沃金所倡导的法官视角的法学研究范式，更不是讨论近年来我国主张的"能动司法"理念。他的观点毋宁是，进入功能分化的现代社会之后，不论在大陆法系还是英美法系国家，法院都不得不成为法律系统的中心，否则法律系统就无法维持自己的封闭运作，就无法展开"法律自己决定了什么是法律"的悖论，就无法执行稳定规范性期望的社会功能。

其中最具颠覆性的命题，还是现代司法的决断属性。正是这种

---

① 〔美〕肯尼迪："法律与法律思想的三次全球化：1850—2000"，高鸿钧译，载《清华法治论衡》2009年总第12辑，第47—117页。

决断属性，决定了司法不可能是立法的附庸或者受立法的支配，决定了法院体系必须组织化、法律职业必须专业化，决定了必须相应地发展高度发达的法解释学、法教义学、法律论证、法律渊源理论以及形形色色的司法技术，甚至决定了现代的诉讼程序必须以对抗制为底色，必须依靠既判力制度维系生效判决的不可变更性。若非如此，司法将随时暴露出自己的决断属性，暴露出过去的法律决定，不论是立法、合同还是先例，都根本不可能束缚当下的裁判行动。从这个意义上讲，澄清现代司法的决断属性，是理解现代法律的起点。

　　最后必须指出的是，法院的中心地位和司法的决断属性丝毫没有暗示，法官可以翻手为云、覆手为雨。从观察者的角度看，许多法律规范的含义，都完全可以做另一种解释；许多案件的裁判结果，都完全可能是另一个样子。但从参与者的角度看，面对每一个案件，法官都受到了来自法律系统本身的重重限制，他们必须从既有的法律决定之中找出裁判依据并给出论证理由，必须回溯裁判的历史并遵循"同案同判，不同案不同判"的原则，必须考虑裁判的未来后果、被合议庭否定的可能、被上级法院改判的风险。毫无疑问，绝大多数法官并不承认自己的决断者身份，他们坚持在"依法裁判"理念的指导之下开展工作，但恰恰在这个过程中，法律世界发生了实实在在的变动。这或许是卢曼试图揭示的又一悖论。

第八章　法律论证的性质和功能

一、引言

　　法学界对于法律论证已有很多研究。卢曼从法律系统论的视角，对于法律论证的性质和功能进行了独特的描述和阐释。《社会中的法》第八章内容较多，共分为 10 节。鉴于有些同类内容分散在不同的部分中，笔者拟对原文的内容进行重新组合，从法律论证的性质、论证与诠释、传统法律论证理由观的误导、多重视角的法律论证功能四个方面解读本章。

二、法律论证的性质

　　法律论证具有怎样的性质，不同学者常会持有不同观点。卢曼对于法律论证的性质提出了自己的观点。这部分内容主要集中在第 1 节和第 10 节中。我们可以对这些内容进行如下提炼和概括。

　　第一，法律论证至少可分为两类，一类是指法院在判决案件过程中对判决的论证，另一类是指法学家在法学研究中对法律所进行的学理性论证。本章所讨论的法律论证是指前者。

第二，在卢曼的法律系统论中，法律系统可分为中心与边缘。在第七章中，卢曼已经指出法院是法律系统的中心。法律论证处于法律系统的中心，是法院判决的组成部分。

第三，在法律系统中，法院的判决是法律系统所做出的决定，而法院对决定的论证也是法律系统所进行的法律论证。

第四，法律论证属于法律系统的运作，是法律系统的运作方式之一。法律系统像其他社会系统一样，运作形式是沟通。因而法律论证也是法律系统的一种沟通形式。在法律系统中，所有运作都会涉及观察。观察也是一种运作，没有观察系统就无法运作。但是，有些沟通以运作为主，观察为辅，例如法律系统在做出决定时，即属于运作性观察；有些沟通以观察为主，属于观察性运作。本章的法律论证是指观察性运作，即对决定进行观察。如果说法律决定是一阶观察，那么，对决定的观察就属于二阶观察。这种二阶观察认为自己的功能是为决定赋予理由，并在理由的比较中，选择好理由（p.406），使决定得以合理化和正当化。同时，观察又分为自我观察和异己观察。法律论证属于法律系统内部的运作，显然属于自我观察。

第五，卢曼在第二章中曾经揭示，在表象上，作为司法判决的法律决定似乎是把既定法律适用于个案的过程。换言之，现行有效法预设了法律的效力先于决定。但实际的情况却是，现行有效法只是潜在有效。通过司法过程的选择和解释之后，那些进入决定之中的法律，才成为真正有效之法。这就是说，法律的效力赋予是动态过程。即便是出自立法机构的制定法，也是"书本之法"。立法只有通过司法过程进入决定之中，才成为真正具有效力的"行动之法"。因此，法律不是因为有效而得到适用，而是因为得到适用而有效。卢曼在第七章指出，面对无从把握的世界复杂性，司法决定本身具有不可决定性，实质上是一种决断。这样一来，法官通过对决定进行论证，才会使判决具有可接受性。从观察者的视角看，论证转移了决断的悖论。

第六，论证必须基于文本，并证明它们与现行有效法相一致（p.406）。法律论证以现行有效法作为基础。现行有效法包括立法、判例和法律系统已经接受的学说等。法律文本，尤其是制定法文本，对于法律论证特别重要。唯有人们寻得相关文本，他们才能进行诠释与论证（p.383）。唯有在重构文本的基础上，法律论证才具有合理性。

第七，在法律系统的运作中，首先是一阶观察。当面对"沟通中应该如何对文本进行处理"这个问题时，才"来到二阶观察的层次"（p.384）。此时，法律系统才可提出"应如何理解文本"的问题。这里的文本是指作为解释对象的现行有效法。换言之，"倘若文本自身能够保证，所有读者在所有情境中，都会对该文本之意义抱持相同之理解，那么文本就根本不需要诠释"（p.400）。法律系统在对法律文本的意义理解产生异议时，即"能在文本中找到的决定会导致不令人满意的结果"，才"寻找一项具有说服力的论理"（p.384）。因此，一阶观察层次上"单纯对制定法之解读，都必须被排除到论证概念之外"（p.392）。

第八，论证与法律效力的改变存有关联。法律文本是法律论证和法律效力的共同结构。换言之，法律论证与法律效力借由文本的结构耦合而扣连在一起。法律效力的改变依赖论证，甚至给人以这样的印象,即法律效力的改变乃是基于论证理由。但是,论证无法对法律效力造成任何变动。没有任何论证能够像诸如制定法、合同或具有既判力之法院判决那样,改变现行有效的法律,创设新的权利与义务(p.382)。因此,法律论证并不改变法律的效力,而是依赖效力。法律效力不变,论证无须变化;一旦法律效力改变,论证也随之改变。

三、论证与诠释

人们通常认为,法律论证是通过对法律文本的解释,为法律系统的决定提供具有说服力的理由。早期的解释理论认为,人们对文本的解释是对于文本固有意思的明确或展开,法律解释附属于文本,与文本具有同一性。这种法律解释理论认为,现行有效法文本囊括了一切事态,解释仅仅意味着对文本进行文义解释,即对立法进行字面解释,然后把既定文本适用于具体事态。后来,海德格尔和伽达默尔的解释学认为,解释并不附属于文本,而是对文本进行扩充,即解释者借助旧文本的阐释而产生了新文本。但在卢曼看来,这两种解释都属于一阶观察视角。

法律论证属于二阶观察,当法律系统在沟通中遇到了如何处理文本这一问题时,才会出现法律论证。这时,法官对文本不是采取字面解释,而是以推理的方式进行理解。在这里,法官觉察到自己在阅读文本时出现了疑问。在这种情况下,法官对自己的决定感到不满意或不踏实。这些决定或者没有适当考虑某一方的利益,或者与文本的意图完全相悖。面对这种疑问和选择的多种可能性,法官必须为自己的决定寻找理由,证明有关决定是正确适用规则的结果,具有合理性。一旦进入到这个阶段,法官就进入了二阶观察。这时,法官会不满足于对文本的文义解释,可能转向目的解释,即探询立法者的立法意图。但相比目的解释,法律系统的论证还要迈出一步。法律的论证是在沟通过程中对决定进行审视,对与该决定有关的观点和可能的影响进行评估。在许多案件中,评估比较容易,如立法要求人们遛狗时应给狗套上牵引绳,没有人怀疑这项规则包含以下意思,即人们应牵住绳索的另一端。但人们对文本常常会发生疑问,且只有通过沟通才能消除疑问。这预设了沟通乃是一个过程,在这个过程中,法官在二阶观察层次上观察自己的决定。法官虽然从对文本的理解出发,合理地理解这些本文的意义,但法官在这样做时,并不拘泥于文本作者的意图。

通常的论证理论认为,论证理由意味着提供好理由。一旦涉及论证理由的品质,就会涉及理由的二元性,即好理由和坏理由的区分。好理由意指具有理性和令人喜欢的理由,而坏理由则意味着错误和令人讨厌的理由。然而,好理由不等于避免错误,有时会含有错误,如违反逻辑错误和事实认定错误等。实际上,这种"坏理由"的概念,与理由概念并不基于同一区分。这里涉及三组区分,即理由／非理由、好理由／坏理由以及错误／非错误,而每组区分的背后都隐含着特定视角的观察。逻辑在这里起到审查错误的作用,而理由与错误之间的联系,隐含了逻辑在法律论证中的作用。逻辑不能用于将决定予以正当化,但也不意味着逻辑无关紧要。在法律论证中,逻辑具有其他功能。

理由源于何处？理由不过是源自理由／非理由的区分。这意味着,理由伴随着非理由,而一旦跨越到理由的对面就会面对非理由。这揭示了论证理由本身具有偶联性,也揭示了决定理由具有不可论证的悖论。为了转移这个悖论,就引入了另一组区分,即好理由与坏理由。然而这组区分也存在悖论,于是人们就诉诸一些原则作为判准。其一,人们引入正义等原则作为判准。但正义之类的原则本身仍然没有根基,也是区分的产物,同样存在悖论,于是人们只能引入平等之类的概念转移悖论。诉诸原则"有助于在那些于时间流动中不断出现规则变更的地方,制造出统一的假象",从而"将不一致性宣称为一致性"(p.389)。实际上,实体性原则处于系统的环境中,"谁若是需要对理由提出论理,他就需要一些站得住脚的原则";"谁要是指出了一些原则,他其实最后就是指涉系统的环境"(p.388)。法律论证如诉诸道德和利益等原则,就破坏了法律系统的封闭性运作。其二,当人们引入"适当性"之类的中立性原则作为论证的基准,综合考量情境和事态,也会存在悖论,且这项原则过于笼统,难以具体运用。其三,人们往往诉诸理性原则作为论证的基础。法律在整体上虽然具有理性的气质,但理性也是区分的产物,并无根基。人们也无法从理性中推导出法律论证的具体理由。例如柯克在主张法律是"技艺理性"时,也不得不承认掌握这种理性需要依赖专业经验。实际上,"法律论证是从诸多案件的相异性当中汲取养分,并且藉此达到高度的明确特殊性",而不应理解为套用"各种一般原则"(p.387)。卢曼通过上述分析旨在揭示三点:(1)法律论证意指为决定提供理由。(2)理由源自理由/非理由的区分,这导致了"理由就是理由"的套套逻辑。(3)为了掩盖或转移这种套套逻辑的悖论,法律论证过程使用了其他区分及其所建构的概念。真实的情况是,法律论证不是基于某些原则,而是基于一些区分及其所建构的具有差异的概念。论证中对这些不同的概念进行了逻辑组合,使之看上去具有条理性和说服力。

卢曼基于上述分析和批判,从法律系统论的角度,对论证与解释的关系进行了重构。

第一,论证涉及对文本的解释。有文本才有诠释。文字作为一种形式,制造出了文本与诠释之差异,并制造了制定法的字面意思与内在精神之差异。文本构成了一种社会媒介,使人们可以借助这种媒介获取新的形式,即可以通过从文本的某种特定解释重新获取好理由。在论证中,人们的解释不必拘泥于文本,可以偏离文本的字面意思。

第二,法律系统必须做出决定,而论证对于决定至关重要。作为论证的法律解释是法律系统的内部活动,因而法律解释和论证都必须基于法律系统的代码,赋予决定以好理由(p.401)。实际上,法律系统在运作过程中积累了许多论证经验。这些经验凝结为传统。传统是一个储藏库,其中包含着原则和学说等论证储备"工具"。法律系统在决定新案件时,可以运用这种解释和论证"工具"(p.403)。

第三,法律论证在普通法和欧陆法中都得到高度发展,只是采取的形式有所不同。普通法采取区别的技术,即将当前案件与先例予以区分,找出先例的"判决理由"。实际上这个过程并不是纯粹发现先例中的理由,而是以论证的方式提炼出理由。通过这个过程,法院为决定当前案件提供了论证基础。在欧陆法传统中,法院采取不同的方式,即诉诸普遍性与特殊性之分。普遍性是指规则适用于所有同类案件，特殊性是指判决会涉及高度特殊化的规则。通过这种区分，法院为特殊案件的决定提供论证理由。上述两种区分方式都涉及论证或诠释。与判例法相比，制定法比较抽象、概括，论证的自由度更大一些。

第四，法律论证和解释都是法律系统的沟通形式。论证需要解释，而解释就是选择好理由的论证过程。论证总是通过解释在不同理由之间进行选择。这意味着选择具有可错性。那些被排除的理由，后来可能被选择作为论证理由。因此，法律论证的过程也是系统不断学习和修正的过程。在普通法中，法官对同一个判决往往会形成不同判决意见，并提出不同论证理由。有时，法官对于判决结果并无异议，但在论证理由上存有异议。例如，在一个时期，霍姆斯法官的意见是少数意见。但在后来，他的意见却占据了主导地位。他因此被称为"伟大的异议者"。法律论证本身并不产生规范，但论证所取得的成果有时会凝结成规则或学说，从而被法律系统奉为规范性法源。

四、传统法律论证理由观的误导

如上所述，传统法学理论认为，法律论证乃是为决定提供理由，从而给人的印象是，决定是以理由为前提。卢曼从法律系统论出发，指出了传统法律论证理由观的错误。

（一）目的理由观之误

传统法律证理论认为，在司法判决中，如果规则不够明确，就需要解释。在解释过程中，诉诸法律目的解释规则，可以为判决提供理由。在古希腊和古罗马，人们认为法律的目的是遵循自然法精神，实现自然正义。因此，当时的法官常常诉诸自然法，为自己的判决提供论证理由。在西方中世纪，人们认为世间万物都由神创，法律乃是神的命令，因而法律符合神意乃是最具权威的论证理由。自近代以来，随着世俗化的进程，神的权威受到解构，神意也不再能够作为法律论证的理由。在此后一段时期，自然法和理性取得了支配地位，被奉为最佳法律论证理由。实际上，无论是神意、自然法或理性，都是基于区分而建构的概念。这些概念自身都存在悖论，不具有毋庸置疑的至上权威，也无法为判决提供正当理由。质言之，司法判决乃是一种决断，即对不可决定之事物做出决定。为了转移这种悖论，法官不得不使用其他区分，并运用这些区分所建构的概念对决定予以事后合理化。

诉诸目的论证还有另一种方式。这就是法院在司法过程中，对判决后果予以展望。这是意指法官在当下的判决中，宣称判决在未来会产生良好效果，并以此作为判决的论证理由。然而，法官并不具备各种专业知识，更无法预见事物演化的复杂性，因而无法保障其判决能够在未来取得良好效果。就时间视域而言，未来的当下不等于当下的未来，未来始终处于不确定状态。判决借助时间化的机制，在很大程度上把风险推移到未来。所有当下的判决在未来都可能遭遇风险。因此，"人们越是想探询必然性，他们所发现到的就会越是偶联性"；"人们越是必须避免采纳理论的悖论"，"论证就越来越会从确定性推移到不确定性，从过去推移到未来，从可确知的事物推移到仅具或然性的事物"（p.414）。因此，法院虽"有赋予其预测以法律效力之权力"，但"从经验研究标准的角度来看，后果导向不过就是一种具有既判力的想象"（p.412）。

卢曼认为，法律系统的运作并无目的性，只是遵循自己的二值代码，拒绝把"目的"作为第三值，从而维持系统的统一性和一致性。

（二）概念理由观之误

法律文本包含着规则，而规则由概念组成。文本的解释离不开概念，而法律论证也使用概念。概念凝聚了信息，在反复使用中，意义得以凝练并获得充实。在概念中，诸多经验得以储存起来，并处于可供读取和可资运用的状态。就此而言，"概念法学，就是历史法学"（p.416）。概念一旦受到情境的挑战，就可能被赋予新的含义，从而出现"旧瓶装新酒"的效应。另外，当既有概念无法满足新的情境需要时，人们还会构造出新的概念。法律系统自从涌现之后，尤其是从全社会中分离出来之后，法律概念就越来越偏离日常语言，具有了独特含义，我们只要提及占有权、所有权、故意或过失等概念，就会理解法律概念的独特性。

在法律实证化的过程中，概念日益精确化，并被置于一个统一的体系之中。同时，法律概念具有高度的抽象性，表征某一类事态的一般特征。法律概念的上述特征给人的印象是，概念本身就具有效力。曾经流行的概念法学就把法律概念奉为圭臬，甚至予以神圣化。"概念法学"是耶林提出的概念，用来指称德国流行的法学范式。这种法学范式以潘德克顿法学为代表，认为实证法或实在法是一个没有漏洞的概念体系，概念之间具有层级关系和内在的逻辑联系；人们根据概念体系就能理解特定概念的含义，并能推导出新的法律规则。[1]换言之，法官只要掌握概念和对概念进行语义解释，就能够解决所有法律问题。概念法学强调法律概念的特殊性、体系性和自治性，有助于把法律与宗教、道德和政治等区分开来。法律概念和概念体系本身并不是法律系统，法律系统中除了概念，还有司法组织和诉讼程序等。另外，概念都是区分的产物，自身都存在悖论。在法律论证中，概念本身无法作为论证的基础。实际上，人们不得不使用新的区分，构造新的概念，以便转移前一个概念的悖论。在表面统一的概念体系中，概念之间存在差异，并无层级关系和内在逻辑联系。

卢曼认为，在法律系统的论证中，法律概念具有以下特征和功能。首先，概念是法律建构的基石，法律系统的条件纲要离不开诸多基本法律概念，如财产、侵权行为和不当得利等。法官只有结合概念的适用条件，才能确定概念适用的具体场景和事态。其次，一个法律概念并不能成为论证的基础，即无法从一个概念直接推导出另一个概念。法律论证只能通过概念区分，注意不同概念的差异性和相似性，从而在论证过程中限缩范围，进而得出结论。再次，一个概念在发展过程中会形成意义网络，人们一旦偏离这种特定的意义网络，就会出现错误。例如，若有人把自然人理解为"法人"，就是一种错误。就此而言，"概念使得对错误的管控成为可能"（p.419）。最后，概念受到法律系统代码的约束，只有进入法律系统中的概念才是法律概念。例如，法律系统中确认的权利才是法律意义上的权利，道德权利则不具有法律属性。

---

[1] 参见〔德〕汉斯-彼得·哈佛坎普："概念法学"，纪海龙译，载《比较法研究》2012年第5期，第155—160页。

（三）利益理由观之误

在欧陆国家，概念法学在追求法律确定性的过程中，造成了法律的僵化，难以适应19世纪后期西方社会的迅速变化。在美国，19世纪后期由"遵循先例"学说所促成的法律形式主义，也使法律无法适应社会变化。作为对概念法学的反动，欧陆国家出现了以耶林为代表的利益法学。利益法学主张法律应满足人们的各种社会利益。在美国，社会学法学和法律现实主义几乎同时对法律形式主义发起攻击。前者主张法律应反映各种社会现实，回应各种社会需要。后者认为，法律受到法官个人偏好的支配，而他们的许多偏好不过是社会利益的反映。

卢曼认为，利益法学和社会学法学虽然击中了概念法学和法律形式主义的要害，但从法律系统论的视角来看，从概念法学到利益法学的理论范式转换，不过是法律内部决定论转为法律外部决定论。首先，利益的范围多种多样，且存在着冲突。因此，法律系统无法事先预见和满足所有人的利益期望。其次，处于法律系统之外的利益属于环境。法律系统如果点对点地回应环境的利益要求，就会丧失封闭性。这样一来，法律系统与环境的界限会逐渐消失。最后，环境可以激扰法律系统，要求法律对某些利益予以确认。但只有法律系统在开放性认知中感受到这种激扰，并在封闭的运作中确认了这些利益，这些利益才成为法定利益，才具有法律属性。换言之，法律系统中的利益概念，要么是自我指涉的产物，要么是异己指涉的结果。

（四）形式与实质论证观之误

形式与实质是哲学中的一对范畴，前者是指事物的外在形态或条件，后者是指事物的内在价值或原则。在西方的伦理思想史中，很早就有人用这对范畴思考和分析正义问题，例如亚里士多德就把正义划分为矫正正义与分配正义。这种区分暗含了他从形式与实质两个维度对正义问题进行了思考。韦伯运用"形式"和"实质"这对范畴思考法律问题，提出了法律的四种类型，即形式理性之法、实质理性之法、形式非理性之法和实质非理性之法。在韦伯的语境下，"形式"是指使用"法内标准"，同案同判；"实质"是指使用"法外标准"，如诉诸道德、宗教、政治或伦理的裁决；"理性"是指裁决案件的依据明确可察，合理可喻。随着宗教等传统形而上学体系的解体，现代社会的价值趋于多元化，非理性之法变得不合时宜，实质理性之法也因存在家长气质而不受欢迎，因而形式理性之法成为主导类型的法律。韦伯认为，现代形式理性之法具有以下特征：(1) 具体案件的判决是将抽象的法律规则适用于具体事实；(2) 法官借助法律推理可以基于抽象的实在法做出前后一致的判决；(3) 实在法明确和潜在构成了"完整无缺"的规则体系；(4) 凡是未被"建构"成法律的理论、规则或观念都不具有法律的效力；(5) 每一种社会行为都受到法律的调控，且行为者能够感受到自己在遵守、违反或适用法律规则。[1] 当然，韦伯经历了资本主义的政府干预阶段，察觉到了法律实质化的势头，并看到了苏联社会主义体制在法律实质

---

[1] 参见〔德〕韦伯：《法律社会学》，康乐、简惠美译，中国台湾远流出版事业股份有限公司2003年版，第31页。

化方面的激进尝试。但他始终认为现代社会的法律无法超越形式理性的法律类型。哈贝马斯沿着韦伯的路径继续探索,他把资本主义分为两个阶段,即早期自由竞争阶段和晚期福利国家阶段。他认为,与这两个阶段相对应的是两种法范式,即形式法范式与福利法范式,后者就是"实质法"范式。对于内在于法律的形式与实质之间的紧张关系,哈贝马斯提出的解决之道是诉诸商谈民主,从而建构程序主义的法范式。[①]

按照韦伯的理论模式,诉诸形式的论证是指仅仅诉诸法律内部理由,而诉诸实质的论证则是依据法律外部的理由,如宗教、道德和政治等。概念法学属于前者,利益法学属于后者。但卢曼认为,这两种论证都失之片面,前者关注法律系统的封闭性,后者强调法律系统的开放性。系统论法学视角下的法律论证,在运作上封闭,在认知上开放,因此,经过卢曼重构的形式论证和实质论证就具有了新意蕴。具体来说,法律系统自我指涉中涉及形式论证,在异己指涉中涉及实质论证。从这个角度出发,"对概念的指涉,称为形式的论证","对利益的指涉,称为实质论证"(p.422)。概念储存历史经验和观念,但系统并不把它们视为经验和观念,而是作为系统的结构性要素予以利用。利益虽然属于来自环境的要求,但系统汲取的利益并不是原原本本地反应环境的利益要求,而是在自己的运作中通过异己指涉建构出来环境中的利益,即法律系统中的利益是系统"内部的建构物"(p.423)。由上述可见,在法律论证领域,卢曼用自我指涉和异己指涉取代了形式和实质这组概念。系统何

[①] 〔德〕哈贝马斯:《在事实与规范之间——关于法律和民主法治国的商谈理论》,童世骏译,生活·读书·新知三联书店2014年版,第九章。

时、为何和如何进行自我指涉与异己指涉，完全由系统自身来决定。

（五）逻辑论证观之误

论证离不开逻辑推理。一般说来，强健有力的论证都具有逻辑严谨的特点，而逻辑错误往往会影响论证的品质。但是，传统的论证理论中常常存在两个认识论上的误区。第一个误区是把论证理由与论证的逻辑错误相混淆，即认为论证中理由不佳属于逻辑错误，或把逻辑错误归于论证理由不佳。实际上，论证虽然应避免逻辑错误，但没有逻辑错误并不构成一种好理由，而具有好理由的论证也很可能隐含逻辑上的错误。其实，理由好或坏是源于好理由/坏理由的区分，而逻辑对或错是源于逻辑正确/逻辑谬误之区分。这两种区分之间并无内在的逻辑联系。第二个误区是把逻辑的公理作为论证的前提，从而推导出必然的结论。针对这种误区，卢曼援引"哥德尔不完全性定理"予以批驳。这个定理分为两个分定理，第一定理的内容是，任意一个包含一阶谓词逻辑与初等数论的形式系统，都存在一个命题。这个命题在这个系统中既不能被证明为真，也不能被证明为非真。第二定理表述为，如果系统 S 含有初等数论，当 S 无矛盾时，它的无矛盾性不可能在 S 内证明。就法律论证而言，"哥德尔不完全性定理"表明，逻辑推理的前提无法证明其自身无矛盾性。换言之，任何作为逻辑前提的概念都是区分的产物，自身都存在悖论，因而逻辑前提不能作为论证的基础。同时，各种论证常常可以获得近乎相等的论证结论，而这意味着论证至多能够提供"场合的"合理性，结论并不是"唯一正解"。

由上可见，卢曼解构了传统"罗各斯中心主义"的论证观，认为逻辑无法保障论证结论的正当性和必然性。但是，他并不认为逻辑在论证中无关紧要，而是重置了逻辑在论证中的位置和功能。

在系统论法学的视域下，论证是系统的一种运作形式。逻辑的功能也应根据系统的特征来定位。这样，逻辑对于论证来说就是以正面的形式，对于决定的结果发挥类似语言的作用，即对系统内部的不稳定因素予以协调。这种不稳定因素乃是由于环境的激扰所致。当系统决定改变规范以回应环境的激扰时，诉诸逻辑推理就可以显示出，系统一旦改变某个规范，还有哪些因素必须随之改变。"人们无法从事实推论出规范"（p.428），故而将认知性期望转化为规范性期望，在逻辑上并不具有强制性。然而，当规范受到来自作为环境的事实性激扰时，人们就能够借助逻辑而认识到，规范的变更或"推翻规范"（如与该规范有关的案件判决结果也随之变更），在系统中可能会引发什么后果。总之，在论证中，逻辑有助于维持系统的稳定性和一致性。同时，逻辑可以根据系统的信息脉络，从反面对谬误保持敏感，使系统更容易发现和纠正错误。

五、多重视角的法律论证功能

《社会中的法》第五章中论述的正义和本章讨论的法律论证，既有相同之处，也有区别。在卢曼所描述的法律系统中，我们可以看到：(1)它们都属于法律系统的沟通形式，都按照法律系统的代码运作；(2)它们都属于二阶观察，都是法律系统的自我观察；(3)它们通过二阶观察发挥相同的功能，关于正义的沟通在于通过反思，维持系统的一致性，论证通过为决定提供理由来维持法律系统的一致性。但两者也有明显的区别：(1)正义和法律论证虽然都属于法律系统的自我观察，但前者针对的主要是纲要，期望做到同案同判；后者针对的是决定，赋予决定以理由；(2)在三阶观察层次上，观察者会发现两者的功能也不同，前者是作为偶联性公式，后者是实现冗余性与变异性的互动。关于后者，我们需要具体解说。

法律系统在决定时，需要信息。一般意义的信息是指关于事件的消息或数据。人们在没有信息的情况下，决定会具有任意性；在信息不足时，决定也会具有高度或然性。经济学上所讲的"信息不对称"，就是这种意义的信息。冗余则是指信息的富余状态，一是指多余的不需要的部分，二是指人为增加重复部分，其目的是用来对原本的单一部分进行备份，以达到增强其安全性的目的，这在信息通信系统中有着较为广泛的应用。例如，我们要撰写一篇论文时，有关材料构成备用素材。当素材十分充足，任凭我们从中选取，足以论证我们提出的命题，就可以说是冗余。法律系统中不仅积累了大量的先例和制定法，而且还有可反复使用的法律学说和法律概念。这些先例、制定法、法律学说和法律概念为法律系统配备了充足的信息，在处理一个案件时，仅仅使用其中很少量的信息，其他信息都属于冗余信息。

法律系统的运作方式是沟通。沟通由信息、告知和理解所构成。沟通是信息、告知和理解三者的统一；系统只有理解之后，才完成一个沟通。卢曼系统论法学意义的信息不是指已有的消息或数据，而是指对于系统具有新鲜感和具有惊讶值的事态消息或数据。信息可能源自系统自身，如对沟通的沟通；也可能来自环境，如对环境激扰的认知。但只有那些被法律系统所选择、告知和理解的消息和数据，才成为信息。在这之前，关于事态的消息或数据只能是备选素材。法律系统决定是否和如何选择、告知和理解备用素材。这些"备用素材"如果没有受到法律系统的关注和理解，不过是一些杂物或噪音。还有，法律系统的信息在选择、告知和理解信息过程中，都具有建构性。信息是系统对备用素材进行加工的产物。

系统的运作是一个持续过程，即一个运作接着一个运作。每个运作都在诸多可能性中进行选择。后续运作要与先前的运作相衔接，而每一个运作都限缩了其他衔接运作的选择范围。例如一个句子存在时，就限缩了后续句子的选择范围。这种限缩具有双重效应：一方面可以避免漫无边际地选择，由此诸多衔接运作的选择变得简单；另一方面，由于已有信息排除了其他信息，诸多衔接运作的选择也变得困难，因为衔接运作的选择需要进一步的信息。

卢曼指出，夏皮罗（Shapiro）认识到了冗余性的重要意义，指出了冗余性有助于协调法律系统中诸多独立的决定。夏皮罗对于冗余性的关注点在于系统避免错误。因而他仍然停留在一阶观察的层次。在他看来，系统缺少冗余性，就无法认识到信息上的缺失，并且无法矫正这种缺失所造成的偏执性和狭隘性。为了发现和避免错误，一个系统需要更多信息，也就需要更充分冗余性。但系统处理信息时要避免错误，冗余性仍会显得不足，错误终将难免。这样一来，冗余性的功能就似乎是使系统的错误得以正当化。人们一旦采取二阶观察视角就会发现，系统已有的信息冗余性，虽然排除了其他可能的信息，但也解除了信息过多的负担，并可生产出环境所不具备的信息。

夏皮罗还认为，冗余性属于系统"无形之手"，而立法者等阶层组织属于"有形之手"。按照这种观点，等级较高的"有形之手"操控"无形之手"，乃是利用冗余性实现自己的意图。卢曼认为，立法者的立法一旦进入法律系统，就成为系统中流通信息的组成部分。从二阶观察的层次来看，法院是法律系统的中心，立法处于边缘，立法服务于司法。同样，立法者的立法看似掌控系统的冗余性，实际上则是服务于系统冗余性的提升。

从系统论的视角看，法律系统是一个历史性系统。它不需要终极理由，只要运作就会存续；只要能够维持一致性，就具有正义性。冗余性充分就容易通过广泛的信息选取，形成一致性。例如，法律系统中只要形成了大量先例和制定法，积累了丰富的法律学说和法律概念，就能形成充分的冗余性。法律系统通过调用这些备用素材，从中选取信息，就易于在系统内部达成一致性。

法律系统在反思的层次上，一致性即正义性；法律系统在论证层次上，冗余性有助于维持一致性，"正义即冗余性"（p.396）。论证是对一致性的维护，并确保充分的冗余性（p.412）。这样一来，法律的论证和正义性的功能就从不同维度关联起来。

系统的运作增加了结构要素的复杂性，由此形成了冗余性。系统在运作中总是仰赖已有信息，排斥未知信息；系统运作过程只能对要素进行选择性衔接，不可能涉及所有要素。在这个过程中，系统也会抵御内部产生的杂音。冗余性的功能在于使得系统易于挑选出具有此种能力的信息。系统运作虽然要对信息进行加工或改造，但系统冗余性的再生产如影随形地伴随这个过程（p.394）。这从系统内部揭示了冗余性具有抵制变异性的倾向。与此同时，冗余性作为已有信息，会对未知信息予以排斥，就如人们遇到问题时，总是倾向从自己的经验中寻找答案，而抵制未知的信息；一个较发达文化在回应外部挑战时，也会对其他文化的激扰予以排斥。冗余性会使得系统对环境采取高度漠然的态度。在环境中流通的那些消息或数据，只有少数在法律系统中具有信息价值。这从系统与环境的关系上揭示了冗余性与变异性的冲突。

　　直到这里，观察仍然处于二阶层次。如上所述，论证是法律系统的二阶观察。在这个层次观察论证的功能，会有以下盲区。(1)论证常常诉诸法律原则，而这些原则本身是区分的产物；为了转移悖论，常常引入另一项原则，即另外一个由区分建构的概念。这样一来，诸原则之间的差异和冲突就被掩盖起来，而营造出系统一致性的表象。人们只有在三阶观察层次才能发现这一点。(2)在法律系统运作中，个案是在其自身论证的递归网络中来理解自己，因而它无论是向后回溯还是向前展望，都不会扑空。这意味着，在它之前早有一些案件已经如此决定，此后也可能有一些案件如此决定。但人们只要从三阶观察的角度引入时间因素，就会发现法院总是在不同的情境中反复使用先例或制定法。这意味着，法院在反复使用先例或制定法时，并非单纯复制已有材料，而是在选择和加工基础上构造信息。这样一来，法律系统的论证在增加冗余性过程中，就会带来系统的变异性。法院同案同判并不具有必然性，而只具有偶联性。这种偶联性中隐含着变异性。(3)概念的同一性和可重复性有助于系统的冗余性，但是同一性也不是一成不变，而是在意义上根据情境而变化(p.393)。(4)二阶观察者作为法律系统参与者，受到系统特殊性形式即法与不法之代码的限制，故而内部视角不能发现论证的真正功能。

当进行三阶观察,对决定的观察即法律论证进行观察,就需要引入冗余性与变异性这组区分。这样,三阶观察者就不再满足于二阶观察者所诉诸的"理由",而要对"理由"进行观察和分析。于是观察者会认识到,好理由也使得系统的一致性得以运作化。这种一致性乃是以下运作的结果:起初,决定所适用的规则所以有效,乃是因为这些规则有效。这就是说,规则效力源于规则自身。随后,人们感到应该对规则的效力提供理由,从而转移规则效力自我指涉的悖论。这样一来,论证就会产生下述效果,规则具有效力乃是由于具有充分的支撑理由,即具有理由的规则具有效力,不具有理由的规则就不具有效力。换言之,观察者在三阶观察层次可以发现,论证理由乃冗余的象征,而这种冗余所促成的一致性只是表象。这需要从三阶观察层次引入变异性概念。

在二阶观察层次,系统的一致性即正义性,而正义性即冗余性。因此,冗余性排斥变异性。然而,观察者在三阶观察的层次就会发现,冗余性与变异性并不矛盾,而是"对彼此具有提升能力的事态"(p.398)。就系统而言,二阶观察会发现,论证的功能是通过为决定提供理由而维持系统的一致性。但三阶观察则会发现,论证在增加系统冗余性的同时,也会促成系统的变异性。这种变异性通常采取以下两种方式。其一,法律系统通过区分做出一个不同于先例的判决,然后再通过类比扩展这个新的判决,使之一般化,从而产生出变异性的规则。这方面的一个例子是英国1868年的"赖兰兹诉弗莱彻案"(*Rylands v. Fletcher*)。在该案中,被告雇佣一位独立承包人修建水库。后来,水库中的水流入一个地下废矿,淹没了与该废矿相邻的矿井。矿井主人向法院提起诉讼，要求被告赔偿损失。根据当时流行的过失责任原则，被告存有过失才对损害后果负责。但英国上议院在该案中的判决认为，被告从事的是一种"危险"行为，虽然没有过失，也应对原告的损失负责。该判决通过区分确立一个新规则，即一个人为了自己利益从事危险行为时，如给他人造成损害结果，即使没有过失也应承担赔偿责任。这里，法律系统通过对案件进行了危险/非危险之区分，为当前案件偏离先例提供了理由，实现了变异；然后通过类比把变异的个案规则适用于类似案件，使之一般化，进而实现了侵权领域的变异，即对某些侵权行为适用"严格责任"原则。其二，法律系统通过对法律概念的解释，赋予某些概念以新的含义，从而实现变异。这方面的典型例子是美国 1925 年的"吉特洛诉纽约州案"（*Gitlow v. New York*）。在该案中，美国联邦最高院对美国宪法第十四条修正案的内容进行了解释。该修正案规定，任何州"不得制定或施行剥夺合众国公民特权或豁免权的法律"。美国联邦最高法院认为，"特权或豁免权"概念系指美国宪法前十条修正案的全部内容。这样一来，原本限制国会立法权力的前十条修正案，便通过这种解释扩大适用于限制各州的立法权力。这表明法律系统的冗余性并不必然排斥变异性，而是在许多情况下孕育并产生了变异性。

  法律系统的变异性除了系统内部冗余性的内在张力，还来自环境的激扰。法律系统在封闭运作的同时，必须保持认知开放。法律系统如果拒绝学习，对于环境的激扰无动于衷，拒斥来自环境的信息，就会陷入完全封闭的状态，丧失功能。同时，法律系统就会由于得不到信息补充，陷入坍缩和无序。在系统与环境的关系上，

"系统是作为环境中的系统而运作着"（p.409）。法律系统在认知上保持开放，并与作为环境的其他系统存在结构耦合，因而对于环境的激扰能够保持高度的敏感性，并通过异己指涉的方式汲取来自环境的信息，从而对环境的激扰做出回应。在这个过程中，法律系统会与环境共同进化。在大规模的政治、经济或社会改革之后，法律系统都会出现较为明显的变异。例如，当政治上废除特权，法律系统便会确立普遍自由的平等权；当经济从自由放任模式转向福利国家模式，法律系统便会对平等予以重新解释，从重视形式平等转向兼顾实质平等；妇女的社会地位明显提高之后，法律系统便会发生变异，确认妇女的各种权利；当人们不再歧视同性恋者，法律系统也会不再拒斥同性婚姻。当然，法律系统由于环境而发生的变异，并非受到环境的支配，而是按照自己的代码建构环境，有条件地汲取环境的信息，并按照自己的方式回应环境的激扰。

论证既涉及自我指涉，又涉及异己指涉。论证理由既可能源自系统，也可能来自环境。但来自环境的论证理由是系统选择的产物，并经过系统内化而成为法律系统的组成部分。在法律系统二阶观察中，论证理由具有必然性；从三阶观察层次看，论证理由具有偶联性；从二阶观察层次看，法律系统的冗余性意味着系统的一致性；从三阶观察层次看，冗余性中隐藏着变异性，在系统冗余性之外，还存在着因由环境激扰而带来的变异性。论证通过对冗余性和信息的有节制性选择，"可能引发一种演化"，由此"开发出兼顾高度变异性与冗余性"的"走向"（p.408）。

总而言之，观察者在三阶观察层次可以发现，法律论证的功能是实现法律系统冗余性与变异性的互动。当然，法律论证所带来的冗余性和变异性及其互动程度，都不是计划的产物，而是演化的成就，始终具有偶联性。最后，我们还必须补充说，法律论证是对决定的二阶观察，而卢曼对法律论证的描述，则属于三阶观察。

第九章　卢曼社会系统论视野中的政治与法律

一、引言

政治与法律的关系是法理学的核心问题，它关系到我们对于现代民主法治国运行机理的深层认识。围绕这个问题，法学界曾产生过旷日持久的争论。在这种争论中，大体上有两种相互对立的主张。一种是主张政治与法律具有统一性；另一种则主张政治与法律各自具有独立性。而在政治与法律具有独立性的主张下面，还有两种对立的立场：一种立场是政治高于法律，另一种则是法律高于政治。

卢曼从社会系统论视角出发，提出了独特的见解。他认为，政治与法律分属两个独立的功能子系统，它们各自运作封闭，履行着不同的功能；与此同时，从认知开放的角度来讲，二者交互寄生、共同演化；而这种关系集中体现在两个子系统的结构耦合之中。

二、政治与法律的分离

卢曼认为，复杂性的不断增长导致社会演化向着功能分化的方向迈进，这促使现代大型复杂社会分化出若干不同的功能子系统。每个功能子系统都运作封闭，认知开放，各自履行独一无二的功能。如以这种社会系统论的视角对全社会进行观察，就会得出以下结论：政治和法律是两个独立的功能子系统，二者在运作上各自封闭。但这一结论与很多社会学家和法学家的观察不一致。在现实生活中，人们更多看到，政治与法律紧密联系，甚至二者之间具有某种"统一性"。在西方法学界，这种关于政治、法律统一性的认识有着深厚而持久的思想史基础。自16世纪早期开始，伴随近代领土国家的形成，在苏亚雷斯、霍布斯和普芬道夫等自然法学家的推动下，一种关于政治和法律具有统一性的认识便已落地生根。一直到今天，罗尔斯、德沃金、哈贝马斯等著名学者仍然从这种政治、法律紧密联系的角度出发，形成对于法律系统的认识。因此，不论从经验观察的角度，还是从思想史变迁的角度，主流观点都与卢曼的社会系统理论背道而驰。

　　针对这种冲突，卢曼从三个角度展开了分析。首先，他通过回溯并重新解释西方社会中政治和法律关系的演化历程，分析了政治、法律具有统一性这种认识产生的社会背景；其次，卢曼通过对政治和法律结合过程中出现的抵抗权问题的观察，展现当时将政治和法律理解为具有统一性的深层动机；最后，他通过对19世纪所形成的法治国图式的分析，建立起一种基于政治和法律分离的新理解。

（一）西方社会演化过程中的政治、法律关系

　　卢曼认为，与其他法文明相比较，欧洲法律史早期独具特色的一点是，法律并未想当然与政治相结合。古代罗马法中的市民法

(jus civile)最初是由习惯法脱胎而出,经由罗马法学家加工,用于调节罗马市民生活的法律形式。① 这种市民法与罗马政治之间并非存在直接联系。而中世纪所形成的法律多元主义局面,使其中部分法律形式,如教会法与世俗政治之间也没有直接挂钩,王室法、封建法等世俗法则通过裁判权与封建制下的种种治权结合在一起。② 直到 16 世纪前期,欧洲进入绝对君主制国家时代之前,法学中尚未出现"公法",也没有出现统一的,与领土国家的统治相互匹配的法概念。因此,在西方法律演化的前现代史中,存在着政治与法律在功能上差异的迹象,我们也可以借此观察到法律遵循着自身的逻辑演化所留下的历史轨迹,这些轨迹包括从欧洲中世纪后期开始,英国法逐步衔接着法院的实务运作而展露出"法官法"的特点,或者大陆法系通过继承罗马法而形成了或衔接于大学法学教育,或者衔接于法律咨询意见而导致的"学者法"或法典法的色彩。但结合卢曼关于法律演化问题的一般论述,我们不难发现,在片段式分化阶段,政治、法律和其他社会因素仍蛰伏在共同的社会结构之中;到了层级式分化阶段,政治和法律的关系则取决于以身份为标准所划分的诸社会层次,同一身份等级的法与该身份等级的"政治"紧密结合。只不过我们站在功能分化阶段的后设立场去回溯观察,才使得政治与法律在功能上差异的蛛丝马迹有所显露。

但到了 16 世纪下半叶,随着欧洲进入领土国家阶段,社会复

---

① 〔意〕朱塞佩·格罗索:《罗马法史》,黄风译,中国政法大学出版社 1994 年版,第 102 页。
② 〔美〕哈罗德·J. 伯尔曼:《法律与革命——西方法律传统的形成》,贺卫方等译,中国大百科全书出版社 1993 年版,第 310—328 页。

杂性的不断增长，以及与此伴随的法律不安定性的增加，迫使政治和法律进行深刻调整。一方面，从政治上说，王权的兴起伴随着将世俗统治扩展至领土全境的需求；另一方面，从法律上说，需要将领土境内现行有效的法律，连同为法律救济而设置的组织予以统一。这种统一的需要在观念上促使现代"主权"思想诞生。在政治上，主权表现为领土国家境内的至高权力，它起到了取消领主、教会和城市所享有的治权的作用，在功能上实现"贯彻有集体约束力的决定"；而在法律上，主权则表现为立法主权[①]，即通过集中管控的法创制活动，实现法律在全社会的统一。但卢曼指出，"主权或者高权'权能'的概念，掩盖了一件事，那就是，在这里有两种不同的关于（政治性）权力的概念在交互作用着：其中一种观念是，国家能为其指令赢得服从的一般化能力；另一种观念则是关于法律权力的"（p.456）。从这时开始，政治和法律具有统一性的想象借助博丹、苏亚雷斯和普芬道夫等人的自然法思想得到了广泛传播，并在霍布斯的思想中得到了最犀利的表述。借助契约论的叙事，霍布斯成功地在享有"权利"的个体与政治、法律统一体之间建立了关联（p.567）。

（二）抵抗权问题

如果说在第一步卢曼通过社会史与思想史的双重叙事，揭示了欧洲法律史中政治与法律关系变化的复杂性，那么接下来的问题是，必须从功能主义角度，进一步对现代早期政治与法律结合的核

[①] 〔法〕让·博丹：《主权论》，李卫海、钱俊文译，北京大学出版社2008年版，第99页。

心动机加以澄清。卢曼非常巧妙地选取了这一阶段政治和法律理论当中的焦点：抵抗权问题。在卢曼看来，抵抗权问题背后暗藏着使政治和法律得以运转的基本环境——和平。

霍布斯发现，法律若仅从自身出发，运用其自身固有的论理基础，尚不足以为和平提供保障。政治上的分立状态会导致每一方都以法律理由来从事政治斗争，造成以法律来对抗政治的局面，从而破坏和平。不仅如此，在中世纪思想的后期，统一宗教世界观的崩解导致宗教、法律与政治不再能鲜明地区分开来，这使宗教问题与道德分歧马上转化为法律问题，使其中的任何一方都可能诉诸法律上的"抵抗权"来相互攻伐。英法百年战争和欧洲三十年战争充分印证了这一点。在卢曼看来，"除了将政治与法律视为统一体，也就是将法效力的基础建立在政治性的执行力上"（p.457），没有其他解决方案。[1]以霍布斯、洛克为代表的古典自然法思想家，试图以契约建构的方式建立起政治、法律正当性的基础，从而吸纳抵抗权，但即便如此，也无法避免让抵抗权再度活化。[2]究其原因，在于契约论不可避免地将政治系统与法律系统的悖论转移到系统之外，这便意味着永远存在基于契约的财产利益或者道德理由，并据此展开有正当法律依据的抵抗。除非产生现代意义上的宪法，以此代表"法律与政治之间更高位阶的统一性"（p.458），才有望达到消除抵抗权的效果。

---

[1]〔英〕霍布斯：《利维坦》，黎思复、黎廷弼译，商务印书馆1985年版，第131—132页。

[2] 关于抵抗权的活化，参见〔英〕洛克：《政府论》（下），叶启芳、瞿菊农译，商务印书馆1964年版，第128—133页。

法律与政治具有统一性的设想除了有望消除抵抗权之外，还可使法律的自我改正找到立足点，使得法律内容的变更借助主权者的立法而获得可能，避免其他性质的权力基于个别情境创制法律，这便在很大程度上保障了法律系统的运作封闭性。但从政治系统的方面来观察，对主权者资质的外部要求仍不足以使政治系统保持运作的封闭，人们或者运用王权是否敬畏神明、理性等实质理由来对抗政治，或者援用法律来对政治施加干预，这导致无法彻底解决法律与政治之间的对抗，消除抵抗权问题。因此，除非在政治和法律的演化过程中，同时形成各自的运作封闭，并使得两个系统的运作封闭彼此协调，才可能解决这个问题。而这个任务是由法治国图式所完成的。

（三）法治国图式

在卢曼的语境中，图式是一种具有建构性色彩的思维模式。而法治国图式则指的是经由18世纪启蒙思想的锤炼，到19世纪臻于成熟的法治国蓝图。这种法治国图式含有以下几个主要内容：

第一，国家作为一个法治国，同时是一项法律上的设置，也是一个为法律承担政治责任的机制（p.459）。法律与政治统一于法治国的构想之中，二者在国家框架下，面对不断变迁的社会关系，进行运转。这给人造成一种印象，即政治与法律统一于可称之为"国家"的系统（p.461）。

第二，法治国图式由两部分组成，一部分是法律的实证化，另一部分是政治的民主化。法律实证化确保了法律系统免于外部因素直接干扰，而政治的民主化因诉诸"主权在民"原则，消除了被统治者从事政治颠覆的理由。"法律的实证化以及政治的民主化,相互支撑着对方"(p.460),造成了这样的认识效果,人们认为,法规范是民主政治过程的产物,是贯彻民主政治决定的工具,而实证化的法律反过来也为民主政治提供了制度条件和程序设置。这种相互支撑的关系使人们将立法与司法的关系视为上、下位的阶层关系,因为立法被视为民主政治决定的组成部分,而司法则是对民主立法所产生的法律规范的执行。

第三,从权利角度来讲,法治国图式告别了理性自然法所主张的前政治权利,将其转化为法律权利,特别是宪法性权利,在政治与法律的协调关系中予以把握。这产生了两种效果,一种效果是避免了道德、伦理分歧对政治、法律的破坏,它转化为实证法意义上的权利,通过法律系统的运作获得呼应;而在政治上,这些分歧又透过一系列的政治权利,包括政治系统执政/在野的区分,以及由此开展的政党政治获得吸纳。这种双重效果的达成,恰恰蕴含于宪法所体现的政治与法律两者的协调关系中,被视为法治国的一项成就。在卢曼看来,在法治国图式中,"法律与自由之间的条件关联,以及法律与自由彼此互相提升的能力,会被确定下来,并且因此而可为沟通所运用"(p.459)。

第四,从正当性角度来说,法治国图式在某种意义上告别了从政治和法律之上或之外求取二者正当性的道路。而在理性自然法传统中,恰恰是认为政治、法律从道德层面获取正当性资源。[1]这

---

[1] 具有代表性的是卢梭和康德的观点,参见〔法〕卢梭:《社会契约论》,何兆武译,商务印书馆1980年版,第25页;〔德〕康德:《道德形而上学原理——权利的科学》,沈叔平译,商务印书馆1991年版,第20页。

种思维图式带来的后果是，将人们在道德选择过程中不可化解的分歧引入政治决策和法律运作。而法治国图式提供了解决此一问题的方案，即通过政治与法律两者之间的循环论证来巩固双方的正当性。换言之，即以民主政治过程制定的法律为具有正当性的法，而符合相应法治条件做出之决策为具有正当性的政治决定。这便造成了一种效果，似乎两个功能子系统都将对方作为转移悖论的方式，从而避免对正当性来源无限递归的追问。

第五，在法治国图式中，人们认为，政治和法律作为全社会的中心，为全社会整合提供着终局意义上的担保。即使随着复杂性增长，越来越多的事务以功能分化的方式由经济系统、教育系统等功能子系统来加以处理，但政治和法律仍然负责对这些功能子系统来加以导控。特别是在福利国家阶段，人们期待政治和法律对经济生活来进行调节，乃至承担着财富再分配的职能，这都是将政治和法律作为全社会中心这种思维方式的体现。

从以上五个方面来看，法治国图式都指向于一种政治与法律具有统一性的理解。但卢曼认为，"法治国"的套语其实遮蔽了政治和法律各自运作封闭的一面，理由同样以有以下五个方面：

第一，政治与法律具有统一性的命题从未被推展到这样一种程度，以至于人们必须说，法律不过是对政治性观点的反映，或者政治不过是法律固有逻辑的一种反射。在前文所谈到的欧洲法律史叙述中，我们已经看到法律遵循其固有逻辑发展的历史现象。即便在现代民主法治国的实践中，我们也能够很清楚地观察到法律系统运作的自主性。以被视为具有高度政治敏感性的美国最高法院为例，即便是被外界看作最具政治影响力的判决，都无不在法律系统的历史脉络之中展开。卢曼说,"……唯有当'案件与争议'在这个领域中出现的时候,法律系统才能积极地从事活动"(p.463),因为"法律系统只接受'案件与争端',并对之作成决定"(p.463)。不仅如此,在法治国图式中,人们往往期待,对政治施加法律上的限制,甚至期待通过法律"驯化"权力。若我们认为政治与法律具有统一性,这种限制便是不可设想的,因为高度统一的系统如何自我设限、自我驯化?因此,我们应当尝试从新的视角出发,将政治与法律理解为两个相互分离的功能子系统,并进而改写民主法治国的构想。

第二,民主法治国图式中的法律实证化与政治民主化并不意味着政治与法律二者在"国家"概念下的统一。卢曼认为,"在这里所涉及的不是一个唯一的、可被称作国家概念的系统,而是涉及两个不同的系统,这两个系统当中的每一个都是运作上封闭的,具有各自不同的功能,各自不同的符码化,以及各自不同的、依存于符码的纲要。"(p.461)从法律层面来说,法律实证化其实意味着一种运作封闭的法律系统的形成,"法律系统也可以在缺少主权者的情形下进行运转"(p.462),因为主权者的设置不过是在法律系统演化过程中转移自身悖论的一种方式,它完全可以通过将悖论展开和时间化的方式来解决此一问题。事实上,从奥斯丁将法律定义为"主权者的命令"[1],到凯尔森的"基础规范"[2]与哈特的"承认规则"[3]的变

---

[1] 〔英〕奥斯丁:《法理学的范围》,刘星译,中国法制出版社2002年版,第30页。
[2] 〔奥〕凯尔森:《法与国家的一般理论》,沈宗灵译,中国大百科全书出版社1996年版,第141页。
[3] 〔英〕哈特:《法律的概念》(第二版),许家鑫、李冠宜译,法律出版社2006年版,第96页。

化,恰恰证实了这一点。而从政治层面来说,借着国家主权的概念,政治系统也为自己争得一份活动领域,并破除层级式分化时代所形成的各种封建特权,只有这样才能在全社会实现贯彻有集体约束力的决定这一功能。而另一方面,自启蒙运动以来形成的"主权在民"公式既无法描述为代表人民意志,也无法描述为代表民众特别利益的治理模式,与此相反,它为政治系统代码的"悖论特质"提供了最终的具体形式。①我们必须看到,法律系统建立在法/不法的二值代码基础上,而政治系统的二值代码却是有权/无权,或者(在民主政治之下的)执政/在野。由此看来,"国家概念成了一个人为技术性的括弧"(p.462),在其下暗藏着两个独立的功能子系统。

第三,权利并不构成政治与法律具有统一性的象征。德沃金、哈贝马斯等著名思想家都认为,在民主法治国的蓝图里,权利发挥着某种奠基性的作用,基本权利是宪法的重要组成部分,它有效地将政治与法律衔接起来,甚至赋予了它们以某种统一性。②即使传统的实证主义者,也认为"权利国赋",是主权国家的政治法律建构。③但卢曼认为,当我们谈及权利问题时,涉及三个面相。其一,从法律系统角度来观察,这些基本权利的用处是,借由将自我指涉引进到系统中,而制造并开展一项系统的悖论,也因此,它们只有

---

① Michael King and Chris Thornhill, *Niklas Luhmann's Theory of Politics and Law*, Palgrave Macmillan, 2003, p.91.

② 〔美〕德沃金:《认真对待权利》,信春鹰、吴玉章译,上海三联书店 2008 年版,第 133 页;〔德〕哈贝马斯:《在事实与规范之间——关于法律和民主法治国的商谈理论》,童世骏译,生活·读书·新知三联书店 2011 年版,第 144 页。

③ 高鸿钧:"权利源于主体间商谈——哈贝马斯的权利理论解析",载《清华法学》2008 年第 2 期,第 9 页。

作为实证法律,才能获得可实践的意涵(p.631),换言之,权利是在法律系统的封闭性运作中来理解。其二,"权利"在政治系统意味着权力运转的自我限制,以及对外部环境激扰的感知能力,权利并非外在于政治系统的指令。其三,"权利"作为主观权利意味着心理系统分别与法律系统和政治系统的结构耦合。因此,权利既非天赋,也非国赋,而是在不同的系统的沟通当中意味着不同的事物。

第四,卢曼并不认为法治国图式代表着政治与法律分别从对方获取正当性资源。当我们仔细审视这种思路,不难发现,这种循环授权关系难以成立。首先,从系统论的视角来看,正当性问题牵涉到系统自身悖论的掩藏,它所采取的方式是将悖论转移至系统外部,比如,将政治系统的悖论转移至法律,或者相反。但这种悖论的相互转移并不能有效掩藏悖论,除非将两个系统的悖论在各自运作过程中展开;其次,政治系统的正当性问题诉诸民主来获得解决,其实质是对政治系统悖论的展开,它表现为诉诸民主程序(即时间化)和政党政治制造出政治决策的冗余性和变异性;最后,法律系统的悖论同样诉诸自身的纲要化和程序化加以展开,并进而获得掩藏。而两个系统各自悖论的掩藏都建立在系统的运作封闭基础上,而非对彼此保持规范开放。那么是否可能可以诉诸全社会共享的价值准则或政治道德来赋予政治与法律以正当性?在卢曼看来,这种解决方案留下了自然法传统的遗迹,带着形而上学的色彩。从实践角度来说,在现代社会,人们越来越难以在道德层面达成共识,若将道德系统问题带入政治系统或法律系统,势必造成两个系统的功能紊乱,因此这种道德主义方案也归于无效。

第五,从全社会角度来看,在功能分化阶段,政治和法律分别是彼此分化开来的诸功能子系统中的一个，二者既不高于、也不低于其他功能子系统。在这个阶段，全社会没有任何一个功能子系统扮演着中心角色，因为此时的全社会既非上/下结构，也非中心/边缘结构，而是去中心化结构。其中每个功能子系统都承担着独一无二的功能，互不隶属。政治所承担的功能是贯彻有集体约束力的决定，法律所承担的功能是稳定规范性期望。从任何一个功能子系统的视角来看，其他的功能子系统都是其环境。因此，我们无法指望政治或法律替代经济、教育等系统发挥作用。有人认为，"市场经济就是法治经济"，因为法律对财产权、缔约权等权利的保障为市场经济的运转提供了基础，但实际上，这仅仅是法律系统对经济系统认知开放的形式，至多是二者之间的结构耦合。实际上法律与经济的关系是偶联的。法律系统在运作上与经济系统截然不同，这本身由二者在代码层面的差异所决定。如果我们仍然认为，在法治国图式中，政治和法律发挥着为全社会整合提供终局担保的作用，这势必会使这两个功能子系统陷入不堪重负的状态，结果反而无法有力回应社会复杂性的不断增长。

通过对西方法律史中政治、法律关系的回顾，对西方现代早期出现的政治、法律关系对抗，即抵抗权问题的阐释，特别是通过对法治国图式的重新理解，卢曼从后设性的立场，将政治与法律的关系重新建立在了两个功能子系统之间运作封闭所导致的独立性之上。但这种独立性仅仅展示了系统/环境区分当中的系统一侧，换言之，仅仅揭示了运作封闭的一面。关于政治与法律关系的认识尚需从认知开放的角度，展示政治与法律分别将对方视为环境，并且相互激扰的一面。

三、政治与法律的交互寄生、共同演化

在上一节，我们谈到卢曼认为政治系统与法律系统在运作上封闭，这导致二者各自具有独立性，这就是他所说的"分离命题"。但分离命题并不意味着政治与法律之间没有任何关系。恰恰相反，两个功能子系统之间存在着"密集的因果关系"（p.465），但这种因果关系并非线性的、必然的，而是非线性的、偶联的。唯有承认"分离命题"，才可能将政治与法律之间的这种非线性的、偶联的关系充分展示出来。

在西方法理学中，不乏从政治、法律虽相互关联，但非内在统一的视角进行论述的理论。一种观点认为，政治与法律虽然有所不同，但政治高于法律，因为法律被视为贯彻政治决定的工具；另一种观点则与此相反，认为法律高于政治，因为法律起到了约束政治权力行使的作用。第一种观点常常表现为各种形式的法律工具论，它更多看到了政治统御法律，法律支持政治的一面；第二种观点则表现为对"法治"的某种经典理解，更多看到了法律限制权力，约束政治恣意的一面。但实际上，两种观点具有一定的共性。首先，二者都用层级或统属关系来认识政治与法律；其次，二者都从线性、必然的因果关系来把握政治与法律，忽略了二者在当下视域的偶联性特征。卢曼的主张与以上两者都不相同，他从认知开放出发，指出既非政治高于法律，亦非法律高于政治，二者是基于偶联性的交互寄生、共同演化关系。其中交互寄生展现了政治和法律在功能上的相互支撑（p.468），而非运作上的相互接通，是对二者关系的静态

描述；共同演化则是从动态视角对二者功能支撑关系的认识；偶联性是从系统视角来看，对政治、法律关系非线性特质的概括，它与后面我们要谈到的结构耦合存在密切关联。

　　第一，政治与法律交互寄生。我们不妨更精确地审视"法治国"图式，在此图式下统一着两种相对立的视角，一种是对政治权力施以法律束缚；另一种是使法律成为政治可用的工具。那么，这两种视角如何相互协调？卢曼认为，前一种视角是基于法律系统对政治系统的观察，而后一种视角是基于政治系统对法律系统的观察。这种对立视角其实并非"对立"，而是将它们统一于"法治国"图式下带来的观察错位。而恰恰是这种表面的"对立"揭示了两个系统在功能上的相互支撑。卢曼用一种生物学的隐喻——交互寄生来表达这种关系。在生物学上，寄生是指两个独立的生命体所建立的相互依赖关系。而卢曼借取这个隐喻表明以下三重意蕴。首先，法律系统在功能上依赖于政治系统。这表现在政治系统为司法判决的执行提供了可能性，为法律所赖以生存的和平环境提供了保障。如无政治系统的支持，法律的功能发挥不仅极为困难，甚至它的存活都受到威胁。但另一方面，随着现代社会每个功能子系统向全社会的扩展，法律系统借着法治国图式取得了全社会的普遍相关性，也相应发展出一种为国家决定而赋予的法律"框架"，以及法学上的国家概念，此种框架作为外部环境为政治系统所认知，为政治系统发挥有集体拘束力的决定提供归因点，造成了对政治权力施加法律的束缚。其次，政治系统在功能上依赖法律系统。政治系统在完全不同的领域活动，它所考虑的是"在政治可能性的媒介中，按照政治性的判准寻找一个形式，在此形式中，政治能够解决它的问题"(p.467)。在这里卢曼引入了媒介/形式的区分,旨在说明权力而非法律是政治系统的媒介,但法律为政治决定的沉淀提供了必要形式。借助法律这种形式,有集体约束力的决定得以通行于全社会。正是在此意义上,对政治系统而言,法治国是"使法律成为政治上可用的工具"。最后,政治系统与法律系统的相互依存以二者保持各自的独立性为条件。有人会认为,使政治与法律相互依存的最佳方式是使二者相统一,但卢曼认为恰恰相反。他谈到,从法律系统的角度出发,"法治国这项程式其实是一种宏大的套套逻辑"(p.467),其意为表面看来"法律与统治,涵盖的范围是一样的",但实际上是"合法的统治为合法",是法律系统的自我指涉。同样从政治系统的角度出发,事情则变成"合法的统治是统治",同样关乎的是政治系统的自我指涉。正是因为两个系统在运作上保持了各自的独立性,才使得每个功能子系统都能排除干扰,发挥其功能,为支撑对方做出贡献。如果法律被视为政治的组成部分,将导致权力侵蚀法律,造成法律系统的功能紊乱;反之,如果政治被视为法律的组成部分,则同样会造成政治的功能失调。而如果允许两个系统保持各自的独立性,我们会发现,不仅法律的功能发挥获得确保,而且"政治的可能性所取得的活动范围,其实出现了极速的扩张,而这得归功于法律与货币"(p.468)。在法律充分发挥其功能的基础上,政治的诸多可能性方才得以铺展,"政治领域的自我铺陈、政治上的修辞、对良善意图与对手恶行所进行的描绘等,都是从这些'葡萄'当中获取佳酿。"(p.468)基于以上三重意蕴,卢曼认为,"随着不同的系统指涉,法治国的公式有着各自不同的意涵。但它却将这些不同的事物,放到一块标示出来:无论是政治系统或者法

律系统，只要其中一者缺少了另一者，那么它们就不会是它们现在所是的样子。"（p.468）

第二，政治与法律共同演化。在第六章中，卢曼专门谈到了政治与法律的共同演化关系。首先，这种关系并非意味着二者在演化史中的一致，正如卢曼所说"演化只能运用自我再制，演化也必须预设自我再制"（p.310），这意味着从功能主义视角观察，政治与法律遵循着不同的演化线索。其次，这种关系也并非意味着二者在演化史中朝向共同目标，"演化不是某种具有目标导向的过程所带来的结果，而是一种非刻意造成的附带产物，也就是一种以非基因突变方式出现的结果"（p.298）。再次，政治与法律在演化过程中的表现受制于全社会系统各阶段的分化形式，即在社会演化的不同阶段，政治与法律的关系在形式上具有差异性。在片段式分化阶段，即古代国家产生之前，法律并未表现为固定文字，法律问题往往展现为占卜问题（p.282），诸多从功能视角方可识别的诸因素，如政治、法律、宗教以未分化的方式蛰伏于氏族、家庭这种片段式的结构中，恰如霍布斯的描述，在这个阶段，武力呈现弥散化分布的状态[①]；而伴随文字产生、古代国家出现，"政治性的"制定法以书面形式固定下来。"书写的使用，与全社会由片段式分化调整到层级式分化，具有平行对应的性质"（p.28）。在层级式的社会结构中，政治承担了对于物理性强制力的控制，并且对和平做出许诺，这为法律跨过进一步演化的障碍门槛提供了条件，意味着"法律上的主张，当其合法性获得确认的时候，也能够获得执行"（p.308）。在这个阶段，

---

① 〔英〕霍布斯：《利维坦》，黎思复、黎廷弼译，商务印书馆1985年版，第94页。

从功能角度来说，政治与法律仍然可以加以区分，但在结构上，二者似乎统一于层级结构中。而到了功能分化阶段，印刷术的出现，领土国家的产生，为政治和法律的进一步演化提供了机缘，此一阶段政治系统与法律系统在功能上的差异充分裸露出来，功能分化势必重塑结构，造成政治与法律在结构上的分离，二者都以"世界社会"的面貌横向延伸至整个"社会世界"，此时"外部的指涉——对事实上具有主导性的强制力的指涉——必须被剪断，并且代之以自我指涉。而这个时候，自我指涉必须以其他方式，与环境（这时候环境指的是政治权力拥有者的集中性意志）取得协调"（p.309）。最后，在政治及法律演化过程的背后，是复杂性的不断增长为演化提供了动力。我们可以这样说，在每一个阶段，政治与法律关系所表现出的样态都与那个阶段的社会复杂性相适应，复杂性促使功能寻找相应的结构，但同时复杂性的增长又促成系统的变异，进而对涉及的结构进行选择，并在新的系统统一性上实现稳定化。如果我们仅仅着眼于结构的视角，则往往受惑于演化过程中政治、法律在结构上的统一性，但若从功能的视角观察，便会发现二者实际上始终存在着功能的差异，所谓结构的"统一性"其实是结构耦合的不同形式。

第三，政治与法律之间的因果关系应从系统/环境的区分来认识。在卢曼的社会系统论中，包含双重视角。一种是从系统自身出发，通过异己指涉将外部指认为环境。对政治系统与法律系统而言，彼此都为对方的环境，而非系统自身的组成部分。系统与环境之间的联系具有偶联性，环境造成激扰，而系统通过封闭性运作来对此做出自主调试。但我们不能就此认为，环境的激扰"必然"

在系统层面带来何种反馈,因为这种反馈取决于系统自身的运作,"系统无法在环境中运作,亦即,它无法透过自身之运作而使自己与其环境连结在一起"(p.490)。但从全社会视角来看,政治与法律是两个关系密切的功能子系统,二者在社会演化的历史中,形成了紧密关系,以至于可以说,这种关系具有某种演化的必然性。而且在诸多分化开的功能子系统中,政治与法律的关系显得尤为密切,卢曼也无意否认这一点,而这种尤其密切的关系在很大程度上得益于二者之间的结构耦合。

四、政治与法律的结构耦合

所谓结构耦合,是指"一个系统持续地以它的环境的某些特质为前提,并且在结构上信赖于此"(p.491)所产生的形式。它或者表现为一种结构为两个系统所使用,或者表现为一种事物在两个系统中出现,但这种结构或事物对不同系统的意味不同。同时,从功能来讲,结构耦合有两个面相。一个面相是指,结构耦合限制并减轻了环境对系统的影响;另一个面相则是,结构耦合提升了系统对环境所产生的特定激扰的敏感度,甚至会产生某种"共振"。这两个面相相反相成,"限缩乃是共振能力的条件"(p.491)。卢曼认为,"这种结构耦合既使得诸系统相互分离,又使其相互连结",它在系统运作封闭和认知开放的基础上成为可能。在他看来,政治与法律之间的密切关系还可以通过结构耦合来获得解释。

第一,从时间角度来看,结构耦合造成两个功能子系统之间的"共时化"。卢曼说,在结构耦合状态下,"诸系统在一段共同的时间中一同老化"(p.491),但这种共时化并未造成两个系统的同时化,因为每个功能子系统都"各自数位地、且因快慢不同地对自己的时间关系加以过程化"(p.491)。换言之,在结构耦合状态下,每个功能子系统既保持着自己的时间轨迹,又同时借助结构耦合形成一定程度的时间协调。就政治系统与法律系统而言,立法就发挥着这种时间协调器的作用。从全社会视角来看,功能分化意味着各种系统固有时间的形成,导致功能分化的全社会出现时间不协调的问题。而这种时间不协调问题在法律与政治的关系上取得了特殊的重要意义。政治系统处在沉重的时间压力下,而在法院活动的意义下,法律系统显得相当缓慢(p.469)。不仅如此,政治领域需要不断地做出有集体约束力的决定,并且会借由大众媒体而加速。这种无法克服的时间分歧,导致"两个系统之间的联系,实际上早有可能基于时间原因而发生断裂"(p.470),因此,立法变成获致全社会整体时间均衡的一项重要机制(p.470)。首先,对政治而言,立法活动相对于其他法律创制方式,比较容易启动与了结。其次,对法律而言,立法活动创制新法,相对不那么容易遭到抵抗,因为即便做成法律文件,它在未来以何种方式转化为具体实践尚是未知之数。立法成为了时间加速机制,处于两个功能子系统的结构耦合,造成政治与法律之间的共时化。而正是因为立法所具备的这种时间上的协调作用,给人们造成了错觉,使人们更多从立法的视角去感知整个法律系统,误认为立法与司法是层级关系,进而无法将政治与法律视为两个分离的系统,而让它承担了求取全社会整体时间平衡的重要功能(p.471)。

第二,从法律系统内部结构角度来看,在第七章中,卢曼谈到司法是法律系统的中心，而立法与合同是法律系统的边缘。作为中心的司法运作封闭，而作为边缘的立法与合同承担认知开放的职能。因此，立法与司法并非传统法理学所认为的那样是层级关系，而是边缘和中心关系。合同作为法律系统的边缘，处于法律系统与经济系统的结构耦合地带；而立法同样作为边缘，处于法律系统与政治系统的结构耦合地带。卢曼谈到，我们将立法视为一个使政治转化而进入到法律当中的地点，也视为对政治施加法律限制的地点。但是，立法过程对两个功能子系统却具有不同意义。对政治系统而言，创制法律被视为一段做出政治决定过程的结束，这种政治决定被制定法赋予形式，然后结构漂移进入法律系统；但对法律系统而言，这意味着制定法作为法律渊源而"生效"，从而开始能够为司法过程所援用。

第三，从分权角度来看，在传统政治学和法理学中，三权分立被视为经典表述，它同时暗含着政治与法律相统一的构想。但从结构耦合观点来看，立法、行政与司法三种权力结构有待于重新理解。卢曼认为，司法属于法律系统，行政属于政治系统，立法则处于法律系统与政治系统的结构耦合地带。这里需要特别解释的是行政。卢曼为什么不认为行政属于法律系统，而属于政治系统？原因有四。首先，行政依照有权/无权的二值代码运作，而非按照法/不法的二值代码运作。其次，行政的目标在于贯彻有集体约束力的决定，而非稳定规范性期望。再次，"行政执法"其实是政治系统将法律系统作为外部环境，对其激扰自主地做出调节。行政部门在自主运转的过程中，会考虑法律所施加的限制，但其目的主要是为了指明何种行政指令可以获得强制实现，如何避免不利后果，以及若涉及行政责任,将如何分派。最后,行政也非机械性地落实立法成果。卢曼谈到,立法所确定的事物,在政治上虽形成了一定的政治利益的配比,但后续将产生什么样的后果,仍有待调节。行政部门的最佳策略是发展出政治上的敏感度,而依法行政和采取文牍制形式实际上是一种"保护性的策略"(p.472)。因此,"国家的统治部门与行政部门,从上到下都是政治系统的一个组织。它实现的是政治,而不是法律"(p.473)。

第四,从宪法角度来看,应从结构耦合的角度来重新认识宪法的地位和作用。在过去的宪法理论中,宪法被视为"母法",即法律渊源体系的顶端;也被视为"公法",它起到为政治权力运转提供框架、设定结构和施加约束的作用。因此,宪法往往象征着政治与法律的统一。但卢曼认为,从系统论视角来看,这种基于宪法的统一性也是出于错觉。首先,从立法层面来看,宪法固然是法律渊源体系的顶端,但基于法律系统内部中心/边缘的视角来看,宪法不过是有待司法援用的诸多法律渊源之一,它需要司法来真正地赋效,"法律系统真正看待宪法的方式是,将其视为一部应予解释与适用的现行有效的制定法"(p.515),就这一点而言,宪法既不高于、也不低于其他法渊源。其次,作为一种制定法,或立法过程的产物,宪法同样是政治决定凝结之后,结构漂移进入法律系统的形式,是政治与法律的结构耦合,因此,宪法被视为一种政治,还是视为一种法,取决于观察视角。再次,不论是将宪法作为"母法",抑或是将宪法作为最高政治决定意义上的"公法",实际上都是以虚假的位阶转移悖论。从法律系统来看,"从法律的角度来看,具有此种重要地位的宪法,只能是一份自我套用性质的文本,也就是一份将自身规定为法律之一部分的文本"(p.514),"唯有宪法不会违宪"(p.516),故而,"对于法律系统而言,它是最高位阶的制定法,也就是基本法。对政治系统而言,它只是政治的工具,而这又可在双重意义下加以理解:工具性的(改变现状的)政治与象征性的(不改变现状的)政治。在宪法的语义之下,掩盖了两个系统封闭运作的事实。最后,政治系统与法律系统兼具功能分化与运作闭合,被表述为立宪国家,这是一项社会演化的成就。恰恰是在社会演化过程中,政治与法律既各自运作封闭,又在功能上密集交织,才使得二者的成长变得可能,同时这种结构耦合又发挥了限制政治恣意的作用。而在今天,在诸多发展中国家的宪法发展中,我们仍能看到政治、法律未能运作封闭,二者未能与法律实现结构耦合所带来的诸多困境,而类似的困境,甚至是灾难,在魏玛德国之后也曾经出现过。①

第五,从经验角度来看,我们可以重新审视法学家发挥政治影响这种现象。早在20世纪初,德国著名社会学家马克斯·韦伯(Max Weber)在《政治作为一种志业》的演讲中曾经提出,"……无论在何处,政治经营以理性国家为发展方向的革新,都是由受过

---

① 关于魏玛德国民主制的失败,后来的极权主义历史,以及与此密切相关的德国版本"法治国"的缺陷,参见〔德〕尼可拉斯·鲁曼:《社会中的法》,李君韬译,中国台湾五南图书出版股份有限公司2009年版,第466页。卢曼认为,恶果的产生恰恰是由于德国版本的"法治国"仅仅专注于法律系统的闭合,而未能实现政治系统的闭合,从而无法克服政治的恣意。相关的材料也可参见〔德〕库尔特·松特海默:《魏玛共和国的反民主思想》,安尼译,译林出版社2017年版;〔美〕彼得·C.考威尔:《人民主权与德国宪法危机:魏玛宪政的理论与实践》,曹晗蓉、虞维华译,译林出版社2017年版,特别是第四章。

训练的法律家所带动的。"[1]由此产生了现代国家乃是法律人统治之国度的设想。从一般经验社会学的研究角度来看,有大量的事实可以佐证这一点,包括在很多国家,由法律职业出身的人担任国家领袖;美国华盛顿的游说集团常常由律师事务所代理;甚至在行政部门,也出现所谓的"法学家垄断"现象。但在卢曼看来,这些事实都是基于人事层面的考量,而非基于运作层面的分析。问题的关键在于,参政的法学家是作为法学家而发挥影响,还是作为政客发挥作用?从政治系统封闭运作的角度来看,法学家参政便已经是有权/无权的代码所进行的沟通的组成部分,其身份和角色随之发生变化。正所谓在商言商,在政谈政。作为商人的特朗普一旦成为总统,便是政治人物,而非商人;作为法律人的奥巴马一旦当权,也是政治人物,而非法律人。若以商人的面目来看待政治人物特朗普,必然造成误解;如以法律人的身份看待奥巴马,也是大谬不然。同样的道理也可以分析其他事例。例如由律师事务所代理的游说集团所从事的是法律沟通,还是政治沟通?我们必然说,这是政治沟通,其中"法律问题为政治上的可能性事物划定了框架"(p.474),它帮助游说集团了解特定的政治选择在法律上是否可行,或可能带来什么风险,但这仍然是一个政治问题。而且,法律人在政治生活中所发挥的作用常常被高估——实际上法律人在政治上的成功取决于其政治能力,其法律素养和专业技能所发挥的作用有限。类似的例子在经济系统中也很常见,例如在企业中,法律部门的作用其实非常有限;在商业谈判中,律师更多扮演的是风险防范和文本加

---

[1] 〔德〕马克斯·韦伯:《学术与政治》,钱永祥等译,广西师范大学出版社2004年版,第219页。

工的角色，而实质性商业协议的达成，却主要是企业家的事。由此可见，至少从系统论的角度来审视，所谓"法律人治国"可能是一种夸大其辞，甚至是一种美丽的误会。与此相反，政治人物若从事法律职业，也必须服从法律系统自身的运作所施加的约束，像法律人一样思考。例如，美国最高法院历史上的两位大法官马歇尔和沃伦都曾有政治经历，但他们一旦成为大法官，就必须严格进行法律论证，做出司法裁判。在美国，虽然有不少学者致力于分析最高法院的政治光谱，甚至在大法官的提名过程中，充斥着政治派别的角力，但这些都是外部视角的观察，缺乏从法律系统内部的参与者视角的审视，因此无法看到他们作为法律系统沟通的一部分所受到的约束。当然，卢曼无意于批判以上那些具有批判法学色彩的分析和研究，在他看来，这仅仅是视角差异所带来的结果。

综上所述，在社会系统论视野之下，政治与法律是两个独立的功能子系统，但二者之间借助结构耦合形成了交互寄生、共同演化的关系。民主法治国家作为一项演化成就，恰恰是在这种运作上的独立与功能上的协调当中，踏上了迈向现代大型复杂社会的成功之路。

五、本章点评

在过去涉及卢曼系统论法学与哈贝马斯商谈法哲学的争论中，常常涉及这样的批评：人们倾向于认为，哈贝马斯是民主法治国理想的捍卫者，而卢曼的系统论法学则无视民主法治国家的成就，他所提供的是面向大型复杂社会的治理术。但经过对"政治与法律"这一章的解读,我们发现,卢曼对民主法治国不仅给予了充分尊重,而且从与哈贝马斯不同的视角,丰富了我们对于民主法治国的理解。卢曼所带来的新理解包括以下三个维度。

第一,卢曼从功能主义视角出发,发现在民主法治国图景中,政治与法律的相互协作,以二者保持各自的独立性为条件。若法律系统不能封闭运转,"在法言法",就无法真正实现其功能,从而给社会整合带来危害,在这一过程中,政治也受到影响,甚至被拖累。因此,在很多国家,试图以政治逻辑去强加于法律的做法,表面上有助于社会整合,实际上已经给法律系统乃至整个社会造成了危害。不仅如此,政治恣意干预法律,用权力的代码扰乱法律系统的沟通,会造成法律的功能紊乱,长此以往,还会出现法律系统的"腐化"。在司法裁判过程中,法官听命于当权者指令,罔顾法律标准,对民众而言,等于朝令夕改,贪权枉法,意味着法律无法发挥稳定规范性期望的功能。因此,保持法律系统在功能上的独立性可谓至关重要。

第二,在民主法治国家,政治与法律的结构耦合起到了双重作用,一方面它起到了限制外部环境激扰的作用,另一方面,又使两个系统对彼此作为外部环境的激扰保持高度敏感,甚至在政治和法律之间,透过立法活动实现共振。立法活动可以将政治决定沉淀为制定法,为法律系统的可变性提供机会,同时又意味着政治系统的进一步决策要以制定法为基础。这样,法律发挥了支持政治活动,也限制政治活动的作用。在一个成熟的民主法治国家,法律实证化与政治民主化相辅相成,缺一不可。失去了政治民主化的法律实证化,将导致法律深受政治恣意之苦,乃至为失去了和平的环境而惨遭摧毁;而失去了法律实证化的政治民主化,也难以稳定、持续运转。这种相互结合,是西方在历史中不断试错所凝结成的成果,它或许并非任何人出于聪明睿智的设计,而是一种演化的成就。在这一点上,哈贝马斯、卢曼等一代法学家之间存在着共识,尽管二者的出发点和观察视角不同。然而,今天在世界上的很多国家,常常轻视甚至忽略这一演化成就,误以为无须政治民主化,便可实现法治,这无异于缘木求鱼,甚至整个社会将为此付出代价。

第三,作为学者,卢曼对政治、法律关系的观察具有双重视角。一种视角是从系统自身出发,即参与者视角;另一种视角则从全社会出发,即观察者视角。若从参与者视角出发,我们便能够发现系统封闭运作的一面;若从全社会视角出发,政治、法律两个系统之间的交互寄生、结构耦合,以及在历史中的共同演化便显露出来。这种兼容参与者视角与观察者视角的理论,可谓复杂精微,令人赞叹,也是我们从事相关问题研究的过程中特别需要着力体会和学习的。

第十章　结构耦合：一种法律关系论的新视角

一、引言

法律关系论是传统法理学中十分重要的组成部分，它牵涉法律与经济、政治以及人的意识之间的关联。针对这个问题，卢曼从社会系统论的视角出发，运用"结构耦合"这一独特概念，提供了一种崭新的解释。他认为，在功能分化的现代社会，法律与经济、政治及心理系统的关系是结构耦合，它使这些运作封闭的功能子系统面向环境保持受到限制的高度敏感性，从而实现共同演化。

二、结构耦合的概念与特点

所谓结构耦合，是指"一个系统能够持续地以它的环境的某些特质为前提，并且在结构上信赖于此"（p.490）。通俗来讲，是指两种事物共享一个结构，或者一种事物共存于不同的系统中。[①] 这种

[①] 参见本书导言2。

现象具有以下五个方面的核心特点。

　　第一，结构耦合所描述的是系统与环境之间的关系。根据卢曼的社会系统论，在功能分化阶段，每个子系统都运作封闭，子系统无法在环境中运作，环境也无法将规范直接输入子系统。(p.490)这导致系统与环境之间的关系不能透过系统的运作封闭来实现，而应从认知开放来理解。这使得结构耦合不同于运作耦合，后者是指系统内部诸运作而生的耦合，是运作封闭的一种表现。这种运作耦合包含两种变体，一种是系统的自创生，一种则是指在某一刻当下，一个事件分别为系统和环境所指认。在运作耦合的第二个变体中，人们往往误以为，环境借助事件直接参与了系统的运作，但事实并非如此，因为该事件对系统和环境而言具有不同的意义。从这个角度来讲，系统与环境之间无法形成直接的因果关联，也无法直接进行沟通，二者的关系具有偶联性。从功能子系统自身运作的角度来观察，不存在结构耦合问题，只存在系统与环境的区分。唯有我们从二阶观察的角度，才能够发现各功能子系统之间的结构耦合，但这并不等于否定了系统与环境的区分，而是以这种区分为基础。

　　第二，结构耦合是一种双面形式，它基于涵括与排除的区分。通过结构耦合的形式，系统一方面加大了对外部环境的某些信息的感知能力，另一方面又排除了对其他信息的感知。这类似于生物学中细胞膜对于细胞的作用，它排除了一部分刺激，同时使细胞对另一部分刺激高度敏感。例如，依照生物学家马图拉纳和瓦瑞拉的观察，青蛙眼睛部分的细胞对运动的物体高度敏感，对静止的物体则反应迟钝，这与青蛙眼睛的功能发挥密切相关。但这不等于说，结构耦合所涵括进来的事物比排除的事物更加重要，恰恰相反，二者具有同等重要性。恰恰是由于结构耦合的形式限制并减轻了环境对系统的影响，才使得系统对来自外部环境的信息高度敏感，乃至在某种程度上达到与外部环境"共振"的效果，用卢曼的话说，"限缩乃是共振能力的条件，复杂性之化约则是建构复杂性的条件"（p.491）。

第三，结构耦合造成各个系统之间的"共时性"，但无法做到它们之间的"同步化"。此处所谓的共时性，是指在个别事件或共享结构中，两个系统彼此激扰，甚至接近于共振；而同步化则是指两个系统拥有着完全一致的时间和节奏。在功能分化阶段，全社会分成若干自创生的功能子系统，每个功能子系统都有着各自的时间和步调，因此同步化难以实现。这种时间上的差异，一方面赋予了每个功能子系统极大的自由，另一方面也给诸功能子系统在全社会层面的时间调节带来困难。例如，法律程序相对于政治、经济决策而言，显得过于缓慢。为了解决类似问题，在社会演化过程中，形成了结构耦合机制，使彼此耦合的两个功能子系统各自进行时间上的调节。例如，立法便在某种程度上发挥着"加速器"的职能。[①]但是，结构耦合并不能够改变每个功能子系统的自主性，使各功能子系统变得完全步调一致，即达到"同步化"的状态，因为每个系统都在自主运作，它只能够在局部造成同步。例如，在立法过程中，一项政治决定沉淀为法律文件，它同时为政治系统和法律系统所认知，这一事件对两个功能子系统而言，在某一个当下，在立法这种结构耦合形式中达到了同时性。因此，我们可以说，"结构耦合只

---

① 参见本书第九章。

担保系统与环境在个别事件发生状态中的同时性，但却不担保其同步化"（p.493）。

第四，结构耦合所实现的功能在于对系统引发激扰。结构耦合并非两个系统之间的叠加，也无法使某一种结构同时发挥两个系统的功能，这违反了系统功能的单一和排他原则。由于结构耦合处理的是系统与环境之间的关系，而环境对系统的作用仅仅在于引发激扰。因此，结构耦合的功能也应从这个角度来理解。卢曼指出，"激扰乃是系统的感知形式，而且是一种不具环境相关性的感知形式"（p.492），系统如何认知或处理这种激扰，取决于系统自身，而不取决于环境。因此，"结构耦合"与"激扰"这两个概念彼此互为条件。但结构耦合又不同于一般意义上的系统与环境关系，它使来自环境的某些部分的激扰得到放大，同时又使系统对其他的激扰比较麻木，甚至产生抗拒效应。这有效降低了系统面对外部环境的复杂性。以法律系统为例，假定法律系统对环境保持完全的认知开放，则会导致法律系统在毫无限制的情况下，暴露于全社会的压力之前，它就无法使自身专注于特定的激扰，对它的功能发挥产生毁灭性的影响。

第五，结构耦合并非任何人为设计的产物，而是一项演化成就。卢曼认为，社会演化具有非目的性特征，它并非出自任何人为有意设计的产物，它既不通往任何设定好的目标，也不确保必然产生某种希望的后果。结构耦合是社会演化到了功能分化阶段方才显露的现象，正如卢曼所说："唯有全社会系统的功能分化已经获得长足进展，以至于诸功能系统的分离与关联业已构成一项问题，以及由整体事物……的统一所形成的吊诡，能够被转载到结构耦合上……结构耦合才得以形成。"(p.495)在分隔时代,全社会以片段的方式进行分化,致使诸多子系统隐藏在同一个结构之中,恰似数人共住一个房间。在这种情况下,政治、经济、法律、宗教混合,人们无法从中发现彼此结构耦合的特殊问题。到了分层时代,全社会为层级结构所统摄,政治、经济与法律在同一个层级结构当中彼此结合,统治、土地领有以及裁判权彼此拴定,绑缚在隶属于特定层级的特权身份之上。一直到过渡到功能分化的阶段,才出现了不同子系统之间结构耦合的条件。在西方社会的历史发展中,在16世纪下半叶,我们能够发现经济系统的率先分出;而到了18世纪下半叶,经济系统与政治系统的非同一性方为人们所感知。在这一过程中,中世纪的那种"等级国家"逐步退出历史舞台,建立在市民社会/政治国家区分基础上的近代领土国家宣告诞生。相应于此,法律分别实现与经济、政治的结构耦合,则有赖于私法/公法这一区分的完善,其中私法概念中的所有权与契约,形成了法律系统与经济系统结构耦合的形式;而公法中的宪法,则形成了法律系统与政治系统结构耦合的形式,此时历史已经走入了19世纪初叶。在卢曼看来,西方近现代社会法律发展的历史显示出法律与诸多功能子系统分化的趋势,以及结构耦合关系形成的种种迹象,但这些趋势和迹象往往为传统社会理论法学所遮蔽,以至于使人们误以为,法律与经济之间,法律与政治之间,甚至经济与政治之间具有某种统一性。这些错误观察在实践中也带来一系列的消极后果,以至于产生了种种无视甚至反对分化的乌托邦追求,使各个功能子系统的功能发挥陷入受阻乃至扰乱状态。

基于以上五个核心特点,卢曼分别从法律与经济的结构耦合,法律与政治的结构耦合,以及作为全社会一部分的法律与各心理系统之间的结构耦合三个方面入手,对法律与社会这一经典问题展开了论述。

三、法律与经济的结构耦合:所有权与契约

在传统理论关于法律与经济关系的讨论中,人们往往试图从法律与经济的统一性着手进行考察。例如马克思与恩格斯认为,法律与经济分属上层建筑与经济基础,二者的关系属被决定与决定的关系,这使法律的逻辑从属于经济的逻辑。① 韦伯也认为,法律对于经济生活的作用在于为交易提供稳定化的形式。② 而制度经济学家则主张,法律作为一种制度,对经济发展具有深刻影响,他们试图从降低交易成本的角度去评估法律对经济发展的作用。③ 无独有偶,在法学内部,也存在着试图用经济概念或者经济利益来分析、解释法律现象的流派,其中最典型的代表是美国的经济分析法学和欧陆的利益法学。④ 在我国,自改革开放以来,经济学界和法学界也流

---

① 〔德〕亨利希·库诺:《马克思的历史、社会和国家学说》,袁志英译,上海译文出版社2018年版,第551页。

② 〔德〕马克斯·韦伯:《法律社会学》,康乐、简惠美译,广西师范大学出版社2005年版,第31页。韦伯谈到:"对于某物或者某人实际握有处分力者,便得以透过法律的保障而使处分权的持续获得特殊的确定性,从而受到某种弄承诺的人,法律保障亦会给予他上述从承诺履行的确定性。其实这就是法律与经济之间最基本的关系。"

③ 参见〔美〕科斯:《企业、市场与法律》,盛洪、陈郁译,格致出版社、上海三联书店、上海人民出版社2009年版。

④ 〔美〕理查德·A.波斯纳:《法的经济分析》(上),蒋兆康译,中国大百科全书出版社1997年版,第27页;杜江、邹国勇:"德国'利益法学'思潮述评",载《法学论坛》2003年第6期,第91—94页。

行着这样一种观点:"市场经济是法治经济"①,以彰显法律对于经济发展的突出作用。然而,以上这些理论都未能真正意义上澄清法律与经济之间的区别和联系,也自然未能为我们理解法律与经济之间的相互影响提供合乎实践的理论描述。

从卢曼的社会系统论角度来看,法律与经济的关系具有以下六个维度。

第一,在功能分化阶段,法律与经济是两个完全不同的功能子系统。法律系统的媒介是法,而经济系统的媒介是货币②;法律系统的代码是法/不法,经济系统的代码是支付/不支付③;法律系统的功能是稳定规范性期待,经济系统的功能则是"将为了确保未来而进行的预先准备,与现在的分配衔接起来"④;法律系统的中心是司法,而经济系统的中心是中央银行⑤;正义是法律的偶联性公式,而稀缺性是经济的偶联性公式。⑥由于以上诸多方面的差异,我们无法从两者具有统一性的视角出发来认识它们的关系。不仅如此,法律系统与经济系统都是运作封闭的自创生系统,这意味着二者都将

---

① 文正邦:"论现代市场经济是法治经济",载《法学研究》1994年第1期,第25—27页;钱颖一:"市场与法治",载《经济社会体制比较》2000年第3期,第1—11页。

② 〔德〕尼可拉斯·鲁曼:《社会之经济》,汤志杰、鲁贵显译注,中国台湾联经出版社2009年版,第277页。

③ 同上书,第293页。

④ 同上书,第72页。

⑤ 关于正义作为法律系统的偶联性公式,参见本书第五章;稀缺性作为经济系统偶联性公式,参见〔德〕尼可拉斯·鲁曼:《社会之经济》,汤志杰、鲁贵显译注,中国台湾联经出版社2009年版,第229页。

⑥ 〔德〕尼可拉斯·鲁曼:《社会之经济》,汤志杰、鲁贵显译注,中国台湾联经出版社2009年版,第72页。

对方视为环境，而非自身的组成部分。换言之，法律会感知来自经济生活的激扰，但无法运用经济系统的代码去运转，反之亦然。举例言之，在司法过程中，法官对于判决所产生经济后果的考虑受制于法律系统所提供的概念，超脱这些概念配置，法官无法做到像经济学家一样思考；同样，在经济交易过程中，经济行动者的选择受制于支付的可能性及相关条件，而法律设置仅仅作为使支付具备可能性的外部环境来加以考虑。因此，如果改革期待司法过程去追求某种未来的经济目标，无异于缘木求鱼，与法律系统自身的功能背道而驰。

　　第二，货币经济的发展为法律与经济的功能分化提供了契机。从社会演化角度来观察，在货币经济出现之前，很难出现法律与经济的功能分化。在西方中世纪，经济、政治与法律按照身份等级的秩序加以分层，经济关系借助地产牢牢绑定在封建制的社会关系上，而这种封建制又同时蕴含着基于封建等级的政治权力和裁判权。[①]但到了中世纪盛期，由于货币经济的迅速发展，开始出现对封建制这种统一性的急速腐蚀过程。这种经济现象首先伴随着商业的复兴，在国际贸易领域显现，进而得到极大的扩展。进而，土地不再像封建制之下那样，被视为实际占有的财富，而是更多地被视为收入来源和信用基础，从而成为撬动进一步获利的经济杠杆，而这在不知不觉之间击溃了封建地产制度。[②]由此，一个以货币为

---

　　① 〔法〕马克·布洛赫：《封建社会》（上），张绪山译，商务印书馆2004年版，第204页。
　　② 〔英〕安德罗·林克雷特：《世界土地所有制变迁史》，启蒙编译所译，上海社会科学院出版社2016年版，第173页。

媒介的沟通网络开始形成，它标志着自主经济系统的诞生。与此同时，"一种已分出的货币经济，对法律提出了高度的、但却是不可支付的要求"（p.500）。换言之，货币经济无法建立在法律对经济生活直接的渗透基础上，它所需要的是法律履行自己的功能！这是因为在以货币为媒介的沟通中，所涉的任何交易都可讨价还价，但使交易成为可能的外部条件不可讨价还价，而这种外部条件由法律系统来确保。因此，当全社会进入功能分化的阶段时，经济与法律作为两个独立的子系统不可避免地分化开来。但另一方面，货币经济需要借助法律系统来对使交易成为可能的条件加以固定，它需要产生与此相匹配的结构耦合机制，作为法律系统接收来自经济信息的一个高度敏感的"接收站与转化站"（p.499）发挥作用。

第三，所有权作为一种结构耦合形式成为经济上可条件化的前提。与中世纪封建制下的土地"保有权"不同，现代意义上的所有权具有完整的处分权，这实际上是使经济系统内部的支付活动成为可能的重要前提。首先，所有权概念具有高度抽象性和包容性，它可将任何种类的财产及其相关交易囊括在内；其次，所有权切断了对共识的需求，使对经济系统的沟通而言，所有权人的同意成为关键因素，而无须仰赖其他任何人；最后，所有权的确立意味着在经济交易中必须禁止武力的侵夺，而只能透过法律来对所有权的变动加以执行。正因为这种经济上可条件化的前提需要法律系统的辅助，使得"所有权这个观察图式，在法律系统与经济系统中允许对其进行各自不同的塑造"（p.501），从而使它适合于用来承担经济与法律之间的结构耦合。在这里需要强调的是，所有权这一观察图式对经济与法律而言意味着不同的事情，它具有双重内涵。在经济系统看来，所有权作为货币支付的前提条件而存在[1]；而对法律系统而言是作为系统运作的组成部分加以调用，二者不可混为一谈。但正是这种结构耦合形式，使从全社会角度来看，法律与经济之间能够相互激扰，共同演化。

第四，契约是经济与法律结构耦合的另一种重要形式。对经济系统而言，如果说所有权提供了一种静态的、作为出发点的区分，那么更重要的是一种动态的，使所有权的状态发生变化的区分。与此同时，这种所有权状态的变化需要能够保持稳定，从而使持续不断的、面向未来的支付活动成为可能。从经济发展史来看，由封建经济向现代货币经济发展的一个重大的变化就是，经济活动的重心由静态占有向动态交易的变化，从所有权代码向货币代码的变化。如果说，在封建经济之下，交易仅仅是附属于所有权的变动方式；那么在货币经济当中，所有权是使交易成为可能的前提条件。而这种重大的变化必然改变经济与法律彼此互动的方式，重塑二者之间的关联。这种变化在法律史上是借助逐步重构所有权概念来开启的。在中世纪晚期，巴尔托鲁将处分这个特征渗入所有权的概念中，它恰似"货币经济的特洛伊木马"（p.503），将法律关注的重心转向了契约，并在此基础上进行与货币经济相适应的调适。这种调适经历了漫长的历史过程，且大陆法系和英美法系有着彼此差异的路径选择，但总的来看，契约由于其独具的某种特质，使它成为经济与法律结构耦合的机制。这种特质是"契约在时间上使某个特定的差异获得稳定化，并且能同时针对所有其他的事情抱持漠然性"

---

[1]〔德〕尼可拉斯·鲁曼：《社会之经济》，汤志杰、鲁贵显译注，中国台湾联经出版社2009年版，第226—228页。

(p.504)，也就是说，契约对不断产生的瞬时的交易而言，是一种不可或缺的稳定化机制，这使经济系统面向未来的支付活动成为可能，而另一方面，"契约双方当事人的不平等状态，并不会被纳入到对于给付的评价中"（p.504），这在无形之中促成了经济系统的分出，极大提升了它的自主性。对法律系统而言，契约则提供了一种便利的概念工具，感知来自经济系统的激扰，并依照固有的逻辑进行加工。对法律系统而言，这里涉及的关键问题是，"要公平地对相互性关系当中的给付障碍事由进行清算，而且这还应该要与双方当事人在此种情况中所具有的标准期望取得一致"（p.505）。由此我们可以看到，契约对于经济系统与法律系统所具有的内涵是不同的，它与两个系统的功能差异密切相关。随着契约自由的确立，经济与法律的结构耦合获得了现代的形式，借此两个系统也获得了前所未有的自主性。借助契约自由，经济系统不必局限于几个狭隘、僵化的契约类型，便可对层出不穷的交易做出安排；而法律系统则凭借"意思自治"原则，透过对当事人意思所进行的诠释，对契约进行加工。法律系统透过对契约的加工，有可能"影响"经济交易。然而，一方面这种影响仍具有偶联性，而非必然性，只不过结构耦合使或然性有所降低；另一方面，经济系统仍然将法律系统的"加工"活动视为一种来自外部环境的激扰，它会依照自身各种交易的模式来运转，而不会依据法律去改变自己的运作逻辑。

第五，在经济竞争活动中，损害责任的豁免也可谓是经济与法律结构耦合的一种隐蔽形式。在前项中我们谈到，现代经济系统的分出要求在交易关系中排除武力侵夺的可能性，这使经济转而依赖法律发挥稳定规范性期待的功能，从而使面向未来的交易得以稳定。但现代经济在很大程度建立在开放竞争的基础上。对于此，法律系统通过否定的方式，将由于竞争而造成的侵害排除在侵权责任法的范围之外，这等于变相授予竞争者以对他人施加损害的特权。正因为法律系统以否定方式处理这种事态，故而它作为一种结构耦合机制，往往不容易为人所发觉。在卢曼看来，这种豁免"几乎可说是一项与所有权和契约等制度处在相同位阶的原则"（p.509），只不过它是以在经济系统看来肯定竞争，与在法律系统看来否定追责的方式得到体现。当然，值得我们去延伸思考的是，随着反不正当竞争法、反垄断法等经济类法律的出现，是否意味着这种隐蔽的结构耦合形式正在出现某种显性的内容。

第六，到目前为止，我们仅着眼于经济系统与法律系统的结构耦合，但从全社会角度观察，事实上，政治系统分别与经济系统、法律系统之间也存在着结构耦合。在卢曼看来，政治与经济的结构耦合是税收[①]，政治与法律的结构耦合是立法，而经济与法律的结构耦合是所有权与契约。倘若我们从这个视角去考察，会发现两个系统之间的结构耦合，同样会给第三个功能子系统带来一定的影响。卢曼谈到，从经济系统角度来看，完全可以将所有权与契约在支付的循环中做贯通性的理解，但在法律系统却明确地区分物权的请求权与债权的请求权。这一方面说明两个系统各自的运作封闭性，但

[①] 在《社会之经济》一书中，卢曼从功能分化的角度谈及政治与经济两个系统的自主性，但当时并非发展出"结构耦合"这一概念来描述二者之间的关系，而在《社会中的法》一书中，提及了税收作为二者结构耦合机制的观点。相关论述参见〔德〕尼可拉斯·鲁曼：《社会之经济》，汤志杰、鲁贵显译，中国台湾联经出版社2009年版，第28—30页；〔德〕尼可拉斯·鲁曼：《社会中的法》，李君韬译，中国台湾五南图书出版股份有限公司2009年版，第498—499页。

同时也存在另一重潜在原因。例如，契约作为经济与法律系统结构耦合的机制，事实上透过法效力衔接着私人意志与政治强制。这使得私人意志具有了启动国家强制力的可能性，因而对政治产生了激扰。尽管法院保留了对契约的成立和生效问题的最终决定权，它起到了限制私人意志调用国家强制力的部分作用，但从政治系统角度观之，需要借助政治与法律系统的结构耦合机制——立法，来对此加以进一步的限制和约束。由此，我们可以观察到政治"这个系统在相当显著的程度上，受到经济系统与法律系统结构耦合形式的影响"。(p.511)不仅如此，政治与经济的结构耦合，即税收的变化，也可能会产生激扰，从而刺激法律与政治透过二者的结构耦合机制做出调整，这特别表现在围绕着君主征税权而产生的宪法理念，以及政治代表权理论的诞生过程中。由此，我们不难发现，"无代表则不纳税"这一北美独立战争期间著名的口号，深刻反映了在功能分化社会形成的时期，两个系统之间的结构耦合对另外一个系统所产生的激扰，因此卢曼说"法律系统与经济系统的结构耦合，成了政治权力此一媒介的媒介，也就是说，它成了诸多可能性的松散耦合"（p.511）。结构耦合似乎制造了政治、经济与法律三者之间的某种共振效应。正是因为如此，当我们谈到结构耦合问题时，需要同时关注到事情的另一面，即法律与政治的结构耦合问题。

四、法律与政治的结构耦合：宪法

在第九章中，卢曼曾专门论述政治与法律之间的关系。他认为，政治与法律分属两个不同的功能子系统，它们各自运作封闭，认知开放，将对方视为环境。与此同时，在社会演化过程中，政治与法律形成了交互寄生、共同演化和结构耦合的关系。在卢曼看来，立法是政治与法律的结构耦合，而这里的立法包括宪法。

然而，法律系统论将宪法作为政治、法律结构耦合的机制加以理解的这种进路，对传统法学和政治学而言，仍然不无可议之处。仅就宪法学层面来讲，对宪法的性质与功能的认识便大体存在三种类型的理论。一种是规范宪法学的观点，它采取法律实证主义的立场，认为宪法是一种特殊的法，它既属于公法，又属于"母法"，位于法律体系的最高位阶[1]；第二种是政治宪法学的观点，认为宪法是政治意志的体现，它代表着政治共同体所沉淀下来的政治共识[2]；第三种是价值宪法学的主张，认为宪法或者整个宪制承载着特定的价值，包括自由和平等及类似的道德原则。[3] 而卢曼法律系统论的宪法观与以上三者都不相同。

在卢曼看来，规范宪法学从法律系统的自主性出发，看到了宪法的法律性；而政治宪法学则从政治系统的自主性出发，看到了宪法的政治性；价值宪法学则留下了自然法传统的遗迹，试图将宪法与伦理系统重新衔接。而问题的关键在于，从功能主义的视角观察，宪法实际上是政治系统与法律系统的结构耦合。从此一视角对

---

[1] 参见林来梵：《从宪法规范到规范宪法：规范宪法学的一种前言》，法律出版社 2001 年版；李忠夏："宪法教义学反思：一个社会系统理论的视角"，载《法学研究》2015 年第 6 期，第 3—22 页。

[2] 高全喜："政治宪法学的兴起与嬗变"，载《交大法学》2012 年第 1 期，第 22—43 页。

[3] 参见〔美〕德沃金：《自由的法：对美国宪法的道德解读》，刘丽君译，上海人民出版社 2013 年版。

宪法性质和功能的定位,具有以下三重意义。

第一,宪法是使国家显现为政治与法律结构耦合承载者的必要条件。首先,欧洲社会在由封建等级国家转变为现代领土国家的过程中,塑造了以国家为载体的、政治与法律具有"统一性"的表象,但功能分化的趋势最终促成政治与法律彼此分化与结构耦合,这集中体现于法治国的图式当中。但此时对于政治与法律结构耦合关系的理解仍然是层级式的,人们认为法律高于政治,或者认为政治高于法律;其次,随着18世纪末期在北美成文宪法的出现,使政治的民主化与法律的实证化彼此支持,相得益彰,二者共同体现在宪法当中,并借此使政治与法律各自的变异性都获得提升,此时关于政治与法律关系的思考逐步由层级式的高下之分,变成了并行的内外之别,这标志着新型结构耦合关系的形成;再次,在这种新型结构耦合关系中,宪法及其所建立的宪制并非意味着政治与法律的统一,而是借助结构耦合一方面使两个系统都获得了较大的自由,另一方面,也造成了两个系统彼此之间的强激扰;最后,这种宪法上的新型结构耦合关系有效排除了来自环境的其他激扰因素,包括经济领域财富、地位差异对政治的导控,政治上的恐怖,政治上的贪污,以及政治权力不当干涉司法等。这种宪制是西方社会演化的重大成就,它妥善处理了政治与法律之间的关系,其中暗藏着西方社会长治久安的奥秘,卢曼将其总结为"这种由立宪国家而进行耦合的形式,同时在两面上——无论对政治系统或法律系统而言——都为较高程度自由的实现,以及各自系统固有的动态性之值得注意的加速运转,提供了可能条件"(p.513)。当然,卢曼并不认为这种宪制是任何人天纵英才、精心设计的产物,而是在诸多历史机缘的相互作用下"突变"而成的(p.514),"宪法史是一部政治系统与法律系统交互激扰的扩散作用所形成的历史"(p.519)。

　　第二,从法律系统的角度来看,宪法具有自我套用的性质。换言之,宪法是一份将自身规定为法律之一部分的文本。(p.514)这与既往的宪法学理论都呈现出鲜明的差异。规范宪法学试图将宪法视为"母法"的主张始终面临一个难题,即作为母法的宪法,其效力从何而来？政治宪法学与价值宪法学则试图将此一问题的解答转移到政治或者伦理上去。而卢曼认为,以上回答都停留在旧式的结构耦合关系上。问题的关键恰恰在于,从新型结构耦合关系去考察,宪法具有自我套用性,其效力是由法律系统的运作所赋予。当我们透过二阶观察,便会发现,"法律系统看待宪法的方式是,将其视为一部应予解释与适用的现行有效的制定法"(p.515),与其他制定法一样,宪法也有待于司法过程为这种"效力"赋值；因此,在法律系统的运作中,真正发挥作用的并非实证法律所构成的层级结构,而是一种中心/边缘的结构。这种由上/下区分到内/外区分的视角变化,使我们发现,即便是宪法,也和其他形式的立法一样,在法律系统中处于边缘位置,而司法才是法律系统的中心。因此,司法在法律系统当中运作封闭,而作为边缘的立法(包括宪法)则通过结构耦合的机制实现法律系统的认知开放。那么,为什么在系统自身的运作过程中,仍然需要保留实证法的这种层级结构？这与法律系统自身对吊诡的掩藏密切相关。在这一过程中,司法的决断特质通过诉诸实证法的效力等级得到掩盖。就宪法层面而言,宪法的这种自我套用性质也借助结构耦合在立法过程中得到转移,从而使法律系统自我指涉的封闭性运转在暗中进行。宪法对政治系统而言具有内涵不同、但同样至关重要的意义。对政治系统而言，所面临的问题一方面是需要借助法律形式使政治决定具有稳定性和可变性，另一方面则是克服政治决定的恣意性，就后者而言，是通过将政治过程纳入宪制的轨道最终实现的。但与政治宪法学和价值宪法学的立场不同，卢曼并不认为这点说明了宪制是另一种形式的政治，或者另一种形式的道德，因为若是如此，宪制就变成了政治权力，或者任何道德立场直接进入并扰乱法律系统的缺口。而如果将宪制理解为法律与政治的结构耦合，那么这种宪制便是赋予政治民主化以特定法律形式，正是在这个意义上政治民主化与法律实证化相互提升，也同时受到约束，使宪法兼具了限权与赋权的双重意蕴。"在这里，建构并界定着国家的宪法，在这两个系统里面获得了各自不同的意义。对于法律系统而言，它是最高位阶的制定法，也就是基本法；对于政治系统而言，它是政治的工具，而这又可在双重意义下来理解：工具性的（改变现状的），政治与象征性的（不改变现状的）政治。"（p.519）

第三，现代宪制得以实现的根本条件是政治与法律各自的运作封闭。随着西方现代社会进入福利国家的阶段，我们发现政治权力涉入经济领域的现象越来越频密，"行政国现象"变得极为突出，与此同时，法律自身的变化也极为显著，传统公法/私法的区分有所松动，新型的社会法开始涌现。在这种情况下，政治系统与法律系统之间的激扰变得日益频密，传统宪制理论在诸多方向上受到挑战。面对福利国家阶段所出现的种种新趋势，其中一种引人注目的现象是司法权力的扩张，以及具有某种政治特征的违宪审查制度的活跃。很多思想家，如哈贝马斯、德沃金、阿克曼等，试图转而重新从政治与法律具有某种统一性的视角出发，去解释这种宪制的实践。而卢曼的观点则与此恰恰相反，在他看来，宪法作为政治与法律的结构耦合本身建立在两个系统各自运作封闭的基础上，"唯有交互的漠然，才使得'特定交互依存性获得提升'这件事情成为可能。"（p.520）因此在对违宪审查制度发展的重大趋势进行分析时，不应仅着眼于它的政治性——这种政治性其实是由宪法作为结构耦合的形式所带来的，更应着眼于它的法律性，即它作为法律系统封闭运作的一部分发挥着作用。他指出，宪法针对福利国家趋势所进行的调试，更多显现在对中央银行独立性的保障，以及国家公债所预先规定的界线上，也就是关注到政治与经济结构耦合的方面。更值得一提的是，针对广大发展中国家的转型政治，卢曼特别提醒要关注建立宪制乃是基于政治与法律各自的运作封闭。因为如果不能实现法律的运作封闭，将直接导致法律无法抵挡来自政治或其他社会力量的冲击，宪法沦为政治恣意的工具。卢曼说，"唯有在政治系统与法律系统具有功能分化与运作闭合状态的预设下，'宪法'这个演化上的成就，才能在完整的意义上满足其功能。"（p.519）这一洞见值得引起我们的重视和深思。

五、法律与心理系统的结构耦合：主观权利

在前文中，我们分别谈到了法律与经济、政治的结构耦合，这种结构耦合是全社会系统内部各功能子系统之间的关系；而全社会系统同时与心理系统之间存在着结构耦合。因此，法律系统作为全社会系统的一个功能子系统，相应地与心理系统之间存在着结构耦

合关系，它表现为主观权利这一法律构造。

在传统法理学中，围绕着主观权利与客观法的关系，曾有过旷日持久的争论，自然法学派认为，主观权利产生客观法，而法律实证主义则主张，客观法产生主观权利。卢曼却将主观权利/客观法这一对区分放在法律系统与心理系统结构耦合的视角下加以观察，可谓另辟蹊径。具体言之，有以下四个方面值得我们关注。

第一，心理系统作为法律系统的环境与之结构耦合。我们需要将这种结构耦合与全社会系统内部的诸功能子系统之间的结构耦合加以区分。因为，全社会系统的媒介是沟通，它由于诸心理系统之间存在"双重偶联性"困境而涌现出来。[1] 因此，相对于法律系统而言，心理系统具有不可沟通性[2]，它只能作为环境对法律系统构成激扰，而法律系统也自行界定对于意识，甚至是对身体行为的涵括。在此意义上，卢曼的法律系统论与过去基于主体性的人文主义法哲学不同，它是一种无"人"的法思想[3]，因为在系统论的世界中，人是作为生理系统、心理系统等诸系统的叠加而存在，法律系统透过结构耦合机制，将属于人的心理系统的"意识"涵括进来。

第二，主观权利是一项法构造。与自然法学派和法律实证主义都不同，卢曼并不认为主观权利先于客观法而存在，它毋宁说是社会在由分层阶段向功能分化阶段演化过程中出现的法构造。借助这种法构造，法律得以改造分层阶段所形成的，种种基于身份特殊

---

[1] 泮伟江："双重偶联性问题与法律系统的生成——卢曼法社会学的问题结构及其启示"，载《中外法学》2014年第2期，第396—411页。

[2] 〔德〕马格特·伯格豪斯：《鲁曼一点通》，张锦惠译，中国台湾暖暖书屋文化股份有限公司2016年版，第92页。

[3] 同上书，第43—44页。

性的、具有地方性的相互义务，将一般性的、及于全社会的相互性规范加以抽象化，形成了法律与心理系统耦合的现代形式。为了使这种转化在思想上变得可能，在17世纪，自然法学派首先登场，通过天赋人权思想，产生对法律改造的需求，并为18世纪的资产阶级革命提供了思想基础；这一思路到了康德与萨维尼，转变为将主观权利嫁接于个体道德或者伦理生活方式的理性选择，但仍采取了经由主观权利产生客观法的思路。但从功能分化的角度来看，主观权利产生客观法仍然意味着法律系统的运作封闭尚未完成。到了19世纪，法律实证主义转而采取客观法产生主观权利的主张，旨在解决主观权利的客观法效力问题，促成法律系统的运作封闭，但其认知开放的另一面未获得妥善处理。在卢曼看来，"因为主观权利之客观效力这种想法，其实就是一个被隐藏的、并且被开展的吊诡"（p.524），换言之，它是法律系统内建的一组区分。法律系统透过这组区分，既做到了运作封闭，又做到了认知开放。由此"主观权利"作为一项法构造，成为法律系统与心理系统的结构耦合机制，使法律系统能够感知来自心理系统的意识激扰，"在主观权利的形式中——这个形式是在客观法律中被规定——法律系统使自己在个人之涵括这个问题上，获得注意"(p.525)。而从心理系统的角度观之，法律系统作为外部环境，同样透过这种结构耦合对其产生激扰，从而与其他功能子系统对心理系统的激扰一起，形成个体的社会化效应。但是，对个体而言，只能以消极方式来界定自己与社会的关系，也无法使人获得一种与全社会作为整体的关系，他只能与这种高度分化的社会打交道，而不会产生基于社会团结的感受。在这里，我们不妨回想，法律系统的功能在于稳定规范性期望，而这种期望实与心理系统密切相关。但卢曼认为，法律系统与心理系统之间不可能产生运作上的联系，因而稳定规范性期望需要通过两个系统之间的结构耦合来认识，正因为这种结构耦合，使现代宪法除了作为统治工具的功能之外，又同时具备权利法案的部分，与现代社会的个人主义意识联系在一起（p.525）。

第三，功能分化过程中，法律系统作为"堵截系统"接收着社会演化对心理系统造成的后果。结构耦合具有双重特性，它使系统对来自外部环境的特定激扰保持敏感，同时又对其他形式的激扰保持漠然，这是系统降低复杂性的重要机制。同样，法律系统与心理系统的结构耦合也存在类似的效应。借助主观权利的法律构造，法律系统一方面对透过权利话语的个体意识保持高度敏感，对其他的意识则往往漠然置之。但这种结构耦合反过来也造成主观权利的这项配备得到极大伸展，以至于出现"权利爆炸"的现象。我们只要看法律发展史上，社会权对自由权，参与权对消极防御权的补充，便可发现这一点。但权利的扩展并不能够确保人们作为社会参与者在心理上得到完全满足。因为结构耦合并不能改变系统之间的偶联性，至多使其或然性某种程度的降低。换言之，主观权利是否相应地必然在法律系统得到兑现，仍取决于法律系统的运作，而不取决于作为外部环境的心理系统。随着现代社会风险日益增加，人们在心理上越发期待法律系统对此做出回应，但实际上，法律系统无法化解所有这些风险，它只能衔接着自身固有的运作，满足于法律技术上所能提供的解决方案，对此加以处理。而不断增加的更多风险，只能将其推向未来。例如，在生态风险、技术风险日益提升的现代社会，人们越来越希望生态权、信息权等主观权利纳入法律系统,但在法律上是否能够赋予以上这些主观权利以客观法的效力,则取决于法律系统自身。

第四,主观权利的配置无法成为个体参与法律系统运作的"王牌"。在这里,我们不妨回顾德沃金与哈贝马斯的观点。德沃金认为,权利是一项内嵌于法律中的"王牌",使个体得以借此向政治与法律提出要求,使二者通过"认真对待权利"来符合关于政治道德的最佳理解[1];而哈贝马斯也认为,交往理性内建于权利体系中,为生活世界与政治、法律的勾连提供基本条件,以此赋予法律以正当性。[2] 在卢曼看来,这些理论设计都旨在以反分化的方式去应对现代社会无可逆转的功能分化。从结构耦合的角度来看,权利既非王牌,也非正当性的源头活水,它仅仅是一种激扰,一些冲击,"'发声'或'出场'——这才是这里的问题。"(p.527)而法律系统需要仰赖这样一些冲击,自行做出调整。

通过以上四点论述,我们不难发现,卢曼从法律系统与心理系统的结构耦合出发,对主观权利的性质,及其与客观法的关系给予了全新的解释。

六、法律系统与全社会

当我们通过系统论的视角,对法律与经济、政治,甚至心理系

---

[1] 〔美〕罗纳德·德沃金:《认真对待权利》,信春鹰、吴玉章译,中国大百科全书出版社1998年版,第268—270页。

[2] 〔德〕哈贝马斯:《在事实与规范之间——关于民主法治国的商谈理论》,童世骏译,生活·读书·新知三联书店2011年版,第103页。

统的关系加以重新思考之后，便来到了所有法社会学理论所必然要面对的一个终极问题：法律与社会是何种关系？法律是在社会之中，抑或社会之外／之上？与社会其他部分相比，法律是否具有截然不同的特质？还是具有深层的相似性？进而，这个问题也牵涉到我们对于社会本身的理解，社会是如何可能的？它是一部机器，一个有机体，抑或卢曼所说的系统？

在本书的导言部分，我们曾这样归纳卢曼的法律与社会观：

> 法律系统与全社会形成了较为复杂的关系。其一，法律系统是全社会的功能子系统，就此而言，法律系统在全社会之中，仅仅执行全社会的一项功能。因此，法律系统小于全社会。其二，法律系统与全社会之间是系统与环境的关系，两者处于并列地位，并无高下大小之别。其三，法律系统所涉及的环境，除了全社会，还有心理系统和有机系统，在这个意义上，法律系统所涉及的范围多于全社会。全社会的不同功能分别由各个功能子系统承担，而每个功能子系统的运作都是在以各自的方式执行着全社会功能。这样一来，全社会所有沟通都是基于各个子系统的代码，就无须具有一个总体代码。[①]

从这个归纳来看，法律与政治、经济的关系涉及其中的第一个层次；而法律与心理系统之间的关系则涉及第三个层次。那么，问题的关键在于第二个层次，我们应如何理解法律与全社会之间的这

---

① 参见本书导言 2。

种基于系统与环境的并列关系?

在对此前西方历史上关于全社会的构想中,曾经出现过基于契约、有机体等诸多想象,这些想象都不约而同地从法律与社会具有统一性出发,其共同的预设是"全社会是一种法秩序"(p.529)。而到了18世纪,这种基于统一性的想象已经无法符合社会现实,人们开始认为,法是全社会的一部分,它在全社会之中,随着全社会一同发展,在这种想象之下,法律与社会其他部分之间的结构耦合方才有所显露,所有权、契约乃至宪法的重要性都获得了明确的认识。但到了这个阶段,那种将全社会视为具有统一性的想象仍然在"市民社会"概念之下保留着残迹。直到19世纪,马克思用"阶级社会"这一概念将市民社会的统一性幻觉戳破。但马克思的问题在于,仍然用分层阶段的那种语言去描述功能分化社会,因此将法律与经济、政治等社会其他部分之间的关系解释为经济基础与上层建筑这种上下层级关系。在这里,法律被牢牢绑定在具有领导地位的文化阶层的价值判断上。

在卢曼看来,在现代社会具有根本重要意义的事情,既非在于价值的分歧和抉择,也非在于社会阶级的纵向划分,而在于,现代社会是沿着功能的方向横向分化着,其中法律作为一个独立的功能子系统从全社会中分出,发挥着独一无二的功能。在这种功能分化的社会里,法律面临着种种类型的冲突,提出法律性质的问题,并且摆脱对全社会统一性及其价值共识的依赖,也并不诉诸于主导阶级的价值观念,转而借助自身发展出整套概念性与组织性的配备,对此问题加以处理(p.530)。正是在这种意义上,法律系统作为全社会的"免疫系统"发挥着作用。

那么,在卢曼的系统论视野中,法与全社会的关系问题就变得豁然可解。法律既在全社会之中,又作为一个自创生的功能子系统,与全社会保持基于系统/环境区分的平行关系。同样的表述也适用于经济、政治与全社会的关系。故而卢曼说:"人们既不能说,全社会是作为其诸功能之总和,而再制自身;同样,人们也不能说那些结构耦合在其中获得实现的诸多形式被视为对全社会秩序具有代表性。"(p.531)法律、经济与政治作为全社会的组成部分,在既区分,又借助结构耦合的机制实现"结构漂移",即相互协调的结构发展的这个意义上(p.531),实现共同演化。

七、本章点评

在本书的第九、十两章,卢曼着力处理法律与社会的关系这一经典问题。他另辟蹊径,从系统论的视角,给予了与以往的法社会学论说截然不同的一系列主张。这些主张看似秀逸别出,但深思下去,对我国的民主法治建设颇具启发意义。

首先,法律与经济的关系是过去法律与经济发展领域当中的核心问题。它涉及以什么样的法律举措能够有力地推动经济发展?而从卢曼的观点来看,任何法律改革都不一定必然促进或者阻碍经济发展,因为法律和经济分属两个不同的功能子系统,二者之间的关系具有偶联性。因此,任何旨在所谓"为经济保驾护航"的法律改革,往往显得一厢情愿,或者文不对题。从系统论来看,法律做好自己的事情,发挥稳定规范性期待的功能,便是对经济发展最大的支持。此外,在法律与经济系统之间,存在着结构耦合的机制,即所有权与契约,这些机制构成了法律激扰经济系统的着力点。通过这种激扰,经济系统可能遵循自己的逻辑来作出动态调整,但它绝不会完全按照法律的指示行动。而那种希望依靠行政指令直接干预经济系统运作的做法,更是只能带来经济系统的扰乱,对经济发展产生消极影响。这一洞见在我国经济学界近年来关于产业政策对经济生活的调节作用的争论中也能有所体现。① 在笔者看来,尊重市场经济规律,与尊重法治规律这二者是同等重要的。

其次,法律与政治的关系是另一个影响重大的议题。过去我们在对这种关系的处理上,常常陷入误区。如果说,在西方前现代社会,政治与法律的关系过远,以至于无法交互寄生、相互支撑;那么在中国的政治传统中,政治与法律的关系过近,以至于失去了二者动态调节的那种灵活性。从这个意义上,西方现代的宪制较好形成了政治与法律的适当关系,使得政治权力既获得有效约束,又具备了灵活性和可扩展性。这种从功能主义视角重新审视宪制的主张,对我们当下的政治、法律改革,不无借鉴意义。这促使我们思考,究竟是因循守旧,仍然采取政治和法律统一性的方式去治理日益复杂的现代社会,以至于以政代法,政法不分?还是尊重法的自主性,让它通过最大限度地发挥作用,来给予政治支持?不仅如此,在广大发展中国家,如政治与法律各自未能实现运作封闭,往往伴随着政治的恣意和法律体系的大面积腐败,因而不可避免使法治丧失限制权力滥用的效果。

---

① 林毅夫:"产业政策与我国经济的发展:新结构经济学的视角",载《复旦学报(社会科学版)》2017 年第 2 期,第 148—153 页;张维迎:"产业政策背后的经济学问题",载《学术界》2017 年第 2 期,第 28—32 页。

最后，从法律与社会整体的关系角度来看，与德沃金、哈贝马斯等学者的主张有所不同，卢曼并非从反分化的视角出发来观察社会，而是从分化来立论。在他看来，在功能分化的现代社会，种种反分化的谋划既无必要，也不可能。现代社会的治理之道在于以分化对分化，即通过每个功能子系统的自主运作来实现全社会的和谐有序。在这个阶段，如果期待某个系统，如政治系统发挥中央司令部的职能，干涉各个功能子系统，去强求步调一致，必然付出沉重的代价。人们或许怀疑，各个功能子系统"各自为政"，岂不是造成天下大乱？从本章关于结构耦合的论述来看，在社会演化中，法律、政治、经济基于认知开放的结构耦合关系会促成它们之间的相互激扰，从而带来动态的和谐。正是因为这种"分而治之"的治理之道，才能使现代大型社会日益增长的复杂性获得较好的处理，才能使人们感受到前所未有的自由和诸多发展的可能性。

第十一章　法律系统自我描述之功能
——法理论的定位与演变

一、引言

在《社会中的法》一书中，本章原题目为"法律系统的自我描述"，与第一章"关于法理论之起点"，都涉及对法理论这个主题的探讨。二者的区别在于第一章涉及法理论的立场与前提，而本章则涉及法理论的定位与演变，即从科学系统的外部视角（即社会学角度）对法理论进行定位，并对其演变和发展进行探讨。

卢曼认为，法理论有两种不同的进路：一是法学的法理论，属于法律系统的自我描述；二是社会学的法理论，属于法律系统的异己描述。《社会中的法》属于第二种进路。在这本书中，卢曼区分了三种观察层次：第一种是法律系统自身沟通运作的观察，如涉及法与不法的二值代码分派之沟通运作，这属于一阶观察。第二种是对上述法律系统运作的观察进行观察即二阶观察。它既包括从法律系统的内在视角进行的二阶观察，如理性论与实证主义等传统的法理论，也包括从科学系统或者其他外在视角进行的二阶观察，如系统论法学、自然法理论。第三种是对上述二阶观察进行观察即三阶观察。在本章中，除了从外在视角对法理论进行定位之外，卢曼主要从三阶观察角度对传统法理论和系统论法学进行观察和反思。系统论法学是对法律系统的异己描述。但由于它依循了法律系统的纲要、代码和功能之逻辑，所以，系统论法学可以与法律系统发生结构耦合，从而扣连到法律系统运作上，成为法律系统的自我描述。因此，本章提出作为自我描述的法理论，主要是指卢曼自己建构的系统论法学。

本章的总体逻辑和主要内容，可以简述如下：首先是对法理论进行定位，主要讨论法理论如何才能成为法律系统的自我描述。在卢曼看来，法律系统的自我描述要遵循法律系统的规范纲要、代码导向和功能运作之逻辑。同时，法律系统的自我描述（即法理论）之功能被描述为通过对法律系统的界限和系统统一性进行反思，以维护法律系统的统一性。其次是从历史的角度探讨法理论的演变，尤其是自然法理论与法实证主义的嬗变。在这里，卢曼主要从三阶观察角度考察和批判自然法理论和法实证主义各自的盲点和缺陷。譬如，外在视角的自然法理论无法观察到自身是以悖论方式为现代法秩序奠基；内在视角的法实证主义则看不见自身的套套逻辑，以致法源概念可以扩张到整个法律系统本身，等等。最后是对法理论的新发展进行探讨，即从三阶观察角度对系统论法学进行观察和反思。这种三阶观察是对法律系统的自我描述进行观察，所以，它属于"描述之描述"。通过三阶观察，卢曼主要阐述了法律系统自我描述（即系统论法学）的运作前提、导向、机制、悖论和限制。

在卢曼看来，法律系统的自我描述是以系统的封闭性为前提，且以二阶观察模式进行运作。所以，它一方面能够从内在视角描述法律系统的合理性和固有值，另一方面能够透过二阶观察揭示法律系统的代码、论证和程序等功能运作的悖论和偶联性。自我描述又以系统的统一性为导向，所以，它必须面对环境而进行调整。而且，卢曼将法理论作为结构耦合机制，使内在视角和外在视角结合起来。法律系统既可以从内在视角被描述为规范，也可以从外在视角被描述为事实。因此，这种自我描述不仅兼顾了事实与规范，同时，它还兼顾了系统与环境的关系。此外，透过三阶观察，卢曼还能看到了悖论带来的创造性。具言之，法律系统是以悖论方式进行奠基。但是，法律系统又不能这样做，而必须通过创造各种区分来替代悖论，即将各种差异当作是统一的区分引入到系统中，从而为系统的统一性奠定基础。虽然法律系统可以创造新的区分来进行自我描述，但是，法律系统的自我描述并不是恣意的，而受到自身历史条件（即系统自身的固有值，如规范、代码和功能等）限制。换言之，虽然系统论法学是外在描述的理论建构，但是，这种理论建构不是恣意的。因为它依循了法律系统内在运作的逻辑，且藉此成为法律系统的自我描述。因此，卢曼对法律系统的描述与被描述的法律系统之间是同构的。

本章总共九节，具体解读分为四个部分，第一部分涉及原来第一、二节，第二部分涉及第三节，第三部分涉及第四节，第四部分涉及最后五节。

二、法理论的定位：法律系统的自我描述及其功能

在第一、二节中，卢曼旨在对法理论进行定位，即将法理论描

述为法律系统的自我描述，且将法理论的功能描述为对法律系统的统一性进行反思，以维护法律系统的统一性。对法理论的定位有两项历史前提：一是法律系统的分出，二是法理论的分出。为了对法理论进行定位，卢曼对自我描述与自我观察、法律文本、一般法学理论和客观再现等理论概念进行区分。在卢曼看来，法理论唯有遵循法律系统的规范纲要、代码导向和功能运作之逻辑，才能成为法律系统的自我描述。当法律系统描述自身时，自我描述是一种系统的反思运作，同时，它对系统同一性进行指涉，也就是对法律系统的界限进行指涉。由于系统的界限既涉及系统与环境这项区分的差异，也涉及这项区分的统一性，所以，法理论对法律系统的界限进行反思，就是对这项差异的统一性进行反思。因此，法理论的功能就是透过对法律系统的界限和系统统一性进行反思，以维护法律系统的统一性。

（一）法理论的定位：历史前提与理论概念

卢曼对法理论的定位不是恣意的，而是有其历史条件。因此，他阐述了两项历史前提：一是法律系统的分出，二是法理论的分出。前者涉及法理论探讨的对象，后者涉及法理论的形成。此外，为了对法理论进行定位，卢曼还精确界定自我描述这项理论概念。

首先，法理论的定位有其历史条件。因为法理论的形成、运作和演变都有其历史前提。具体来讲，法理论作为对法律认知或法律知识的追寻，都是发生在全社会当中的沟通运作。法理论是社会沟通的产物，且受到沟通及其使用的语言拘束。换言之，"所有法理论的沟通都具有历史制约性。"（p.548）不仅如此，全社会关于法律的沟通，无论是法律系统的沟通，还是法理论的沟通，都是被置于一定的社会结构之下，并随之发生变异。譬如，今天法理论可以站在漫长的法律史上面，回顾以往。当法理论要对"法律是什么"进行阐述时，这种历史回顾就不仅要求法理论提出能够横跨各个时代与社会的抽象论述，而且，还要对各种历史性的差异进行理解，这其中就包括不得不做出抽象论述这件历史上形成较晚的事情本身。

其次，法律系统的分出，是法理论形成的基本历史前提。因为没有法律系统的分出，就不会有法理论探讨对象的存在。换言之，若没有法律系统的存在，那么，法律系统的自我描述（即法理论）也不会形成。当法律系统在全社会当中分化出来时，法律系统既可以从内在视角被观察和描述，也可以从外在视角被观察和描述。譬如，人们可以从政治系统的角度把法律描述为政治工具，或者从科学系统的角度将之描述为研究的对象。因此，全社会的分化结构使得法律系统可以进行自我描述和异己描述，同时也允许二者之间彼此影响。因为自我描述与异己描述之间具有沟通的可衔接性，也就说，"跨界的沟通仍被认为是对全社会的一种执行而具有可能性"（p.549）。总之，法律系统的分出是法律系统自我描述得以可能的历史前提。

然而，上述自我描述与异己描述之间具有的沟通可衔接性，却可能对法理论的定位造成一定的困难。因为当法理论受到外部视角的影响时，法理论究竟是法律系统的自我描述，还是异己描述呢？譬如，当法理论采用一种外在于法律的描述方式来探问自身的理论基础并做出回答时，或者法理论将自身看作是法律系统的自我描述,而这种自我描述会提出规范性的效力主张时,法理论还能够维持法律系统的界限和维护法律系统的统一性吗?

为了解决上述难题,卢曼认为需要精确界定自我描述这项理论概念,并为其配置充分的区分能力。一是要区分自我描述与自我观察。自我观察涉及将个别运作归因于系统的诸多运作与结构上,即涉及关于法与不法的沟通运作,这属于法律系统日常沟通的范畴,旨在保障法律沟通的衔接能力。自我描述则涉及在进行自我反思的系统中对其固有的统一性进行反思。因此,二者的功能有别。二是要区分自我描述与法律文本。按其内涵,描述是一种旨在制作文本的运作。由于自我描述在进行反思时会反思到自身也属于它所描述的系统,所以,"自我描述指的就是制作自我套用式的(亦即,同时意指着自己的)文本"(p.550)。不过,它不像法律文本那样严格操控法律的日常实际运转,而是预设系统的统一性作为法律日常运转的前提条件。在观察层次上,如果法律文本属于一阶观察,即涉及对法与不法的沟通之观察,那么自我描述就是对上述一阶观察进行观察,属于二阶观察,即对法与不法这项区分的统一性进行观察。三是要区分自我描述与一般法学理论。一般法学理论(如法教义学)虽然也是二阶观察,但是,它的功能主要是为法律决定提供论理基础,如对法与不法的分派之决定提供理由。因此,一般法学理论要服从法律系统做出决定之需求。自我描述则不需要这样做,而是作为法律系统的反思理论维护法律系统的统一性。一直以来,人们就用法哲学(或者晚近的法理论)与法学的区分,来标示这样的差异。这种差异表现为:一般法学理论为法律决定提供的论理基础是高度分化的,如刑法、民法等各个领域的法教义学,而法律系统自我描述的特殊任务则是对法律系统的统一性、功能、自主性以及漠然性等进行阐述。因此，只有少数的观点能够同时在法理论和法教义学的脉络中并存，如自由、主观权利和诉权所构成的关联。四是要区分自我描述与客观再现。自我描述本身就是一种被具体执行的运作，它具有系统的依存性和脉络的依存性。因此，自我描述不是对描述对象的客观再现，而是根据系统的预设来建构描述对象。[①] 换言之，自我描述会受到系统自身条件之限制，而外部观察者则看到这些限制是自我描述特有的。此外，由于自我描述预设系统与环境的区分，即设定了一条界线，所以，当越出这条界线时，系统能够观察到其他的东西（如环境），而返回到界线之内时，它就能够观察到自身。因此，当系统透过自我描述而指涉自身的时候，它就可能会遭遇系统自我指涉的悖论问题，如法与不法这项区分到底是否合法的悖论问题。而客观再现则不会出现这样的悖论问题。

最后，印刷术的出现，是法理论分出的历史前提。自我描述必须预设书写作为文本的形式，以获得运作的条件。当书籍罕见，而且尚未被广泛传播时，分化的各种可能性就会受到局限，法律分化亦是如此。虽然专门的法律文本早就出现，但是，一直到印刷术出现时，大量文本随之产生，自我描述作为法律系统的反思才得以分化出来。这最先出现在哲学名下，尤其是法哲学这个传统名称下。

---

① 卢曼认为自己对描述的理解，受到斯坦利·费什（Stanley Fish）的新实用主义诠释理论影响，二者的差别在于出发点的不同，费什是从个体出发，而卢曼则是基于沟通运作，即从社会系统的指涉出发。参见 Stanley Fish, *Doing What Comes Naturally: Change, Rhetoric and Practice of Theory in Literary and Legal Studies*, Duke University Press, 1995, pp.1—33。

因此，自我描述的运作总是表现为被刊行的出版品，而那些无法被刊行的东西自然就丧失对系统自我描述发生影响的机会。可见，自我描述（即法理论）的分出是对法理论进行定位的另一项历史前提。

（二）法律系统的自我描述：规范、代码与功能

随后，卢曼进一步从外部视角探讨对法理论的定位，即法理论如何才是法律系统的自我描述。他认为自我描述必须将自身归属到其描述的系统当中。也就是说，它要接受具有系统特殊性的拘束，并且将这些拘束加以论题化。若非如此，它就不可能证明自己是系统的自我描述，也没办法与外部描述区分开来。因此，系统论法学必须依循法律系统的规范纲要、代码导向与功能逻辑，才能成为法律系统的自我描述。换言之，自我描述必须接受下述具有系统特殊性的拘束。

第一，自我描述是受到法律规范的拘束。首先，法律系统的自我描述，不能质疑下述两件事情的正确性：遵循法律的规范以及按照法律规定的方式来进行沟通。因为法律使期望得以稳定化的功能是建立在规范的基础上。换言之，法律的功能被诠释为一种行为指令即规范。其次，法律系统的自我描述必须尊重系统关于事实与规范的区分，这项区分对于系统而言至关重要。在法律系统中，这项区分是往规范性方向而不是往事实性方向上获得标示。换言之，法律被标示为规范，而不是事实性的行为期望。因为"规范标示了，什么事情是应然的"（p.553）。也就是说，即便期望落空，人们仍反事实地维持自己的期望，因为他们认为这些期望是应然的。因此，规范是一种反事实性、稳定的行为期望。最后，因为法律系统在规

范层次上实现运作的封闭,所以,自我描述不能将规范化约为事实;否则,它就不是系统的自我描述。譬如,法社会学坚持规范仅具有事实性,就是对法律系统之规范性的一种误解。

　　第二,自我描述是受到法律代码的拘束。法律系统的自我描述,不能质疑法律系统关于法与不法的区分,这是法律系统的二值代码。原因有三个方面:首先,法律的代码化确立了系统的同一性。换言之,代码确立了系统与环境的界限。若没有代码化,在系统内做出决定的强制,就不会在系统内建立。也就是说,法律对全社会的功能无法得以确立。其次,法律的代码化建立了系统运行的逻辑,通过将诸多事物化约到可以相互转化的二值代码上,法律沟通就获得了运作上的衔接能力。因此,就连法律论证都预设了,除了法与不法之外,不存在其他的代码值。最后,法律的代码化还形成了"同案同判"的要求。由于二值代码的设定,法律论证会导致只有一个正确的决定:要么合法,要么不法。当这样的决定在同类的案件中获得重复的适用,就会产生"同案同判"的要求。否则,法律人就不可能了解到,系统会对他们有什么期望。

　　第三,自我描述是受到法律功能的拘束。法律系统的自我描述必须顺应系统的功能强制。这就是说,自我描述不能质疑法律系统做成决定的必要性,因为法律系统不可避免会牵涉到争议性的沟通,并针对争议性的沟通做出决定。具体来讲,首先,所有关于法律的沟通都必须朝着"可做出决定"的方向来塑造自己的论证风格,法理论的沟通也不例外。法理论必须根据系统的论证工具来提出论理基础,否则,它就不是系统的自我描述。其次,无论法律沟通涉及的争议对象为何,如事实、规则或者原则等,也不管争议状态是否持续,自我描述必须把系统当作是一个决定者。因为法律系统的中心即法院必须做出决定,否则,系统就无法继续运转下去。第三,自我描述必须预设系统能够对所有的问题提供一个最终的正确答案,"仿佛神并不存在"(p.554)。因为,若神存在,则所有问题的正确答案皆由神来决定。这也意味着法律系统没有存在之必要。

(三)法理论的功能:统一性的问题与方案

卢曼对法理论的定位即法律系统的自我描述,是一种功能的定位。换言之,法律系统的自我描述是有其独特的功能。对此,卢曼从法的功能及其意义问题出发,提出法律系统自我描述真正解决的问题。通过分析四种理论方案对自我描述真正问题的回答,他揭示了这些方案实质上是为法律系统的统一性提供理论基础。然而,这些理论方案都存在外部指涉的问题,最终导致系统的统一性被击破。同时,这些方案都有自身的盲点,即没有认识到系统的统一性不可能被定位。因为它是系统与环境这项差异的统一即悖论,而悖论必须被隐藏起来。因此,人们必须放弃各种诉诸统一性的方案,而应该从系统的封闭性来反思法律系统的界限问题。

首先,法律系统自我描述的真正问题,是与法律系统的功能及其意义问题密切相关的。虽然法律系统的自我描述受到系统的规范、代码和功能的拘束,但是,与一般的法律沟通不同,它不需要为法律决定提供论理基础。当面对争议性的法律沟通时,自我描述不需要做出"选边站"的决定。自我描述的这种超然性或者漠然性,赋予了它自身真正需要解决的问题。这个问题就是"要去阐明,当系统允诺要为所有问题提供解答,并强迫系统的所有运作以此种解决之存在作为出发点时,这到底蕴含了什么事情?"(p.554)在法律系统中,论证的工具可能会被替换,但是,做出决定的强制则一直被维持。这种强制既是系统的功能迫令,也是系统得以维持自身存在的基础。当法律系统强迫自身对所有问题提供正确答案时,法律系统的自我描述就必须对系统的功能迫令之正当性提供理论基础,从而赋予系统存在的意义。法律系统对于正确答案的追寻之所以有意义,正是法律系统自我描述需要阐述的真正问题。

其次,对上述问题,卢曼认为曾经有四种理论方案。一是诉诸神意即宗教,如在自然法的传统中,托马斯·阿奎那的理论将法律秩序的正当性奠定在神意的基础上。[1] 二是诉诸共同福祉的最大化即经济,如边沁认为立法应该遵循最大多数人的最大幸福之原则。[2] 三是诉诸将政治主权者之命令作为法源,如边沁和奥斯丁都曾提出法律是主权者之命令。[3] 四是诉诸法律认知即科学,[4] 如凯尔森的纯粹法学就是从法律认知的角度来探讨法律效力的理论基础。[5] 这四种方案通过指涉宗教、经济、政治和科学,使法律系统的功能迫令

---

[1] 参见 Thomas Aquinas, *Treatise on Law*, Trans.by Richard Regan, Hackett Publishing Company, Inc., 2000, pp.1—69。

[2] 参见〔英〕边沁:《道德与立法原理导论》,时殷弘译,商务印书馆2000年版,第57—63页。

[3] 参见〔英〕约翰·奥斯丁:《法理学的范围》,刘星译,法制出版社2002年版,第1—13页。

[4] 卢曼认为以科学为取向的趋势在晚近法理论发展中特别突出,且表现为对跨学科支持的寻求,如语言学、符号学、诠释学、社会学以及人类学对法理论的支持。

[5] 参见 Hans Kelsen, *Pure Theory of Law*, Trans. by Max Knight, University of California Press, 1967, p.1。

获得一个正当性基础。而法律系统的功能迫令则是法律系统固有统一性的基础。因为法律系统维持法与不法这项区分的统一性（即法律系统固有的代码）有赖于系统自身的功能运作。在这个意义上，法律系统的正当性与法律系统的统一性，是一枚硬币的两面。换言之，这四种方案为法律系统的统一性问题提供理论基础：它们"将系统的统一性描述为使争议获得可能性的条件，同时也描述为使这些争议可获得决定的条件"（p.555）。当法律系统的功能迫令得以正当化时，它使争议获得了可能性，同时使争议可以被决定。若争议不被决定，系统的功能运作就会停止即系统没法维持自身的存在。可见，法理论对法的功能及其意义的描述，就是对法律系统的统一性条件进行反思。因此，法理论的功能就是透过反思系统的统一性问题，以维持法与不法这项差异的统一性。

在卢曼看来，上述四种理论方案通过对宗教、经济、政治和科学的外部指涉，为法律系统的统一性提供理论基础，但这实质上是对现代社会的功能分化之利用。换言之，在法律系统的全社会环境当中，法律系统的自我描述发现沟通的诸多可衔接性。根据哥德尔的不完备性定理，人们可以理解这种诉诸另一个功能系统的解决方案。因为逻辑系统没有能力为自身的无矛盾性提供基础，而必须诉诸外部条件。法律系统的自我描述亦是如此。然而，这些方案都指向某个外在于法律系统的阿基米德支点，而使得法律系统的统一性外观被这种外部化的指涉所击破。这意味着系统自我描述的外部指涉会产生悖论问题。具言之，它会在系统与环境之间摆荡，或者说，在自我描述与异己描述之间摇摆不定。对此，卢曼认为系统论法学或许可以提供具有说服力的最终解决方案，从而避免这种外部化的指涉。因为法律系统是全社会的子系统，当它指涉全社会的时候，既是指涉内在于全社会的环境，也是指涉自己。如此，法律系统的自我描述就必须以更加复杂的方式来展开。

此外，卢曼认为，人们无论选择基于何种视角而确立的原理，都难以避免自身的盲点。上述四种理论方案也是如此。譬如，人们当采取系统论视角，尤其是以系统与环境的差异为基础，就会观察到"在这组区分中，系统的统一性并没有获得定位：它既无法在系统中，也无法在系统的环境中被寻得"（p.556）。因为法律系统的自我描述只是系统众多运作当中的一种，所以，它在系统之内不可能以一种具有说服力的、并且为诸多争议提供元论述的方式，来再现系统的统一性。反之，如果自我描述将统一性安置到环境当中，那么，它就会击破系统的统一性外观。因此，法律系统的自我描述当其运作时，就不能被观察，也不能被描述。否则，自我描述不能维持系统的统一性。因为系统的统一性是被隐藏起来的悖论，它只能被理解为无法被观察的自我描述运作之结果，即作为系统与环境这项差异的统一。

最后，卢曼认为人们必须放弃各种诉诸统一性的解决方案，而关注下述问题："系统是以什么方式来对效力与论证工具进行限缩。"（p.557）换言之，人们必须接受系统的条件限制，并藉此寻找解决问题的方案。[1] 据此，法律系统的自我描述必须将自身等同于

---

[1] 卢曼在此赞同"制度性"的法理论之立场，并将其作为自身立论的出发点，关于这种立场的具体论述，参见 Neil MacCormick and Ota Weinberger, *An Institutional Theory of Law: New Approaches to Legal Positivism*, D. Reidel Publishing Company, 1992, pp.1—27。

这些条件，如法律具有"空缺结构"；[①] 某些争议无法通过论证来获致决定；还有法律系统必须诉诸权限规范，并且在纯粹事实性层面上对效力象征进行处置，继而对自身的活动空间进行限缩，等等。换言之，法律系统的自我描述要从封闭性角度来考察法律系统的界限，并对之进行反思。

三、自然法理论：作为现代法秩序的基础及其衰变

在第三节中，卢曼透过对法理论的定位即法律系统的自我描述，对自然法理论进行考察和批判，指出自然法理论的盲点和缺陷，如自然法看不见自身悖论，尤其以悖论方式为现代法秩序奠基，以及它自身丧失描述现代法秩序的能力。在卢曼看来，虽然今日自然法理论早已脱离了自然法而发展，但仍然有人援引自然法来回答当前遭遇的各种问题。这是因为自然法理论曾经对现代法秩序的奠基发挥影响。然而自然法理论在语义上早已过时，而且也丧失支撑其语义的社会结构条件，以致其根本无力描述现代法律。因此，某些热衷援引自然法的当代法哲学只会走向时空错乱。

（一）自然法之起源及其发展：从本质到权利

在卢曼看来，自然法之起源及其发展表明自然法理论是以悖论

[①] "空缺结构"概念是哈特提出，主要指法律文本都具有开放性和不确定性，因而有待解释来确定相关文本的含义。参见 H.L. A. Hart, *The Concept of Law*, 2nd Edition, Clarendon Press, 1994, pp.124—136。

的方式来展开自身。换言之，自然法的发展是以偏离自身的方式来进行。这表现为自然法与万民法的区分，尤其是这项区分被用来为各种偏离了动物本性的自然法之现象提供理论基础。而自然法之发展从神学转向世俗即从世界本质转向自然权利，则进一步让自然法偏离自身，如自然法为实证法提供理论基础。透过这种发展，自然法变为高级法。然而，悖论的是，动物性的自然概念仍然被保留，以致实证法被认为是偏离自然（法）状态，尤其是对抗自然法而发展起来。因此，在中世纪和现代早期的法律系统自我描述中，自然法与实证法的关系一直是模棱两可的。

  首先，卢曼认为，自然法在起源上绝不是一种高级法，更不是一种由诸多道德性的法律原则所构成的法之形式。这与当代的法哲学（或者自然法理论）大异其趣。[①] 从社会结构角度看，自然法的起点在于城邦国家与跨国界贸易之间产生的分歧。这种分歧导致持续的关于外邦人之法律地位问题。因为城邦法律只适用于城邦公民，而无法直接适用于外邦人。这就是罗马法当中的万民法问题。学说汇纂通过对动物的法律地位问题之考量，则进一步形成了自然法与万民法的区分。通过这项区分，一直到近代仍得以维系的各种传统，就可以为各种偏离了（动物性的）自然法的现象提供理论基础，譬如婚姻是对自然繁衍驱力的偏离，奴隶制是对自然自由状态的偏离，财产权是对自然财物共同体的偏离，简言之，"将文化视为对自然法的偏离。"（p.558）因此，如果说自然法在起源上是

---

  ① 当代的法理论往往将自然法视为对道德性法律原则或者高级法的指涉，参见〔德〕阿图尔·考夫曼、温弗里德·哈斯默尔主编：《当代法哲学和法理论导论》，郑永流译，法律出版社 2004 年版，第 209—270 页。

指自然教导给所有生物体的事情,那么,当代的法哲学和自然法理论之发展早已脱离自然法的起源。

其次,从中世纪到现代早期,自然法的发展经历了从神学向世俗的转向,即从对世界本质的神学认识转向对人类固有的自然权利之认识。在中世纪,自然法的发展受到亚里士多德思想的影响。与动物本性的自然法不同,中世纪的自然法带有神学色彩。这种神学自然法不再强调动物本性,而是要求认识世界本质。此时自然法预设了在自然当中存在各种可以认识的本质,而理性可以藉此作为自然而展开自身即"自然之理性"。据此,人类的自我认识不是对自身的个体特殊性或主体性进行认知,而是对自身固有的世界本质进行认知,如"世界灵魂的个别境况""神的形象""创世的受造者"等。同时,法律有效性被置于神学—道德—政治—自然法的规范性链条中,并藉由人的自我沉思而被认知。然而,到了现代早期,上述认识发生了转变。普芬道夫主张,人类在相互结合组成公民社会时,应认识到他们的自然权利。同时,现代早期的思想家,也跟随着梅兰克顿(Melanchthon)的见解,主张将自然的驱力与自然的权利进行区分,并由此论证自然权利的社会前提。在自然驱力下,为了生存,人类理性地洞察到,人类天生就是在社会中,并依赖彼此合作。于是,自然权利一方面体现了人类对自身利益追求之合理性,另一方面又需要得到法律规制,以保障共同生活福祉。否则,不同个体或群体因为有各自的自然偏好,就会产生利益冲突,而冲突会导致社会瓦解。因此,对于共同生活进行规制的法律,就变成了使社会得以可能的条件。质言之,对自然权利的法律规制是人类共同生活的前提。反之,自然权利亦以共同生活为其社会前提。可见,自然权利是一项悖论,它既是以共同生活为前提,又可能危及到共同生活,因而必须透过法律规制来展开悖论。

最后,上述自然法转向制造出对实证法和权威立法的需求,而进一步偏离自然法本身。由于对共同生活进行法律规制的需要,如自然权利需要实证法和权威立法规制,所以,"自然法自己制造出了自然法与实证法这组差异。"(p.559)法律尤其是实证法的效力形式则通过这组差异"再进入"自然法中,即将这项区分复制到自然法中而获得解决。质言之,实证法符合自然法,它才具有法律效力。据此,自然法被认为对法律提供理论基础。同时,实证法也预设了自然法对具体权利规制问题抱持漠然态度。因此,在中世纪宇宙论式的世界架构中,自然法具有较高位阶。它作为高级法赋予实证法效力。然而,在当时的自然法讨论中,动物性的自然概念仍然被保留,因此,人类制定的实证法又被认为是对自然法状态的偏离,甚至是对抗自然法而发展起来。在法律史上,自然法与市民法的关系就是上述情况的例证,因为自然法要么对市民法抱持漠然的态度,要么准备好接受市民法的偏离。即便人们援用"符合神的创世计划",这也不过是一种将二者统一起来的视角而已。换言之,这种视角通过诉诸神意来描述法律系统的统一性。

(二)自然法变为理性法:为现代法秩序奠基

透过分析自然法的起源和发展,卢曼进一步揭示自然法之发展对于现代法秩序的意义即通过理性构建出现代法秩序。虽然自然法为实证法提供理论基础,但是以实证法为基础的法秩序始终面临抵抗权问题。因为自然法理论为这种抵抗权的正当化提供理论基础，所以，现代领土国家的法秩序无法接受它。于是，理性法取代了自然法，且通过宪法和法律的发展，为现代法秩序奠定基础。

首先，自然法理论对实证法秩序构成了挑战。根据自然法理论，实证法被认为是自然法的衍生物，并因此分享了自然法蕴含的"理性"。所以，实证法一旦违反自然法时，就不是真正的制定法，而是一种制定法的败坏状态。正如暴君不是国王，不符合自然法的实证法，丧失法律效力。由此，人们自然没有服从某些制定法的义务，而具有抵抗它们的权利。换言之，自然法理论根据合乎自然的完美与败坏的区分，可以推论出实证法的有效与无效。而随着对区分其中一边或另一边的选择，此种理论就可以使服从或者抵抗获得正当化。质言之，抵抗权问题对实证法秩序构成挑战。

其次，现代领土国家的法秩序是以实证法为基础，因而无法接受上述理论。早在16世纪，法律实际运作表明，"以权威的方式颁布法律，才是具有决定性的事情。"（p.560）法律与宪法的发展都是对这件事情做出的回应。同时，宗教引发的内战也在促进这二者的发展。[①] 上述发展表现为三个方面，一是自然法变为理性法。因为现代领土国家不断增长的立法活动，以及为这种法律活动提供理论基础之需要，人们只能在人类理性本质的基础上，宣称受到自然的拘束。二是理性法为现代宪法开辟道路。因为理性之法就是革命之法。在革命之后，理性法获得实证化，并被采纳为宪法。美国

---

① 《威斯特伐利亚和约》标志着欧洲宗教战争的结束。由此形成了现代国际法与国内法的区分。参见〔英〕威廉·推宁："全球化与比较法"，载〔英〕埃辛·奥赫绪、〔意〕戴维·奈尔肯主编：《比较法新论》，马建银等译，清华大学出版社2012年版，第78—98页。

革命及其宪法的诞生就是例证。① 三是理性法为现代法律发展提供理论基础。一方面，理性为接受现代领土国家法秩序脉络的差异提供理论基础，仿佛这些法秩序之间的差别是理性的；另一方面，理性为法律实证化趋势提供理论基础。伴随着法典化运动的兴起，大概在1800年前后，一种新的关于实证法的哲学尝试将立法者的决定与法律实务的经验原则在理性维度建立联系。② 这种新的综合尝试，不再谈论"人类本质上具有之理性，为他们规定了什么正确的事物"，而会谈论"在那些实证法已经全盘予以规制的情境中，什么行为是合乎理性且可被期待的"（p.561）。换言之，人们不再追问实证法是否符合理性，而追问什么行为在实证法上看来是理性的。

最后，理性法通过宪法和法律的发展，为现代法秩序奠定基础。一方面，理性法通过宪法解决了抵抗权问题。17—18世纪的新自然法，藉由对个体固有权利的强调，且在这个理解的基础上，将自由与平等的理念与自治的理念相结合，提出了自然人权观念。藉此，贵族权利及其法律限制获得了宪法的保障，英国的大宪章就是例证。③ 换言之，通过上述个体的自然权利在宪法上被表述为一项阶层中立的原则，自然的自由与平等获得宪法的保障。然而，宪法对抵抗权问题的解决，主要是基于契约建构的方式。因为人类自然的自由其实可以通过社会契约、国家契约和个人契约等而予以限缩。

---

① 关于美国宪法的理性法或自然法背景，参见 Edward S. Corwin, The "Higher Law" Background of American Constitutional Law, Great Seal Books, 1955, pp.1—89。

② 卢曼认为法典化运动不仅是法律实证化趋势的直接例证，同时也是法实证主义这种综合尝试得以可能的基础。

③ 参见 James Clarke Holt, Magna Carta, 3rd Edition, Cambridge University Press, 2015, pp.69—87。

实际上，对自由的强调，包含了以自由的、契约的方式对自由本身的放弃。这也意味着对抵抗权的放弃，而人们藉此获得法律对自身权利及和平的保障。①对自然自由的限制本身是为自由受法律保障，如此，对自然法的偏离，又合乎自然法。质言之，理性法是以悖论的方式解决抵抗权问题。

另一方面，理性法通过法律的实证化尤其是法律的合理化，来解决人们守法的问题。实证法秩序与自然法的传统不同。在这个传统里，个体是不能反抗法律，而法律对个体性的考虑，已经通过身份、角色和契约义务等分化的方式去呈现。然而，在现代法秩序当中，法律本身不再能够用来表述那对个体发生拘束的合理性，因为当个体根据边沁的利益计算，就会发现违法是合理的。如此，今天的理性选择、新政治经济学和法律的经济分析等理论都表明，"法律的合理性必须在二阶观察的层次上才能被计算。"（p.563）因为个体的守法态度取决于其对法律合理性的观察，而法律唯有对个体守法之合理性态度进行二阶观察，并将之纳入法律考量之内，才能在同等程度上获得合理性而使人们遵循之。

（三）自然法理论之衰变：无力描述现代法律

随着法律的实证化，自然法理论已经衰变，不仅其语义陈腐过时，如不适应个体化革新的要求、被实证性语义取代，以及不考虑脉络而遭到滥用等；而且，它早已丧失支撑其语义的社会结构条件，以致其根本无力描述现代法律。

---

① 霍布斯的《利维坦》正是以契约方式解决抵抗权问题的重要理论源头，参见〔英〕霍布斯：《利维坦》，黎思复、黎廷弼译，商务印书馆1997年版，第97—152页。

首先，自然法语义陈腐过时，主要表现在以下三个方面：一是自然法无法适应个体化在社会语义与社会结构上的革新。[①] 个体化要求全社会以更高程度对个体的个体性做出调适，以便对个体的行为产生决定性的影响。个体化的要求，不仅表现在现代小说当中，如赋予个体一种核心的地位，也体现在现代人口统计及人口概念上，如将个体视为在生殖上是孤立的。这是社会演化的结果。同时，这种个体化的要求，在法律实证化方面也有其适用，譬如，法律宣称"个体即主体"，并赋予其自由人权。

二是法律的实证性语义已经成为现代社会法律自我表述时使用的观点。这项传统术语会造成极大的反思障碍，如人们把法律理解为人类意志的产物，无法解决其中意志的恣意性问题。但是，实证性语义也有一个优点，使得实证主义大获成功。具体来讲，实证性语义站在了各项不同区分的交汇点上，并因此可以巧妙操控各种对立概念之间的转换。例如，实证性不是自然性，所以法律可以被设定，并作为决定而被观察；实证性不是思辨性，因而是以事实或制定法为基础，并且能够被证实；还有，实证性也不是否定性，所以，法律被排除了的可能性可以被涵括进来。[②] 不过，实证性语义得以发挥作用，恰恰由于法律系统的分出，而且唯有通过实证化，亦即透过系统的递归性循环而实现运作封闭，上述分出才得以实现。

---

① 在现代社会，个体化意味着个体摆脱传统的社会束缚，个体成为价值主体和决断主体，并形成个体主义的理念。参见 Louis Dumont, *Essays on Individualism: Modern Ideology in Anthropological Perspective*, The University of Chicago Press, 1992, pp.23—182.

② 法律的实证性正是对排除了其他可能性的过去视域的否定，参见〔德〕尼克拉斯·卢曼：《法社会学》，宾凯、赵春燕译，上海人民出版社2013年版，第439页。

三是现代的自然概念及诸自然科学根本不可能为自然法提供理论基础。现代自然科学关注事实问题，自然法关注规范问题，二者风马牛不相及。[①]因此，完全不假思索地延续传统上的宏大标语，根本不可能满足为现代法律提供理论基础之需求。实际上，这种不考虑脉络的做法，反而被用来当作反思的阻断点，或者滥用来为各种单纯的宣称提供强化效果，如反对纳粹的恐怖统治。历史表明，自然法理论具备在政治上进行调适的能力，如它伴随了中世纪法秩序的形成、迈向主权领土国家的过渡阶段、绝对主义、启蒙专制以及人权在宪法上的实证化等。然而，这不足以证明它可以为现代法秩序提供稳固的基础，从而可以防止类似纳粹那样的暴政。相反，"法律系统的这种自我描述公式的发展史，正好提供了完全反面的教材。"（p.565）因此，像哈贝马斯那样通过商谈理论来构建法律的理性正当化基础，无疑与自然法理论根本不是一回事。[②]

其次，自然法早已丧失支撑其语义的社会结构条件。这些条件使得自然法、共同福祉与正义等理念能够耦合在一起。在贵族社会中，法秩序是以正义作为基础，而正义一方面表现为对共同体生活所抱持的合乎德行之态度，另一方面则以个体在社会结构当中的地位为尺度，赋予他们应得的东西，而这些地位则被认为合乎自然而稳固确立。因此，正义理念表现为人类社会的一种合理的完美状

[①] 现代自然科学关注自然规律（或者译为自然法则）的事实问题，关于自然法（natural law）与自然法则（laws of nature）区别，参见〔美〕弗朗西斯·奥克利：《自然法、自然法则、自然权利：观念史中的连续与中断》，王涛译，商务印书馆2015年版，第32—65页。

[②] 参见〔德〕哈贝马斯：《在事实与规范之间——关于法律和民主法治国的商谈理论》，童世骏译，生活·读书·新知三联书店2011年版，第103—351页。

态，并因此也成为某种知识对象。因此，在社会结构上，人们可以运用它来解决社会冲突。法学也属于此种知识范畴，譬如，它通过创建法律的神话，或者假定法律的起源始自太古等方式为法效力提供理论基础。但实际上这些方式旨在阻断对法律进行反思。

然而，随着向现代社会过渡，自然法理论早已丧失了其在社会结构上的前提条件。人们即便努力维系或复兴自然法的思想，这种思想都不可能具有过去那种显赫地位。尤其是在疑难案件中，社会的反思性不会让人们回到共识上，而只会带来各种歧见。用吉登斯的话，就是"反思性颠覆了理性"（p.566）。于是，就连霍布斯理论提出的争论——理性究竟是法律本身，还是对实证法的遵从，也无法撑过 19 世纪，就被法理论的"实证主义之争"取代。

四、法实证主义之争：
两种反思理论之间的张力

在第四节中，卢曼同样对法实证主义进行考察和批判，并揭示它的盲点和缺陷，如法实证主义看不见自己的悖论或者套套逻辑，以及缺乏对系统统一性的考虑等。在他看来，法实证主义的兴起有其偶联性。由于大陆法系与普通法系的脉络差异，法理论的实证主义产生了两种版本：一种是基于理性的原则论，根植于普通法系；另一种是实证主义的法源论，根植于大陆法系。从外在视角来看，法源的隐喻其实是法律系统的一项偶联性公式，其功能旨在掩盖系统自我反思所产生的偶联性，而套套逻辑或悖论正是这种偶联性的呈现。此外，通过上述视角，卢曼认为实证主义与理性论都是现代法律系统的自我描述。不过，这两种反思理论之间的差异不可消除，以致二者难以保持一致。因此，法律系统的自我描述呈现出一种具有张力的论战姿态。

（一）法实证主义兴起的脉络：大陆法系与普通法系之比较

法实证主义兴起有不同的脉络。在大陆法系，因为宗教的统一性及其在帝国政治上的实现已经崩解，所以，欧陆国家出现了对法律和政治进行重构的机缘。面对如何实现法律和政治在秩序上的一体化之要求，无论社会契约论，还是君权神授论，都无法解决实证法的效力基础问题。这表明法律的偶联性不可避免。在普通法系，由于法官通过一个个判例来赋予法律规则效力，所以，法律的效力不是来自法律上可以被确立的起源。尽管这样的历史起源经常被假定，且被认为合乎自然，但是，每个判例尤其是后来案件都会改变法律规则本身。这表明普通法的可变性已经出现。因此，在上述脉络下，法实证主义形成了两个版本：基于理性的原则论和实证主义的法源论。

首先，在大陆法系，早在 16 世纪，基督教在全欧的统一性及其依托的神圣罗马帝国已经崩解。无论国家政治秩序，还是法律秩序，都出现了对其进行重构的机缘。人们期望利用这一契机实现政治与法律在秩序上的统一，由此使得国家秩序和国际秩序获得法律之担保。关于政治与法律统一体的建构问题，有两种方案出现：一种是社会契约论。这个方案虽然经常被采纳，但统治者一旦违反契约，就会遭遇人民的抵抗权问题。另一个方案是君权神授论，即"神直接指派了统治者，来直接行使强制力"（p.566）。这种理论虽然通过双重的"直接性"将抵抗权问题排除了,却产生了另一种风险:当神指派了愚蠢的、好战的、不公义的和无魄力的统治者时,神到底在想什么?其实,无论哪种进路,都不可能一劳永逸地解决法律的效力基础问题。换言之,法律的偶联性不可避免。

其次,在普通法系,自17世纪以来,普通法虽然一直被认为是英国独特之物,但实际上其发展受到欧洲教会法和民法之影响。自柯克大法官始,在对抗王室制定法规制的同时,普通法就发展出了一套实证主义的法理论,尽管它以自然与历史作为伪装。这种反思理论提出了一种关于法效力的历史化叙述。一方面,普通法具有漫长的历史传统,所以,法效力无法清楚追溯到一个历史上可确立的起源。另一方面,它必须在决定活动的历史延续中,通过不断出现的新案例,对已经存在的规则进行处理。因此,无论最初的法源怎样,法律都是通过法院不间断地对规则进行持续审查和改造,才变成"普通法"。可见,普通法的可变性已经初露端倪。

最后,自18世纪下半叶以来,无论在语义或者结构上,实证主义都已经稳步推进。到了1800年前后,实证主义已经取得了法理论上的支配地位,而自然法或理性法则被贬抑到次等的地位。不过,人们当面对立法的反复无常,尤其是面对制定法不符合正义时,仍然可以诉诸某些法律固有的和自我控制的理性判准,对实证法的规制方案进行质疑。于是,在上述脉络下,法实证主义形成了以下两种版本。

第一种是基于理性的原则论。今天这种原则论以德沃金为代表。[①] 它主要立足于系统的论证工具,宣称可以提出各种好的理由、

---

① 关于德沃金的原则论,参见 Ronald Dworkin, *A Matter of Principle*, Oxford: Oxford University Press, 1985, pp.9—118。

各种理性原则以及系统的终极价值来为法律提供理论基础。原则论的理性基础尽管已经遭到高度分化的现代社会所产生的反思性挑战，但仍以下述论争的方式来证立："一旦放弃最终的共同理由或价值，就形同把所有事情委诸恣意。"（p.568）因此，谁否认这点，谁就是虚无主义者、无政府主义者、决断论者、机缘论者或实证主义者，并为全社会中各种犯罪及政治上的犯罪之合法化提供了理论基础。

第二种是实证主义的法源论。它认为前述原则论的证立方式只是转移焦点的策略。因为当各项法律原则从实际运作中被抽离出来之后，它们如何能够再次被具体指认出来时，原则论者就会陷入困境。原则论者正好不想谈论这种困境。因为在诸多理由与价值之间，会存在着各种冲突，原则论者要么以机缘论的方式做出处理，即以具体的机会与缘由作为处理决定的条件，要么面临理性无法实现其统一之功能，以致系统无法在运作逻辑上实现封闭，也就无法对上述冲突做出任何回应。相反，法源论者可以通过对现行有效法的指涉来解决上述问题。

（二）实证主义的法源论：从来源的隐喻到作为偶联性公式

法实证主义兴起的不同脉络表明，理性论是从自然法的理性法脉络发展而来，且将法律的统一性奠基在理性基础上。与此不同，实证主义的法源论是通过指涉现行有效法来维护法律系统的统一性。换言之，实证主义通过揭示法律的来源来解决法律的效力基础问题。虽然实证主义诉诸法源概念，但它并不排斥理性论证，且通过区分论证与理由来转移法源产生的悖论。由于法源概念扩张，法律系统也可以被视为法源，以致套套逻辑出现。因此，从外在视角来看，法源的功能就是一项系统偶联性公式，旨在掩盖套套逻辑暴露出来的偶联性。这种掩盖的方式就是将法源指向宪法，也就是说，宪法是一切法律效力的来源。如此，宪法作为法源就能发挥偶联性公式的作用。

首先，法源的概念是关于来源的隐喻在法律上的运用，即藉此回答法的效力问题。在法效力问题上，法源论与系统论不同，因为系统论是一种外部观察，即通过在封闭系统中流通的效力象征的理论来说明法的效力基础，而法源论则是一种关于系统的具有司法性质的自我描述。不过，法源的隐喻一开始并非意指为规则提供正当化的来源。因为从自然法的角度，公正的法被认为是存在于事物当中，而规则只是对事物的简短叙述。因而，在个案的决定中，关键的事情是找到公正的法，而不是提供正当化的来源。直到近代的契约论被提出，国家立法权威藉此获得奠基，而且，国家制定法在法律实际运作上变得越来越重要，这才改变了法源隐喻的指涉，也改变了其意义。法源成了为抽象法律规范之效力提供论理基础的概念。

其次，法源的概念不是对论证文化的排除，而是将之包含了进来。因为法源的隐喻暗示了来源本身又是来源自哪里的问题。一旦追问起来，这就会产生逻辑断裂的风险。因为"在来源之前"与"在来源之后"之间差异会导致法源概念的统一性功能丧失。因此，这项隐喻要有效运作，就不能作这样的追问。否则，它就会遭遇悖论问题。然而，这样的追问又不可避免，为此，法律需要另一项区分来转移论理的负担。这项区分就是关于理由与论证的区分。当现行有效法作为决定的理由不够充分时,法律系统可以通过论证来转移上述风险。对此,普通法的实证主义者,可谓洞若观火。

再次,随着法律的发展,法源的概念发生了扩张。譬如,由于普通法的实证化,不仅各种立法,而且连司法裁判,都被视为法源。这才有了制定法与法官法的区分。这意味着,法实证主义放弃了与某种外在于法律的法源(如政治权威)进行连结,而诉诸于能够提出论理基础的方式来确立法源。在这个意义上,大陆法系的法教义学也可以被视为法源。如此一来,法源的多样性就会产生适用冲突的问题。不过,实证主义的法源论可以通过提出具有清楚优先顺序的冲突规则来应对,譬如,制定法优先于法官法,法官法优先法教义学。此外,卢曼认为这个概念在适用范围上的扩张,若达到一定的门槛程度,会产生这样的效果:法律系统本身就是法源。不过,这只是外部观察的结果。相反,法律系统要通过不对称性、截断规则以及对称性的断裂来阻断这样的效果,而这正是法源隐喻的功能。因为说法律系统就是法源,其实体现了一种套套逻辑:法律就是法律。而这样公然提出套套逻辑的论证在系统内是不被允许的。因此,法源的隐喻就如同正义的概念,是法律系统的一项偶联性公式,其功能在于通过将上述套套逻辑转化为论证的序列,如上述的冲突规则,而将从外部看来具有人为技术性质的与偶联性的东西,变成从系统内部来看是自然的,且具有必要性的事物。

最后,实证主义将法源指向宪法。只要宪法在效力上和原则上不被质疑,实证主义就可以将其自身指向宪法,并且避免对外在于法律的法源进行指涉。因为宪法是一种自我套用式的文本。同时，自我描述是一种自我套用式的运作。所以，当文本与描述相结合时，宪法解释就具有某种双重的语言性：一方面宪法作为文本可以指向法律的功能，也就是在可裁判性的角度下，指涉基本权利；另一方面宪法作为描述可以指向使法律得以正当化的某些崇高语义，也就是指涉基本价值，如自由的共同体生活。当人们将基本价值与基本权利的差异变成一种阶序关系时，亦即当宪法体现的基本价值（作为高级法）提供宪法（包括基本权利）效力的正当性基础时，人们就会将宪法高举于宪法自身之上，也就产生所谓"超宪法性"。不过，这只是对偶联性公式之功能进行自我确认而已："在所有有条件的事物之上，必须有某种无条件的事物；在所有偶联性的事物之上，必须有某种必然性的事物。"（p.572）

（三）两种反思理论之间的张力：实证主义与理性论的差异

目前为止，卢曼对法实证主义的探讨，已经揭示了它的一个基本盲点：它没认识到自身属于法律系统的自我描述。由于缺乏作为系统自我描述之认识，无论实证主义，还是理性论，不仅各执一词，而且只能通过推移争论的指涉点来谋取内在指涉与外部指涉的平衡。相反，卢曼认为，真正解决这些争论，需要提出一种对系统进行二阶观察的理论模式即系统论法学。虽然系统论法学是一种基于外在视角的二阶观察，但是，由于系统论法学依循了法律系统运作的内在逻辑，所以，它可以被纳入到法律系统的自我描述之中。因此，系统论法学兼顾了内在视角和外在视角。相反，法实证主义则无法兼顾系统与环境的关系，即没有将系统与环境的差异当作一项统一的区分来考虑,以致理性论和实证主义之间彼此论战,无法达成一致。

首先,从外在视角来看,实证主义的法源论与基于理性的原则论都是法律系统的自我描述。因为二者都"实践性"地投身于法律系统当中。譬如,原则论诉诸理性为法律共识的形成提供论理基础,而法源论则通过指涉现行有效法来解决法效力问题。它们都指向法律系统对于个案决定的运作,即涉及法律文本及其解释,而且,它们各自的建构及产生的结果,也只会在个案上获得认定。因此,它们不是外在描述,如社会学理论。

其次,实证主义与理性论之间的争论在指涉点上发生了推移。实证主义的立场被利益衡量或法益衡量的理论所继承。① 利益衡量论强调决定必须以后果的衡量为基础。这种立场认为即便误判了利益,或者出现的后果与判决时假设的不一样,法律决定仍然有效。而对立的立场则强调法律有一些不可放弃的基本原则,如禁止刑讯逼供的原则。这些原则不可屈服于对后果的衡量。不过,它们不再是基于理性法或自然法,而是基于法律自身冗余的必要性来论证,或者说是藉由法律自身的固有值来进行论证。简言之,后果论与原则论都不再追问法规范的效力基础,而是以未来的偶联性或者过去的固有值作为法律获得正当化的基础。也就是说,法律系统的自我描述在外在指涉与内在指涉之间的平衡点被推移到作为固有值的偶联性上。可是,后果论与原则论都只是片面地描述法律系统,而没有考虑法律系统的统一性。

---

① 利益衡量论源自利益法学,关于利益法学的基本立场,参见〔德〕菲利普·黑克:《利益法学》,傅广宇译,载《比较法研究》2006年第6期。

最后，卢曼从系统论的外部视角把握上述争论，并藉此揭示它们各自的缺陷。为了从外部视角把握这些争论，他认为有必要将上述对立的诸理论彼此牵连在一起，也就是将它们视为在系统内彼此限缩的视角，由此，就可以对不同的立场进行二阶观察。通过这样的方式，卢曼提出了一种相应受到限缩的系统概念，也就是一种对系统进行二阶观察的模式。无论实证主义和理性论，还是后果论和原则论，它们都是对法律系统的自我描述。而法律系统可以对它们的观察进行观察即二阶观察。透过这种二阶观察，人们就会发现系统的运作（包括自我描述）都是有条件并因此受到限缩。在这种二阶观察模式下，系统论法学可以透过系统的特殊运作方式（如自我观察和自我描述）来对系统进行界定。虽然系统论法学是一种外部观察者视角的描述，但是，这种外在描述由于依循了法律系统的规范、代码和功能之逻辑，可以扣连到法律系统自我描述的运作上。换言之，它可以与法律系统发生结构耦合，而使外部描述被转译为法律系统的自我描述。同时，从外部视角看，上述运作可以被视为系统运作上的自创生。如此，这种自创生的系统理论虽然可以取代前述将对称性击破予以外部化的四种理论方案，但它暴露了法律系统如何将自身固有的悖论或者套套逻辑解消为规范的效力。具言之，法律就是法律（即套套逻辑），以及法律就是法与不法这项差异的统一（即悖论），就可以被解消为法律系统赋予规范效力的各项运作，而这些运作构成了系统自我指涉、自我观察、自我描述和自我生产。质言之，法律系统就是一个自创生的系统。因此，系统自我描述就不仅难以透过上述方式指认系统自身，因为这种自我指涉会产生悖论，而且，反思理论与系统的其他运作之间的关系也必须重新界定。这是外部描述带来的问题。

不过,通过上述外部视角,人们可以洞察到现代法律系统的自我描述存在张力和冲突。因为它存在两种不同的反思理论,而且无法消除它们各自的差异,如实证法与理性法的差异,依照原则与依照法源的差异,等等。同时,这二者都只看见对方的缺陷,譬如,当理性论为相互冲突的原则做出决定时,这样的决定欠缺效力基础;同样,实证主义当指涉现行有效法的时候,无法为这样的指涉提供最终的证立。由此可见,这些自我描述公式都缺乏对系统统一性的考虑。换言之,在法律系统内,效力与论证二者之间是无法取得一致,二者必择其一。因此,法律系统的自我描述就只能以论战的姿态来呈现自身。

五、法理论的新发展:系统论法学的视角

卢曼将法理论定位为法律系统的自我描述,并据此对自然法理论和法实证主义的二阶观察进行观察即三阶观察,从而揭示传统法理论的盲点和缺陷。同样,他也将这种三阶观察指向了系统论法学,并由此阐述了作为自我描述的法理论(即系统论法学)之运作前提、导向、机制、悖论和限制。因此,在接下来的各节中,他主要从五个角度来探讨今天法律系统的自我描述:一是系统的角度,二是环境的角度,三是耦合的角度,四是悖论的角度,五是条件的角度。具言之,今天法律系统的自我描述一方面要以系统的封闭性为前提,另一方面需要面对环境而调整自身。因此,自我描述不是单纯的内在描述,而是被描述作为科学系统与法律系统的结构耦合机

制,而对内在描述和外在描述进行调和。由于自我描述本身预设了系统与环境的区分,所以,当它追问上述区分的统一性时,也就是对法律系统的界限进行反思时,法律系统的自我描述就是一项充满悖论的冒险事业。然而,无论采取何种语义或者新的区分,法律系统的自我描述都禁止自我豁免。换言之,它不能解除系统自身的条件限制而恣意地描述自身。

(一)系统的角度:以系统的封闭性为前提

在第五节中,卢曼认为,传统的自我描述公式,如实证性与理性,都不能有效应对新的环境情势。由于这些公式都是两百多年前提出来,以应对18世纪出现的新情势,所以,现在看来,它们反而成了系统进行自我反思的"认识论障碍"。[1]因为它们具有的复杂性太少了,其主导观点也已经制式化,难以回应新问题。对此,卢曼尝试提出新的理论视角即二阶观察的理论模式。在他看来,二阶观察模式是法律系统固有的。这种观察模式是由于法律系统的分化才得以可能。同时,法律系统运作上的封闭性也是在二阶观察层面上实现的。因此,在结构上,法律系统自我描述的各项条件被描述为:一个运作上封闭且功能自主的法律系统分出,以及一种二阶观察模式被内建到系统中。在二阶观察模式下,理性与实证性公式都旨在掩盖系统运作的偶联性。同时,这两项公式也只是系统二阶观察的指令。因此,无论理性,还是实证性,都不是法律系统自我

---

[1] "认识论障碍"是法国哲学家加斯东·巴什拉(Gaston Bachelard)提出,参见 Gaston Bachelard, *The Formation of Scientific Mind: A Contribution to A Psychoanalysis of Objective Knowledge*, Trans. by Mary McAllester Jones, Clinamen Press, 2002, pp.24—32。

描述的最终公式。

首先，二阶观察模式是法律系统固有的。在大陆法系中，这表现为对立法者意志的解释问题。立法者颁布法律，其实就是用一项或若干项区分对世界进行观察。法官在适用法律时，就需要查明立法者如何观察世界。尤其是，当制定法老化时，如何使之适应新的环境情势。这两个问题都变成了对立法者意图进行法律解释之方法问题。当然，这里涉及的问题不是对立法者的动机进行社会学式研究，而是涉及到提出法学上的理由，并为之赋予论理基础。在普通法系中，二阶观察表现为对法官如何裁判案件的观察。随着普通法的实证化，遵循先例被确立为普通法的基本原则。不过，先例是否适用，以及在什么范围内适用，这主要取决于新出现的案件所提供的机缘，以及从"判决理由"的角度来考察。另外，美国法律现实主义认为律师必须对法官进行观察，以便查明法官如何观察案件并做出决定。可见，无论大陆法系，还是普通法系，法律运作都是建立在二阶观察基础上。而且，法律系统藉此获得了一个扩张的时间界域：基于过去的制定法，或者基于未来的法院裁判。否则，人们的行动没法以法律为导向，而只能诉诸当下在场者之间的互动。

其次，二阶观察模式根植于法律系统的分化。由于法律系统的分化，如律师的实务工作、法院、各种组织中的法律部门以及立法组织等的分化，这导致了各种观察者视角之间的分离，并形成了二阶观察模式。一方面，这些观察者相对于全社会的环境而言，具有各自不同的外部界限。另一方面，他们可以藉着法律共同体的形成，以及与此相应的法律专业化，而使得观察的水准，以及跨越不同分支而取得相互理解的可能性，获得了担保。不过，这种结构上的获益,并不是专业化能够提供的,因为专业分工在古代社会早就有了。相反,这是现代法律系统的分出所产生的成效。法律系统的分出是建立在系统运作的封闭性基础上,这种封闭性不仅保障了系统的功能自主,同时还将系统自创生转移到二阶观察层面上。换言之,法律系统的分化,是以系统的封闭运作为前提,否则,分化会瓦解系统。因此,法律系统唯有在二阶观察层面实现自身运作的封闭即自创生,它才能维持法律系统的界限和系统的统一性。

再次,在二阶观察模式下,法律系统的自我描述的各项条件就可以被描述为:一个运作上封闭且功能自主的法律系统分出,以及一种二阶观察模式被内建到系统中。系统的封闭性与二阶观察是相互关联的。由于系统是封闭的,系统的一切运作都从属于系统固有的观察之下。无论是决定与效力,还是论证与理由,二者在法律运作上的闭合(即循环)都是对实证性或者理性进行二阶观察的结果,即系统的封闭运作都是在二阶观察层面上实现的。同时,系统也是透过这些运作来建构和观察法律事务。因此,法律系统不仅通过二阶观察模式实现自身的分出即自创生,而且通过二阶观察模式使自我描述从系统当中分出。质言之,法理论即法律系统的自我描述是以二阶观察模式进行运作。

复次,在二阶观察模式下,自我描述公式如理性和实证性,都是系统自我指涉的象征,且藉此掩盖系统运作偶联性。一方面,透过实证性,人们可以观察到同一个东西,即现行有效法,同时,又可以观察到法律本身建立在决定的基础上。即现行有效法是法律决定的基础,而法律决定又反过来决定什么是现行有效法。为了做成决定,决定者必须提出论理基础。这些论理基础最终又可以被认作理性，为自己提出进一步的论理基础。即法律论证可以诉诸理性来提出决定的理由，但这些理由会被理性要求提出进一步的论证。可见，无论理性，还是实证性，这些系统运作都通过自我指涉而在二阶观察层面上实现自身的封闭。而这些自我描述公式的目的则旨在掩盖系统运作偶联性即"系统是在不具有任何超验支点的情况下运作的"(p.577)。所谓系统不具备任何超验支点，是指系统并不是由神来设计的，也不接受任何出自神的指令之干预。因此，上述这些公式还掩盖另一件事情：由于系统不具有超验支点，它就只好依靠各种直接或间接的结构耦合。不过，这些结构耦合本身并不适合用来作为法律效力的理由，除了下述经过检验的两种例外情况：一是主体及其理性意识，二是为法律实证性提出的宪法。这二者其实又掩盖了法律系统对全社会的依存性，以及法律系统在生态上的依存性。为了能够为反思提供一项理由，上述两种例外情况都必须采取极端方式，从而把自我指涉与异己指涉的统一性问题凝练出来。因此，法理论要么通过理性，要么通过实证性，为法律效力提供理论基础，二者必择其一。然而，当这件事情可以被观察和描述时，上述这些公式运作的偶联性就会显现出来，并转向彼此之间对抗。由此，法理论仿佛可以用论战替代自身提出论理基础之任务。

最后，在二阶观察模式下，理性和实证性都只是系统二阶观察的指令，因此，它们都不是法律系统自我描述的最终公式。当人们认为自己的见解是正确的，却不知道如何说明自己见解的正确性时，人们往往诉诸一般的理性，藉此准备让自己的见解接受他人的观察。换言之，他们认为自己的论证是可以被理性检验的。同理，法律效力的实证性也具有这项功能。只要人们以现行有效法作为出发点，那么，他们就准备让自己接受他人的观察。人们也正是透过现行有效法与未来有效法的区分，对各种观察进行划分，甚至对分歧极大的和极具批判性的观察者指出：他们可以诉诸改变法律的可能性。如此，法律的实证性就是法律的可变性。而上述现行有效法与未来有效法的区分，恰恰是展开悖论的形式：法律之所以有效，正是因为它可以被改变。上述分析表明，一旦系统在二阶观察层面上以自我指涉方式封闭起来，这些自我描述公式其实就是系统二阶观察的指令。

因此，人们必须转变提问的形式，从"什么"的追问形式变为"如何"的追问形式。换言之，最终的问题不再是，理性说了什么，或者什么可以被认为是现行有效法，而是法律系统如何做出那些它已经做成的事情。尤其是在环境持续激扰的情况下，系统如何维持自身运作。如此，今天法律系统的自我描述就必须以系统的封闭性为前提，也就是按照自己方式，以系统的统一性为导向，去处理造成法律系统功能自主性的各项全社会条件。简言之，"它只能从环境的角度，在系统内考察系统的统一性。"（p.578）由于系统必须面对环境而调整其自我描述，所以，无论是实证性，还是理性，都不是法律系统自我描述的最终公式。

（二）环境的角度：以系统的统一性为导向

在第六节中，卢曼认为法律系统必须对准环境而调整其自我描述。法律系统的自我描述必须以系统的统一性为其导向。但是，这种统一性并不是静止不变的，而是需要面对环境的差异或者说变化而进行调整。譬如，当法律主体从人类个体变为法人组织时，法律系统必须因应环境而调整其自我描述。否则，它就没法维持法律系统的统一性。同时，如果法律系统的自我描述不考虑环境脉络进行调整，仍沿用过时的描述，那么，它就容易陷入时空错乱。法律系统调整其自我描述的框架有三个维度：社会维度、时间维度和事物维度。这三个维度分别对应不同的世界复杂性，即多样性、不确定性和偶联性。

首先，在现代法律的自我描述中，实体法与程序法的区分取代各种法源的区分。因为相较于寻找现行有效法的问题而言，"实体法与程序法如何彼此关联在一起，以便实现法秩序的统一性"（p.579）这个问题显得更加迫切。由于禁止拒绝裁判之诫命，法院必须对提交给它的所有问题做出裁判。法院启动审判程序，是基于权利受害人到法院提起诉讼。所以，权利受害人的"法律上的请求权"就成了一项连接实体法与程序法的概念。于是，在法院运作中，实体法与程序法之间形成了一般性的耦合，而这种耦合是通过"法律上的请求权""主观权利""权利主体"等衔接性的概念，而被制造出来。不过，法律并不能强迫权利受害人提起诉讼并出庭论辩，因为受害人可能出于法律之外的理由而不愿这样做。换言之，各种主观权利的概念实质上指涉法院启动审判的各种法律上和法律外条件之间的差异，也就是指涉法律系统的界限。因此，当法律赋予人类个体各种主观权利时，它不仅藉此使实体法与程序法形成耦合，让法律系统的功能运作得以启动，而且为法律系统的功能运作提供人文意义，即"法律使自己承担了为人类提供服务的义务"（p.580）。换言之，法律系统通过描述将人类个体涵括到自身功能运作之中而赋予自身正当性的基础。可见，上述对法的功能及意义进行描述，其实就是对法律系统的统一性进行描述。

其次，随着法律的发展，尤其是当法人成为了重要的法律主体时，"那个将实体法与诉讼法衔接在一起的夹子，早就松弛了。"（p.580）一方面，法律仍以人类个体作为出发点，但越来越多的重要利益被组织化。即便有些利益根本就不是组织自身的权利，人们仍诉诸组织来提出权利主张。另一方面，虽然法人组织对于利益保护之作用越来越大，但是，有很多重要的集体利益却无法被组织起来，譬如，"利益关系人"所具有的利益，以及那些遭到科技侵害的环境利益等。因此，如果法律系统的自我描述仅聚焦人类个体作为权利主体，那么，它就会看不见各种利益已经透过组织获得自身固有的动力。但是，如果它将其焦点转移到一种组织的多元主义上，那么，"人类个体就只能作为那些不值得被组织起来的利益的剩余载体。"（p.581）人类个体不再是作为法律系统的意义源泉和价值根基而被观察，相反，他只能作为一个遁点。这意味着法理论对法的功能及其意义的描述，也就是对法律系统的统一性之描述，不过，这种自我描述需要面对环境变化进行调整。

再次，法律系统的环境始终是在变化的，譬如法律主体从人类个体到法人组织的变迁。事实上，法律系统的环境非常复杂，尤其是它的全社会环境主要由诸多自我指涉的系统构成，如经济系统、政治系统、教育系统、科学系统、艺术系统、宗教系统等。换言之，法律系统的环境喧扰是无法管控的。因此，各种期望都只能透过法律系统来稳定，这是法律系统的功能。而法律系统也发展出各种方式来应对环境变化以维护系统的统一性，也就是保障法律系统的功能运作，如法效力的实证化、关于主观权利的教义学、用于权衡的价值清单以及正当程序制度等。同理,法律系统的自我描述也必须面向环境而进行调整,否则,它不可能维护系统的统一性。这要求法理论必须以系统的统一性为导向,并放弃已经过时了的外在描述公式,如国家、理性或者历史,因为它们都无法使法律正当化。即便它们被描述为系统曾经使用的自我描述,人们也必须依据二阶观察模式对它们进行反思,否则,就会陷入时空错乱的情况。

最后,法律系统要对准环境而调整其自我描述,而这种调整的框架有三个维度。一是事物维度,即对由各种观察者所构成的视角多样性予以承认,即便这是在同一个系统之内亦复如此;二是时间维度,即将不可知的未来作为法律运作的前提,并取代已知的过去;三是社会维度,即将偶联性作为固有值而透过法律系统自身运作使之不断获得更新。上述三个维度表明多样性、不确定性和偶联性是世界复杂性的不同表现形式,而现代社会则让这种复杂性达到了空前的程度。由于系统与环境之间的复杂性落差,所以,系统必然需要面向环境,并化约环境的复杂性。否则,系统无法维持自身的界限和系统的统一性。

(三)耦合的角度:作为结构耦合的法理论

在第七节中,卢曼试图让法律系统的自我描述能够兼顾系统与环境。传统法理论和法社会学,要么基于内在视角,即指涉系统,要么基于外在视角,即指涉环境。与此不同,系统论法学要将内在视角与外在视角结合起来,并对内在描述和外在描述进行调和。为此,卢曼通过"后现代"的说法,引入社会学理论探讨。接着,通过讨论法学与社会学的差异,他揭示了法社会学的缺陷。在卢曼看来，上述差异过大且超过了必要程度，所以，他试图从系统论角度提出调和的构想。这个构想就是结构耦合的概念。在他看来，系统论法学可以将法理论作为法律系统与科学系统结构耦合机制，从而对法律系统的自我描述与异己描述进行调和。

首先，卢曼透过"后现代"的说法，为讨论社会学理论提供引子。由于各种不稳定的征兆，如利益衡量论以未来的后果为取向做出决定，以及法律将权利授予非人类的法人组织，等等，法律系统制造出了众多自我描述并存的状态，并导致各种反思理论之间不一致。人们将这种事态称之为"后现代"。不过，卢曼认为"后现代"说法只会带来歧途。因为这种说法低估了现代社会在结构上的连续性，也就是功能分化的形式一直持续发挥作用。同时，这种说法使得法律系统的过往及其迄今为止提出的自我描述显得更加封闭。因为相较于现代的语义是在未来当中寻求统一性而言，后现代的语义则是在过去当中寻求统一性。然而，无论现代，还是后现代，法律系统的统一性，都只能在人们不可企及的遁点——过去或者未来——当中被寻找，也就是说它并不属于当下。因此，面对法理论的"后现代"境况，人们自然希望能够从社会学理论或者全社会理论当中找到解套的办法。但是，由于"宏大理论"的衰退，这种希望终究陷入渺茫。

其次，卢曼透过讨论法学与社会学的差异，揭示法社会学的缺陷。如果不寻求"宏大理论"，那么，剩下的选择就是经验社会学。与法理论不同，法社会学的经验研究可以突破由法律二值代码所形成的观察图式，并藉由统计学方式对法律进行完全不同的描述。譬如，法学家并不考虑社会阶层问题，而这个问题却可能引起社会学家关注,且被认为是影响法律的重要因素。这种观察图式的不同是由于法学与社会学之间有着诸多的差异。[①]譬如,在焦点上,法学关注规则,社会学关注社会结构;在过程上,法学关注逻辑,社会学关注行为;在范围上,法学关注普遍的事物,社会学关注可变的事物;在视角上,法学是参与者的视角,社会学是观察者的视角;在目的上,法学是以实践问题为导向,社会学以科学理论为导向;在目标上,法学旨在做出决定,社会学则是解释现象。然而,上述差异意味着法社会学的经验分析并不能充分把握其对象,因为它并没有考虑到法律系统是一个运作上封闭、自创生和自我描述的系统。这是法社会学的根本缺陷,即其作为外在描述的盲点。

再次,卢曼将自我描述与异己描述的差异当作是系统分化的结果而予以反思,并试图从外在描述(即系统论角度)这一边提供调和的构想。从系统论角度来看,自我描述属于被描述的系统,因而随着自我描述被执行,系统也随之发生改变,并可能产生其他新的自我描述。因此,不存在唯一正确的自我描述。质言之,自我描述具有偶联性和多样性,甚至是不确定性。异己描述更是如此。面对众多的自我描述与异己描述,唯有在二阶观察层次上,法律系统的沟通才可能获得更大程度的选择自由,或者变异的可能性。不过,这种自由或变异可能性不是恣意的,而是受到系统自身冗余性所限制。譬如,社会学家可以去探讨法官的阶层出身问题,但是,如果人们将这种社会学的探讨转变成法律政策或者说"改革",那么,它就很可能会与司法独立这项基本法律原则以及各项职务平等开放

[①] 在这里,卢曼援引了唐纳德·布莱克对法学与社会学之间差异的概括,参见 Donald Black, *Sociological Justice*, Oxford University Press,1989, pp.1—22。

的原则相互抵触了。因此，对法律系统的自我描述与异己描述所进行之调和，需要以法律系统的固有值为前提。

最后，卢曼提出法理论作为科学系统与法律系统之间的结构耦合机制，以此调和法律系统的自我描述与异己描述。他认为理论是科学系统与各功能系统反思理论的结构耦合形式，而系统藉此可以对众多可能性进行涵括与排斥。这似乎预设了：系统可以透过结构耦合机制对激扰进行疏导，但是，实际上并非如此。相反，从系统论角度看，人们就会发现结构耦合机制是一种自我套用式的程序。因为结构耦合的概念就是以这种方式运用到法理论上的概念。法理论正是透过这个概念来描述法律系统与科学系统之间的关系。因此，从结构耦合的角度看，法理论预设了法律系统和科学系统之间的分离、运作上的封闭性和功能的自主性。譬如，法律系统是维护期望，而科学是进行研究。不过，人们无论如何都不可能从（科学）事实推论出（法律）规范。同时，透过这个概念，法理论可以在不同的系统脉络当中进行运作。法理论提出的概念框架可以从科学系统转译到法律系统，反之亦可。不过，这些概念框架在不同的系统脉络当中具有完全不同的意义，而且，它们之所以能够被采纳，都是基于特定系统自身的脉络，并由该系统做成决定。因此，法律系统的自我描述从不同脉络看，就具有不同的意义：从科学角度看，自我描述是事实性描述，但从法律角度看，它就是规范性描述。如此，法律系统的自我描述不仅兼顾了系统与环境的关系，同时，还兼顾了事实与规范。因为在这种描述中，从科学角度看，法律系统被描述为事实，而从法律角度看，法律系统则被描述为规范。

（四）悖论的角度：系统悖论的展开与隐藏

在第八节中，卢曼认为，法律系统的自我描述本身就是一项充满悖论的冒险事业。因为系统自我描述是以展开悖论的方式进行运作。解构虽然可以揭示系统展开悖论的各种形式之恣意性，但并不能真正解决悖论问题。对此，卢曼从三阶观察者角度将系统展开悖论之形式当作隐藏悖论之形式来描述，而藉此检讨各种自我描述公式的历史适应性。换言之，系统可以将悖论委诸三阶观察者来处理，并藉此反思系统的统一性和系统的界限。然而，法律系统的自我描述本身并不能解消悖论，因为理论—文本只是系统沟通运作的众多层面之一，它本身缺乏充分的能力来处理这个问题。

首先，自我描述本身就是一种充满悖论的冒险事业。"因为它对内在描述进行处理的方式是，仿佛把内在描述当作是那种能够对客观事态进行报道的外在描述。"（p.588）当法律系统用外在描述方式进行内在描述的处理时，若问这描述是内在描述，还是外在描述，它就会陷入一种自我指涉的悖论当中。因为此时它既是自我描述，又是异己描述。不过，这只是系统悖论的众多版本之一。譬如，当人们把系统的二值代码运用到它自己身上时，如追问法/不法的代码，到底是合法，还是不法？它就会变成悖论。换言之，每一种对于区分的统一性之追问，都会导向悖论，也就是导向某种在两种对立立场（法/不法、内在/外在、相等/不相等）之间的摆荡。这种摆荡会导致系统沟通无法衔接下去，也就是导致系统无法运作。同理，法律系统的自我描述本身预设系统与环境的区分，当它对这项区分的统一性进行追问，亦即对法律系统的界限进行反思时，它就会遭遇悖论问题：它属于系统，还是环境呢？或者说，它是自我描述，还是异己描述呢？

其次，系统是以展开悖论的方式进行运作，自我描述亦是如此。系统要维持自身自主性，就必须将对此种自主性的否定涵括进来。换言之，它必须将被排除者涵括进来。譬如，法律必须将"不法"涵括进来，还有系统必须将其"环境"涵括进来。如此，系统就会打破各种逻辑上的要求，如被排除的第三者命题、禁止矛盾的原则和以不具有摆荡性的各种指认作为前提预设等。因为悖论就是第三者，它就是矛盾，同时，它也是一种摆荡状态。由于悖论会导致系统无法运作，所以，系统必须将它隐藏起来。如此，系统要么取消那些原初被采纳的区分，如系统与环境，要么承认自身每个观察运作都具有盲点。这个盲点虽然可以从一项观察的区分转移到另一项区分上，却无法消除。实际上，取消原初的区分和转移观察的区分，都是系统展开悖论的方式。

根据上述分析，法律系统对自身统一性的描述，也是采取这样的方式来展开自身的悖论。法律系统被描述为在合法的意义下进行运作，并将关于法与不法的沟通指向文本、教义学和正义的理念。当法律系统将法与不法这项差异的统一（即悖论）进行展开时，它的统一性指涉就从观察的原初区分即法与不法的区分，转移到文本、教义学和正义等有关的区分上，如文本当其有效时，才会被法律考虑；论理当其在教义学上确立时，才会被法律采纳；正义当其作为价值时，才会被法律诉求。如此，"自我肯定与自我否定在系统当中的循环，就被打破了。"（p.589）换言之，法与不法的系统循环性被打破了。法律系统虽然必须以法与不法的区分作为导向进行运作，但也必须从"合法"这一面，而不是从"不法"这一面，来展开这项区分。

再次，当法律系统的自我描述面对关于起源或开端的悖论时，它必须委诸三阶观察者来对系统的界限和统一性进行反思。通过将法与不法的对称性击破，法律系统的自我描述可以构建一种不对称的阶序关系即将"不法"从属于"法"，从而将悖论展开。虽然人们可以通过解构这种"不对称性"，从而揭示上述解决悖论方案的恣意性，但是，这种解构本身除了将人们带回到系统老早就经历过的关于起源或开端的悖论之外，不会带来其他任何结果。人们还可以通过证明这件事而将前述解构本身加以解构。因此，解构本身不能真正解决上述悖论问题。对此，卢曼从三阶观察者角度将展开悖论的各种形式，当作隐藏悖论的各种形式来进行描述。通过对自我观察和自我描述进行观察即三阶观察，卢曼认为上述展开或隐藏悖论的形式其实揭示了系统如何为自己进行奠基。这种奠定基础的步伐是一种"延异"，① 而三阶观察者可以藉此检验各种自我描述公式和语义展开或隐藏悖论的能力。不过，系统本身运作却不能以三阶观察方式来处理悖论，因为它不能在系统内公然指称悖论。因此，系统是以悖论的方式为自己进行奠基，却又不能这么做。它只

---

① 卢曼这里援引德里达，主要揭示系统如何透过差异与延迟来为自己进行奠基，也就是如何透过悖论为自己进行奠基。"延异"（différer）是法国哲学家德里达的术语，它是指同时具有（空间上的）差异与（时间上的）延迟之意思。关于德里达的"延异"概念，参见 Jacques Derrida, *Writing and Difference*, Trans. by Alan Bass, University of Chicago Press, 2002, p. xii。

能以区分代替悖论的方式来解决问题。[①] 具言之，系统只能将系统与环境的差异当作一项区分再进入到系统中，以此解救它自己。如此，它就可以重申"不存在第三者"的命题，并将关于多值逻辑的各种问题委诸三阶观察者。换言之，系统可以将悖论委诸三阶观察者来处理。由于悖论会突破二值逻辑，而呈现出多值逻辑，所以，三阶观察者可以通过悖论来反思系统的界限和系统统一性。不过，由此产生的所有结果，也只能适用于系统自身。因为这种反思将是法律系统的自我描述，并由此获得执行。

最后，法律系统的自我描述不能解消系统的悖论。一是因为在理论与文本的层次上，自我描述不能直接指称悖论。二是因为所有自我描述都具有选择性与"不协调性"，这在系统内很常见。譬如，法院将自身的活动称之为法律适用，实际上却并非如此。因此，社会学理论对系统处理基本悖论的方式所做之分析，并不能仅在逻辑上和方法上消弭各种矛盾，而是要注意到其他机制，譬如，对法学家与当事人进行区隔，法律的职业化与专业化，形式主义，甚至是玩世不恭、反讽与幽默的态度，等等。这些机制可以协助系统处理自身悖论带来的不一致性。三是因为各种沟通层次的分离与分歧，如口语与书面语言，彼此分歧巨大。在文本—理论层次上，面对环境激扰，各种反思理论可能以理想化的形式提出各种改革的愿望。但是，改革的理想难免会落空。所以，系统必定是以不能自控的方式来进行运作，也就是说，它对于自身并不具备充分的处置能力。

[①] 参见 Niklas Luhmann, "The Third Question: The Creative Use of Paradoxes in Law and Legal History", in *Journal of Law and Society*, Vol. 15, No. 2 (Summer, 1988), pp. 153—165。

（五）条件的角度：禁止自我豁免的诫命

在最后一节中，卢曼认为，法律系统的自我描述不是恣意的，它总是受到系统条件限制，尤其是下面这项否定性的基本条件："系统不能规定任何一种在所有情况下都会被认为是合法，并且也会得到法律保障的地位。"（p.592）"在所有情况下"意味着不考虑系统的各项条件。因此，有条件的特殊权利、紧急权利、例外权利等，是可以存在的。但是，一种无条件、自我豁免的权利，则是不可能存在的。譬如，像伟大领袖、党这类不考虑系统各项条件的特殊地位，会破坏代码化与纲要化的区分，以致这种"特权"既无法在系统中被定位，也无法在环境中被定位，而成为一个无法做出决定的问题。虽然法律系统是功能自主的，但是，这种自主性不是恣意性，它本身蕴含了禁止自我豁免的诫命。这项诫命阻绝了任意性，并且迫使系统必须服从历史性的自我明确界定的法则。质言之，法律系统的自我描述有其历史制约性。

由此，虽然卢曼对法律系统的自我描述是一种理论上的建构，但是，这种理论建构不是任意的，而是经过通盘考虑，如依循法律系统运作的规范、代码和功能之逻辑等。这些运作要素都是法律系统经由历史演变而沉淀的固有值。如此，卢曼对法律系统的描述，可以扣连到法律系统的自我描述运作上，成为法律系统运作的一部分。因此，在实在性层面上，系统论法学由于作为法律系统的自我描述，而与法律系统具有同构性。换言之，法律系统通过自我描述而建构自身的实在性。

六、本章点评

结合本章的内容,笔者有三点评价:第一,本章凸显了系统论法学的视角超越性。首先,系统论法学是以二阶观察模式进行运作。在这种二阶观察模式下,它可以揭示自然法理论和法实证主义各自视角的盲点和缺陷。其次,系统论法学是法理论,因此,它是以结构耦合形式进行运作,将内在视角和外在视角结合起来。无论外在视角的自然法理论,还是内在视角的法实证主义,它们都是单一视角,而系统论法学则可以从多种视角进行观察和运作。最后,系统论法学既是法律系统的异己描述,又是法律系统的自我描述,因此,当被追问自身的统一性时,系统论法学就会遭遇悖论。悖论会迫使系统论法学创造新的区分来描述自身的统一性。因此,作为法律系统的自我描述,系统论法学总是面对环境调整自身,超越系统固有的视角。第二,本章凸显了系统论法学的理论反思性。首先,在反思深度上,系统论法学不仅可以进行二阶观察,而且还可以进行三阶观察。在二阶观察层面,系统论法学既描述了法律系统的合理性和固有值,也揭示了法律系统的悖论和偶联性。在三阶观察层面,系统论法学既揭示了传统法理论和法社会学的盲点和缺陷,同时也观察到自身的局限和限制。[①] 其次,在反思效果上,系统论法学以自我解构和自我颠覆的方式,使其他理论没法通过反思和解构来颠覆它。譬如,系统论法学将法律系统描述为以悖论的方式

---

① 三阶观察层次,是相对于二阶观察层次而言,但在运作上它仍属于二阶观察模式。

进行奠基,并将法律系统展开悖论的形式当作隐藏悖论的形式来描述。第三,本章凸显了系统论法学的运作复杂性。首先,在描述对象层面上,系统论法学兼顾了系统与环境的复杂关系,将法律系统置于全社会环境中来对其进行观察和描述。因此,系统论法学一方面具有巨型理论的特质,以极其抽象的风格去描述现代社会中的法律系统,另一方面又具有全息理论的特质,可以透过对法律系统的描述去呈现全社会的诸多结构与运作。其次,在观察层次上,系统论法学区分了三种观察层次,如一阶观察、二阶观察和三阶观察。这些观察在运作上始终以递归的方式进行,犹如俄罗斯套娃。最后,在运作层面上,作为法律系统的自我描述,系统论法学具有三个维度,如社会维度、时间维度和事物维度。这三个维度组合成魔幻三角,使系统论法学的观察犹如万花筒一般。

第十二章　社会世界与世界社会：全社会及其法律

一、引言

卢曼在《社会中的法》最后一章，考察了全社会的特征，阐述了法律系统与全社会的关系，并从全社会不同子系统之间的关系上，指出了功能分化阶段社会子系统的演化趋势及其存在的问题。本章原文分为五个部分。我们拟按照本章内容的性质进行解读。

二、全社会的概念及其与法律系统的关系

作者开篇就指出，"法律系统与全社会系统的关系"是"本书的主题"（p.608）。但在本章的标题中，"全社会及其法律"的表述中并没有出现"系统"的概念，这未免让人觉得有些奇怪。笔者以为，卢曼这个标题乃是有意为之，一是与法律社会学关于"法律与社会"的研究进行对话，二是拒绝"法律与社会"的表述，暗示法律是社会的组成部分，不在社会之外，而在社会之中。当然，在卢曼系统论法学的视域下，法律系统与社会系统的关系更为复杂。

在卢曼系统中,"全社会"是指社会系统整体,区别于全社会中不同的子系统。换言之,当社会系统相对于各个社会子系统时,就称为"全社会系统"。当全社会针对无机系统、有机系统或心理系统时,就可称为"社会系统"。

从结构类型上,社会系统的类型分为互动系统、组织(系统)和全社会系统。全社会系统又可分为不同社会子系统。从演化上,互动系统与初民社会的片段式分化阶段相符应,组织系统与国家产生后、现代前的层级式分化阶段相符应,而结构上独立的功能子系统与现代功能分化阶段相符应。在相同阶段,不同的系统类型可以并存,例如在现代的功能分化时代,互动系统和组织仍然存在。在法律系统中,法院就以组织形态的形式作为其中的子系统。在政治系统中,国家在层级式秩序中占据着突出位置。

按照传统的系统论范式,全社会是一个开放系统,借助内部的各种自我规制机制,"针对其环境而进行更妥善的调适"(p.609)。例如,社会系统针对无机系统进行调适,可以更好地适应自然,与自然和谐相处。根据这种系统论,社会具有稳定性,针对环境的调适会持续改善社会状况。在这种全社会概念中,法律被设定为一种规制性机制,服务于社会对环境的调适。这种服务有两种想象模式,一种是控制论的想象模式,即认为社会是一个稳定的系统,在其内部出现干扰而偏离正轨时,法律作为一种事后启动的系统,通过对社会的调控,使社会回归正轨。另一种是人类学的想象,即把法律想象为一种控制论意义的控制机器,法律作为社会中已有的制度,在制度受到破坏时,法律在另一个层次对社会予以再制度化,从而恢复社会的原来状态。根据这两种构想模式,由于社会内部存在利益、价值或阶级冲突，法律的功能旨在解决这些冲突，维持社会系统的稳定性和正常状态，从而使社会系统适应环境。

卢曼的系统论重新界定了全社会系统概念。他认为全社会是一个运作封闭的自创生系统。社会系统对于环境保持认知开放，但这种开放并不是指系统与环境之间存在输入/输出关系。系统的自我认知和对环境的认知都不是对以往认知结果的重复，而是处在变化中。换言之，系统每次认知都是立足当下进行建构，不仅自我建构，而且对环境进行建构，因此，"认知不能够被理解为系统的再现"（p.610），而应理解为系统的持续建构性观察。系统的自我指涉就是系统的自我建构过程，异己指涉就是对环境进行建构性认知，而不是系统对环境实在状态的认知。因为环境过于复杂，系统无法掌握其复杂性，只能从自己的角度把握环境。总之，自创生系统具有动态性，变化乃是旨在维持自我再生产，而不是为了适应环境。

由上述可见，卢曼理论中的系统不是开放系统，也不是旨在适应环境。系统与环境之间不能沟通。但系统并不完全封闭，而是保持认知开放，对环境的激扰具有感受能力。系统可以做出关于环境的沟通，但这种沟通仍然是系统内部的运作。系统不能支配环境，环境也无法支配系统。系统与环境在未来如何运作处于不确定状态。系统可以对环境置之不理，环境也可能摧毁系统。因此，系统论的演化并不预设进步，而是以偶联性为基础。系统的涌现是演化的奇迹，而这种奇迹在某个时刻可能出现倒退，甚至走向毁灭。

法律系统只能在全社会中进行运作。就此而言，法律系统是全社会的一部分。从这个意义上说，法律系统的运作也是全社会的运作。更准确地说，法律系统承担全社会的一项独特功能，即稳定全社会的规范性期望。法律系统在执行这项功能时,同时也使全社会得以运作。法律系统因应全社会的期望建构了自己的代码,并在代码的基础上以递回的方式进行自创生再生产。由此,法律系统区别于全社会,也区别于其他社会子系统。质言之,全社会和其他社会子系统都是法律系统的环境。法律系统是全社会系统的子系统。就此而言,法律系统小于全社会。但法律系统的环境,除了全社会系统,还涉及无机系统、有机系统以及心理系统。就此而言,法律系统涉及的环境多于全社会系统。

如前所述,所有系统的存在方式都是运作。运作停止,系统便不复存在。运作的衔接使得系统持续存在。系统的产生都是演化的成就,背后没有设计者;系统的存在和演化虽然具有时间性,但并不具有方向性和目的性,而过程和结果仅具有偶联性。全社会系统的运作方式是沟通。全社会系统在沟通中呈现出动态性。每个社会子系统的改变,都意味着全社会系统的改变;社会系统的运作方式是沟通,每个沟通的完成都意味着全社会系统的改变。全社会的运作通过各个子系统得到执行。换言之,各个功能子系统分担了全社会的运作,而全社会本身并无统一的代码和功能。换言之,各个功能子系统通过自己的代码分担了全社会系统的不同功能。因此,全社会整体上无需代码。

三、规范效力的时间化与法律系统的风险性

法律的功能是稳定全社会的规范性期望。法律要发挥这项功能,必须具有稳定性,而不能朝令夕改。在传统社会,法律的规范

效力被置于神意、道德或自然法的基础之上。神意、道德或自然法都代表永恒不变之物，不受任何挑战。基于这些超越时空权威的法律规范效力，也具有了永恒不变的特征。但自现代以来，法律脱离了神意、道德或自然法，具有了实证化的特征。实证法本身的合法性诉诸民主程序。但民主基础上的法律仍然变动不居。在法律缺乏稳定性的情况下，法律的功能就会受到影响。为了稳定法律的规范性效力，现代功能分化的法律系统把"规范效力时间化"，即法律的规范效力"被体验为时间的投射"（p.614），法律"在进一步的情况下出现前"，"它们一直有效"（p.614）。这种规范效力的时间化具有两个特征。第一，法律的规范效力延伸到未来，具有持续性，在改变之前一直有效。这有助于稳定全社会的规范性期望。第二，法律规范效力并非不变，而是在未来可能发生变化，但人们无法预测何时变化和怎样变化。换言之，法律系统的规范效力在未来具有偶联性。这种偶联性表现在两个方面：一是法律系统自身在决定过程中，进行选择时会发生变异；二是法律系统会由于环境的激扰而会发生变异。

在当代，法律系统的规范效力受到来自环境的激扰。首先，法律规范的效力基于各种关于现实情况的预设，例如，同性婚姻是基于医学上两性关系的预设，如果这种预设改变，认为同性婚姻并不违反"自然的性关系"，法律关于同性婚姻的规范效力也会改变；法律上关于形式平等的规范效力背后隐含着自由放任时期的预设，即市场不会失灵和理性经济人可以在市场中实现"共赢"，但福利国家时期却放弃了这种预设，因而与之相关的规范效力也发生了变化。当代的科技革命和医学发展都在改变着现实情况的许多预设，并同时导致法律规范效力的改变。其次,在动态的全社会中,期望结构不断变化。例如,那些遭受生活不幸的人们或处于不利社会地位的人们,过去认为乃是命运使然,自己只能默默忍受。但今天人们认为,法律系统应对这些事情负责,提供救助。换言之,在全社会规范性期望不断变化的情况下,法律系统规范效力也承受巨大的变化压力。第三,在过去,法律的正当性基础曾经为法律提供了稳定性。但是,在全社会对法律的规范性期望的变化中,人们越来越难以论证法律的正当性。这是因为法律在那些超实证基础(如神意或自然法等)崩解之后,无法获得正当性基础。人们曾寄望通过程序使法律正当化。但法律的程序化不过是通过时间化,转移了法律正当性问题,即转移了法律的正当性源自法律自身这个悖论。根据哈贝马斯的程序主义法范式,人们只要遵守了商谈程序,就会在某个时候达成共识。卢曼对此提出两点批评。其一,受到条件的限制和人为因素的影响,现实中未必具备哈贝马斯所构想的"理想言谈情境",因而商谈程序未必能够实际运行。其二,理想的商谈程序即便实际可行,人们也未必能够达成共识。这样一来,人们就不得不退求其次,面对现实中法治国的程序,并认为这种程序所产生的法律就具有正当性。

卢曼认为,上述情况表明,现代社会的法律必须面对未来的不确定性,并接受这种不确定性。这表明所谓的法律的自然参数并不恒定,法律不能依靠自然参数而保持不变;当下的价值不能投射到未来,因此不能诉诸价值而维持法律的稳定性。既然未来处于变化中和不确定性状态,人们就只能在或然性或低或然性之间进行选择。有人认为,法律系统越来越受到全社会影响,似乎法律借由规范的变更，回应频繁变化的纯粹事实，并回应各种偏离法律的行为，因而法律的认知与规范之区分已然萎缩。但卢曼并不同意这种观点，认为取消了认知与规范之区分，意味着规范失去了反事实的有效性，法律系统受到环境的支配，便失去了自主性。他认为，正是在这种情况下，把规范性期望与认知性期望加以区别，并通过法律稳定规范性期望，显得特别重要。全社会尽管有很多期望，但法律系统会根据自己的代码和运作机制去感受这些期望，并对那些特别突出的期望赋予法律效力。法律采取以下方式稳定全社会规范性期望。第一，法律系统在每个沟通里将全社会关于未来的期望，以反事实的方式加以稳定化。换言之，不论全社会的情况发生了多大变化，不论全社会改变规范的期望多么强烈，法律系统都必须通过规范的未来投射，稳定人们的规范性期望。第二，信赖保护原则意味着，法律未必永久有效，但是在法律发生变更的情形之下，不溯及既往；对于因法律变更而受影响的利益，应给予妥善保护。实践中，当法律变更时，法律对受影响利益的保护往往不尽如人意。判例法在推翻先例的情况下，尤其如此。

上述情况表明，法律系统中的沟通，必须强烈注意法律的固有风险。这种固有风险呈现为以下三种形式。其一，法律系统运作中对具有风险的行为只考虑是否合法，而不考虑其决定是否会带来风险。例如，美国的法院在有关私人持枪的案件中，仅仅会根据法律确认其为合法，而不会考虑这种决定会带来的社会风险。其二，决定者的责任与风险可控性之间存在矛盾。换言之，决定者即使对决定的风险承担责任，也不足以控制风险，因为风险具有不可控性，所谓控制风险不过是一种幻想。其三，法律系统是全社会的镜像，由于全社会具有风险性,法律系统也具有风险性。因此,人们在系统论领域已经放弃了"调适"公式,即系统调适自己适应环境,而采用"风险"公式,认为当代社会乃是"风险社会",由此风险话语开始流行。

论及社会的风险性,卢曼自然会提到乌尔里希·贝克的《风险社会》。在这部研究风险社会的标志性著作中,贝克认为工业化与现代化如影随形,一体两面。但在现代化早期阶段,人们的焦虑是物质短缺,故而增加财富和摆脱贫困成为主要目标,而忽略了工业化所产生的风险。只有到了20世纪后期的福利国家阶段,人们才从反思的角度发现,工业化进程是一个产生风险的过程,而现代的工业社会是一个风险社会。换言之,风险社会是现代化反思所获得的一个概念。风险社会与现代化和工业化相交叠,是现代社会和工业社会的一个被遮蔽的面向,只有到了后来的现代化阶段,人们才蓦然回首意识到现代社会和工业社会同时也是风险社会。贝克认为,风险社会的风险主要是科技发展和追求经济效益所带来的负面效应,这些负面效应表现为生态毁坏、空气污染、食品有害,以及财富分配不公等。人们一旦通过对现代化的反思关注风险问题,就会发现风险日益增加。在早期,风险主要由穷人承受;到后来,风险已经危及富人。在早期,风险发生在局部地区;到后来,风险已经全球化。在早期,风险偶尔发生;到后来,风险常态化。此外,风险还具有人为性和不可预测性等特征。在早期,人们为饥饿而焦虑,到后来,人们因风险而恐惧。总之,"风险社会是一个灾难社会"。[1]

---

[1] 参见〔德〕乌尔里希·贝克:《风险社会》,何博闻译,译林出版社2004年版,第1—57页。

卢曼在《风险社会学》中，从系统论视角对风险问题进行了研究，并提出了独特的见解。首先，风险话语得以流行，很大程度是风险问题主题化的结果。其次，风险并非始于现代社会，人类社会一直存在风险。在传统社会，风险被归因于神意或命运，人们默默承受灾难或不幸，因而风险问题被掩盖起来。进入现代社会，人们不再相信神意和命运，并开始寻找风险的原因，往往把风险归因于某些决定，如房屋倒塌归因于建筑设计者或承建者，把失业归因于政府政策等。再次，风险涉及时间问题，具有偶联性，不可避免和无法完全控制。绝对安全虽然令人向往，但实际上做不到，因为即便人们能够做出正确的决定，由于其他原因，该决定的未来效果仍然具有不确定性。因此，人们应改变过去一阶观察层次的风险/安全之区分，而应从系统论的角度在二阶观察上代之以风险/危险之区分。系统的决定带来的不利后果是风险，对外部环境造成的危害属于危险。最后，全社会及其各个子系统在运作过程必定会进行选择，做出决定，所有选择和决定都具有偶联性，而偶联性意味着存在风险性。法律系统在决定中会给自己带来风险，会给全社会和其他社会子系统带来危险。与此相应，全社会及其子系统的运作和决定也会给法律系统带来危险。[①]

卢曼认为，法律系统通过时间化的机制转移了悖论，降低了当下决定的复杂性。但是，决定的风险却转移到未来，即未来处于不确定状态。法律系统的风险虽然不可避免，但并不意味着可以放任

[①] 参见〔德〕尼克拉斯·卢曼：《风险社会学》，孙一洲译，广西人民出版社 2020 年版，第一—六章；Geore Kneer, Armin Nassehi：《卢曼社会系统理论导引》，鲁贵显译，中国台湾巨流图书公司 1998 年版，第 220—236 页。

风险，而应采取一些有效的应对措施。但如何应对风险呢？首先，法律系统采取整体计划的方式显然不可行，因为计划会破坏法律系统的自主性和动态性。同时，任何计划都会具有偶联性，同样存在风险。其次，法律系统通过法典化的方式寻找确定性也被证明是无效的试验。因为法典无法预测未来，也无法为法律系统提供解决一切法律问题的现成答案。法律系统在运作中以法院为中心，对法典进行选择性的运用并根据需要进行解释。换言之，法典无法防范法律系统的风险。最后，法律系统借助立法或司法判决渐进地处理风险问题，不仅缺乏系统性，而且具有偶联性，也无助于解决风险问题。在卢曼看来，解决法律系统的风险问题，只能采取以下途径，即从科学系统对法律系统进行观察和描述，这种描述不是如同其他法律社会学那样，仅仅采取外部视角，而是像卢曼自己那样同时采取法律系统的视角，使科学系统扣连到法律系统，从而成为法律系统的自我描述。这种自我描述依循法律系统的代码，在找出法律效力的一些固有值的同时，从二阶观察层次关注法律效力的时间机制，强化法律系统对自身固有风险的反思。这些固有值是法律系统视角的法律功能、效力、后果和合理性。以下分述之。

第一，法律对时间的指涉不仅蕴含于规范效力的延续中，也蕴含在规范的功能中。法律的功能是稳定全社会的规范性期望。为此，法律的概念在语义上应具有一定稳定性，而不应变化无常。否则，法律就会失去可预见性，无法履行应有的功能。法律的这项功能带来一个时间拘束的社会成本问题。所谓时间拘束是指概念在语义上的时间投射，即概念的语义具有相对稳定性，在改变之前会延续一段时间。但是，有些概念或因本身存在问题或因环境变化，本应及时改变，但由于时间拘束而延续一段时间，由此使得社会为此付出一定代价。例如，法律系统在界定违法行为时，背后隐含着规范/失范之区分。这种区分对偏离规范的行为予以负面评价，使之受到限制或惩处。在20世纪30年代，美国法律规定，制酒、运酒和售酒都属于违法行为。美国后来废除了禁酒的法律。但在那些法律改变之前，许多人因此受到了限制和惩罚。换言之，社会为这些法律的时间拘束支付了一定成本。另外，在中国的计划经济时代，计划外的一切倒卖商品获利的行为，都构成投机倒把行为。中国实行市场经济之后，废除了投机倒把罪。但在此前那段时间里，许多人受到了制裁，社会为该法律概念的时间拘束支付了巨大成本。这意味着，法律概念的时间拘束给法律系统制造了可能的风险，并给全社会制造了可能的危险。

第二，从法律系统的内部时间看，由于法律存在法源位阶和价值等级，法律效力是个固有值，相对不变。但从外部视角就会观察到法律的时间化问题，从而发现效力具有暂时性和动态性。只要法律没有改变，人们就会根据这些法律进行活动。实际上，法律效力是在决定事态过程中适用法律的产物，因而法律不是因有效而得到适用，而是因得到适用而有效。法律效力何时变化或何时不变，都具有偶联性。法律在面临社会巨大压力时仍然不变，为社会革命和暴力铺设了道路。法律效力的频繁变更会使人民的规范性期望落空。法律效力在时间流程中的动态性，会给法律系统带来风险。

第三，法律系统在决定时面朝未来，以后果为导向。但所有决定的后果都具有偶联性，因为当下的未来并不等于未来的当下。实际上，决定的后果导向是把决定的风险转移到未来。因此，法律系统在决定中不应过度以预测决定结果为根据，以免未来面对难以控制的风险。

第四，法律系统在内部认为自己的决定具有合理性基础，因而决定显得顺理成章。根据德沃金的观点，这种合理性基础是法律原则；根据哈贝马斯的观点，这种合理性基础是共识。但人们一旦引入法律系统沟通媒介的时间维度，就会发现法律的合理性乃是借助其他概念限缩决定的范围，同时增加了裁量的空间。例如，当法律系统把原则作为法律合理性基础，便可诉诸某项原则限缩决定的范围，同时诉诸对该原则的解释，获得广泛的裁量空间。法律系统诉诸原则进行论证的过程，就是法律系统时间化的机制。人们一旦发现这种时间化机制，就会发现法律系统的合理性论证不过是转移代码的悖论，而决定本身乃是具有偶联性和未来风险的决断。这样一来，法律合理性这项固有值也蕴含了风险。

卢曼的上述分析表明，法律系统在一阶观察层次上的运作仅仅遵循代码和关注功能履行，无法观察到代码的悖论，也无法观察到为了转移这种悖论的时间化操作机制。换言之，法律系统确信自己具有统一性和一致性，觉察不到通过时间化机制把风险外部化，即把风险转移到未来。卢曼指出，"法律系统到目前还欠缺对于风险的意识"（p.619）。这句话的意思是，在他之前，法律系统的内部视角无法发现法律系统的风险性。卢曼暗示，他自己对法律的描述既采取内部视角，能够找出法律系统的一些固有值，又采取外部视角，观察到法律系统固有值的时间维度，指出内在于这种时间维度的潜在风险。卢曼认为，他对法律系统的描述与法律系统存在结构耦合，可以扣连到法律系统上，作为法律系统的自我描述，从而反思法律系统的风险性，使法律系统具备和强化风险意识。

四、法律系统是全社会的免疫系统

卢曼在《社会中的法》第三章讨论法律系统的功能时，曾指出法律系统的功能对全社会具有"免疫"的成效。该章第3节从法律系统与全社会关系的角度，更为具体地阐述了法律如何作为全社会的免疫系统。另外，卢曼在《社会系统》第九章中，从一般意义上讨论了"免疫系统"问题。

卢曼指出，法律作为全社会的免疫系统这一命题，并不是一种类比和隐喻，而是一个在诸系统中会浮现的一般问题。"免疫系统"概念原本是生物学用于描述生物体的概念。卢曼在他的社会系统概念中融入了生物学的元素。社会系统在自创生和动态性的意义上，具有生物系统的某些特征。因此，在社会系统中存在"免疫系统"就显得顺理成章。卢曼从以下几个方面论述了法律系统作为全社会的免疫系统。

第一，法律概念和规则具有时间拘束的效应，从而在功能上稳定全社会的规范性期望。法律系统对那些遵守规范的行为予以肯定，对那些违反规范的行为予以否定。就此而言，法律系统作为一个规范性系统，可以保障人们的信赖预期，避免规范性期望陷入混乱。法律系统的功能在环境中只能呈现为成效。因此，只有"把法律的功能和成效关联起来考虑"，才可把法律"视为全社会的免疫系统"(p.183)。

第二，法律系统以独特的方式化约环境的复杂性。免疫系统只对进入到身体的"病毒"予以处理；病毒不进来，它就不处理，更不会跳出身体与病毒作战。同样，法律系统封闭运作，并不需要完全掌握环境和点对点地预备应对环境的复杂性，而是对于进入其内部的"病毒"即冲突，通过"事后启动"的方式加以处理，解决冲突/争端或缓和冲突。人体的免疫系统不能一劳永逸地消除病毒，因为没有病毒，免疫系统就会退化，成为累赘。只有病毒不断出现，免疫系统才能针对这些病毒不断升级，发展出更强大的免疫功能。同样，法律系统作为免疫系统，不是旨在彻底消灭作为病毒的冲突，也不蓄意压制冲突（法律本身也会引发一些冲突），而是在冲突中存在和发展，即以个案积累的方式发展出一般解决方案，并把自己的经验一般化，作为处理未来案件和解决冲突的备用资源。同时，正如人体免疫系统在处理病毒过程中不断学习，作为免疫系统的法律系统，也在冲突形式中不断学习。

第三，法律系统借助于封闭运作免受环境的"感染"，法律系统本身具有统一性和一致性，并无冲突，故而法律系统能够成为全社会的免疫系统。全社会作为法律系统的环境，存在各种冲突。这些冲突会妨碍全社会的秩序运作。因此，法律系统"不顾个人情面"地"对抗病症"，缩小"感染"的或然性或缩短"感染"的时间（pp.182—183）。由此，全社会可以避免因冲突而失序。

第四，对于法律系统来说，全社会是个期望结构。但是，全社会的期望并不一致，而会存在差异甚至对立，即各个系统之间发生"期望相互抵触的沟通"（p.622）。这样一来，法律系统受到的激扰也会非常复杂，甚至不堪重负。然而，法律系统借助结构耦合，得以对某些激扰保持敏感，忽略并拒绝其他干扰。法律系统以这样的方式缓和诸多期望结构之间存在的冲突。换言之，法律系统通过与其他系统之间的结构耦合，可以避免不同系统因结构上差异而造成的冲突。结构耦合的这种效果也属于法律系统的免疫成效。

最后，还必须指出，法律作为全社会的免疫系统，既涉及法律系统的功能，也涉及法律的成效。法律系统的功能只有一项，即稳定全社会的规范性期望。解决争端或缓和冲突乃是法律功能在全社会产生的成效。法律系统与全社会及其环境之间存在因果关系，但这种因果关系不是线性因果关系，而是事后从结果上归因的产物。法律系统如果接受了环境的激扰，并根据自己的代码对有关激扰做出了建构性反应，我们就可以认为法律系统与环境之间存在因果关系。同样，法律的功能在环境中产生了"免疫"成效，我们就认为这种成效与功能之间存在因果关系。

五、社会世界与世界社会：法律系统与全社会

《社会中的法》第十二章的第四节与第五节所论述的内容存在紧密关联，故本部分对这两节的内容一并讨论。

（一）法律系统与全社会的紧张关系

在《社会中的法》第十二章第四节，卢曼讨论了法律系统与全社会存在紧张状态。他指出，法律的功能在于稳定全社会的规范性期望。与此相应的全社会理想状态是忠实遵守法律规范，法律得到严格执行。但在现实中，人们却常常违法。在古代，人们违法往往

是由于不知晓法律。但在现代，人们却知法犯法，例如逃税或从事非法劳动等。又如在西方一些国家，非法移民承担某些低端的体力劳动，如维修房屋、清扫垃圾以及其他简单的服务性工作。法律如果得到严格执行，禁止非法移民从事某些工作，那么经济领域就会受到影响。在意大利，许多人靠走私维持生存。如果严格禁止走私，可能导致一些海滨城市的许多人失业。在某些发展中国家，如果严格禁止买票贿选，乡村地区人口或贫民就不会参选，从而影响整个选举。在许多国家，警察和司法部门严格依法查处刑事犯罪，可能导致狱满为患。此外，全社会如果严禁违法现象，可能抑制一些人的某些大胆探索，失去创新和争取自由所带来的潜在机会。为此，工会往往因为被要求守法而进行罢工，而"公民不服从"运动则以抵制法律为直接目标。在20世纪后期，社会对于规范性期望的强度不断增加，法律系统面临的压力也随之增加。例如福利国家时期，各种福利权的要求得到政治系统回应，从而采取立法形式加以确认。然后，这些立法通过结构耦合的效应，"结构漂移"到法律系统。法律系统如果拒绝承认这些权利，必将面临巨大的压力。法律系统如果确认这些权利要求，权利要求的范围和强度会进一步增大。另外，社会还会以事实性对抗法律系统的规范性。例如，处于法律系统之外的人权、价值以及"活法"等，都以事实性对抗法律系统。

（二）社会世界与世界社会

如前所述，基于观察及其区分所呈现的系统/环境图式，构成系统论视域中的世界。世界是观察的产物。这个世界不是以国家而是以社会为界面，故而称为社会世界。社会世界近在咫尺，但又无远弗届。社会世界是由沟通所构成的网络，其边界不是领土，而是系统所能涵括的一切范围。当然，在不同的演化阶段，社会系统的边界范围呈现出差异。在片段式分化阶段，以口语为媒介的互动系统和在场沟通是主要形式，系统的范围仅仅限于特定地域的家庭、氏族或部落。在层级式分化阶段，借助于文字的不在场远程沟通开始流行，以中心/边缘为特征的组织（系统）成为主要系统类型，系统沟通能够达到阶序性组织所控制的一切范围。在功能分化阶段，借助于印刷术和其他新的通讯技术，社会系统的沟通网络覆盖全球。此时，社会系统出现三个重要变化：(1)全社会具有了世界社会的鲜明特征。(2)功能分化取代了层级式分化。(3)时间比空间更重要。[1]

世界社会是一个全球社会。在社会世界，生活条件的差异并不重要，重要的是沟通所构成递回网络和语言的可翻译性。例如，科学无国界，科学系统的沟通网络已然覆盖世界社会。经济日益全球化，表明经济系统在很大程度具有了世界社会的属性。在传媒网络中形成的大众媒体和自媒体也达到了全世界的规模。法律、政治和宗教也都溢出了民族国家的领土，具有了全球化的趋势。就此而言，"所有功能子系统形成"了"全世界规模的交织状态"（p.628）。在卢曼看来，社会系统的沟通网络界定了系统的边界。随着现代的功能分化，全社会各个子系统的沟通网络已经覆盖了全球。因此，

---

[1] 参见〔德〕尼克拉斯·卢曼：《法社会学》，宾凯、赵春燕译，上海人民出版社2013年版，第390—400页；〔德〕玛格丽特·博格豪斯：《鲁曼一点通：系统理论导引》，张锦惠译，中国台湾暖暖书屋文化事业股份有限公司2016年版，第384—388页。

全社会系统与社会世界在视界上完全交叠。①

卢曼认为,关于世界体系的中心与边缘之划分以及"依附理论"都可以作为世界社会存在的佐证。所谓"中心与边缘理论"是指沃勒斯坦在《现代世界体系》中提出的观点。他认为,世界体系始于 15 世纪中叶,它以西方殖民扩展为起点,以资本主义经济为动力,最终控制了世界。伴随着现代世界体系的形成,世界各国组成一个复杂的世界体系,其中分化为中心区域、半边缘区域和边缘区域。处于不同区域的国家或地区,在分工上扮演不同的角色。中心区域控制着世界体系中的贸易和金融市场,利用边缘区域提供的原材料和廉价劳动力,把加工制品销往边缘区域,并通过操控世界金融市场,大获其利;边缘区域向中心区域提供原材料、廉价劳动力和销售市场,并服从世界金融市场的游戏规则,因而处于十分不利的地位,变得日益贫穷;半边缘区域介乎前两者之间,对于中心区域,它扮演着边缘区域的角色,对于边缘区域,它扮演着中心区域的角色。这个经济体系把世界连成一体。世界体系的最初霸主是葡萄牙,随后是西班牙;自 16 世纪中叶以后,荷兰成为霸主;到了 19 世纪,英国取代荷兰成为霸主;20 世纪中叶,美国成为霸主。②所谓依赖理论(Dependency Theory),是阿根廷学者劳尔·普雷维什(Raul Prebisch)在 20 世纪 60 年代后期所提出的理论,后来在拉丁美洲国家得到广泛传播。这种理论将世界划分为发达的国家与

---

① Niklas Luhmann, "The World Society as A Social System", *International Journal General Systems*, 1982, Vol. 8, p.133.
② 〔德〕伊曼纽尔·沃勒斯坦:《现代世界体系》,第 1—3 卷,尤来寅等译,高等教育出版社 1998 年版,第 1 卷。

较落后的国家。在世界经济体系中,前者构成中心,后者处于边缘;后者依附前者,受到前者的控制和盘剥,难以发展起来。卢曼论述世界社会时,没有援引经济全球化作为例子,因为在卢曼20世纪90年代初撰写《社会中的法》一书时,经济全球化才初露端倪。

卢曼从系统论角度提出的世界社会概念,不仅意指全球范围,而且强调功能分化具有优先性。政治无法管控科学,甚至无法管控经济,世界性金融市场的动态性和自主性就是例子。当然,功能分化并不意味着世界各个地区发展均衡,也不意味着世界趋同化。"一个在功能上出现分化的全社会,绝对不会是一个具有内在稳定性保证的和谐社会。"(p.628)

(三)世界法与国家法的错位——以人权为例

卢曼认为,在当今的社会世界,法律"也有一个全世界规模的功能系统"(p.628)。这主要表现在以下几个方面。其一,各个地区的法律虽然存在差异,但不同法秩序之间可以相互转译,例如在国际私法中,就可以通过比较不同国家的民法,形成解决冲突的规范,从而使人们进入其他国家时,不必担心权利不受保护。其二,当代各国不同的法秩序,在设置上越来越相似,如都有立法与司法之分、实体法和程序法之分以及刑法与民法之分等。其三,全球各个区域的法律尽管存在很大差异,全球虽然没有中央立法部门和司法部门,但从功能角度无可否认,世界社会"仍然有一个法秩序"(p.629)。其四,人们越来越多关注人权问题,而人权是世界社会层面存在法律系统的重要指标之一,即人权具有世界法的特征。

卢曼指出,近代意义的人权与西方的自然法和社会契约概念密切关联。自然状态的自然权利是一种建构性概念。为了把自然权利转为公民社会的公民权利,一些思想家建构了社会契约概念,并宣称人们通过缔结契约进行一种交换,即以放弃自然权利为代价,进入公民社会,享有公民权利。这里存在的奥秘在于,自然权利的概念本身存在悖论,因而不得不用社会契约概念转移悖论。然而,社会契约的效力何在?真实情况乃是契约本身赋予了契约以效力。换言之,社会契约的效力源自社会契约本身。

实际上,自然权利在属性上是指人之为人所应该享有的权利,是个人的权利。在现代国家建构之初,公民权利还在一定程度上保留了个人权利的特征。如美国宪法和法国宪法中都确认了人权的基本原则和精神。但宪法越来越与国家主权相关联,被作为国家的实在法。人们需要花费很大力气,才能把国家法中有关个人权利的规范,转译到世界社会法律系统的层次。这种转移所获得的结果仍然是国家法,至多是作为国家法扩展版的国际法。随着国家权力的强化,自然法概念开始隐退,法律趋于实证化。这带来了两种紧张关系,一是作为个体人权的主观权利取决于实在法,只有得到实在法赋予和确认的人权才受到法律保护;二是具有世界社会指向的人权受到国家主权的限制。在某种程度上,人权的赋予和保护程度都取决于国家法。这样一来,人们就期待国家承担保护人权的责任,且只能针对国家法提出权利要求。

卢曼指出,当今世界有许多人权文本,其中包括公约、规约和决议等。在这些人权文本中,有许多关于人权的建设性表述。在人权问题上,人们存在普遍性主义与相对主义之争。但人们没有质疑从法律上限制国家权力的必要性。在世界范围内,世界政治系统在二阶层次片段化地分化为各个区域性国家(p.634)。这种区域性国家虽然能够适应当地政治、经济和文化条件，从而更有助于达成共识，却造成了人权与区域性国家法的紧张关系。有些国家虽然在实在法中确认了人权，但并不实施这些人权规定。还有些国家以集体权利的名义，压制和剥夺人权，从而导致个人的人权名存实亡。

  在欧洲福利国家，人权的发展出现了另一种景象。在那里，人们不仅把人权理解为对抗政府恣意的"防御权"，而且理解为可以要求国家提供福利的"照护权"。这导致人们的福利要求越来越多，胃口越来越大。人们不再关注权利的侵害者，而是关注那些可能为权利的实现提供救助者。人们不断向国家实施压力，要求国家提供更多的物质和精神利益，不仅使侵害能够得到补偿，而且能够使人们过上体面生活。福利国家时代的"照护权"日益膨胀带来两个后果，一是不断扩展的福利要求变为法律权利，经济系统的负担越来越重，有关资源难以为继；二是人们不再关注侵犯人权的现象，甚至对侵犯人权现象熟视无睹。

  鉴于上述种种问题，一些人建议把人权问题的焦点转向关注严重侵犯人权的现象，即关注在某些国家的非法屠杀、逮捕、酷刑和"个人消失"等现象。但只有针对那些具有法治国框架的国家，人们对于侵犯人权现象的批评与谴责才可能产生某种效果。甚至这些国家也往往以主权对抗人权，依据国家法为侵犯人权的行为辩护。按照传统的思路，人们把人权理解为主观权利。但在现实的政治关系中，诉诸个体决定的主观权利无法实现。因此，有人主张不从权利而从义务的角度构思世界法律系统。然而这仍然会带来一个问题，即运用何种机制来对违反人权义务的行为进行制裁？把制裁权力交给某个国家,显然不可取。可取的途径也许是在国际化的脉络中探索这种制裁机制。"冷战"结束后的世界格局似乎为人们探索这种机制提供了新的视角。

卢曼认为,在人权领域,侵犯人的尊严是最严重的侵犯人权行为。自由权和平等权与人的尊严密切关联,只有自由权和平等权得到保护,人的尊严才能得到维护。但国家法在限制自由权和平等权领域,具有很大的回旋空间。不过,人们仍然可以在世界层面对于自由权和平等权的问题保持敏感性。例如,国家可以基于功能的视角而形成不对称的角色,如医生/患者、生产者/消费者或原告/被告等。但国家如基于种族、肤色或性别等原因而形成结构性不对称角色,并使某些角色处于不利处境,就构成侵犯人权的行为。

总之,人权具有世界法秩序的特征。但人权概念在产生之初,作为个人的自然权利就存在悖论。因此,人们不得不通过法律的实证化转移这种超实在法的悖论。由于政治系统与法律系统的演化程度不同,"政治系统与法律系统在诸宪法上的结构耦合,无法在世界社会层次上找到对应物"(p.635)。这样一来,人权就受困于区域性国家法,并与国家法之间形成紧张关系。人们或许可以期待,通过关注和揭露世界上严重侵犯人权的现象,世界社会借助于对那些难以忍受事物的"充分丑闻化","建构一种独立区域传统与区域国家政治利益之外的法律规范架构"(p.634)。在卢曼看来,作为全社会的世界社会不断对法律系统进行激扰,吁求法律系统在全球层面稳定全社会对人权的规范性期望,就可能促使法律系统进一步改变结构,形成一个完全超越国家法局限的全球沟通网络和规范架构。

（四）涵括与排除的阶层秩序对功能分化的损害

如前所述，人不是系统，而是系统的环境。系统在沟通中会涉及到人，把人涵括其中。在社会演化的不同阶段，系统对人们的涵括方式也不同。在片段式分化阶段，由氏族所构成的每个子系统都把本氏族的成员涵括其中。在层级式分化阶段，一个组织仅涵括其成员，而排除非成员。到了功能分化阶段，从理论上说，每个功能子系统都将所有的人涵括其中。换言之，所有的人都有资格参与所有系统的沟通。例如，一位教师通过教学参与教育系统的沟通，通过科研参与科学系统的沟通，通过阅读小说参与文学艺术系统的沟通，通过购物参与经济系统的沟通，通过参加选举参与政治系统的沟通，也通过诉讼参与法律系统的沟通。当然，各个功能子系统将所有的人涵括其中，并非意指强迫人们参与沟通。人们对于是否参与沟通或参与某个系统的沟通，享有选择权。与此同时，参与沟通的人们并不具有主体的地位，也不是人们之间进行沟通。沟通是系统的沟通，人们参与沟通是指被系统的沟通涵括其中。

现代社会的功能分化以平等为前提。但政治系统中的区域性国家组织以及其他层级式秩序，仍然遗留下来，它们按照自己方式进行分化。与此同时，各个功能子系统内部继续分化，这些分化必然伴随着区分，而区分则造成了新的不平等。[1]例如在政治系统中，政府公职人员中有总理与职员之分；在经济系统中，企业中有经理和秘书之分。本来，这些职务的区分在于更好实现系统的功能，但

---

[1] Niklas Luhmann, "The World Society as A Social System", *International Journal General Systems*, 1982, Vol. 8, pp.134—135.

这种区分所产生的功能角色，可能变为结构性身份等级。其结果，功能分化却制造出妨碍甚至颠覆功能发挥的层级结构。对于这种现象，社会学家尚缺乏其他概念框架，只是把其称为阶层秩序或阶级支配模式。根据系统论的观察，这些阶层式秩序隐含着涵括与排除这项区分。由此，我们可以把涵括与排除当作后设的代码，来分析阶层式秩序与功能性秩序之间的关系。涵括与排除意指人们的实际不平等地位。涵括意味着更多的自由，而排除意味着更多的限制。一般来说，社会上层属于受到涵括的人群，而社会底层则属于受到排除的人群。这种阶层化式分化态势与功能分化不相容，甚至侵蚀功能分化。例如，当法律系统面对不同阶层的原告和被告时，一旦涵括与排除这个代码占据支配地位，法与不法的代码及其纲要就"无法发挥作用，或者其所发挥的功能被削弱了，因为有其他各种偏好更具优先性"（p.636）。换言之，涵括与排除这组区分会弱化甚至改变人们对法律的规范性期望。这样一来，法律系统就会丧失功能。

功能分化要求各个功能系统之间具有松散耦合，以便保持动态的互动。但阶层式秩序以固化的结构，使受到涵括的人群将其功能角色（职位）转化为个人利益，如政治人物或官僚体系的成员具有更多机会从经济系统中获得好处，并在违法和犯罪时具有更多机会逃脱法律制裁。与此相反，那些不识字的人群不能有效参与科学系统的沟通，那些身无分文的人们无力参与经济系统的沟通，而那些非法移民很大程度上被政治系统排除在外。

社会学家在从事社会研究时，常常使用整合概念。人们若用整合来意指受到整合的对象所具有的自由度，那么排除就发挥着高度整合的功能,把有关人群以负面的方式整合到社会中。涵括则对应着低度整合概念,使有关人群处于较为有利的地位。社会如果对某个人的涵括以对另一个人的排除为代价,那么现代社会的功能系统就有瓦解之虞。卢曼显然不赞成社会整合或社会控制的概念。在他看来,社会的演化过程和结果都有不确定性,因而试图"整合"或"控制"社会的演化过程和结果,不过是一种幻想。

最后,自创生社会系统乃是演化的产物,具有历史依存性。全社会与全社会功能系统的分化方式,乃是以欧洲作为范本。演化本身具有偶联性和不确定性。因此,全社会及其法律系统的未来命运如何,无人知晓。行文至此,笔者联想起中国一句古语:知之为知之,不知为不知,是知也。

附录1

公民社会的历史语义学

——基于卢曼社会系统论方法*

宾 凯

前 言

在20世纪后期,伴随着西方福利国家内部的正当性危机[①]以及民主第三波对前威权国家的冲击,[②]"公民(市民)社会"(civil society)理论再度上升为"现代性"母题之下的重大子课题。西方政治学、社会学、法学等领域的诸多一流学者为深化公民社会理论倾注了大量心血,德国社会学家卢曼(Niklas Luhmann)也曾以其独特的历史语义学方法处理过这个跨学科题材。[③]奠基于社会系统理论,

---

* 本文原载于《交大法学》2010年第1卷。

① 〔德〕哈贝马斯:《合法化危机》,刘北成、曹卫东译,上海人民出版社2000年版。

② 〔美〕亨廷顿:《第三波——20世纪后期民主化浪潮》,刘军宁译,上海三联书店1998年版。

③ 卢曼的历史语义学方法与英国剑桥学派Skinner等人的观念史进路以及德

卢曼历史语义学方法在研究公民社会问题上具有以下两个特点：

一、在梳理公民社会的语义史上，卢曼的历史语义学研究方法不同于西方学术大传统中的"思想史"进路。就思想史研究进路而言（当代以列奥·斯特劳斯及其弟子"解经"式细读古典大书的方式为代表），基本上是在切断了与社会结构的联系后，聚焦于从文本到文本的内部过程来研究思想观念的语义变迁，其方法是封闭的。相反，历史语义学研究则是开放的，注重概念与社会结构的相互指涉关系。从卢曼的历史语义学看来，社会结构生产着"公民社会"这个概念，而"公民社会"的语义又影响着社会结构的变迁。卢曼所强调的这种循环往复的概念动力学，与尼采所谓"永恒轮回"的时间观有着含义上的对应。[①]

二、在对待公民社会的态度上，卢曼历史语义学研究是基于描述立场，而不同于以哈贝马斯为代表的规范立场。卢曼以"语义/社会结构"这个区分（distinction）作为其概念史的分析形式（form）。[②]卢曼提醒我们，这个区分包含了一个悖论："语义/社会结构"本身就是一个语义，换句话说，"语义/社会结构"作为整体被包含在作为部分的"语义"之中。[③]卢曼通过揭示这个悖论所希

国 Koselleck 等人的概念史研究进路有相似之处，但也有不同。关于卢曼对 Skinner 和 Koselleck 的批评，参见 Luhmann, Niklas, *Observations on Modernity*, Stanford University Press, 1998, pp.2—3。

① 此处借用了海德格尔对尼采"同一者的永恒轮回"主题的著名解释。参见〔德〕海德格尔：《尼采》，孙周兴译，商务印书 2002 年版，第二章"相同者的永恒轮回"。

② 卢曼关于现代社会知识社会学著有四卷本的《社会结构与语义》著作，德文本参见 Niklas Luhmann, *Gesellschaftsstruktur und Semantik: Studien zur Wissenssoziologie der modernen Gesellschaft*, Suhrkamp, 1980/1981/1989/1995。

③ 关于语义与社会结构的关系，参见上页注释②亨廷顿一书，第 1 页。也可参

望传递的信息是，作为研究概念的学者，我们只能把握理论运动史中拟制出来的社会结构，而不能抵达理论沟通之外作为客观实在(objective reality)的社会结构。由于理论无法直接抵达实在，学者们关于"公民社会"的沟通只不过是学术系统内部的事件，也就不可能直接转化为干预其他社会系统的"行动"力量[①]。这样，卢曼从历史语义学出发，谨慎地给公民社会研究设定了一个限制：一个严肃的学者不应像公共知识分子那样试图通过赋予"公民社会"以规范性力量去激扬文字和指点江山，学者所能尽到的本分不过是描述公民社会这个概念的意义变迁而已。那些鼓吹行动力量的公共知识分子，其结果是擅自逾越了社会系统的界限，造成了沟通角色的错位。所以，在卢曼看来，哈贝马斯对"公民社会"规范性批判力量的倚重，凭借的是一个通过重建生活世界的商谈共识以实现人类社会自我救赎的理性启蒙方案，而这个方案终究只不过是知识分子一厢情愿的乌托邦，对于社会的自我理解而言并无助益。

本文尝试在卢曼历史语义学方法之下考察"公民社会"语义史，为完成这个任务，本文分两个部分：1. 从功能分化的角度介绍卢曼关于社会结构演化的理论，为描述公民社会语义史进行必要的背景准备；2. 以卢曼关于"整体／部分"和"系统／环境"两个区分为观察框架，重述西方学术传统中"公民社会"的语义运动史。

见卢曼对作为私密关系的爱情语义学的变迁过程的描述：Niklas Luhmann, *Love as Passion: The Codification of Intimacy*, Polity Press, 1986, Ch. 4。

① 欧洲其他社会学家和政治学家几乎都不满足于仅仅是解释世界，而是希望通过自己的理论激发人类主体展开积极行动以改变社会，比如吉登斯、图海纳和哈贝马斯。

一、卢曼的社会功能分化理论

由卢曼匠心独运发展出来的社会系统理论,是 20 世纪后半叶西方社会理论中的黄钟大吕。社会系统理论包括系统理论、沟通理论与功能分化理论三个既相互独立又高度依存的理论板块。[①] 其中,功能分化理论对于"公民社会"论题的研究而言尤其相关。从"语义/社会结构"的二分来说,公民社会的概念属于语义部分,社会分化则属于社会结构的部分。作为公民社会的历史语义学研究,只有关联到其所对应的社会结构的分化形式,才能恰如其分地理解不同时代的公民社会概念。从某种程度上说,这是一种深具卢曼个性的知识社会学,也可以看出,卢曼社会系统论下的历史语义学与后结构主义学者福柯的知识考古学有暗通之处。

卢曼认为,与公民社会的语义学相关的是,人类社会经历了三种社会分化形式:环节分化(segmental differentiation)、分层分化(stratified differentiation)和功能分化(functional differentiation)。[②]

环节分化是指,在人类文明的早期阶段,社会以家庭、血缘、宗族或部落为基本构成单位,各个单位之间是均质的、平行的。装在口袋里的土豆可以作为这类社会分化的一个隐喻,所以也可以称其为块状分化。环节分化的社会中,各社会单位之间缺乏联系,单位内部的社会复杂性程度低。在每个单位内部,权力、信仰、经济、

[①] Niklas Luhmann, *Trust and Power*, Wiley, 1979, p. 108.

[②] 卢曼在其法律社会学中阐述了社会结构的三种类型以及相应的法律形态,参见 Niklas Luhmann, *A Sociological Theory of Law*, London: Routledge, 1985, Ch. 3。

道德、习惯、艺术、教育等功能都没有分化,而是以相互叠加的形式粘在一起。在环节分化社会中,每个社会单位作为一个沟通系统,其面对的环境的复杂性程度很低,根据阿什比的"必要的多样性定理"(The Law of Requisite Variety),[1] 简单的社会结构就可以充分应付简单的环境复杂性。也就是说,从功能等价的角度来看,这样的社会结构足以维持系统沟通的持续性。

分层分化是指,社会结构的主导分化形式运用了"上/下"这个不对称的区分,整个社会被区分为上层/下层、中心/边缘或城市/乡村的二元结构,"上层""中心"和"城市"是整个社会的中心,代表了整个社会的统一性,"下层""边缘"和"乡村"则是被代表一方。无论是希腊、罗马的奴隶制,还是中世纪的教会至上和封建制,以及随后的欧洲绝对国家,在卢曼看来,其社会结构的主导分化形式都是分层分化。与环节分化相比,分层分化所对应的社会沟通形式具有更大的复杂性,能够适应更为复杂的环境刺激。而与功能分化社会相比,分层分化社会的一个重要特征是,在社会的自我描述中,全社会是一个具有"中心"的结构,社会中的其他部分都附属于这个中心。这样,一个重要的结果是,分层社会强调"至善",无论是政治、经济、法律、宗教还是艺术,最高的标准都是为了追寻"至善"。因此,政治、经济、法律、宗教以及艺术等都没有各自独有的运作逻辑,即没有形成封闭的沟通自主性。在分层分化社会中,社会的整合方式是宗教或道德至上,无论是政治、经济还是法律都必须依附于宗教或道德的绝对价值,一切社会沟通最终都可以

---

[1] Ross Ashby, *An Introdiction to Cybernetics*, 1958, Ch. 11.

还原为以好/坏这个区分所进行的观察，而上层、中心和城市作为全社会的中心，则被分配在"好"（善）这一面。①

功能分化是指，整个社会系统分化成诸多功能子系统，各个子系统具有各自独立的运作代码（code）和纲要（programme），形成自主封闭的沟通领域，同时，各个子系统之间又通过结构耦合相互发生影响。卢曼认为，16世纪晚期的欧洲逐渐从以上/下区分进行自我观察的分层分化社会向功能分化社会过渡。功能分化社会的一个重要特征是"去中心"。在以功能分化为主导的近现代社会中，政治、经济、法律、宗教、艺术等沟通领域分化为自我生产（autopoietic）的社会子系统。每个社会子系统都有自己独立的沟通媒介和运作代码，并根据各自所要解决的问题执行着相互独立的功能。比如，政治的功能是做出"集体约束性决策"，政治系统的代码是执政/在野、保守/激进以及左/右，这个子系统最为核心的问题则是如何通过权力的媒介进行持续沟通，换句话说，就是如何通过有权力/没有权力这个区分在二阶观察水平上维持系统与环境的边界。②法律的功能是"稳定一致性普遍化期望"，法律子系统的代

---

① 从理想型分类来说，卢曼的环节分化社会和分层分化社会大致对应着韦伯统治正当性类型中的个人魅力型和传统型，而功能分化社会则对应着法理型。关于分层分化社会中上层社会代表了整个社会的善的问题，也可以在中国传统社会中儒家学说对最高统治者的想象中找到佐证。儒家思想认为，帝王所要达到的理想人格是"内圣外王"，不但要文武双全，而且还应该是臣民的道德楷模。这种标准一直延续到建国以后，表现为人民对国家最高领导人个人魅力的迷信和崇拜。

② 在近代社会理论的伟大先驱中，马基雅维里在其《君主论》中比博丹的主权思想更为清晰地揭示了政治系统的功能分化和沟通自主，他认为，作为执行政治功能的君主应该摆脱日常道德的约束，直接以追逐权力和巩固权力为己任，而且，只有通过权力才能获得和维持权力。这种被后世学者所批评的政治的"非道德性"，却正是卢

码是法/不法,其核心问题是如何通过法律媒介进行持续沟通,即通过法律/非法律这个区分在二阶观察水平上维持系统与环境的边界。所以,卢曼反对把近现代以来的欧洲社会转型看成仅仅是向资本主义社会的迈步,因为"资本主义"所强调的不过是经济系统这个单一系统在整个社会结构中的独立性和支配性,这种把某个社会子系统塑造为"中心"的世界图像忽视或遮蔽了政治、法律、宗教、艺术、教育、媒介、医疗等社会子系统与经济子系统同步呈现的分化趋势或自主性——卢曼把这种同步分化称为共变(covariation)。

需要做出的一个重要补充是,卢曼认为,在任何一种社会形态中,以上三种社会分化类型中的每一种都不可能是唯一的分化形式。三种分化形式并不相互排斥,可以同时并行出现在一个社会阶段中。比如,虽然现代社会的主导分化形式是功能分化,但是,环节分化和分层分化依然会出现在现代社会中,当然,是附属于功能分化的。在现代社会中,虽然政治、经济、法律、教育等各个自主的功能子系统成为了社会的主导沟通形式,但各个家庭之间仍然呈现为环节分化的特征,同时,在企业、政府和政党内部,也存在着根据上/下区分进行沟通的分层分化的特征。

在卢曼的历史语义学看来,以上三种社会分化形式与公民社会相关的地方在于,公民社会作为一个社会自我描述的概念符号,其语义在不同的时代或者说不同的分化形式下具有不同的意义指称。作为社会自我理解的公民社会概念,必然会受到社会分化形

曼所说的作为政治系统自主性标志的"自我指涉"(self-reference)。关于政治系统的自我指涉,参见 Niklas Luhmann, *The Differentiation of Society*, New York: Columbia University Press, 1982, Ch. 7。

式的制约，同时，这种自我理解又强化或瓦解着相应的社会分化形式。在指出这种语义与结构之间所存在的双向指涉关系的必然性的同时，卢曼又强调说，语义对社会结构的描述充满了偶在性（contingency）。这涉及到卢曼对"语义/社会结构"这个区分中存在的悖论的揭示：一方面，关于语义的沟通本身就是社会沟通的一部分，也就是包含在社会结构之中；另一方面，"语义/社会结构"本身又是一个语义。因此，语义既受到既有的社会结构的限制，不可能离开时代背景天马行空；另一方面，语义又具有某种独立表述的选择自由，比如可能错误描述了社会结构，也可能在描述社会结构上过于超前或滞后。下面，通过卢曼对公民社会概念的语义梳理，我们可以目击语义与社会结构之间这种悖论关系。

二、公民社会语义史

公民社会本身经常被看成既是一种实践，又是一种理论。对于当代研究公民社会理论的学者而言，各种公民社会理论之间的竞争关系就体现在谁能更为准确地描述公民社会实践，或者，谁能在指引公民社会实践上提供更为先进的规范性指南。然而，卢曼的社会系统理论并不打算提炼一个能够更为"客观"地描述公民社会实践的理论图像，[①] 同时，也不打算为公民社会的实践提供一套规范性指南（前言中已与哈贝马斯做过比较）。卢曼的历史语义学分析的工作目标在于，试图以更为逻辑自洽的观察工具检视公民社会理论本

---

① 在卢曼的社会系统理论看来，观察总是受到观察者所使用的区分的限制，从"词/物"或"能指/所指"的关系来看，在理论沟通内部并不存在离开观察区分的客观实在。

身的语义变迁史,指出西方历史上的公民社会理论在语义与社会结构关系上可能存在的错位。[①]与哈贝马斯、吉登斯等人的高调理论不同,这种理论工作的自我想象是低调的。类似于维特根斯坦把自己的哲学称为非哲学,或者说,是从事语言治疗的哲学,卢曼关于公民社会语义史的梳理,也可以看成是对公民社会这个概念的语义治疗。在后文中,我们将会看到,通过对从古希腊到现代社会的公民社会概念的语义梳理,卢曼的社会系统论逐渐"解构"了公民社会概念本身。[②]

在梳理公民社会语义史的过程中,可以借助卢曼给予的两个区分:"整体/部分"与"系统/环境"。[③]卢曼认为,这两个区分的不同运用造成他与其他学者在看待公民社会问题上的分裂。在卢曼之前的绝大多数学者,从亚里士多德到哈贝马斯,时间跨度长达两千多年,虽然关于公民社会的语义发生了色彩斑斓的变化,但他们关于公民社会的理解存在一个共同的认识基础,即共享整体/部分

---

① 本文关于卢曼对公民社会语义的论述,相关资料主要出自卢曼的《社会分化》(*The Differentiation of Society*, Columbia University Press, 1982)一书,该书是对卢曼德文版著作《社会的启蒙》(第 3 卷)的英译本,参见 Niklas Luhmann, *Soziologische Aufklärung (3): Soziales System, Gesellschaft, Organisation*, Westdeutscher Verlag, 1981。

② 此处"解构"一词并非仅仅是对德里达原创术语的表面征用。卢曼本人就曾经在自己使用的"二阶观察"和德里达的"解构"之间进行过深刻的比较,认为这两个关键词虽然在理论传统和意义归属上存在着谱系差异,但在瓦解原教旨主义的启蒙理性立场上却具有高度相似的打击能量,可以说是一对并肩作战的概念战友。参见 Niklas Luhmann, "The Paradox of Observing Systems", *Cultural Critique*, No. 31, The Politics of Systems and Environments, Part II (Autumn,1995), pp. 37—55。

③ 关于从整体/部分到系统/环境的范式转换,参见 Niklas Luhmann, *Social Systems*, Stanford University Press, 1995, p.18。

这个隐含了"中心观"假设的观察框架。在整体/部分的框架中，部分在整体之中，同时，某些部分又呈现为整体的中心，担当着统一整体的任务。与整体/部分的区分相比，系统/环境的观察框架是非中心的。每一个系统都有自己的环境，而不是所有的系统共享"同一个"环境。这样，系统与系统之间不可通约，系统与系统之间不是整体与部分的关系，而是相互作为对方的环境而存在，不是包含关系，而是并列关系。比如，在功能分化社会，作为社会子系统的政治不能还原为法律问题——这可以看成是对凯尔森纯粹法学的批评；作为社会子系统的法律也不能还原为政治问题——这可以看成是对施密特绝对主权理论的批评；无论是政治子系统还是法律子系统都不能还原为经济问题——这可以看成是对马克思关于上层建筑/经济基础这个区分的批评。

卢曼认为，公民社会理论的整个传统都是奠基于整体/部分的世界图像之上，即便在近代社会步入功能分化阶段以后，绝大多数学者还是希望借助公民（市民）社会理论为整个社会找到一个理解秩序的正当性基础，或者说，还试图为社会重构一个"意义中心"。其中，最为著名的有黑格尔、马克思和哈贝马斯等人的公民（市民）社会观。卢曼本人在看待公民社会问题上则是运用系统/环境的区分来批评整体/部分的知识观。他认为，无论是黑格尔、马克思还是哈贝马斯，关于市民社会的语义描述，相应于其所在时代的社会结构而言，都发生了时代错位。虽然这些学者都敏锐地把握了社会从分层分化向功能分化的历史脉搏，但是由于受到整体/部分这个观察框架的限制，仍然试图在旧有的"中心论"宇宙图像中对中心消散的新社会进行自我描述，因而呈现出一种语义滞后于时代的

"慢半拍"现象。在卢曼看来,在现代功能分化的社会中,作为社会正当性源头或价值中心的公民(市民)社会并不存在,存在的是一个个既相互独立又发生着结构耦合的社会子系统。就处理社会矛盾和维护社会秩序而言,现代社会的整合机制不再是以公民社会为基础的具有规范理想的"社会整合",而是以各个子系统保持各自边界并处于"共变"中的"系统整合"。[1]

下面,我们根据卢曼对公民社会语义史的梳理、反思或者说解构,重新考察公民社会语义变迁过程与相应社会结构分化形式的依存或脱节的关系。

在古希腊城邦政制下,虽然出现了发达的公民理念,并且也出现了自由民参与直接民主的政治实践,但是那时的社会世界及相应的世界观并不是平的。从卢曼的分化理论来看,古希腊社会仍然是一个以分层分化为主导分化形式的社会结构,而且,其中还穿插着环节分化。自由民/奴隶身份区分制度的存在,以及在自由民内部又区分为贵族和平民,这正是卢曼所谓运用"上/下"区分进行社会自我描述所形成的沟通结构。[2] 古希腊社会以具有公民权的自由民参与直接民主的政治建制为秩序正当化的中心,奴隶则是处于下层或边缘的"失声"大多数。

---

[1] 关于系统整合与社会整合的区分,参见《社会理论论坛》第3期"社会整合与系统整合"专号(1997年)上发表的三篇译文:洛克伍德著"社会整合与系统整合",李康译;莫塞利茨著"社会整合和系统整合",赵晓力译;阿彻尔著"社会整合与系统整合",郭建如译。

[2] 即便从广受赞誉的梭伦立法来看,虽然废除了莱库古立法中的债务奴隶的规定,但是,除了不言而喻地捍卫奴隶制外,还根据土地拥有数量多少把公民分成享有不同政治权利的四个等级。

苏格拉底的辩证法（dialectic）思想体现了这种"中心论"的宇宙观和世界图像。苏格拉底认为，辩证法就是在公民之间展开公共辩论，通过列举理由的论证过程进行相互批评和探索，目的是寻找到让双方都能欣然接受的"真理"。一旦辩论揭示真理，分歧就消除了。辩证法的社会功能在于，人们通过辩论可以抵达真理，基于真理可以达成共识，而共识可以化解社会冲突或矛盾，由此实现秩序井然的和谐社会。辩证法存在的一个前提是，参与辩论的人应该是自由和平等的，言论不受外力威胁。这个思想成为整个西方公民社会理论的滥觞，其力道贯穿两千年的西方政治思想史，直到阿伦特、哈贝马斯以及其他具有社群主义或古典公民共和主义倾向的学者在当代复兴这个历史悠久传统。从公民社会概念的古希腊起源中，我们可以看到，整个社会的正当性基础奠基在由自由民组成的作为社会一部分的政治建制中，而自由民之间通过辩论达成的共识又可以化约为真理，真理又建立在"自然"的基础上。"社会整体—自由民联合体—共识—真理—自然"形成了一条环环相扣的正当性链条，[①] 整体最后化约为部分，社会最后化约为自然，这种不断寻找基础和中心的宇宙观成为理解整个西方思想传统中公民社会语义变迁的金钥匙。

亚里士多德是古希腊公民社会理论的集大成者。亚里士多德创造了 koinonia politike 一词，这个词是近代公民（市民）社会概念的源头，其最基本的含义是指由具有公民权的人组成的追求共同的"善"的政治城邦，而公民通过参与直接民主自己管理自己、自我

---

① 关于自然和正当的问题，参见列奥·施特劳斯：《自然权利与历史》，彭刚译，生活·读书·新知三联书店 2003 年版，第 257 页。

决定命运则是这种政治城邦的制度基石。亚里士多德绕过了在柏拉图理想国中哲学王一人之治的政制模式里那种过度推崇自然的倾向，直接继受了苏格拉底通过理性辩论整合社会秩序的辩证法蓝图，因而重新激活了内嵌于民主政治中人类自我决定命运的思想。[①]

在罗马时期，西塞罗几乎全盘接受了亚里士多德关于政治共同体的思想，他以拉丁词 societas civilis 翻译了亚里士多德的 koinonia politike，重申了公民社会这个概念所包含的人类社会作为自我决定命运的政治联合体的基本语义。当然，西塞罗也给公民社会概念注入了新的内容，他吸收了斯多葛学派关于理性克制的思想，认为城邦公民的相处之道就是超越个人利益纷争，以客观正义来限制个人私欲，这种社会整合的理念奠基于自然法思想之上，强调自我控制和对公共事务的献身精神，为公民社会概念扩充了新内涵。[②]

卢曼对亚里士多德和西塞罗关于 koinonia politike 和 societas civilis 的批评是：他们运用了整体／部分的区分形式对以政治为主导的分层分化社会进行了自我描述，把原本属于整个社会一部分的政治领域等同于全体社会本身，在逻辑上出现了部分等同于整体的错误。抛开奴隶与自由民的区分不论，仅从词义上来说，古希腊和罗马的整个社会至少包含了 polis 和 oikos 两部分，作为城邦的 polis 是从作为家庭的 oikos 中分离出来的。但是，在亚里士多德创造的 koinonia politike 一词中，政治城邦的公领域几乎等同于整个

[①] 关于希腊人对命运与自由复杂关系的理解，参见索福克勒斯：《俄狄浦斯王》，罗念生译，载《罗念生全集·第二卷》，上海人民出版社2007年版。

[②] 此处关于西塞罗的公民社会观，参考了李佃来的相关论述："古典市民社会理念的历史流变及其影响"，载《武汉大学学报（人文科学版）》2007年第5期。

社会，这里，家庭和其他私领域被遮蔽了。同时，亚里士多德认为人的天性是政治城邦动物，所以，在他的政治学说中，把所有的社会关系都最终化约为政治关系。比如，虽然在梭伦立法中已经对作为政治资格的公民权利与作为土地占有者的经济权利有所区分，但是，在亚里士多德的学说中，完全以公民权吸收了经济权。

公民权吸收经济权的原因在当代为阿伦特所揭示："城邦之所以没有侵害公民的私人生活，并且还把围绕着每一份财产而确立起来的界限视为神圣的，这并不是由于它尊重我们所理解的那种私人财产，而是由于这样一个事实：一个人假如不能拥有一所房屋，他就不可能参与世界事务，因为他在这个世界上没有一个属于自己的位置。"① 换句话说，经济没有自己独立的含义或自主的地位，房产只是因为作为一种可以参与政治活动的"标签"或"位置"才就具有社会属性。这样，作为政治沟通的公领域吸收了作为经济沟通的私领域，或者说，政治关系决定了经济关系，政治是经济的基础，这可以说是严格意义上的"政治/经济学"表达。这里，我们看到了亚里士多德和西塞罗的公民社会概念所内含的一种整体/部分的思维框架，这种思维框架以作为社会一部分的政治代表社会整体，并认为作为社会一部分的政治构筑了整个社会的"善"的中心。在亚里士多德和西塞罗的公民社会概念语义中，我们可以捕捉到大部分激发了当代社群主义理论家们学术创作灵感的核心要素。亚里士多德和西塞罗关于公民社会"中心论"的概念缺陷，也几乎忠实地再现于当代社群主义理论家们的著作中。

---

① 转引自李佃来："古典市民社会理念的历史流变及其影响"，载《武汉大学学报（人文科学版）》2007年第5期。

在中世纪基督教"黑暗王国"中(霍布斯语),由于宗教领域统领一切的至尊地位,哲学、政治学、伦理学等都成为神学的奴婢,因此与探讨世俗政制构筑原则紧密相关的公民社会理论几乎消失了,取而代之的是"正义战争"的主题。①

近代社会,在宗教领域的神光逐渐退出其他社会诸领域后,公民社会的理论重新获得生机。以霍布斯、洛克和卢梭为代表的政治哲学家们在面对新兴的社会沟通结构时,以"社会契约论"概括了近代社会的组织原则和正当性基础。虽然这些伟大的社会观察家在阐述社会契约的语义上存在着重大差异,但他们都在人类社会的自然状态和缔结社会契约之后的政治国家之间进行了区分,因而他们的政治思考都与亚里士多德和西塞罗的公民社会观存在着千丝万缕的联系。就公民社会理论而言,霍布斯推崇作为国家的利维坦,认为人民对政治的参与是一次性的,即缔结社会契约的时候,一旦公民把自然权利让渡给国家,公民就变成臣民,服从利维坦的统治是公民最大的美德,除非利维坦对作为自然权利底线的个体生命构成威胁。因此,霍布斯的政治学说中,那种自我决定命运的公民社会理念由于秩序先于自由的价值排序而变得稀薄。卢梭则与霍布斯两极对立(虽然最终也两极相通),卢梭极为强调公民参与政治事务的权利,他所设想的小国寡民的直接民主是对亚里士多德公民社会的亲切呼应。在卢梭的政治学说中,国家中的人民既是公民又是臣民,人民自己决定自己的命运,这样,自我立法的人类就获得了最高的自由。与前两个学者相比,洛克的政治理论对公民社会

---

① 奥古斯丁政治神学的主题之一就是正义战争,参见迈克尔·沃尔泽:《正义与非正义战争:通过历史实例的道德论证》,任辉献译,江苏人民出版社2008年版。

的语义变迁贡献最大。在洛克公民抵抗权的理论中，可以看到洛克对公、私领域的关系给予崭新阐述，他认为，公民的生命、自由和财产不受公权力的侵害，政府的作用仅仅是为人民实现自己的私利提供安全，这种政府守夜人的观念在亚当·斯密的《国富论》中也得到体现。如果说霍布斯作为自由主义大师是因为他发现了没有国家对自由的限制就没有自由的"自由悖论"，那么洛克的贡献则在于为了保障自由的兑现，设计一套对国家限制自由的权力进行限制的政治原则。①

在卢曼的社会系统论看来，洛克与亚当·斯密的一个最大公约数是发现了独立于公领域的私领域，这是古典思想家中对自由放任资本主义时期出现的社会功能分化的结构形式最为敏锐的先期把握。在洛克的政治哲学中，以经济为代表的私人领域已经开始与政治发生分离，经济与政治获得了各自的独立地位。洛克甚至试图颠倒经济与政治的关系，认为公领域存在的理由仅仅在于可以为私领域提供安全保障。②但是，根据卢曼社会系统论还是可以看出洛克学说的不足，他仅仅把经济与政治简单对立起来，并以此作为社会意义内涵的全部，而没有看到在近代社会结构的功能分化中，法律、教育、艺术、宗教等社会子系统也同步迈向了功能自主性和沟通封闭性。

卢曼认为，在功能分化社会，经济并非是政治的唯一环境。在

---

① 借用卢曼本人非常看重的"再入"（re-entry）概念来解释这种社会自我描述的语义变迁过程，可以说，这种现象正是社会通过自由/限制这个区分不断"再入"到这个区分内部的结果。

② 泰勒区分了洛克与孟德斯鸠关于市民社会的不同语义类型，参见查尔斯·泰勒："吁求市民社会"，载《文化与公共性》，生活·读书·新知三联书店1998年版。

亚里士多德的政治学中，公民社会等同于政治领域，而政治领域又等同于整个社会，因此政治没有自己的环境，政治就是人类有意义的全部生活。在欧洲中世纪，宗教成为主导性的沟通方式，宗教就是人类生活意义的全部，宗教也没有自己的环境。只有到了近代，宗教与政治发生分化，政治才开始获得了独立的沟通自主性，政治在宗教问题上的中立性原则成为文艺复兴和启蒙时代以来最为重要的社会演化成就，政教分离的结果是宗教成为政治的环境。在结束了欧洲三十年战争，缔约各国签署了威斯特伐利亚合约以后，欧洲思想界出现了主权学说的繁荣，转向了以政治作为主导性沟通领域的社会自我描述，并且把国家（state）等同于政治。突出政治的结果是，政治由此成为文明的全部，政治的环境一度消失。洛克以降的政治学说发现了作为了政治的环境——经济，而且并列看待经济和政治，这就开了以功能分化视角看待社会结构演化的先河，并成为现代"去中心"思想的鼻祖。但洛克把经济领域看成是政治的唯一环境，这抑制了其对现代政治理论可能做出的更大贡献。尤其是，洛克没有重视法律分化。虽然成长在具有悠久普通法传统的英国，而且柯克爵士与詹姆斯一世关于司法独立与政治治理的辩论也标志着法律自主性的形成，但是，洛克仍然没有赋予法律以自主沟通的独立地位。在其权力分立的学说中，他仍然把司法权看成行政权的一部分。卢曼认为，在自由放任资本主义早期，法律就开始走向自治，法律、经济与政治相互成为对方的环境，同时，法律通过宪法和议会立法与政治领域发生结构耦合，通过私法与经济领域发生结构耦合。即便如此，洛克的贡献仍然是前无古人的，正是洛克为公民社会语义的历史变轨给予了关键的推力。因为，在近代政治哲学中，洛克首次以财产权为基础严格区分了公／私领域，深刻发现了存在于政治领域之外独立自主的经济领域。

公民社会概念语义拐点的出现还要等到黑格尔历史哲学的降临，正是黑格尔把公民社会转换为市民社会（bürgerliche Gesellschaft），或者说从公领域转向私领域。黑格尔在看待人的属性上，以 Bürger（市民性）取代了 citoyen（公民性）。市民取代公民的结果，则是承认了资产阶级从事私人事务的相对独立领域，社会与国家发生分离。市民社会（civil society）不再具有政治性，市民在具有政治绝对性的国家之外取得了社会地位——或者说，从事民事活动的自由。黑格尔认为，市民社会基本等同于以劳动和分工为基础的资产阶级社会，是一个满足欲望和需求的体系，是通过契约连接起来的保障人身权和财产权的体系，大致对应于民法调整的私领域。[①]尽管市民社会以追逐私利为存在的理由，但在市民相互承认的契约关系中，依托同业公会和自治团体形成了一种超越个人的社会力量，这种力量的凝聚成为特殊的私人利益影响政治过程的一种表达机制。与此相较，国家则代表公共利益对各种特殊利益进行调整，是社会普遍意志的升华，具有高于私人领域的伦理至上性和统治正当性。黑格尔认为，市民社会所导致的分裂状态在普鲁士君主立宪制的"理性国家"中得到扬弃，他赞美国家"是自由的现实化，是地上的精神"。[②]用当代学者熟悉的方式来表述，那就是国家可以修正由于市场失灵所造成的混乱和压迫，实现真正的社会整合。

[①] 参见石元康："市民社会与民主"，载中国台湾殷海光基金会主编：《市民社会与民主的反思》，中国台北三民书局1998年版，第1—18页。

[②] 黑格尔：《法哲学原理》，范扬、张企泰译，商务印书馆1961年版，第217页。

可以看出，在黑格尔历史哲学中，市民社会的私领域性质得到了最为清晰的表达，为近现代 civil society 一词奠定了语义转折的新起点。从卢曼社会系统论看来，黑格尔对市民社会语义的转换既有革命性又有保守性。一方面，黑格尔使公/私领域的划分得到了稳定的界定，充分肯定了市民社会作为自足运行系统而具有相对于公领域的私领域性质，这等于是承认了政治国家之外的其他社会领域的功能分化，因此，黑格尔的市民社会概念具有语义变迁上的革命性；另一方面，黑格尔又贬低市民社会的伦理地位，认为市民社会的私人性及其服从欲望需求体系的必然性并不能让人们获得真正的自由，只有上升到国家层次，人们作为政治公民才能获得真正的自由和伦理完善。在卢曼社会系统论看来，黑格尔这种国家伦理品格高于市民社会的论断，仍然坚持了一种以部分代表整体的"中心观"。所以，从社会自我描述的彻底性来说，黑格尔的市民社会概念又具有语义上的保守性。

接下来，历史迈入了马克思在《黑格尔法哲学批判》《论犹太人问题》和《德意志意识形态》等著作中改造市民社会语义的时代。马克思在市民社会语义上对黑格尔既有继承又有颠覆，对后来的左翼思想家产生了重大影响。马克思认可了黑格尔关于市民社会具有私领域属性的判断，认为市民社会就是围绕市场机制组织工商活动的资产阶级社会，或者说布尔乔亚（bourgeoisie）社会，是一套基于物质生产活动建立的生产力和生产关系的总和。同时，马克思与黑格尔类似，看到了具有自主逻辑的自由资本主义运行体系隐含的缺陷，但比黑格尔更为激进的是，他认为资本主义生产体系制造了巨大的阶级裂痕和人的异化，形式平等的法律措辞掩盖了严重的剥削和不平等的实质。另外,马克思批判了黑格尔关于国家高于社会的政治伦理观,认为国家并不代表公共利益,国家不过是在社会中占统治地位的阶级操纵政治过程为其经济剥削服务的工具。马克思认为自己的政治经济学把黑格尔弄颠倒的关系重新颠倒过来,不是市民社会以政治国家为前提而是政治国家以市民社会为前提,正如恩格斯对马克思学说总结的那样,理解人类历史发展过程的钥匙不能在被黑格尔描述为"大厦之顶"的国家中去寻找,而应到被黑格尔所蔑视的市民社会中去寻找。①

马克思关于市民社会决定政治国家的思想,仍然在为社会的自我理解寻找中心,这个中心就是经济。从卢曼的系统论看来,在功能分化社会,某个功能系统在某段历史时期可能会居于主导地位,也就是说,相对于其他系统,可能会产生更大的社会影响,可能会导致更大的社会问题,但这并不能因此否定其他功能系统的自主性。马克思看到了经济系统在19世纪的资本主义社会中的强势地位,但是,当他把经济作为理解整个社会运行秘密的终极线索时,他就把所有的社会关系化约为经济关系了。政治和法律等上层建筑没有自己的自主性,最终都只有下降到作为经济基础的市民社会中才能得以解码。这样,马克思基于政治经济学分析之上的市民社会语义也就错位地描述了其所在时代社会结构的功能分化特征。

葛兰西(Antonio Gramsci)作为新马克思主义的代表人物,在其名著《狱中札记》中对马克思的市民社会语义进行了重大调整,他把市民社会与资产阶级文化领导权(cultural hegemony)等同起

---

① 《马克思恩格斯全集》,第16卷,人民出版社1964年版,第409页。

来。在葛兰西看来,马克思所谓的上层建筑应该重新被划分为两大领域,一个是"市民社会",即通常被称为民间社会组织的总和,另一个是"政治社会"或"国家"。他认为,市民社会对应着统治集团通过社会行使的"领导权"职能,而"政治社会"对应着通过国家和合法政府所行使的有组织的统治或管理职能。[①] 同时,葛兰西将市民社会想象为从事精神和智识活动的诸多民间组织,这明显受到黑格尔在市民社会与同业公会之间所建立的联系的影响。葛兰西不同于马克思和黑格尔的地方在于,他扩大了上层建筑的范围,认为上层建筑应该包含国家和市民社会两个维度,因而葛兰西的市民社会概念已经摆脱了与私领域的直接联系,具有了某些公领域的性质。关于国家和市民社会的关系,葛兰西有一个生动的比喻,他说,在稳定资本主义政治体系方面,国家不过是外在的堑壕,而市民社会才是背后强大的堡垒和工事。[②] 这样,葛兰西不但强调了作为上层建筑之一个维度的市民社会相对于经济基础的独立性,而且还认为在上层建筑中市民社会生产同意的功能区别于政治社会生产暴力的功能。因此,资产阶级的统治魔术就在于积极同意与制度化镇压之间的巧妙结合。市民社会生产同意的功能是指,统治阶级通过市民社会掌握文化领导权,通过意识形态辩护和文化活动肯定现有制度的合理性,向被统治阶级灌输世界观,争取到全社会对服务于统治阶级特殊利益的经济体系和政治体系的普遍同意,以此掩盖社会压迫和阶级剥削的实质。这样,市民社会作为相对自主的功能板

[①] 葛兰西:《狱中札记》,曹雷雨、姜丽、张跃译,中国社会科学出版社2000年版,第218页。

[②] 同上书,第191—194页。

块就为既存生产体系和政治模式夯实了正当性基础，化解和抵御被统治阶级的攻击，整合了社会秩序。

可见，葛兰西改造了马克思的市民社会语义，市民社会不属于经济基础，而属于上层建筑。他所谓的市民社会不再等同于劳动生产和商品交换的经济活动领域，而主要落在了意识形态和文化领域。葛兰西并没有完全否定经济基础从归根结底的意义上决定上层建筑观点，因而与马克思之间保持着某种思想连续性，留下了"中心观"的遗迹，比如，他认为知识分子的言论表态是受到其经济地位的限制的。但是，葛兰西还是强调了市民社会作为文化领域和意识形态领域的相对独立性，反对把经济因素解释成为历史发展过程中唯一起作用的经济决定论。从卢曼功能分化的观点来看，葛兰西已经认识到文化领域所担负的功能独立性及其运行逻辑的自主性，市民社会不能轻易还原为经济关系。当然，葛兰西关于社会功能分化的观点仍然是朴素的，在他的市民社会语义中，意识形态和文化领域内部仍然是一个未经分化的浑然整体，而且与政治领域之间也还保持着某种捍卫现有秩序的功能同一性。

无论是晚期资本主义的批判者还是辩护者，都延续了葛兰西开辟的市民社会语义的新传统。霍克海姆与阿多诺对于晚期资本主义"文化工业"的批判，正是吸收了葛兰西关于市民社会作为意识形态辩护枢纽的观点；而帕森斯关于通过社团、协会等社会共同体（social community）的文化价值制度化机制实现社会整合、维护社会秩序的思想，也可以在葛兰西以民间组织为主要成分的市民社会语义中找到理论资源。哈贝马斯作为法兰克福学派第二代掌门人，综合了霍克海姆与阿多诺的"文化工业"批判与帕森斯的社会共同体理论,在公民社会的历史语义脉络中讨论了公共领域的结构转型以及如何重启生活世界门帷的话题。①

哈贝马斯在《公共领域的结构转型》一书序言中申明,该书的核心问题是"对市民社会的重新发现"。②哈贝马斯认为早期资本主义的社会结构包括两个部分:一是私人自主领域;二是公共权力领域(国家)。哈贝马斯认为作为私人自主领域的市民社会又包括两部分:以资本主义产权关系和交换关系为基础的市场体系;由私人精神文化活动形成的独立于政治国家的公共领域(offentlichkeit)。资本主义市场体系由商品、劳动力和资本的生产和交换机制构成,而公共领域则包括教会、文化团体、独立传媒、论坛、职业团体、党派、工会等不受国家干预的精神文化活动领域。③公共领域存在于市场和国家之间,维护扎根于市场体系之中的私人利益,同时又代表私人利益参与公共事务的议论,对国家运用公权力的活动进行限制和批评。公共领域的这种居间性质既保卫了基于商品交换关系之上的私人自主性不受国家恣意侵害,又发挥着为资产阶级政治国家输送统治正当性的管道功能。因此,公共领域一方面属于私人之间的联合,又因为参与公共事务而获得政治属性。可以看出,哈贝马斯关于市民社会的讨论受到两支市民社会语义传统的影响:一为黑格尔和马克思所强调的经济意义上的近代市民社会语义传统;二

---

① J. L. Cohen and A. Arato, *Civil Society and Political Theory*, Cambridge: The MIT Press, 1992, Ch. 5.

② 哈贝马斯:《公共领域的结构转型》,曹卫东译,上海译林出版社1999年版,序言。

③ 同上书,第29页。

为葛兰西所强调的文化意义上的市民社会语义传统。[①]

哈贝马斯认为，与早期资本主义相比，晚期资本主义出现了两种结构性变化：在经济领域，垄断资本和寡头企业控制了要素市场和定价机制，资本主义国家大规模地介入到经济过程，实施普遍而深入的干预和管制；在文化领域，资本主义国家极力把各种民间组织和文化社团吸纳到政治治理框架中，公共领域由此发生了结构与功能转型。公共领域从前作为中介公共权力与市民社会关系的纽带，如今却附着于国家机体，成为所谓的"伪公共领域"。结果，原本属于私人的经济活动失去私人性质而成为"公共事务"，而原本属于私人联合的公共领域也逐渐沦为资本主义国家统治正当性的论证工具。这种国家与社会边界消失并相互融合的现象，被哈贝马斯称为"国家的社会化"和"社会的国家化"。

在指出公共领域的衰落以后，哈贝马斯着手建构一种具有强烈规范色彩的"生活世界"理想。在《沟通行动理论》一书中，哈贝马斯提出了"系统"与"生活世界"的分析框架。系统包括金钱系统和权力系统，是以工具理性为基础的程序性沟通机制，生活世界则是以沟通理性为基础的文化生活领域。进入晚期资本主义后，由于金钱系统和权力系统的过度扩张，工具理性扭曲了生活世界，造成了晚期资本主义的经济危机、合理性危机和正当性危机。为了抵御金钱和权力对生活世界的吞噬，哈贝马斯提出了重建生活世界的理想，期望通过构筑一种平等、自由、真诚的程序性商谈伦理，使人类

[①] 关于影响哈贝马斯的两个传统，参见李佃来："古典市民社会理念的历史流变及其影响"，载《武汉大学学报（人文科学版）》2007年第5期。

重返自我把握命运的生活世界。所以，在哈贝马斯的后期著述中，整个社会被区分为两个部分，一是以金钱和权力为媒介的经济系统和政治系统，二是以语言为媒介的文化生活领域。[1]

卢曼认为，哈贝马斯所谓"晚期资本主义"，不过是对现代功能分化社会的片面刻画。针对哈贝马斯关于晚期资本主义"国家的社会化"和"社会的国家化"而迈向国家与社会相互融合的观点，卢曼的批评是，哈贝马斯错误运用了国家/社会的区分去描述功能分化的社会结构。在17世纪，西方社会进入功能分化社会阶段，经过19世纪后期的社会变迁，各个功能子系统进一步获得了内部的复杂性和自主性，同时，系统之间的相互依赖性也增加了。这种社会子系统之间在进一步功能分化的同时又加强了相互依赖的悖论特征，只能用系统间的结构耦合来描述，而不是哈贝马斯所谓的国家与社会的"融合"。

哈贝马斯关于现代西方社会结构所提出的"经济—政治—生活世界"三分法，把整个社会结构的正当性奠基于具有公民社会属性的生活世界，这种分析框架在卢曼社会系统论看来仍然没有摆脱传统"中心论"的观察窠臼。无论是对公共领域结构转型的判断，还是期望通过重建生活世界以转动晚期资本主义的自我反思和自我批判机制，都是因为哈贝马斯希望避开社会功能分化所造成的韦伯意义上的"铁笼"，而直接切入到未经"系统"污染的具有伦理至上性的日常生活领域。相对于社会结构一元化和二元化，哈贝马斯

---

[1] 在20世纪90年代，这种经济、政治、文化的三分法被美国学者柯亨和阿拉托所吸收，成为其分析市民社会的基本框架，参见 J. L. Cohen and A. Arato, *Civil Society and Political Theory*, Cambridge: The MIT Press, 1992, Ch. 5。

的社会结构"三分法"确认了作为精神文化活动领域的生活世界在经济和政治领域之外的自治性和独立性，这在某种程度上肯定了社会结构的分化特征。但是，由于其对生活世界凌驾于经济和政治之上的伦理至上性的强调，哈贝马斯的社会结构三分法并非卢曼社会理论意义上的功能分化。当哈贝马斯抬高生活世界作为社会基础正当性的源头并贬低经济和政治的伦理地位时，其实还是运用了"上/下"的旧式区分，因而对应的仍然是分层社会的自我描述形式。卢曼认为，作为运用日常语言的生活世界，在现代社会已经碎片化和边缘化，完全无力成为控制经济和政治正当性的上游领域。因此，并不存在哈贝马斯所谓以语言的先验普遍性为基础的田园牧歌式的沟通共同体，因而也就不存在哈贝马斯意义上作为表达社会"同一性"和实现社会团结的公共领域或生活世界。那种没有强制和压迫的、基于政治平等和表达自由之上的、以达成共识为目标的理想辩论图景，其实是在一种思古幽情左右下为治疗现代社会疾病而开出的空洞处方。这种寄希望于"共同体"的社会整合力量去对付"社会"系统分化所造成的缺陷的社会处方，其实还没有逃出腾尼斯关于共同体与社会的区分模式，也没有走出涂尔干和帕森斯社会理论中通过社会心灵以及核心价值观实现社会自我控制的"中心观"老路。

卢曼的社会功能分化理论是对哈贝马斯公共领域和生活世界的解构，因此也是对公民社会语义在当代最高存在形式的解构。[①]

---

① 作为哈贝马斯理论资源之一的阿伦特关于公共领域理论也因此被卢曼解构了。如果说哈贝马斯的社会解构三分法已经在很大程度上接受了社会功能分化理论，那么阿伦特对当代社会的理解则更加靠近亚里士多德的古典共和主义，她关于劳动（labor）、

卢曼认为，在现代社会，已经不存在一个能够贯穿全社会的沟通领域，无论是冠之以公民社会、公共领域还是生活世界，这个领域其实本身已经发生了功能分化。换句话说，即便还可以把现代社会的文化和精神活动领域称为公民社会，但是，这个领域已经不再具有哈贝马斯社会整合意义上的伦理至上性。"公民社会"已经非中心化，分化为法律、宗教、艺术、媒介、教育等社会子系统，这些社会子系统与经济系统、政治系统一样，具有各自的沟通代码与沟通纲要，系统之间虽然存在结构耦合但却不可相互还原和通约。这样，一个被哈贝马斯寄托希望的公民社会，一股被其想象为社会"中心"的、能够击穿经济和政治系统铁笼的社会整合力量，其本身不过是由相互无法直接转译的、具有功能自主性的社会诸子系统所构成的去中心的意义网络。

依此，公民社会的传统语义及其内含的社会整合理念被卢曼的社会系统论彻底解构了。与"公民社会"相比，"功能分化社会"是对现代社会更为准确的自我描述，现代社会的整合机制不再是公民社会语义下的社会整合，而只能是功能分化社会语义下的系统整合。

工作（work）和行动（action）的区分，其实是把劳动和工作完全矮化和边缘化，而仅仅承认政治活动才是有意义的人类活动，阿伦特在这里几乎完全继承了希腊古典共和主义传统中关于自由的理解，即以政治活动这个"部分"代替了人类生活意义与自由的"整体"。参见 Hannah Arendt, *The Human Condition*, The University of Chicago Press, 1998, pp.7—9。

附录 2

超越"错误法社会学"[*]

泮伟江

一、导言

关于法社会学研究，恐怕没有人会对如下的定义表示异议：法社会学研究是将法律当作"社会事实"进行的研究。许多人在理解这个定义时，往往都将"社会事实"理解成某种"如其所是"（what there is）地预先存在的事实。因此，法社会学研究的任务，就是将此种预先存在的事实客观地描述出来。社会事实本身的性质决定了社会学研究采用的概念与方法。早期的法社会学正是在此种社会学思想的刺激下产生的，因此它尤其注重区分"规范意义的法"与"事实意义的法"，并在此基础上对那些无法体现在人们日常行动中而仅仅是"写在纸面上的法"进行了无情而又尖刻的揭露和嘲讽。[①]

---

[*] 本文原载于《中外法学》2019 年第 1 期。

[①] 对此，可以参见柏林工业大学社会学所舍费尔教授的总结与分析：〔德〕因格·舒尔茨·舍费尔："作为法社会学研究客体的法教义学：'带有更多法学元素的'法社会学"，张福广译，载李昊、明辉主编：《北航法律评论》（第 6 辑），法律出版社 2015 年版，第 177—206 页。

然而，法社会学要成为一门严格的科学，就不能仅仅局限于对某些法律之不具社会实效性进行揭露与批评，它还必须从正面描述和说明，法社会学视野中的法律究竟是什么，它的内部运作结构是什么，它与社会之间的关系又是什么。对出错和扭曲时候之法律是什么的观察和描述，并不能取代对处于正常运作状态的法律是什么的观察和描述。对作为真正科学的法社会学研究来说，后者具有远比前者更大的重要性。然而，恰恰在正面描述作为一种规范而存在的社会事实方面，传统法社会学遭遇了各种各样的方法论困难。传统法社会学一直无法在方法论层面发明合适的工具，对作为一种"规范"存在的法律进行正面的描述，而只能在某些法律规范难以贯彻在人们日常生活的行动的情况予以揭示。[1] 就此而言，社会构成学派在批评曼海姆的知识社会学时提出的"错误社会学"概念也适用于传统法社会学的研究。所谓的错误社会学，主要是指知识社会学往往"只有在必须对非理性或者非逻辑观点的产生做出解释的地方才将社会原因考虑进来"，却无法"当一种观点与一种理论的内在逻辑理性而有效地相契合时"，对作为社会事实存在的知识生产机制做出社会学描述。此种类型的知识社会学因此"就沦为了一种揭露或者也仅仅是确认社会思想扭曲的社会学"。[2] 类似的，将传统的以揭示规范与事实之偏离与分裂为己任的法社会学研究称之为"错误法社会学"，恐怕也并不为过。

---

[1] 〔德〕卢曼：《法社会学》，宾凯、赵春燕译，上海人民出版社2013年版，第39—43页。

[2] 〔德〕因格·舒尔茨·舍费尔："作为法社会学研究客体的法教义学：'带有更多法学元素的'法社会学"，第185页。

迄今为止主流法社会学研究的旨趣和成就仍停留在"错误法社会学"的研究层次。以本体实在论世界观为预设的传统社会学研究方法，无法在概念与方法层面对诸如"认知""规范"等类别的特殊社会事实做出有效的观察与描述。这是传统社会学理论在基本范畴与方法论层面的内在困境。显然，此种困难已深深地阻碍了法社会学研究对"法律"这种人类社会生活中最重要和基本的事实的研究进展。甚至这也深刻地影响了法社会学的学科地位——法社会学研究在法学与社会学两门学科中已然处于某种双重边缘的状态中。[1]法学的专业门槛高也不能成为借口，因为医学或者自然科学的专业门槛比法学高得多，至少作者听说过当代好几个从事自然科学研究的学者转行而成为法学家的例子，却几乎没有听说过当代的法学家转行成为科学家的例子。但医学社会学或者科学社会学的研究，都比法社会学研究要繁荣兴盛得多，也要卓有成效得多。

目前看来，早期社会学将"社会事实"看作是某种完全客观独立的，仅仅是有待于研究者去发现的"本体实在论"的观点是不恰当的。20世纪下半叶以来，建立在"预先给定世界"（vorgegebene Welt）假设基础上的社会科学研究方法论已经饱受质疑。例如，20世纪50年代智利生物学家马图拉纳等人通过著名的"青蛙实验"就表明，在青蛙视角中观察到的世界与我们人类视角中观察到的世界就存在着重大而实质性的差异。[2] 脱离观察者所依赖的特定观察

---

[1] 〔德〕卢曼：《法社会学》，第39—43页。

[2] J.Y.Lettvin, Humberto R.Maturana, W. S. McCuUoch, W.H. Pitts, "What the Frog's Eyes Tells the Frog's Brain", *Proceedings of Institute of Radio Engineers*, Vol.47, No.11,1959, pp.1940—1951.

视角与观察体系而谈论世界"如其所是"的客观性往往是不靠谱的。这就促使我们重新反思社会学的基本概念与基本方法论的问题,并将社会学研究的方法论基础放到一个完全相反的前提假设之上,即"无论是概念还是世界都不能被看作是给定的"。①

本文旨在介绍卢曼法社会学对相关问题的严肃探索与尝试。卢曼借鉴胡塞尔现象学理论,直面世界的"偶联性"与"复杂性"问题,重新反思了社会学研究对象的问题,不再将世界想象为一个"有待于去发现的给定实体",而是将世界理解成一个"偶联的",包含着无限复杂性的有待于去化约的复杂整体。在此基础上,卢曼将"意义"设定为社会学的基本范畴和基本概念,提供了一种全新的观察与描述社会世界的理论可能性。②

卢曼围绕"意义"的概念所构造的社会学方法论,一经提出,便在德国社会学界引发热烈而强大的反响与讨论。哈贝马斯与卢曼围绕该问题所展开的讨论,成了20世纪60年代德国社会学界最重要的一场争论,构成了德国社会学理论复兴的标志性事件,由此可见其重要性与影响之深远。③这样一套全新的社会学研究范式,也对法社会学研究产生了重大而深刻的影响。卢曼本人就用此种方法论范式,围绕法律的社会功能这个核心主题,发展出一套严格而系统的法律与社会共同演化的理论,对观察与描述现代法律系统

---

① Niklas Luhmann, "Sinn als Grundbegriff der Soziologie", in Jürgen Habermas/Niklas Lhumann, *Theorie der Gesellschaft oder Sozialtechnologie—Was Leistet die Systemforschung?*, 1 Aufl., 1971, S.25.

② Niklas Luhmann, "Sinn als Grundbegriff der Soziologie", S.26.

③ 〔德〕D.霍斯特:"是分析社会还是改造社会:哈贝马斯与卢曼之争",逸涵译,载《国外社会科学》2000年第3期,第73页。

的功能与内部结构等方面,均具有精彩而独到的贡献。①卢曼的法社会学理论,也可以为我们思考中国法社会学所面临的基本方法论问题提供重要的参考和借鉴。

二、重新界定法社会学研究的对象

卢曼对法社会学基本问题的思考,是从对法社会学研究对象的重新界定开始的。众所周知,社会学的学科创立,最初是受到了自然科学方法的刺激,强调自身实证研究的特性,认为社会学乃是对"社会事实"的经验性研究。通过对社会事实的强调,社会学就将自身与建构性的"社会契约论"传统区分开来。但同时,从这门学科创立伊始,关于什么是"社会事实"的问题,就充满了各种困难与争议。首先,作为社会学学科的创始人,涂尔干与韦伯都认识到,社会事实并不纯粹是人的"行为",否则社会学就陷入了"行为主义"的窠臼。同时,如果社会学的任务仅仅是收集大量个体行为的数据,并进行某种统计学的归类与总结,社会学就不过是统计学的某种应用。因此,社会学创立伊始,就认识到"社会事实"在一定程度上总是与行动的意义问题联系在一起的,而意义难免就涉及到人的主观精神世界问题。因此,涂尔干在界定社会事实时,强调"社会事实"拥有的"内在强制"的特征与属性。②这同时也带

---

① 卢曼法社会学著作主要包括:《作为制度的基本权利》(1965 年)、《通过程序的正当化》(1969 年)、《法社会学》(1972 年)、《法律系统与法律教义学》(1974 年)、《法律的分出》(1981 年)、《对法律的社会学观察》(1985 年)、《社会中的法》(1993 年)、《偶联性与法律》(2010 年),以及大量的论文。

② 参见〔法〕迪尔凯姆:《社会学方法的准则》,狄玉明译,商务印书馆 1995 年版,第 23—34 页。

来一个难题,即如何区分"社会的"与"心理的"之间的差异,或者说,社会学在何种意义上与心理学是统一的,在何种意义上又区别于心理学。这就涉及到社会学的第二个特征,即社会学更强调主体间性的特征。韦伯的社会行动概念,已经强烈地包含了主体间性的维度,[①] 西美尔的"社会几何学"则突出"关系"的概念。[②] 但社会学研究对象并不仅仅是人与人之间的关系,因为关系具有高度的情境化特征,同时纯粹个人之间的关系,仍然无法构成抽象与宏观意义的"社会"。社会学也不是群体心理学。社会学不同于群体心理学之处在于,社会学意义的主体间性,并非源于主体本身,而是相对于主体而独立存在的。就此而言,社会学之所以能够独立于心理学,就在于"社会"具有某种相对于"个体"或者"群体"的独立性,否则社会学就很难独立于心理学,成为一门独立的学科。

社会学研究对象的这种难以界定性,对"法社会学"研究产生了难以估量的影响。当我们将"法律"界定为"社会学"研究的对象时,我们究竟指的是何种类型的社会事实?如果我们将社会学研究的对象界定为人的行动的话,那么法律似乎是某种引导或者约束个人行动的规则,因此并无法成为社会学研究的真正对象。[③] 就此而言,就像不存在着一门以"道德"为研究对象的"道德社会学"一样,也并不存在着"法律社会学",而仅仅存在着"受或者不受法律影响"的社会行动的社会学,也即研究行动是否受到了法律与

[①] 参见〔德〕韦伯:《经济与社会》(第1卷),阎克文译,上海世纪出版集团2010年版,第111—114页。

[②] 〔德〕西美尔:《社会学:关于社会化形式的研究》,林荣远译,华夏出版社2002年版,第16页。

[③] 〔德〕卢曼:《法社会学》,第39—43页。

规范影响的社会学研究。如此一来，社会研究变成了某种发挥"验证"性的技术工种。这毫无疑问是社会学的堕落，因为它不再关心"社会的构成"这个社会学原初与核心的问题。

借助于胡塞尔现象学的方法与成果，[①]卢曼对社会学研究对象的问题，做了非常精彩与出色的分析。现象学的精髓是"回到事实本身"，而回到事实本身的关键，则是通过"现象学还原"，发现那真正"本质直观"的"现象"（事实）。胡塞尔的现象学方法一方面并不认同将一切内容，例如数学、逻辑等问题的基础，都还原到个人的心理体验之中，[②]同时，现象学也不认为科学与逻辑等问题是独立于人类的某种现成的东西。胡塞尔认为，一切纯粹科学的真正前提，一定还是会"涉及到它与主体的关系"问题，"而这个主体是活在一个生活世界里的，与原本的生活情境是息息相关的"。[③]

从胡塞尔现象学的角度看，真正的科学，既不是脱离人的精神的纯粹的客观外在的物理学，也不是纯粹从人的个体主观心理出发的心理学，而必须是人与世界交往的现象学。这种既非心理学现象也非物理学现象的人与世界"打交道"过程中涌现出来的现象，就是现象学所强调的"事情本身"，它构成了包括心理学与物理学等一切科学的本源与基础。现象学的一切方法，都是用来直观此种"显现出来的现象"本身的。

---

① 关于胡塞尔现象学对卢曼的影响，参见 Armin Nassehi, "Luhmann und Husserl", in Oliver Jahraus, Armin Nassehi u.a. Hrsg., *Luhmann Handbuch: Leben-Werk-Wirkung*, 1 Aufl.,2012,S.13—18。

② 对此，可以参见胡塞尔《逻辑研究》第 1 卷的相关阐述：〔德〕胡塞尔：《逻辑研究》（第 1 卷），倪梁康译，上海译文出版社 1994 年版，第 163—167 页。

③ 张祥龙：《现象学导论七讲：从原著阐发原意》（修订新版），中国人民大学出版社 2011 年版，第 24 页。

举个例子来说，如果从传统的社会学方法论的立场来看，人们也许会说"天是蓝的"，或者更学术化地说，"天如其所是地是蓝的"。此种判断和观察的问题是，它隐藏了"观察者的位置"。所以，根据胡塞尔现象学的方法论，更准确的说法应该是"我看见天是蓝的"，或者更严格的说法是"那叫作天的东西呈现在我意识中是蓝色的"。这个时候，"天"并非是完全独立于我的意识之外的、某种"如其所是"的对象，而是在我的意识与"意向对象"共同作用下，在我的意识中涌现出来的东西。观察者与观察对象共同建构起了现象世界。所以，"现象学排除一切独断和设定，只认可在意识中所呈现的东西并进而描述呈现之物在意识中的呈现方式以及意识在呈现之物得以呈现过程中的作用和机制。"[1] 简单地说，意识并无法在独立于意识之外的世界与意识所认识的世界之间做出明确的区分。这与乔治·斯宾塞-布朗由运作而产生的形式理论是一致的，[2] 所谓的外在现象和内在自我的区分，其实不过是意识内部所做出的一种指涉而已。现象与意识的区分，本质上不过就是意识内部所做出的的自我指涉与异己指涉的区分。[3]

胡塞尔关于意识现象的此种构成理论，给了卢曼社会学研究很大的启发。显然，我们都同意社会学的观察对象是人。但社会学究竟观察人的哪些方面呢？传统的社会学往往将对人的观察理解成

---

[1] 方东红："意识与时间：胡塞尔的《内时间意识现象学》"，载《中华读书报》，2002年6月26日。

[2] Niklas Luhmann, *Die Neuzeitlichen Wissenschaft und die Phänomenologie*, 1 Aufl., 1996, S. 31.

[3] Niklas Luhmann, *Die Neuzeitlichen Wissenschaft und die Phänomenologie*, S. 34.

是对"人的外在行为"的观察，以区别于心理学对人的心理状态的观察。而胡塞尔的现象学则启示我们，人类的经验生活本质上就是人类的精神与世界遭遇，并且形成人类对世界认识的过程与结构。在此种人类经验现象生成的过程中，如果最后选择（即复杂性化约）形成的结果被归因为"环境"，则此种选择就是"体验"（erleben），如果最后选择形成的结果被归因为意识的运作，则此种选择就呈现为人类的"行动"（Handeln）。[①] 所以相对于人的行动而言，由人类意识与世界遭遇所涌现出来的"意识现象的结构"乃是更为"本真"的"现象本身"。任何行动，都必须被放到此种"经验的秩序形式"（也即意义）的基础和框架中，才能够被发现其真正的内涵。如果我们对人类意识现象世界的结构与形式缺乏理解，那么我们其实也就不能正确地观察和理解人类的行动。反过来，即便是雪花、餐具、财产、资本主义等，虽然并非人类的行动，但也有可能在意义的框架中显示出它的意义，从而成为社会学考察的对象。需要注意的是，社会学考察这些事物，并非是在本体论的意义上"如其所是"地对它们进行描述，而是考察它们在意义框架中呈现出来的意义关联性。[②] 例如，15英寸等雨线对于我们理解和考察中国历史上农耕文明与草原游牧文明而言，往往具有根本的重要性与关联性。

在此基础上，胡塞尔的理论进一步发展，将人与世界"打交道"的现象，进一步扩展到人与人互相"打交道"的本源性现象，从而提出了作为前科学阶段的"生活世界"的观念。[③] 胡塞尔在现象学

---

① Niklas Luhmann, "Sinn als Grundbegriff der Soziologie", S.77.
② 同上。
③ 参见〔德〕胡塞尔：《生活世界现象学》，倪梁康、张廷国译，上海译文出版社2002年版，第150—164、250—274页。

基础上发展出来的此种"生活世界"的理论,恰恰是卢曼法社会学思考的出发点。在卢曼看来,此种现象学意义的人与人之间打交道所显现出来的现象,同时构成了"心理学"与"社会学"的基础,甚至可以说,它构成了一切人文与社会科学的基础。用卢曼自己的话来说,这是一个"前心理学和前社会学的研究领域"。无论是对心理学还是对社会学而言,通过澄清这个研究领域的一些"基础性概念与机制",意义重大:"在这个领域中,为满足秩序需求而存在的法律的起源问题也可以得到澄清。同时,法律生产的结构和过程的基础也只能在这一领域中寻找"。[①]

由此带来的一个重大成果是,心理学与社会学构成了在这一现象学基础上成立的两个并列学科。或者说,心理系统与社会系统,虽然各自独立,但在这个"前心理学和前社会学的研究领域",二者又是统一的。我们马上就可以看到,此种统一性,是一种功能的统一性:也就是说,无论是心理系统还是社会系统,将它们放到此种"前心理学与前社会学"的研究领域观看的话,它们其实是在解决同一个问题。这就涉及到卢曼借助于胡塞尔现象学形成的第二个重要的洞见,那就是卢曼关于世界的复杂性与偶联性的理解。

三、意义与世界的复杂性和偶联性

卢曼关于意义、世界的复杂性与偶联性的理论,很大程度上受到了胡塞尔的发生现象学的刺激与启发,但同时又不局限于胡塞

[①] 〔德〕卢曼:《法社会学》,第70页。

尔的现象学理论。众所周知,胡塞尔的现象学研究发生过转折,其中可以大致分成两个阶段。其中第一阶段是静态的现象学(static phenomenology)研究阶段,着重揭示先验主体性的规则结构。"回到事实本身"就是这个阶段提炼的方法论准则。卢曼关于"前社会学与前心理学"研究阶段的考察,很大程度上就来自于胡塞尔静态现象学研究的启发。从《内时间意识现象学》[①]的考察开始,胡塞尔开拓了所谓的发生现象学(genetic phenomenology)研究阶段,着重处理意义的起源与发生的问题。[②] 卢曼关于意义的理解,与胡塞尔身前最后审定的一部集大成之作《经验与判断》[③]中的"经验的视域结构"理论有着非常密切的关系。[④] 在胡塞尔看来,任何的经验与认识活动,从最开始,就是处在"世界"之中的。需要再次强调的是,这种世界并非我们日常理解的那种已经给定的、外在于主观的、纯物理的外在世界,而是与我们"内在相关的、事先就潜在地隐含着你的知识的可能性的世界。"[⑤] 也就是说,在胡塞尔那里,世界就是一种"总是包含了进一步可能性的无限视域",[⑥] 因为视域总

[①] 参见〔德〕胡塞尔:《内时间意识现象学》,倪梁康译,商务印书馆2009年版,第51—131页。

[②] 参见倪梁康:"纵意向性:时间、发生、历史——胡塞尔对它们之间内在关联的理解",载《哲学分析》2010年第1卷第2期,第60—197页。

[③] 参见〔德〕胡塞尔:《经验与判断:逻辑系谱学研究》,邓晓芒、张廷国译,生活·读书·新知三联书店1996年版,第47—55页。

[④] Niklas Luhmann, *Soziale Systeme: Grundriß einer allgemeinen Theorie*, 4 Aufl.,1991,S.93.

[⑤] 张祥龙:《现象学导论七讲:从原著阐发原意》(修订新版),第176页。

[⑥] Niklas Luhmann, *Die Neuzeitlichen Wissenschaft und die Phänomenologie*, S.31.

是"对任何现成者的超出"。①

举个胡塞尔曾经举过的,也不断为现象学研究者所津津乐道的听音乐的例子,也许能够帮助我们更好地理解胡塞尔的发生现象学思想。当我们听音乐的时候,我们听到的是一段延续的美妙音乐。但如果只有外在的客观时间,那么实际上更符合所谓自然科学的"事实"应该是:在每一个具体的时间点,我们的听觉都能够"感知"到"一个声音",但这些"一个个声音"彼此应该是"彼此独立"的"声音",那么我们听到的应该是许多不同的声音的集合,而不是像我们感受到的是"抑扬顿挫的旋律"。② 我们之所以听到的是一段连续和美妙的音乐,而不是各种不同声音的断断续续的集合,主要就是因为内时间意识在发挥作用:

> 当一段音乐出现时,我们首先听到了一个音符 a,在现象学里这被称作是原印象,随后,"一个新的音符 x 进入我的感觉,这是新的被给予对象,它对应于我的意识中的新的当下,我可以有把握地说,'我眼下体验到的是 x'"。③ 但原先的音符 a 并没有消失,而是"滞留"下来,变成了音符 xa。一方面,音符 xa 不再是当下,但它也不是过去,仍然被包含在当下,因此"滞留"与"回忆"是很不同的。更进一步的,作为当下的对作为"过去之当下"的音符 x 的感知不但包含着对音符 xa 滞留的感知,同时也对"未来的当下"的音符 y 也保持着开放,因

---

① 张祥龙:《现象学导论七讲:从原著阐发原意》(修订新版),第179页。
② 方东红:"意识与时间:胡塞尔的《内时间意识现象学》"。
③ 同上。

为它预期了音符 y 的到来，胡塞尔称之为"前摄"。①

胡塞尔关于声音现象学的此种细致入微的区分表明，一个感知行动，并不仅仅包含着对当下出现之感知对象的感知，它事实上包含着"滞留"、"当下"和"前摄"三个时间维度的感知。如果我们仅仅用"实证主义"的眼光，看到当下出现的对象，而将"滞留"与"前摄"的维度排除在外，则我们并不能完整客观地把握"当下感知过程中涌现出来的现象世界"。因此，我们可以说，世界并非是当下现存事物的简单罗列，如果我们把观察者与他对世界的观察也包含在世界之中予以考察的话，则世界其实同时包含着"过去""现代"和"未来"三个维度，过去，作为"已发生的当下"，未来，作为"未来的当下"，都同时参与到了"当下世界"的建构之中。因此，我们必须发展出一种能够将三个时间维度都包含于其中的社会学方法论。由于未来的因素通过"期望"的方式介入到对当下世界的建构中，而预期同时又意味着"失望"的可能性，所以未来很可能以与"预期"不一致的方式带来，从而带来"惊讶"——这一点总是无法被排除的。"视域"的概念由此就被引入了发生现象学。

所谓的"意义"，就是胡塞尔所揭示的此种"人类经验的秩序形式"。如卢曼所说，意义就是"当下正被实现者与可能的视域之区分，每一个正实现者总是导向与此相关之可能性的可见化"。② 意义的特性就是它的不稳定性，即每一个当下正被实现的，都无法持

---

① 方东红："意识与时间：胡塞尔的《内时间意识现象学》"。
② Niklas Luhmann, *Soziale Systeme: Grundriß einer allgemeinen Theorie*, S.100.

久永存,而只能是通过关联即将到来的诸种可能性,才能够真正获得真正的意义。[1] 所以,卢曼给意义做了如下定义:

> "所谓有意义这件事指,一旦任何一个当下逐渐消逝,稀释,因自身的不稳定性而放弃实在性,可连接的某个可能性能够并且必须被当作紧接着的实在性而被选择,实在性与可能性的区分允许一种时间上相替换的运作,并且因此形成一种各自围绕着诸可能性指引的实在性的过程化。因此,作为一种自我推进(通过系统而可被条件化)的过程,意义是实在化与可见化,以及再实在化与再可见化的统一。"[2]

胡塞尔在发生现象学中所做的此种关于"意义"的起源与发生过程的现象学考察,尤其是胡塞尔关于"经验的视域结构"的描述,给了卢曼极大的刺激与启发。在卢曼看来,胡塞尔的意识现象学最大的启示在于,它指出了,任何的经验的实在性都以"它的其他可能性的超验性"的存在为前提。也就是说,特定时刻充溢于经验之中的"既定经验内容",必然不可避免地指向此时尚未实现的,但却是超越自身的某些其他的内容。我们可以将其称作是"自我超越的指涉"或"经验固有的超验性",它构成了经验得以可能的条件。[3] 简单地说,一旦我们将观察者与观察对象同时纳入考察范围,这就

---

[1] Niklas Luhmann, *Soziale Systeme: Grundriß einer allgemeinen Theorie*, S.100.

[2] 同上。

[3] Niklas Luhmann, "Sinn als Grundbegriff der Soziologie", S.31.

意味着,我们所处的世界,尤其是社会世界,并非是一堆"死"的"物体"的静态的罗列,而是无时无刻地发生着变化和流动的现象世界。这就好像我们观察某个人时,不但他当下的表现,而且他过去的表现,以及他对未来的期望,都需要被包含进我对他的观察之中。

这是胡塞尔对卢曼理论特别有启发的部分。卢曼也有不同意胡塞尔的部分。例如,胡塞尔的现象学是一种"超验现象学",其超验性主要体现在它预设了"超验主体"的存在。因此,胡塞尔的超验现象学虽然很有启发性,但它对意义的理解仍然是"参照主体来澄清意义的概念,并通过主观意图来定义意义"。① 这给社会学研究设置了根本性的困难,即便胡塞尔自身的"生活世界"概念,也很难彻底克服此种"作为孤独个体"之"超验主体"所带来的困难。胡塞尔超验主体现象学因此存在着许多内在的困境与自相矛盾之处。②

卢曼采取的理论策略是,用更高分化性的分析工具替代了主体,在这种理论分析工作中,功能与系统的概念扮演了非常特殊的角色。③ 在此基础上,卢曼关于意义的分析,就超越了胡塞尔先验现象学的层次,变成了一种以问题为导向的功能分析的理论。④ 此种理论策略首先分析意义的功能,随后便可以发现,此功能的满足预设了意义构成系统(meaning-constituting system)的存在。此种意义构成系统本质上乃是一种"意义综合体",既可以指心理系统

---

① Niklas Luhmann, "Sinn als Grundbegriff der Soziologie", S.26.
② Niklas Luhmann, "Sinn als Grundbegriff der Soziologie", S.26—28.
③ Niklas Luhmann, "Sinn als Grundbegriff der Soziologie", S.28.
④ Niklas Luhmann, *Soziale Systeme: Grundriß einer allgemeinen Theorie*, S.94.

（这部分是胡塞尔超验现象学着重研究的），同时也可以指社会系统（这部分是卢曼的社会系统理论着重研究的）。

如此一来，不但"心理学"与"社会学"在一种"前心理学与前社会学的统一基础上"统一起来，同时"心理系统"与"社会系统"，甚至"生理系统"，都在一个具有更高抽象层次的"自创生系统"中统一起来。卢曼因此也对胡塞尔的超验现象学提出了批评。卢曼尤其批评了胡塞尔1935年5月7日以77岁高龄在"维也纳演讲"中关于"欧洲科学危机"的论断，指出第二次世界大战后自然科学的发展并未追随胡塞尔对科技的批评，现代技术已与胡塞尔当年的理解完全不同，尤其是20世纪50年代控制论、信息论和系统论等交叉学科研究，在一个更高的抽象层次上解释和说明了胡塞尔意识现象学研究的许多成果，例如胡塞尔对"意识的运作性"与"意识运作的基础结构"的揭示，同时也超越和突破了胡塞尔"超验主体"的研究范围，从而使得胡塞尔的超验意识现象学变成了"自创生系统理论"的一个特例。[1]

例如，卢曼认为现象学与控制论（cybernetic）就可以在更抽象的层次统一起来。类似于胡塞尔现象学中意识/现象的二元结构及其关联的根本性，控制论将自我指涉/异己指涉的区分及其关联看作是根本的。在控制论中，自我指涉主要是指系统的反馈回路（feedback loop），而异己指涉则主要指"目标导向的行为"（goal-oriented behavior）。系统的运作则被看作是一种递归性的信息处理

---

[1] 尤其注意该文第四节用斯宾塞-布朗的区分理论来重构胡塞尔的意识现象学，并将胡塞尔现象学与控制论所做的比较。参见 Niklas Luhmann, *Die Neuzeitlichen Wissenschaft und die Phänomenologie*, S.29—40。

的过程。由此时间因素被导入系统的运作之中,从而形成系统运作中过去(记忆)与未来(在区分两侧震荡的可能性)的维度。[1] 这就意味着,系统只能通过自我指涉性的运作,形成对"世界"的认识(异己指涉)。也就是说,系统并不能在"如其所是存在的世界"与"系统所认识的世界"之间做出区分。[2]

综合卢曼对胡塞尔意识现象学的继受与批评,我们可以说,胡塞尔意识现象学对我们理解意义系统最大的启示是,它揭示了所谓的"实在",其实不过是意识系统运作的结果,而意识系统的运作,本质上乃是一种区分的形式,即实在/潜在的区分与标示。所谓"回到现象本身",并非是回到某种客观的和给定的"实在本身",而是回到意义系统(在胡塞尔那里是意识系统)之运作及其超验基础本身,因此,现象学的洞察力并非是"透过现象看本质",而是告诉我们,"实在本身就是意识运作的一部分,作为意识的意识,也即,意识到意识运作的意识"。[3]

由此可见,"经验自我负担其他可能性展示了偶联性与复杂性的双重结构"。[4] 由于任何经验的过程,都在已经实现的认识之外,还包含着视域,也就是其他经验与认知的可能性,因此,世界是复杂的。而由于经验的过程总是动态的,因此一个经验的过程,总是

---

[1] Niklas Luhmann, *Die Neuzeitlichen Wissenschaft und die Phänomenologie*, S.40.

[2] Niklas Luhmann, *Die Neuzeitlichen Wissenschaft und die Phänomenologie*, S.41.

[3] Niklas Luhmann, *Die Neuzeitlichen Wissenschaft und die Phänomenologie*, S.32.

[4] Niklas Luhmann, "Sinn als Grundbegriff der Soziologie", S.32.

伴随着下一个经验的过程。"在即将到来的下一步体验中，被指向的可能性总是有可能与期望中的可能性不一致"，[1]这就是卢曼所理解的偶联性。所谓的偶联性，就是既非必然，又非完全不可能的中间状态，某种根本的"非决定性"(indeterminateness)。由于经验的过程总是动态的和不断进行的，而世界又是复杂的，所以就存在着被迫在各种可能性中进行选择的强迫性。而由于偶联性的存在，则选择就有可能会遭遇到"失望"的风险。

此种"意义"概念对于社会学研究的重要性，主要体现在，它揭示了人类经验秩序的内在结构，从而防止或者说克服了旧社会学自身难以克服的痼疾，即"将世界收缩至特定的每一个行动决定经验的意识内容"。[2]同时，卢曼也进一步指出，关于意义系统运作过程和结构的说明，也表明人类经验秩序中拥有的"特定的否定能力"的重要性。因为，任何一种意义过程和结构中呈现出来的"实在性"，都是通过对伴随而生的"其他可能性"的否定而实现的。尽管如此，否定同样也可以被运用到自身，从而实现"否定之否定"。这意味着，在意义过程的某一刻中，虽然其他可能性被暂时地否定了，但它并没有消失，而是作为资源被储存了起来，因为"否定之否定"的存在，也有可能对这些暂时被否定的其他可能性予以重新激活，并使其成为另外一个时刻的现实。这就是"否定的反身性"。[3]

否定的反身性同时又依赖和支持普遍化，即某一刻对某种可能性的肯定（即使之"实在化"）同时也意味着对所有其他可能性的普

---

[1] 〔德〕卢曼：《法社会学》，第71页。
[2] Niklas Luhmann, "Sinn als Grundbegriff der Soziologie", S.34.
[3] Niklas Luhmann, "Sinn als Grundbegriff der Soziologie", S.35—39.

遍否定。这意味着，肯定与否定一并地参与到了对经验实在之确定的界定与支持之中。①

这就给社会学重新理解"经验"概念提供了全新的可能性与方法论根据。在主流的社会学研究传统中，经验被看作是某种本体论式的既存实在，因此可以用数据和证据予以证实与验证。但是，如果我们将意义作为社会学的基本概念，并在意义概念所规定的范畴中理解经验，则经验不过是一种不断进行的对意义构成的实在的重新建构的过程，也就是说，被经验的实在性本身必须被放到暂时被否定的诸多其他未被实现的可能性的视域之中，才能够被理解。因此，意义是正在进行中的经验性过程的前提条件。②

因此，社会学就必须脱离主体概念的框架，将"可能性客观化"，从而使得可能性"在事情本身中被看到"。③也就是说，"世界必须被并非从任何特定的视角出发地秩序化，但仍然以一种方式使得我的经验中下一个视角的选择不用承担过度的困难，甚至被建议给我"。④这就使得意义显现为"可能性之复杂性的同一性"。⑤卢曼指出，同一性的意义可以承担化约经验复杂性的功能，通过否定的分化，使得世界呈现为多个互相独立的经验维度，即事实的维度、时间的维度和社会的维度。⑥所谓事实的维度，就是通过否定的方

---

① Niklas Luhmann, "Sinn als Grundbegriff der Soziologie", S.35—36.
② Niklas Luhmann, "Sinn als Grundbegriff der Soziologie", S.31.
③ Niklas Luhmann, "Sinn als Grundbegriff der Soziologie", S.47.
④ 同上。
⑤ Niklas Luhmann, "Sinn als Grundbegriff der Soziologie", S.48.
⑥ 同上。

式,确认是此物而非彼物。① 所谓社会的维度,主要是指不同经验主体相互之间的非同一性,也即不同视角之间的可交换性。② 而时间的维度则是经验主体之间的经验的同步性,即"没有人能穿越到他人的过去或未来",因此就可以确保"所有的可能性存在于未来而非过去——而这对所有人都是可能的"。③ 由于伴随着实在的未被实现的诸多可能性在共同的未来是有可能会变成现实的,因此又导致了面向未来的期望的问题,以及预期失望后产生的失望问题,以及在失望的情形下学习或者不学习等一系列问题。

四、作为一致性一般化的规范性行为预期的法律

卢曼通过借鉴与超越胡塞尔意识现象学的洞见与成果,围绕着"意义"概念所发展出来的一整套概念与方法论系统,为在一种全新的视野下观察作为"复杂巨系统"而存在的现代法律系统提供了全新的可能性。我们下面就结合卢曼法社会学研究的相关成果,对此予以概要的介绍。

如上所述,在社会生活世界中,意义被分成了三个维度:事物维度、时间维度、社会维度。事物的维度,对应着胡塞尔现象学的意向性的概念,也就是说,当我们与世界打交道时,在我和世界之中所喷涌出来的诸种"现象"并不是空的,而是"意有所指"的,有

---

① Niklas Luhmann, "Sinn als Grundbegriff der Soziologie", S.48—50.
② Niklas Luhmann, "Sinn als Grundbegriff der Soziologie", S.51—53.
③ Niklas Luhmann, "Sinn als Grundbegriff der Soziologie", S.55.

意向性的;[①] 时间的维度则意味着,我们的经验永远是动态的,是一个经验紧接着下一个经验的,因此也是一个选择紧接着下一个选择的。每一个选择都面临着由视域构成的多种可能性,当一个选择完成时,紧接着下一个选择同样面临着多个选择的可能性;[②] 意义的社会维度则意味着,由于自我与他我同时存在,而自我与他我的诸种期望,不但无法同时得到满足,甚至有可能是相互冲突的。自我期望的满足,很可能意味着他我期望的失落。因此意义的社会维度就意味着在诸多的期望可能性中进行区别对待,选择其中的某种期望,将其作为共识予以支持。

由于经验现象的意义构成,以及世界的复杂性与偶联性,经验与交往过程中的失望现象就在所难免。尤其需要指出的是,由于这是"前心理学"的阶段,因此"失望"也并非是一种"心理现象"(虽然它确实同时包含着心理现象),而是指做出选择时的"期望"与选择做出后的结果并不符合这一客观现象。[③] 当然,这里"期望"也并非仅仅是一种心理现象,而是在"前心理学"阶段做出选择时对选择结果的"预先估计"。由于人类概念认知大多数停留在心理学阶段,同时由于心理学与社会学都在"前心理学与前社会学"阶段被统一起来,而这个阶段是前概念化的阶段,因此不得不从心理学中借用某些具有统一性的概念。[④]

---

① Niklas Luhmann, *Soziale Systeme: Grundriß einer allgemeinen Theorie*, S.93.
② 同上。
③ 〔德〕卢曼:《法社会学》,第71页。
④ 参见 Niklas Luhmann, "Sinn als Grundbegriff der Soziologie", S.29; Niklas Luhmann, *Soziale Systeme: Grundriß einer allgemeinen Theorie*, S.93,尤其是卢曼在该页注释3中的说明与解释。许多学者,包括德国法社会学领域非常著名的学者,由于欠缺此种现

当然，在意义的社会维度中，由于双重偶联性问题的存在，失望的问题要比上述的情境还要复杂一些。[①] 在社会领域中，人们与之打交道的是另外一个主体，即他我。所以自我与他我在"打交道"过程中，是互相拥有期望的。更复杂的是，自我往往能够感知（或猜测）到他我对自我的期望，并且在此基础上来形成自我对他我的期望。反之亦然。如此一来，就形成了更为复杂的交往情境。例如，在《三国演义》中，诸葛亮就善于运用此种双重偶联性困境，通过伪装的方式引导或者强化他人对自己的期望，大打"空城计"，"死诸葛吓走活仲达"，几句话骂死王朗等等。我们日常生活中的大部分交往，其实都是在这种社会性的"期望的期望"的引导下进行的。而正如诸葛亮的例子中所揭示出来的，这种期望的期望，又隐含着相互欺骗，或者至少相互误解的可能性。同时，期望的预期背后，还可能隐藏着更深的对期望的期望的预期，对期望的预期的预期……。这就导致了交往过于复杂，以及交往负担过重的问题。[②]

为了解决这个问题，心理系统与社会系统也发展出了各自的解决方案。但正如卢曼指出的，人类"基于人类学的理由几乎无法改变的"处理复杂性的能力是"非常小"的。[③] 因此，处理复杂性的能

象学的眼光与训练，往往会困惑于这一点。例如，柏林自由大学法社会学教授 Hubert Rottleuthner 就曾经在一篇论文中表达了此种困惑。参见 Hubert Rottleuthner, "A Purified Sociology of Law: Niklas Luhmann on the Autonomy of the Legal System", *Law & Society Review*, Vol. 23, No. 5, 1989, p. 785。

① 关于"双重偶联性"问题更系统和全面的分析与阐述，参见泮伟江："双重偶联性与法律系统的生成：卢曼法社会学的基本问题结构"，载《中外法学》2014年第2期。

② 〔德〕卢曼：《法社会学》，第73—78页。

③ Niklas Luhmann, "Soziologie als Theorie Sozialer Systeme", in Niklas Luhmann, *Soziologische Aufklärung: Aufsätze zur Theorie sozialer Systeme*, 6 Aufl., 1991, S.113—136.

力就主要落在了社会系统的身上。在意义的不同维度上，社会系统都发展出各种各样的机制，"反事实地"实现人们规范性期望的稳定化。

在意义的时间维度上，社会系统主要是通过"认知性期望"与"规范性期望"的分化来实现的。面临失望，有两种选择的可能性。一种是坚持原先的期望，一种则是改变原先的期望。卢曼将能够随后改变的期望，称作是"认知性的期望"，而将不可改变，或者不予以改变的期望，称作是"规范性期望"。在卢曼看来，无论是"认知性期望"，还是"规范性期望"，它们要实现的功能都是一样的，那就是处理意义过程中的失望现象。人在世界中生活，如果接连不断地遭受失望，就会变得不可承受，无所适从。这就是秩序对人类生活而言的意义。而无论是"认知性期望"还是"规范性期望"，都可以在特定情况下帮助人们处理失望，从而重新建立起生活的秩序。就此而言，二者是"功能对等项"。①

当然，在面临失望时，究竟是优先适用认知性期望，还是规范性期望，这是与特定情境相关的。例如，我预期新聘用的秘书是一个年轻的金发美女，而当这位秘书出现在我面前时，却发现是一位相貌丑陋的老年妇女时，我可能会迅速改变原先的期望，而适应这个变化的情境。但是如果当我发现这位新秘书根本无法履行秘书的职责时，我就会坚持原来关于秘书工作能力的期望，而将这位秘书换掉。②

其次，在意义的社会维度，主要是通过将"各种期望依托于假

---

① 〔德〕卢曼：《法社会学》，第81页。
② 同上。

定的第三方的期望的期望"来实现,最后,在意义的事物维度,主要是通过"期望叠合体的同一化"来实现。当然,卢曼也指出这三个维度避免失望的处理,未必总是一致的,很多时候,它们也往往是互相阻碍和相互干扰的。而三个维度的期望结构的兼容性"建构了一个更为狭窄的行为预期选择,这些行为期望在时间性、社会性和事实性维度被一般化了,并因而享有突出的声誉"。卢曼就将此种"一致性—般化的规范性行为期望"定义为法律。[1]

综上所述,在卢曼看来,社会学研究的既不是自然的客观物体,也不是个人内在的心理现象,而是人与人之间打交道过程中自身涌现出现的现象与结构,即在运作上封闭,但在认知上开放的,具有自创生性质的,作为意义结构而存在的社会系统。在此种法社会学视野中,规范本身是一种特定性质的期望,因此也可以被作为"事实"而存在。因此,与规范相对的概念并非是事实,而是认知。由旧的主体哲学所划分的"规范与现实"的鸿沟被打破了,规范作为社会学的对象也成为可能。

这就使得我们得以从功能的角度对法律进行观察,从而使观察作为一种社会结构而存在的"法律"成为可能。尤其值得注意的是,此种现象学视野下的法律,并非某个特定的法律规范或者条文,而是某种现象学意义的人类经验结构。我们因此就获得从整体上考察法律与社会关系的可能性。我们因此可以明确地认识到,无论是在原始社会还是现代社会,只要世界是复杂的,则选择的压力就必然存在,而意义的偶联性也难以避免,期望的失望也必然存在。在

---

[1] 〔德〕卢曼:《法社会学》,第100—134页。

处理期望的失望时,只要规范性预期与认知性预期得以稳定地分化,就必然存在法律。当然,由于社会结构面临着的复杂性压力是不同的,因此不同社会中的法律当然是有区别的。尤其是,当社会所面临的复杂性压力增强时,法律与社会也必然随之发生演化。因此,一种法的演化理论成为可能。

五、卢曼法社会学理论的贡献与启示

当前中国的法律正处于前所未有的大转型的过程之中,中国法律的转型乃是中国社会转型的重要部分。中国已经进入一种超大规模的陌生人群治理的新阶段。由于中国的超大规模的体量,即便是放在整个人类历史演化的视野中,这也是一个影响深远的大事件。[①] 这对一种基于中国现实的法社会学研究的理论与实践提供了千载难逢的机遇,同时也在基本概念、基本范畴和基本方法论层面提出了更高的创新要求。

卢曼不满足于以再解释、再建构和综合"古典"社会学理论为己任,综合胡塞尔的意识现象学与20世纪40年代以来发展出来的一般系统理论、控制论、生物认识论和信息理论,将"意义"概念作为社会学研究的基本范畴,并在此基础上推陈出新,提出了一套全新的社会学理论范式,[②] 这为中国法社会学的复兴与发展,提供了非

[①] 参见泮伟江:《当代中国法治的分析与建构》(修订版),中国法制出版社2017年版,第120—123页。

[②] Niklas luhmann and Stephan Fuchs, "Tautology and Paradox in the Self-Descriptions of Modern Society", *Sociological Theory*, Vol.6, No.1, 1988, p.21.

常重要的理论资源与刺激。

例如，此种以意义为基本范畴的法社会学研究，就超越了规范与事实两分的逻辑，从而突破了"错误社会学"的窠臼：它从意义系统的角度观察人的行动期望，从而发现了行动期望中潜藏的失望可能性，以及在面对失望时的两种选择可能性：改变期望或者维持期望。能够被改变的期望，就被界定为是认知的，而被维持的期望就被看作是规范的。如此一来，规范／事实的区分，被改造成规范／认知的区分，从而就使得"规范"作为一种事实被观察成为可能。

对于中国的法社会学研究来说，卢曼法社会学研究的另外一个借鉴意义也许在于，它启发我们在观察与分析转型时期的法律事实时，必须首先去勘定该事实所身处的特定的意义构成系统是什么，从而通过将该特定当下的事实与其伴随而生的视域中的被否定的（但并未被彻底删除的）其他可能性联系起来进行观察与界定。如果我们不能首先检测与勘定作为"社会事实"之"实在性"前提的此种意义系统，那么我们所收集的所有的所谓的事实或数据，其实都是死的，也是毫无用处的。

另外，卢曼以意义为基本范畴的法社会学理论，重新改变了我们观察"社会事实"的角度与方法论工具，从而使得社会事实不再在本体实在论的意义被观察，而被置入一种特殊的时间结构和演化的逻辑被观察。卢曼尤其指出，任何"实在性"本质上都是"当下"的实在性，而任何的"当下实在性"其实都必须通过澄清作为其前提的"意义结构"才能够真正被观察与描述。因为此种当下实在性，本质上是通过对同时存在的其他潜在可能性的否定才被确立起来的。这些被否定的其他可能性虽然在当下被否定，但并没有因此消失，在共同的未来之中，它仍然可能通过"否定之否定"重新变成"未来之当下"的实在性。

卢曼以意义为基本单位与基本范畴的此种法社会学理论，使得我们可以突破实证主义的束缚，从而将法律放到一种演化的过程中进行观察成为可能。卢曼关于"心理系统"与"社会系统"在"前心理学与前社会学"的阶段的统一，使得二者之间的内在一致性，超越了类比的阶段，而达到了严格科学的程度。在此基础上，卢曼进一步揭示了生物系统、心理系统与社会系统，这三者也可以在一个更高与更抽象的层次上统一起来的。社会系统与心理系统，都是作为意义系统而存在的。借助于"自创生"的概念，卢曼后来进一步指出，生物的自创生与意义系统的自创生，二者在原理层面是一致的，因此不过是"自创生"的两种不同的表现形式而已。① 这就解决了社会演化与生物演化的一致性问题，从而使得生物演化的公式"变异—选择—稳定化"在一个更高的抽象程度上同时适用到社会与生物的层次。② 因此，毫不奇怪，卢曼任何一个法社会学论文或著作，都会花费大量的篇幅讨论法律演化的历史，并着重从法律与社会共同演化的历史过程阐明法律是如何演化到我们今天所观

---

① Niklas Luhmann, *Soziale Systeme: Grundriß einer allgemeinen Theorie*,S.16.
② 生物演化理论的核心问题关切并不是"优胜劣汰"的问题，而是如下这个问题：高度复杂的生物体（例如人类）出现的概率，从演化的历史上来看，是极低的，因此从演化的起点上来看，是非常难以实现的。而如此非常难以实现的演化成就，居然被成就了，并且变成了非常稳定的存在（例如人类遍布地球），那么这一切是如何发生的？类似地，社会演化论的核心问题是：从演化的起点看，抽象而复杂的现代社会是很难实现的，究竟经过了哪些演化史上的"偶然事件"的变异，又经过一种什么样的选择机制与重新稳定化过程，最终演化出了目前我们生活于其中的现代社会？参见 Niklas Luhmann, *Die Gesellschaft der Gesellschaft*, Suhrkamp Taschenbuch Wissenschaft, 1998, S.190。

察到的这副样子。

此种法社会学研究对当代正处于大转型时代的中国法律社会学的研究尤其具有借鉴意义。正如我本人在另外一篇论文指出的,多数的西方法理论研究都预设了法律体系的成熟状态,并在此种预设基础上提出各自的理论概念与方法论体系。因此,他们的理论在观察、描述和解释处于激烈转型时期的中国法律变迁方面,往往捉襟见肘,不敷其用。然而,对于身处大转型时代的我们而言,也许我们会更关心如下这些问题:所谓的转型,必然意味着某种"将变未变"的"中间状态"与"不确定性"。那么这种"将变未变"的中间状态中,究竟哪些因素是"将变"的,哪些因素是"不变的"?变化的契机与原理是什么?对此种变化而言,过去的传统,究竟是负担还是资源?变化的未来是有明确的方向,还是不确定的?过去和未来各自在变化的过程中扮演何种角色?

这些问题,都需要在基础理论的层次做出深刻的回应。卢曼的法社会学理论则是少数将法律看作是一种转型与演变的社会事实,并在此基础上提出了一整套具有针对性的法社会学概念、体系与方法。就此而言,卢曼的法社会学理论对中国法社会学理论与经验的研究,都具有某种特殊而重要的意义。

最后,需要做一个补充性交待的是,本文并没有对卢曼的法社会学理论做一个面面俱到的描述与介绍。恰恰相反,通常人们在许多介绍性论文和教材中能够看到的许多卢曼理论的著名概念,例如自创生系统、沟通、运作封闭性与认知开放性、合法/非法二值代码、二值代码化与纲要化等概念,本文要么基本没有涉及,要么一带而过,不做详细的展开与交待。熟悉卢曼理论的读者也许可以看出，本文所介绍和处理的都是卢曼早期法社会学的一些核心概念。本文如此处理，有作者特殊的考虑。本文如此处理，并非是认为卢曼后期法社会学的许多关键概念与理论不重要，而是认为，卢曼后期法社会学许多的概念和理论，都是在卢曼早期法社会学研究基本范畴与路径的根本性决断与选择的基础上发展起来的。因此，选择"意义"作为基本范畴来建构社会学研究的基本理论，并将此种社会学决断与方法的选择贯彻到法社会学研究的尝试，对于我们理解卢曼法社会学而言，具有更根本的意义。恰恰卢曼社会学理论告别古典法社会学研究范式的这一小步，为卢曼今后的包括法社会学研究在内的社会学一般理论的研究提供了广阔的空间与可能性。另外一方面，即便抛开卢曼理论自身发展的脉络，卢曼选择以"意义"作为社会学研究的基本范畴，并将此种理论策略运用到法社会学研究的尝试，这一点对于我们进行一种基于中国大转型时期的法社会学研究也具有直接的参考与借鉴意义。

附录 3
双重偶联性问题与法律系统的生成[*]

泮伟江

一、导论

自鸦片战争以来，无论是和平年代还是革命战争时期，中国的法律与社会都一直处于激烈的转型过程之中，因此有李鸿章所谓的"三千年之未有大变局"的说法。中国社会长达一百多年持续不断的激烈变迁，构成了中国法治建设的基本处境。如果法学研究忽略中国法治建设的这个基本处境，就会遭遇很多根本性的困难。自20世纪90年代以来，已经有越来越多的研究指明了这一点。其中尤其引人关注的是一批法社会学与法人类学的实证研究与理论反思。他们相当尖锐而清晰地指出，脱离中国具体而特殊的社会语境而制定出来的法律规范，在具体适用过程中是如何地与社会现实相

---

[*] 本文原载于《中外法学》2014年第2期。

脱节，变成了仅仅是"写在纸面上的法律"。[①]

毫无疑问，此类研究对于仅仅关注法律规则，而忽略社会现实结构的传统法律教义学研究来说，是非常有启发意义的。遗憾的是，除了对规范性的法教义学研究之狭隘与封闭进行批评外，他们中的多数却无法提供更进一步的内容。尤其是，因为无法提供更严格与科学的关于何谓"现代社会"的定义，他们无法对现代社会中法律与社会的关系提供足够丰富的答案。

尽管几乎所有的人都承认当代中国社会处于一种由传统向现代社会的加速转变过程中，但多数从事法社会学理论研究的学者，基于知识积累、文化偏好，中西文化碰撞下民族自尊心理等诸多原因，都把更多的时间与精力投注在对传统社会秩序的调查与研究之中。例如，自费孝通先生的《乡土中国》以来，中国社会学研究的主流传统是对中国传统乡土社会秩序的人类学田野调查，与此种田野调查主流相适应的则是诸如"文化多元"[②]、"地方性知识"[③]等用来捍卫传统乡土社会秩序的各种概念与理论的流行。

在这些法社会学与法人类学的实证研究与理论探讨中，现代社会被预设为一个面目模糊的、负面的标签化存在，现代性变成了某种肤浅的、未经反思的、唯西方主义式的东西，可以被看作是幼稚

---

① 其中尤其是以苏力的研究为代表，参见苏力：《法治及其本土资源》，中国政法大学出版社1996年版；苏力：《送法下乡》，中国政法大学出版社2000年版。
② 参见苏力："法律规避与法律多元"，载苏力：《法治及其本土资源》，中国政法大学出版社1996年版，第41—58页。
③ 参见〔美〕克利福德·吉尔茨："地方性知识：从比较的观点看事实与法律"，载〔美〕克利福德·吉尔茨：《地方性知识》，王海龙、张家瑄译，中央编译出版社2000年版，第222—322页。

浅薄的代名词。此时,"现代社会"这个概念本身已经成了某种"印象式批评"的牺牲品。这与现实中正在发生的由旧传统礼俗社会向现代社会激烈转变的实际过程形成了鲜明的对比。由此形成的某种高度扭曲的规范与现实的偏离关系,其程度并不比"写在纸面的法律"与"行动中的法律"之间存在的偏离与扭曲逊色。[1]

无论对当代中国正在进行中的此种社会转型做何种价值评价,对现代社会的正面描述与深入研究,都是必不可少的。即便是对传统礼俗秩序的提倡者与支持者来说,其论点的深刻程度如何,高度依赖于他们对现代社会的观察与理解的深刻程度。

就此而言,中国法律转型所处的特殊中国问题语境,即中国所处的激烈社会转型的语境,要求一种更加深刻与成熟的、更具有建设性的法社会学研究。此种法社会学研究既要在方法论与基本概念的层面,对现代社会的内部深层结构特征与运作逻辑做出说明,又要在此基础上提供一幅关于法律与社会关系的完整图景。

对于一个足够深刻的法与社会的研究来说,仅仅是"法的社会科学研究"还是远远不够的——未经反思的将社会科学的方法引入到法律研究中,所带来的结果只能是法律的消失,因为当他们否定了"写在纸面的法律"时,他们同时也否定了"规范"本身,最后他们通过社会科学的方法所发现的也并非是"行动中的法律",而仅仅是各种碎片化之"行动"的堆砌。但"行动"本身并不是"规范",

---

[1] 这一点与西方的社会理论传统形成了鲜明的对照。在西方社会理论传统中,无论是对现代社会持较积极立场的,例如涂尔干、马克思与帕森斯,还是持较保守与悲观立场的,例如滕尼斯、韦伯、舒茨和福柯,他们作品的核心内容,便是对现代社会的描述与分析,并且在方法论层面与基本概念层面,做出了非常卓越的贡献,从而使得传统社会与现代社会之间的分析与比较得以在更为客观与科学的层面进行。

也不是"法律"。因此，法律的规范属性，乃是法律不可被化约的本质性属性。如果规范性因素被化约掉，则法律也就不成其为法律了。

如果法律的规范性属性是不可消除的，但转型期中国社会转型的特殊语境又必须拓宽法学研究的视界，将法律与社会联系起来进行理解，那么，规范就必须是一种社会学可以进行观察的事实。传统的法社会学研究无法做到这一点。因为传统的法社会学研究以休谟意义的规范与事实之二分为预设前提，对他们而言，"作为规范性存在的事实"是一个自相矛盾的概念，因此是无效的。

规范与事实既必须要统一，又相互矛盾与排斥，这是中国法治建设必须要处理的问题，也是法社会学研究的斯芬克斯之谜。由德国社会学大家卢曼所提出的社会系统理论，以及作为社会系统理论之重要内容的法律社会学理论，为我们解决这个难题提供了深富启发性的思路。尤其是，由帕森斯提出，经卢曼改造与深化的"双重偶联性"概念，对于我们所关心的"何谓现代社会"，以及"现代社会中法律与社会的关系是什么"等问题，提供了重要的概念工具与理论模型，具有直接的启发性与相关性，特别值得有志于法治中国问题的相关学者密切关注与认真学习。

关于卢曼的社会理论，尤其是其双重偶联性的概念，此前已经以不同的方式对中国的学者产生过很重要的影响。例如，李猛曾经在"论抽象社会"[①]一文中，借鉴卢曼的社会分化理论与程序理论，将现代社会理解成一个抽象社会，具有三个特征，即程序性、反思

---

① 参见李猛："论抽象社会"，载《社会学研究》1999年第1期。

性与非人格化。然而,这篇文章更强调的是对抽象社会做一个观念史与社会史的分析,其对抽象社会的描述更多地停留在对各种程序技术与抽象价值的描述与理解,对相关问题的思考还没有深入到帕森斯与卢曼的双重偶联性理论的层面,殊为可惜。

与此相对,张志扬的"偶在论"可以被看作是卢曼双重偶联性理论对中国学者思考的更直接的影响。然而,张志扬虽然也附带介绍了卢曼的社会系统理论,却更看重卢曼的思考与胡塞尔意识哲学的联系,其自我设定的抱负与目标,也是通过说明语言的"偶在性"来化解西方的形而上学传统与虚无主义传统的紧张关系,更多局限于纯粹哲学的领域。实际上,张志扬强调的是卢曼所界定的偶联性,即"虽然可能,却并不必然"的状态,而不是社会学层面的双重偶联性。[①]

对中国法治转型问题具有如此重要的一个概念,迄今为止的国内法社会学研究文献却几乎没有哪怕片言只语的提及,更不用说专门的系统研究与阐述,[②] 这未免过于缺憾,也实质性地阻碍了相关领域研究的进一步发展与深化。因此,本文不揣冒昧,抛砖引玉,根据笔者的阅读与积累,对卢曼的"双重偶联性"理论做一个简要的

[①] 参见张志扬:"现象学意识与卢曼的偶在演化",载《哲学研究》1999 年第 6 期。

[②] 与此相反,在英语世界,早在 20 世纪 80 年代,就已经出现了专门的研究性论文,尽管目前看来稍微有些陈旧,晚近以此为论题的研究论文也相当常见,但多数仍然停留在初步的介绍和描述层次,仍缺乏有分量的评论性作品。此类作品中,流传度比较广的两篇文献是:John Benarz, "Complexity and Intersubjectivity: Towards the Theory of Niklas Luhmann", in 7 *Human Studies*, 55—69,1984;Raf Vanderstraeten, "Parsons, Luhmann and the Theorem of Double Contingency", Vol.2(1) *Journal of Classical of Sociology*,77—92,2002。

概念梳理与理论评述，求教于各位方家。

二、帕森斯与双重偶联性概念的提出

根据卢曼自己的介绍，双重偶联性这个概念，最早是由赛亚斯（Robert Sears）提出来的——这个概念是在哈佛大学的一个跨学科研究的项目中首先被提出来的，这表明这个概念本身的跨学科特征。[1]但真正使这个概念变成一个社会学的关键概念的则是帕森斯。在由帕森斯和希尔斯于1952年编写的《走向一般的行动理论》中"总论"部分中，帕森斯第一次对这个概念做了细致的分析。[2]在《走向一般的行动理论》的总论中涉及对"社会互动"的解释中，帕森斯讲到：

> 我们在此区分能够与主体互动的客体与不能与主体互动的客体。这些互动着的主体自身就是拥有自身行动系统的行动者或自我（ego）。他们可以被称作是社会客体或他者（Alters）。一种可食用的客体，就其体现出可食用的潜在状态而言，并不是他者，因为它不能对自我的期望做出回应，并对

---

[1] Niklas Luhmann, *Einführung in die Systemtheorie*, 1 Aufl., 2002, S.317.

[2] 参见 Tacott Parsons, "Some Fundamental Categories of the Theory of Actions: A General Statement", in Tacott Parsons and Edward Shils, *Toward A General Theory of Action*, Havard University of Press, 1962, pp.14—17. 此后帕森斯在不同的场合又多次提及这个概念，但始终无法在自己的行动理论中为该概念找到合适的位置——这个理论在提出后，就消失在此后的理论建构工作中，又突然出现，如此循环反复。卢曼认为这是由于这个概念天生适合用来解释"社会系统"的概念，却不适合解释帕森斯所热衷的"行动系统"的概念。参见 Niklas Luhmann, *Einführung in die Systemtheorie*, S.317.

自我的行动有所期望。另外一个人，例如母亲或某个朋友，却是他者。对另外一个行动者，即他者看作是互动着的客体，给行动系统的组织和发展带来重大的后果。①

帕森斯对社会客体或他者的定义简洁明了。很显然，所谓的社会客体或他者，其实就是另外一个我（alter ego），简称就是他我。②自我与他我都是社会的主体，又互为客体。两者之间形成的关系，即为社会互动关系。社会互动的关系，与传统笛卡尔式的主客体关系的本质区别，就是主客体关系乃是人与自然的关系，因此关系的本质，取决于其中一方，即主体的行动。而对社会互动关系的分析，却不能单看其中任何一方，而必须同时将互动双方都考虑在内。这就突破了单一的行动者视角的局限，必须将双方，甚至多方行动者的视角同时考虑在内。这与胡塞尔晚年提出的"主体间性"概念的内涵，基本上是一致的。③

一旦多方行动者的视角被带入到社会学的考察之中，问题的复杂性也就显现出来了：

---

① Tacott Parsons, "Some Fundamental Categories of the Theory of Actions: A General Statement", pp.14—15.

② 社会客体、他者、他我三个概念，既指涉同一对象，但在理论描述上是步步深入的关系。客体的概念表明自我将他我首先当作一个对象与客体处理，仍然停留在主客体关系的层次上，但"社会客体"表明自我对"他我"与一般客体的区别，已经有所察觉，"他者"则意味着对他我主体性的承认，而"他我"则意味着主体认识到他者其实是另外一个我。为表述方便，本文将此三个概念看作是同一个概念，不区别使用。

③ John Bednarz, "Complexity and Intersubjectivity: Towards the Theory of Niklas Luhmann", pp.55—69.

在此案例中，自我的期望被同时导向他者行动的选择范围（也就是在此情境下向他者开放的选择）与他者的行动选择，而这又主观地依赖于（contigent on）自我自身在选择范围中采取的行动。反之，亦然。[1]

帕森斯将此种互动系统中期待的互相依赖性，称作是"期望的互补性"。此种具有互补性的期望与主客体关系中的期望，具有实质性的区别：

自我并不期望一个非社会的客体的行为被它对自我行为的期望所改变，尽管，自我的行为当然地会被他对非社会客体行为的期望所改变。期望同时在既定行动者的双方运作着，并且社会互动中的客体与非社会性客体有所区别，这都是事实。[2]

此种期望的互补性，其实也是一种期望的依赖性，也即自我对他我的期望，依赖于他我对自我的期望，反之亦同。如此一来，自我对"他我对自我的期望"形成期待，反之亦同。而自我与他我的期望，对自我与他我的行动，具有本质性的导向作用。因此，在社会互动的结构中，行动者的行动选择具有高度的不确定性，高度依赖于另外一方行动者的选择可能性与实际做出的选择。而另外一方的行动同样是高度不确定的，高度依赖于自己一方行动的可能

---

[1] Tacott Parsons, "Some Fundamental Categories of the Theory of Actions: A General Statement", p.15.
[2] 同上。

性与实际做出的选择。这是一种双重的不确定性和双重的依赖性。帕森斯于是将此种社会互动结构定义成"双重偶联性"。①

此后，帕森斯在《社会系统》一书，以及在他参与写作的《社会科学国际百科全书》的"社会互动"的词条中，②又再次介绍和分析了"双重偶联性"的概念。例如，在《社会系统》中，帕森斯指出，在此种结构中，"自我将采取何种行动"以及"他我将对行动采取何种反应"，都是偶联的。因此，一种介于主体间的、超越主体性的主体间性，乃至于自创生的社会系统理论，都具有了可能性。③

"双重偶联性"与帕森斯的问题意识是紧密联系在一起的。帕森斯毕生关心的一个问题，就是如下这个康德式的问题，即"社会秩序如何可能"。在其早期的代表作《社会行动的结构》中，帕森斯即强烈地意识到，一种原子式的、以自利追求为核心的个人主义，根本无法承托起西方现代社会。这一点在第二次世界大战打击了西方个人主义的道德自信后，愈发显得明显而紧迫。④帕森斯于是远追霍布斯，重新思考现代社会如何可能的问题。这个问题在前现代社会是不存在的，或者说是不难回答的。例如，在希腊和罗马人的观念世界中，人天生是政治动物，因此超越私人领域，进入城邦，

---

① 用"偶联性"来翻译"Contingency"沿用了台湾卢曼著作翻译者鲁贵显的译法，因为 Contingency 既有不确定性的含义，在帕森斯这里又有依赖性的含义，所以偶联性既能同时表达此两层含义，也能够体现出卢曼社会系统理论的知识趣味和概念风格。

② Talcott Parsons, "Social Interaction", in David. L. Sills Ed. *International Encyclopedia of the Social Socience*, Vol.7, The Macmillan Company & The Free Press, pp.429—440.

③ Talcott Parsons, *The Social System*, Routledge, 1991, p.62.

④ 参见〔美〕帕森斯：《社会行动的结构》，张明德等译，译林出版社 2008 年版。

形成公共生活，乃是人之本质实现的必然要求。①基督教的兴起改变了希腊人所形成的此种共同体观念，代之以"团契"生活的概念，然而此种本质主义的思想范式，却保留了下来。16世纪和17世纪以来的宗教战争带来了欧洲的怀疑主义，人类自私的本性与欲望，在现象层面被重视，这也动摇了古老共同体观念的哲学基础。18世纪的哲学家，通过对罗马法中契约观念的借用，形成了崭新的主权观念，并在此基础上建立起了新的共同体观念。②霍布斯式的此种政治社会观，由于过于依赖于暴力和绝对主义国家色彩而饱受诟病。亚当·斯密所开创的"看不见的手"的隐喻，则在霍布斯之外，提供了另外一种全新的社会观。

帕森斯对霍布斯的政治社会观与亚当·斯密的经济社会观都不满意，因此重新思考霍布斯和斯密所希望解决的问题。针对霍布斯的理论，帕森斯认为其实克服自然状态中一切人对一切人的战争，并非只能通过签订社会契约组建政治共同体才能够解决，家庭、村庄等更小的、自然形成的共同体同样能够提供最低限度的和平与秩序。针对斯密传统的、带有一定达尔文色彩的自由市场经济的社会观，帕森斯则指出，一种纯自利式的个人主义，在组建社会秩序时，具有高度的不稳定性。"双重偶联性"的概念，就非常清晰地指明了此种自利式理性个人对社会秩序之稳定性的颠覆意义。③

相对于霍布斯与斯密而言，帕森斯的问题意识虽然是接近于霍

---

① Niklas Luhmann, *Einführung in die Systemtheorie*, S.316.
② 同上。
③ 在"社会互动"一文中，帕森斯注意到了经济学中的博弈论，认为博弈论就是双重偶联性在经济学中的典型体现。参见 Talcott Parsons, "Social Interaction", pp.429—440.

布斯与斯密的,但其提问方式却是康德式的。"如何可能"并不意味着巨细无遗地提供解决问题的具体方案,而是意味着将问题的条件极端化,从而在更为一般和抽象的基本概念层次来解决问题。康德自己的三大批判,就是此种思维模式的典范。在此理论背景下,"社会如何可能"的问题,也可以被转换成如下问题:"形成稳定社会的最低限度的条件是什么?"[1]

那么帕森斯是如何解决这个问题的呢?受到米德的象征互动论的启发,帕森斯高度重视"象征性符号"在克服双重偶联性过程中发挥的作用。帕森斯认为,在双重偶联性困境中,互动的双方能够进行沟通的前提条件是,二者进行沟通的"意义"是稳定的。此种意义的稳定性,意味着拥有一种能够超越特定沟通语境的一般化语言,或者说,特定语境中的经验能够被进行类型化的处理,从而拥有一种相对比较普世和抽象的含义。米德所提出的"一般化的他人"这个概念,对帕森斯的思考提供了重要的启发。[2] 通过象征性的互动,个人学习将特定他人的行动归类到类型化的一般化他人中,从而与他人形成沟通与理解。此种一般化他人的概念形成过程,就是个人的社会化过程,或者说是文化内化到个人人格的过程。

很显然,帕森斯解决"双重偶联性困境"的方案,预设了互动参与者行动的某种规范性导向,而这恰恰是帕森斯从《社会行动的结构》以来,就一直强调和孜孜以求的。在帕森斯看来,能够为互动参与者提供此种规范性导向的,只能是通过长期"博弈"而形成

---

[1] Niklas Luhmann, *Einführung in die Systemtheorie*, S.315; Raf Vanderstraeten, "Parsons, Luhmann and The Theorem of Double Contingency", p.81.

[2] Talcott Parsons, "Social Interaction", p.435.

的规范，以及作为此种规范基础的"共享的象征系统"。[1]

正如后来许多批评者所指出的，帕森斯的结构功能主义理论的本质缺陷，在于它过于注重结构持存的稳定性问题，为此而过分地牺牲和忽略"冲突"在结构形成、演进过程中扮演的作用与功能。帕森斯针对双重偶联性困境所提出的"文化"思路，也体现了帕森斯理论的此种特征。

针对帕森斯的方案，人们不禁要问：在双重偶联性困境中，即便人们在语言沟通无碍、能够互相理解的情况，有意地选择冲突立场，又该怎么办？显然，帕森斯所预设的规范性共识的立场，在面临激烈社会冲突的情况下，是无能为力的。然而，此种冲突并非完全是消极的，冲突意味着另外一种选择的可能性，是制度创新的重大契机。[2]

多数帕森斯的批评者都认为，帕森斯之所以会形成此种相对保守的立场，乃是由于帕森斯的理论过于抽象，不够具体，因此对社会演进的具体历史过程缺乏敏感性所导致的。然而，就双重偶联性困境的解决而言，帕森斯方案的失败，倒并非是其理论过于抽象的缘故，而是由于帕森斯理论还不够抽象，在描述和分析"双重偶联性"的结构时，被日常生活的交往情境的具体场景所约束，因此对这个概念构造的分析还没有达到基本概念的程度。例如，在帕森斯那里，Contigent 这个概念，就不够精密与科学化，其含义源之于 Contingent on 这个词组，核心的意思是依赖性。帕森斯在分析双重

---

[1] Talcott Parsons, "Social Interaction", p.435, p.437.

[2] Niklas Luhmann, *Einführung in die Systemtheorie*, S.318.

偶联性时，也突出和强调了"互相依赖"的含义。[1] 这与卢曼后来在更为抽象，也更为严格的意义上将此概念界定为"多种选择的可能性"，仍然有不少的差距。

三、双重偶联性：卢曼的改造

卢曼关于双重偶联性的分析，最集中的表述是在1984年出版的《社会系统》一书中。在该书中，卢曼用了一整章的篇幅，集中地处理了这个主题。其中该章的第一节，卢曼做的工作，就是重新描述和分析帕森斯曾经描述过的双重偶联性模型，将其从具体人际交往的日常场景中抽象出来，变成更为扎实和牢靠的科学概念与模型。例如，将Contingent这个概念从Contingent on这个词组中解放出来，放置到"模态逻辑"的语境中进行处理。如此一来，Contingent意味着排除"必然是"与"绝对不可能"这两个选项，乃是"既非必然"，又"非绝对不可能"的偶联状态。[2] 也就是说，虽然它目前是此种状态，下一刻或许就变成了其他状态了。如此一来，对Contingent这个概念的模态逻辑化，卢曼就使得帕森斯的以系统/环境的区分为特征的结构功能主义分析框架与胡塞尔及其弟子的现象学理论统一起来。[3]

---

[1] Niklas Luhmann, *Einführung in die Systemtheorie*, S.317.

[2] Niklas Luhmann, *Soziale Systeme: Grundriß einer allgemeinen Theorie*, Suhrkamp, 5 Aufl., 1984, S.152.

[3] John Benarz, "Complexity and Intersubjectivity: Towards The Theory of Niklas Luhmann", pp.55—69.

除此之外，卢曼对帕森斯"双重偶联性"模型的改造，还体现在对社会互动主体的改造。在帕森斯那里，社会互动的双方是日常生活中具体的个人，因此，他还幻想可以通过"生活世界"中存在的某种共享的价值系统来承担意义沟通之担保的功能。确实，在小型的生活共同体，这一点确实是可以实现的，胡塞尔与舒茨对"生活世界"的揭示已经表明了这一点。然而，正如舒茨通过"直接经验"与"间接经验"、"纯粹我们关系"与"他们关系"、"直接经验世界"与"遥远世界"这些概念所揭示的"社会世界的层化"（stratification of social world）现象，[1] 在现代社会中，那些与我们从来没有共同生活经历和历史的人，或者说并不与我们拥有共同故乡的人，却与我们共同生活在同一个世界，发生着各种抽象的联系，这一切已经不可避免。这就是舒茨所说的"同时共存，却并未直接经验到的"人群，也就是我的"同时代人"。[2] 由此而带来的一个后果，就是现代人际交往的陌生性与抽象性的加强：

> 同时代人的意义脉络在数量和复杂性方面都相当程度地被匿名化。进而，认知的综合不再是关于某个独特的人在其生活的当下的存在。相反，他永远地要将他人描绘成一成不变的人与同质的人，而不去考虑个体性所拥有的变化与模糊性。所以，不论一个理想类型涵盖了多少人，他都绝非对应着任何

---

[1] 李猛："舒茨和他的现象学社会学"，载杨善华主编：《当代西方社会学理论》，北京大学出版社1999年版，第14—16页。

[2] 参见孙飞宇："流亡者与生活世界"，载《社会学研究》2011年第5期，第107页。

一个特定的个体,正是在这个意义上,韦伯将其称为是"理想的"。[1]

"社会世界的层化"要求社会发展出一套不同于"生活世界"之意义理解与沟通的技术,因为简单地将生活世界的"自然态度"与"常人方法学"套用到"遥远世界"的社会互动中,就难免会犯将"理想类型"等置于"具体个人"的范畴错误,陷入到"理解的陷阱"中。[2]

在相互匿名化的现代陌生人交往模型中,由于交往双方都拥有多种选择的可能性,因此在交往过程中的怀疑因素,相对于生活世界中的交往,就大大增强了。[3] 此种"怀疑"也必须在基本概念的层次上体现出来,按照康德"如何可能"的精神,被极端化,就使得双重偶联性中的交往主体被"黑匣子"化。这就是卢曼对帕森斯模型的第二个重大改造——双重偶联性的主体,相互都是视对方为黑匣子!如此一来,双重偶联性的基本情境可以重新被表述为:

> 两个黑匣子,无论是出于何种偶然性,形成了互动的关系。每一方都在自己的界限内通过复杂的自我参照的运作来决定自己的行为。因此被看到的每一方都必然是被化约后的形象。每一方都同样地对对方做出假设。因此,无论他们做出多少努

---

[1] Alfred Schutz, *The Phenomenology of the Social World*, Trans. by George Walsh and Frederick Lehneert, London: Heinemann Educational Book, p.184.
[2] 孙飞宇:"流亡者与生活世界",第108页。
[3] 同上书,第109页。

力,也无论他们花费了多长时间,黑匣子双方都对对方保持不透明性。①

如此一来,双重偶联性的交互主体,就不仅仅可能是两个个体的人,也可以是两个集体,甚至是两个系统之间,也可能形成此种双重偶联性的交互关系。② 实际上,用系统论的观点看,两个个体的人,就是两个系统,即两个对立的心理系统。

卢曼对双重偶联性困境的这两个改造,使得帕森斯试图通过"共享的象征系统"的文化方案成为不可能。那么,双重偶联性的困境如何解决?

卢曼的答案是,双重偶联性的结构自身就蕴含着走出双重偶联性困境的可能性。换句话说,双重偶联性未必如帕森斯所预设的那样,仅仅是消极性的有待解决的困境——恰恰相反,双重偶联性的结构是积极的,自身就蕴含着系统生成的可能性。走出双重偶联性的困境,并不能从双重偶联的结构之外寻找方案,例如帕森斯强加给双重偶联结构的价值共识,而是必须从双重偶联性自身的内部来寻找。问题的关键是将双重偶联性的结构时间化:

> 所有的开端都是简单的。陌生人相互之间开始发出信号告诉对方互动的一些最重要的行为基础:对情境的定义、社会地位、主观意图等。这就开启了系统的历史,其中也包括对双

---

① Niklas Luhmann, *Soziale Systeme: Grundriß einer allgemeinen Theorie*, S.156.
② 同上。

重偶联性问题的重构。①

开端一旦产生,则接下来的每一步,都会产生化约复杂性的效果。也就是说,虽然接下来的每一步,互动双方都有自由选择的可能性,但此种选择必然受制于先前所做出的选择。而马上做出的选择,又会对未来的选择形成某种化约的关系——无论此种选择是肯定的选择还是否定的选择。如此一来,每一步选择都具有化约复杂性、重构交互结构的作用和效果。卢曼将双重偶联性的此种特性,概括为"自我催化的事实"(autocatalytic factor)。② 因此,对社会系统的生成而言,过程与历史比开端更重要。

由此形成了双重偶联结构中两个层次的自我参照。如果说,第一层次的自我参照,即双重偶联结构中的交互主体通过将"他者"看作是"另一个我",从而通过参照自己来观察他者,乃是双重偶联性问题的根源,则第二个层次的自我参照性,即系统的自我参照性,通过在双重偶联结构中对交互主体的期待与选择设置条件,从而强化了某些选择的可能性,限制和排除了另外一些选择的可能性,使得一个沟通链接另一个沟通成为可能。③ 通过沟通的此种自我参照式的生成过程,社会系统与作为其环境的个体区分开来,并且通过沟通的递归性的运作,塑造了自己的边界。④

---

① Niklas Luhmann, *Soziale Systeme: Grundriß einer allgemeinen Theorie*, S.184.
② Niklas Luhmann, *Soziale Systeme: Grundriß einer allgemeinen Theorie*, S.170.
③ Niklas Luhmann, *Soziale Systeme: Grundriß einer allgemeinen Theorie*, S.183—184.
④ Niklas Luhmann, *Soziale Systeme: Grundriß einer allgemeinen Theorie*, S.177—179.

如此一来，前面讲到的交互主体的黑匣子化问题，也能够通过偶联结构自身的特征得到解决。如果说，交互结构的主体是模糊混沌的黑匣子的话，则由双重偶联结构所催生出来的社会系统，却可以是透明的、中立的与客观的，是可以重复地被验证的。如此一来，透明性就在全新的层次被重构出来了[①]——"就此而言，当黑匣子互相靠近时，就创造了白色，或者说彼此应对所需要的足够透明度。"[②]白色的社会系统与作为其环境的黑匣子的对比，恰好对应着社会系统理论的核心议题，即"复杂性的化约"。在系统理论视角下，双重偶联结构中的自我和他我，就构成已然生成之社会系统的环境，而双重偶联结构中自我与他我选择的多种可能性与互为条件性，即意味着环境的复杂性。社会系统则通过系统结构，限制了此种无限可能的复杂性，形成了系统内的理性与秩序。

需要再次提醒的是，卢曼是以康德式的提问方式，即"社会如何可能"的问题意识背景下对双重偶联性的问题做此分析的。这也就意味着，"纯粹"意义的双重偶联性从来不可能发生在社会现实中。[③]卢曼所做的工作是将双重偶联性作为基本概念提炼出来，将其中蕴含的不确定性和复杂性极端化，以此思考社会秩序形成的最低限度条件。

[①] Niklas Luhmann, *Soziale Systeme: Grundriß einer allgemeinen Theorie*, S.159.

[②] Niklas Luhmann, *Soziale Systeme: Grundriß einer allgemeinen Theorie*, S.156.

[③] Niklas Luhmann, *Soziale Systeme: Grundriß einer allgemeinen Theorie*, S.168。卢曼同时也指出，这恰恰也表明社会系统的生成是自我参照和自我生成的。参见 Niklas Luhmann, *Soziale Systeme: Grundriß einer allgemeinen Theorie*, S.186。

四、象征性的普遍化媒介与社会系统的生成

卢曼对双重偶联性概念的改造和彻底化,给社会理论带来的一个重要后果,便是表明行动理论已经不足以解决双重偶联性的问题。一旦坚持行动理论的进路,则双重偶联性问题的解决,就不得不依赖于交互主体中的一方,如此一来,最终就难免把交往双方的共识当作解决问题的最终方案。无论是帕森斯还是哈贝马斯,最终都强调共识性的因素和交互主体一方的自我反省的要素,即是一例。卢曼对此的批评主要有两点,一是反对从双重偶联结构之外,强加某个规范的东西于双重偶联结构之中,[①] 另外则是忽略了该结构的内在一致性,将双重偶联结构中的交互双方看作是机械连接在一起的组合。[②]

双重偶联的交互结构本身,即明确地表明,任何一方主体的行动视角,都无法解决双重偶联性问题。因此,应该有一个超越主体性与行动理论的新的概念,作为社会系统理论得以生成的基本单位。在卢曼的社会系统理论中,这个概念就是沟通。卢曼认为沟通是一个三阶段的组织过程:信息(Information)、告知(Mitteilung)和理解(Verstehen)。[③] 信息是沟通的主题,指的是实际上说出来的内容与其他可能的内容的区别;告知则是指信息传播的方式,指的

[①] Niklas Luhmann, *Soziale Systeme: Grundriß einer allgemeinen Theorie*, S.174.
[②] Niklas Luhmann, *Soziale Systeme: Grundriß einer allgemeinen Theorie*, S.153.
[③] Niklas Luhmann, *Soziale Systeme: Grundriß einer allgemeinen Theorie*, S.194—196.

是此种传播方式与另外潜在可能之传播方式的区别；理解则是指其他人是否理解了告知的信息，这只能通过他告知另外一个信息才能够被判断出来。例如："你怎么了？"这个陈述是否被理解，必须通过另外一个陈述："我头疼。"来判断其是否被理解。第二个陈述"我头疼"一方面既可以被看作是一种告知行动，同时也表明了沟通过程中"理解"被建构起来。就此而言，"理解"具有一种递归性的特征，一个沟通自然地倾向于链接到下一个沟通，同时也表明沟通至少需要两个主体才能够被完成。在此种链接的过程中，不同的选择就形成了不同的沟通链接，从而也就形成了不同的社会系统，犹如物理学中，不同的原子组合，形成了不同的分子，从而形成了不同的物质一样。[1]

沟通如果确实存在的话，也只能是沟通自己进行沟通，而不是意识系统与意识系统之间的"沟通"。沟通自己进行沟通，也就意味着意识系统并非沟通之所以能够沟通的外在根源和动力，沟通在一定意义上独立于人类的意识，具有自我生产、自我建构的能力。这就像细胞独立于它的物质环境能够进行自我生产和自我建构，意识系统独立于人类的生理系统进行自我生产和建构一样。但是，这并不意味着社会的沟通系统相对于人类的意识系统来说，是自足的。相反，

> 每个社会所发生的事件，每个沟通，都得依靠某些有机系统、神经系统，以及生理系统的状态。而且沟通以至少两人为

---

[1] Jesper Taekke & Michael Paulsen, "Luhmann and the Media", 49 *Media Kultur*, 2(2010).

前提，因此是以多个有机系统、神经系统，以及心理系统的状态为前提。然而，这也正说明，沟通不是生命、神经活动及意识动作，因此也就不能被化约成参与沟通者身上的诸系统状态。①

从这个意义上讲，沟通是社会系统运作的基本单位。这就像细胞是生命系统的基本单位，这是因为细胞虽然从外界环境获得其自创生的各种原料，但是其本身并不能被还原成这些外界的各种原料，而是一个独立的和封闭的，通过某种外界环境所不具有的内部统一性运作的单元。

然而，将沟通作为社会系统的基本单位，仅仅是社会系统生成的第一步。马上我们就面临着一个根本性的困难，因为沟通本身是一个"未必会发生"的事件。我们知道，沟通所包含的的三个要素，其实是双重偶联结构中的三个选择。其中三个选择都包含着不确定性，因此也随时有可能会中断沟通。对此，有学者曾经举过的一个例子非常典型地说明了这一点：

> 即便两个意识主体偶然地在同一时间相聚在某一个地点，他们也未必要选择发出一个信息，进行互动。即便是选择发出信息，他们也可能由于语言的障碍而无法交流。即便他们说的是同一种语言，因此一方发出的信息传达到了另外一方，另外一方也未必会做出回应。哪怕是做出了回应，对方也可能会不

---

① 〔德〕Georg Kneer, Armin Nassehi：《卢曼社会系统理论导引》，鲁贵显译，中国台湾巨流图书公司1998年版，第84—118页。

同意这一方的观点。哪怕他们取得了一致意见，他们也许很快就会忘记他们讨论的主题。并且他们下一次也许将不再遇见，因此也不再有可能有下一个沟通。[①]

如此种种的选择可能性与不确定性，只要其中一个发生了，沟通就会被迫中断，而不再发生。这就是"沟通的难以实现性"（unwahrscheinlichkeit）。在《社会系统》一书中，卢曼就已提出沟通的三种"难以实现性"：首先是自我与他我形成理解的不太可能性；其次是沟通是否能够传达到接收者的不太可能性；最后是沟通成功的不太可能性，[②] 即"即便是沟通被它所达到的人所理解，这并不因此就确保它会被接收并被遵循下去"。[③] 因此，以沟通为基本单位的社会系统要在双重偶联的结构中茁壮地生成，就必须克服沟通的此种"难以实现性"。

沟通诸媒介的出现，就是为了克服沟通的此种难以实现性。那么，究竟什么叫作媒介呢？在卢曼的理论中，媒介的概念建立在形式/媒介的区分之上。所谓的形式，就是在松散耦合形成的媒介中所形成的元素间的紧密耦合。这句话比较抽象，我们不妨用一个例子来说明。例如沙滩上的一串脚印。在这个例子中，沙滩是媒介，是由沙子之间的松散的耦合形成的。脚印则是形式，使得脚印所覆

[①] Daniel Lee," The Society of Society: The Grand Finale of Niklas Luhmann", in 18(02) *Sociological Theory*, 326（2000）.

[②] Niklas Luhmann, *Soziale Systeme: Grundriß einer allgemeinen Theorie*, S.217—219.

[③] Niklas Luhmann, *Soziale Systeme: Grundriß einer allgemeinen Theorie*, S.218.

盖的沙子形成了更加紧密的耦合。所以，脚印作为形式，必须以作为媒介的沙滩存在为前提，而沙滩之所以成为一种媒介，则是由于脚印赋予了其形式。其中，恰恰是由于沙滩中沙子之间耦合的松散性，才使得脚印形成其中部分沙子更为紧密的耦合可能，从而赋予其形式。[1] 另外一个例子则是语言。各种各样的词语构成了语言的媒介，他们之间是松散地耦合着。而句子则赋予其形式，并使得各种词语以一种更为紧密的耦合组织起来，从而成为沟通的一种媒介。语言使得噪音/意义得到了区分，从而使得两个人之间通过语言建立结构性耦合成为可能。[2] 这从而也就使得沟通的沟通成为可能，使得社会成为可能。可以说，语言的产生是社会出现的前提条件。所以卢曼将语言比作是"社会的缪斯"。[3]

卢曼区分了三种媒介，除了语言作为一种沟通媒介之外，第二种沟通媒介是扩展性媒介，对应着沟通中的告知要素。扩展性媒介决定的是互动性沟通的数量和范围，因此对于互动性沟通发生频率比较高的小型的团体中显得比较有用。口头的言说、书面的文字、电视、电话、互联网，都是扩展性的媒介。但由于扩展性媒介的普及与提高，将使得越来越多人都有机会参与到沟通中来，从而带来了沟通主体的陌生化程度的提高，由此使得双重偶联结构的偶联程度和风险也大大提高了。例如，当你在写作时，你根本无须考虑与你沟通的某个具体对象是谁，是哪一类，因为你的读者是匿名的，

---

[1] Jesper Taekke & Michael Paulsen, "Luhmann and the Media", p.3.
[2] Daniel Lee, "The Society of Society: The Grand Finale of Niklas Luhmann", pp. 320—330.
[3] Niklas Luhmann, *Die Gesellschaft der Gesellschaft*, 1 Aufl., 1997, S.225.

你也不知道哪些读者会读到你的作品。这大大地增加了社会沟通的可能性。但是一旦参与者人数变得越来越多，仅仅适用扩展性媒介就会出现问题。①

最后一种是成就性媒介。所谓的成就性媒介，就是"象征性的普遍化沟通媒介"，它通常在功能系统内部传递意义，从而使得沟通产生某种效果。例如，货币作为经济系统的沟通性媒介，使得沟通产生某种经济的效果；权力作为政治系统的沟通媒介，使得沟通产生政治效果；法律作为法律系统的沟通媒介，使得沟通产生法律效果。所有这些媒介都共享一个核心的特征，即都是贯彻一个普遍性的和象征性的二值代码。对于法律系统来说，二值代码是合法/非法；对政治系统来说，二值代码是掌权/在野；对于经济系统来说，二值代码是支付/不支付；对于科学系统来说，二值代码是真理/非真理；对于宗教系统来说，二值代码是信仰/不信仰。

二值代码的结构是不对称的。一般而言，在二值代码区分的左侧，往往是积极的一面，例如合法/非法中的合法一面，有权/无权中的有权一面；右侧那一边则是消极的一面，例如非法、无权、不支付，非真理等。此种积极/消极的二值区分，就与人的动机结构形成了紧密的结合：人们都希望自己是掌握权力的，而不希望自己失去权力；都希望自己的行为是合法的，而不愿自己的行为非法；都希望自己是有支付能力的，而不希望自己是属于没有支付能力的那一方。如此一来，通过此种成就性的代码运作而发挥功能的社会

---

① Niklas Luhmann, *Soziale Systeme: Grundriß einer allgemeinen Theorie*, S.202—223.

沟通，就可以激发参与者向左侧积极价值的那一面链接，从而接受该沟通，形成社会系统。①也就是说，成就性代码使得沟通的链接成为可能，从而也就使得社会系统的生成成为可能。当然，成就性媒介并不能必然使得沟通的链接成为可能——它只是通过催化动机的方式促进此种可能性。②

通过代码的运作，社会系统形成了自己的封闭性——也就是说，"一个值只能朝着对立值的方向被抛弃"：对于法律系统来说，某个事实行为要么是合法的，要么就是非法的，但是不可能是有利可图的；对于科学系统来说，某个科学结论要么是真实的，要么就是不真实的，但是不可能是丑的。③一个社会功能子系统通过这样一种二元代码的运作，对整个世界进行了完整的和一致的描述，从而实现了恺撒的归恺撒，上帝的归上帝，政治的归政治，法律的归法律。

五、法律系统的生成及其功能

现在我们回到卢曼的法社会学主题。通过对双重偶联性及其内在蕴含的复杂性概念，我们在一个更为宏大的理论结构中大致廓清卢曼法社会学的理论视野。通过对现代功能子系统生成过程的考察，我们不难理解，同任何一个现代功能子系统一样，法律系统

---

① Jesper Taekke & Michael Paulsen, "Luhmann and the Media", p.5.
② 同上。
③ 〔德〕尼克拉斯·鲁曼：《生态沟通：现代社会能应付生态危害吗？》，汤志杰、鲁贵显译，中国台湾桂冠图书股份有限公司2001年版，第74页。

的生成，也是某种解决双重偶联性困境的独特方式。由此就产生了下面的问题，即又何以需要生成一个法律系统？或者用卢曼自己的语言，该问题也可以被如下表述："全社会系统的什么问题，会透过专门法律规范之分出，并且最后透过一个特殊的法律系统的分出，而获得解决？"（原书，第152页）。

如果说，本文前面章节的内容，都是在一般社会系统理论的层次论述双重偶联性问题，则该问题将我们带入到特定的法律功能子系统的层面来思考双重偶联性问题。我们当然同样可以将此提问中的"法律系统"替换成"政治系统""经济系统""宗教系统""教育系统"等。如果说，双重偶联性问题关涉到的是"现代社会如何可能"的问题，则这里的问题就涉及到法律系统在现代社会中的必不可少性，或者独一性如何体现的问题。为什么现代社会必须要有一个法律系统？它解决的是何种具体问题？

这个问题问的其实是现代法律系统的功能问题。关于法律系统的功能，20世纪的许多理论家都曾经提出过自己的理解，其中最著名的，莫过于庞德的"社会控制说"与帕森斯提出的"整合说"了。在卢曼看来，这两种理解未必是错的，但却并没有深入到类似于"社会如何可能"的基本概念层次进行思考。

卢曼因此区分了功效（Leistung）与功能（Funktion）的概念。无论是"社会控制说"还是"整合说"，其实都不过是在功效的层面，而不是在功能的层次思考法律的功能问题。所谓的功效，指的是法律系统能够带来的某些效用或好处，虽然法律系统能够带来此类效果或好处，但同时存在着许多类似的功效等同项，因此是可替代的。因此，为何是法律系统来承担该项功效，就必须提供额外的说明和解释。此种说明的解释负担过重，就会抵销法律系统之功效所带来的好处。而功能则是与社会功能子系统的特性本质相关的，是唯一的，不可替换的。

如果我们像卢曼一样在一个更深的康德式提问的层面思考法律的功能问题，就会发现，法律系统的功能，其实是与双重偶联性的时间面向有关，与期望有关。[1] 正如上文所说，在交互结构中，互为黑匣子的两个意识系统之间，在时间的未来面向上总是存在着某种预期，此种期望的基础则是意识系统过去的沉淀，也即意识系统的现状。[2] 在时间面向上，如果对方行为不符合自己的期望，这种情形就叫作失望。面临失望，有两种选择，一种选择是调整和改变自己的行为和期望，这就是对失望采取认知的立场。另一种选择是选择坚持原先的行为和期望，这就是对失望情形采取规范的立场（见图表一）。

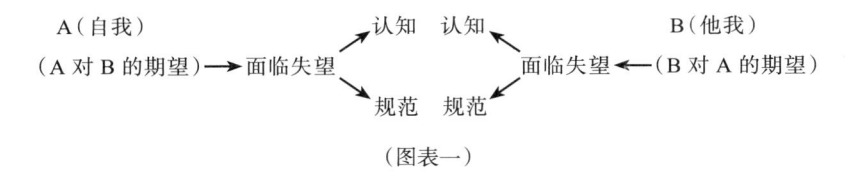

```
A（自我）                    认知  认知                  B（他我）
（A 对 B 的期望）——→ 面临失望                面临失望 ←——（B 对 A 的期望）
                            规范  规范
```

（图表一）

如果每当对方的行动不符合自己期望的时候，当事人都做出改变，就会带来一个严重的后果，就是使得自己的行动，也变得很难被其他人事先期望了。一旦自己的行为变得更难以期望，则对方也

---

[1] 需要指出的是，此处的期待，"并非指的是某个特定个体的实际意识状态，而是诸沟通之意义的时间视域。"（原书，第153页）

[2] 在双重偶联性的结构中，交互主体往往会对对方的行动进行预测，但此种具体预测还不是预期。预期乃是某种普遍化的内部信息处理的过程，或者更直接地说，就是系统内部的结构。

就会更频繁地调整自己的行动(见图表二)。如此一来,双重偶联性的困境加深了,而不是解决了。

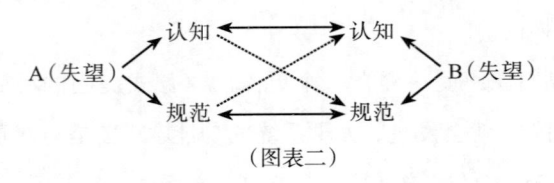

```
            认知 ←————→ 认知
           ↗      ╳        ↘
     A(失望)                  B(失望)
           ↘      ╳        ↗
            规范 ←————→ 规范
```

(图表二)

要稳定人际交往的此种期望,就必须有一个中立的第三方来稳定行为者双方的期望,尤其是稳定"对方对自己行为的期望",而要稳定对方对己方行为的期望,就必须对失望现象采取规范的态度,也就是不做出改变的态度。如此一来,就需要对自我与他我彼此的规范性期望提供担保,而此种担保唯有通过某种反事实的建构才能够实现——而现代法律系统作为一种反事实的建构,承担的就是此种对规范性期望进行担保的功能。

此时,作为象征性的普遍化媒介,以合法/非法二值代码形式表现出来的法律媒介的出现,使得法律系统在双重偶联性结构中自我催化和生成出来。正如上文所分析的,通过某种条件化的纲要(以"如果……那么……"的形式表现出来)的设置,法律系统将符合规范性期望的选择或行动判定为是合法的,赋予其积极的价值,从而诱发双重偶联性中的自我与他我都倾向和选择积极的一面,而否定和回避消极的"非法"那一面。而法律系统做出此种判定,乃是通过自我递归、自我参照的方式做出来的。[①](见图表三)。

---

① 它非常清晰地说明了,对于现代法律体系而言,为何某个具体的个人违背了某个具体的法律规范,并不意味着该具体法律规范的失效,更不意味着整个法律体系的失效。

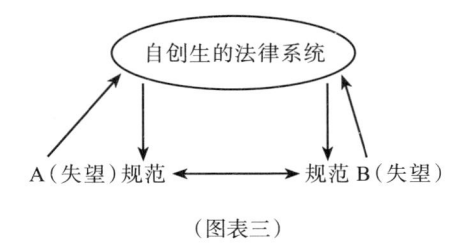

```
        自创生的法律系统
       ↗            ↘
A（失望）规范 ←——→ 规范B（失望）
```

（图表三）

六、对中国法理学研究的启示

　　本文通过将卢曼的法社会学理论放到卢曼的一般社会系统理论的整体中进行理解，又通过双重偶联性这个卢曼一般社会系统理论的核心问题来观察卢曼一般社会系统理论的基本问题意识，以及卢曼对现代功能分化社会的基本理解。通过这三个层次的考察和长途跋涉，我们基本了解了卢曼社会系统理论的基本问题立场，也了解了法社会学在卢曼整个理论大厦中的大致位置。我们既领略了卢曼既深沉又宏大的问题视野，也体验到了卢曼在概念锻造过程中堪与康德哲学相比肩的严格科学性与精确性，以及问题意识与严格概念科学之间的完美结合。

　　当然，卢曼的法社会学理论乃至一般的社会系统理论，对于中国法理学，乃至整个中国社会科学的启示与介入，并非仅限于为中国问题研究者提供思维品质与问题能力的锻炼与提升的机会与可能。就卢曼思考的问题意识及其由此生发的整套概念工具本身而言，与中国当代正在进行的波澜壮阔的社会转型与法律转型过程，仍然是极富启示和借鉴意义的。

首先，通过对双重偶联性中复杂性与偶联性程度差异的揭示，卢曼的社会系统理论延续了古典社会理论家所开创的现代性主题的探讨，并更为系统和深刻地对现代性的本质进行了阐发。与许多社会理论大家不同的是，卢曼的社会系统理论少了几分对传统小共同体社会的留恋与不舍，冷静地看到现代大型抽象社会的产生，已经是不可避免的趋势。因此，对此种现代大型、抽象的陌生人社会进行观察、描述和阐释，已经是社会理论刻不容缓的工作。这个工作是所有批判工作的前提，也比任何批判工作更为紧迫和重要。卢曼的社会系统理论至少为这个工作提供了一份草图。这是了不起的贡献。

当代中国正在进行一场前所未有的大变革。这场变革源起于清末中国与西方两个世界的接触与碰撞，因此本质性地将西方现代社会转型的过程和内容蕴含其中。因此，对西方社会的观察、描述和了解，一直是中国社会转型过程的重要参考。卢曼的社会系统理论，包括他的法社会学理论，为中国现代社会的转型与法律转型，提供了重要的智识资源与支持。

其次，卢曼将社会系统的生成，放到双重偶联性问题的视野中进行理解，并提出社会系统的生成，乃是双重偶联性问题内在包含的和自我催化地形成的，并非是任何人为设计的结果。双重偶联性问题中的自我与他我，虽然是社会系统生成的前提条件，但在系统的生成过程中，仅仅是沟通形成的外部环境。借助于象征性的普遍媒介的作用，社会系统通过自我生成的过程，形成了自身内部的期望结构，界定自己的边界。

社会系统的这个自我生成的过程，同样也适用于法律系统的生成。作为一种反事实的建构，法律系统的生成，承担了稳定规范性期望的功能。因此，这个过程虽然可长可短，也许会付出更多或者更少的代价，但整个法律系统的生成过程一旦形成，便是不可逆的。这一点，对于中国法治建设的决策者和参与者来说，也是很值得认真玩味与思考的。

最后，如果说，双重偶联性的概念，作为基本概念工具，有助于我们看清楚现代社会系统的深层结构与逻辑，那么在此背景下所形成的关于现代法律系统生成的图景，则为我们提供了一套完整的关于法律系统与社会系统之关系的整体描述。

这尤其体现在如下这一点，即卢曼的法社会学区分法律系统的功能与功效，将两者放在不同的层次讨论。显然，对于理解什么是法律，为什么要建立现代法治体系等对当代中国法治建设具有根本重要性的问题来说，对法律系统的功能形成正确的理解，比理解法律系统的功效更为重要与根本。联系到中国法治建设的批判者，总是通过功效的层次来理解法律系统的功能，由此形成对现代法治建设的否定，这一点尤其具有正本清源和提神醒脑的作用。

附录4

系统论宪法学新思维：
七个命题[*]

陆宇峰

"系统论宪法学"是一个简称，在本文的语境下，特指运用1980年代以后趋于成熟的"自创生"社会系统理论阐释现代宪法现象的学说。这套学说无疑可以追溯至古老的"宪法社会学"传统，但从两方面情况看，又确实可能给当代的宪法学研究带来新思维。

一方面，宪法社会学式微已久，随着系统论宪法学的异军突起，这个传统才重回学界视野。源于启蒙运动的"规范宪法学"，因凸显"人"的主体性而获得形而上学的正当性，几个世纪以来逐步奠定了正统地位，并牢固占据当代主流。其基本特征，在于结合宪法文本，将人的自由、平等或者尊严作为不证自明的基本原则，在此基础上展开形式逻辑的演绎分析，构造以人权保护为核心的宪法教义学体系。它试图整合理性自然法学与实证主义法学的双重旨趣，兼顾宪法的价值理想与实证效力。[①] 但规范宪法学远不是现代宪

---

[*] 本文原载于《中国法学》2019年第1期，收入本书时有改动。

① 参见林来梵：《从宪法规范到规范宪法》，商务印书馆2017年版，第4—8页。

学的全部,从社会理论开端的经典作家孟德斯鸠、伯克、萨维尼、边沁、黑格尔和早期马克思,到古典时期的社会学家滕尼斯、涂尔干、韦伯和法学家狄骥、奥里乌、施密特,都针锋相对地主张从社会结构和社会功能而非先验知识和演绎逻辑出发,理解现代宪法的形成。只不过,1945年以后,出于对极权主义的怵惕,形式主义的规范理论占据了宪法理论的中心,宪法社会学的传统则近乎被遗忘了。[1] 宪法社会学在当代西方的复兴,很大程度上归功于系统论宪法学的发展:以创始人尼可拉斯·卢曼为原点,前辈之中,系统论巨擘帕森斯强调宪法是稳定社会结构的重要资源;同辈之中声名最盛的哈贝马斯,不仅一生都在批判地借鉴卢曼的"自创生"社会系统论,而且至少其早期的宪法正当性研究,已经引入了宪法的功能分析;[2] 晚近以来,宪法学家迪特儿·格林、马丁·莫洛克、克里斯·桑希尔等在卢曼的影响下写作,以托依布纳为中心的后卢曼系统论宪法学阵营,更是提供了关于当代宪法令人瞩目的复杂论述。然而,所有这些重要变化,在中国的宪法研究者中间,还只是刚刚引起关注。

另一方面,"人文"视角的规范宪法学自不待言,除了系统论宪法学之外,其他秉持"社会"视角的宪法社会学,包括我国近年来持续活跃的"政治宪法学",[3] 都未能全面阐明现代宪法的社会基础

---

[1] Chris Thornhill, *A Sociology of Constitutions: Constitutions and State Legitimacy in Historical-Sociological Perspective*, Cambridge University Press, 2011, pp. 1—8.

[2] 参见〔德〕哈贝马斯:《公共领域的结构转型》,曹卫东等译,学林出版社1999年版,第255—266页。

[3] 参见田飞龙:"中国宪法学脉络中的政治宪法学",载《学海》2013年第2期。

问题。我国的政治宪法学可以溯源至卡尔·施密特,[①] 而施密特的宪法理论本身就是导致 1945 年以后宪法社会学传统一度衰落的重要原因。施密特从作为社会分支的"政治"出发理解宪法,通过区分"绝对宪法/相对宪法""宪法/宪法律",将宪法内容归因于"政治决断",将宪法效力归因于"制宪权",不仅在学说上严重偏离现代宪法原则,而且在实践中遭遇了背弃"自由法治国"理想甚至正当化"纳粹"独裁的批判。[②] 与政治宪法学不同,系统论宪法学尽管也不满足于规范宪法学对自由、平等、人权、法治等"大词"的意识形态说明,但倡导立足作为整体的"全社会"展开"二阶观察",破解现代宪法的社会"源代码",帮助现代宪法在保持体系安定性的同时,提升社会回应性。[③] 这是一种全新的宪法学思维,旨在以重新界定宪法功能为起点,构造一个宏大的理论体系,其内在逻辑是:现代宪法独特的社会功能决定了它在时间、空间、事物三个维度的内涵和特征,这些内涵和特征使之得以处理现代社会固有的宪法问题;全面理解现代社会面对的宪法问题,才能准确把握现代宪治的实践历史和当下发展,合理预测其未来走向;与此进程相应的宪治模式转换,反过来又取决于在不断变迁的社会环境之中有效执行现

[①] 也有论者认为,施密特的政治宪法学强调"只是在事关生死存亡的例外状态时,相对的宪法才可得以悬置,而固守绝对的宪法",但中国政治宪法学者"将例外状态常态化了","已经偏离了施密特的路径"。参见李忠夏:"中国宪法学方法论反思",载《法学研究》2011 年第 2 期。

[②] 参见〔德〕卡尔·施密特:《宪法学说》,刘锋译,上海人民出版社 2005 年版,第 25—28 页;黎敏:"宪法的多种面孔与守护宪法的不同制度模式——凯尔森与施密特论战的主要问题意识及当代意义",载《华东政法大学学报》2018 年第 2 期。

[③] 参见李忠夏:"宪法教义学反思:一个社会系统理论的视角",载《法学研究》2015 年第 6 期。

代宪法功能的客观需要。

本文拟逐一讨论以上问题,并以七个命题初步概括系统论宪法学的新思维:第一,现代宪法的社会功能是"维系功能分化",这是它负责满足的整体社会需要;第二,现代宪法的"现代性"突出地体现为"效力自赋",这是它与古代宪法的根本差异;第三,现代宪法位于法律系统与政治等功能系统的"结构耦合"处,这是澄清中国宪法学流派之争的关键;第四,宪法的组织法和基本权利内容都有其"社会规定性",这同时挑战了人文理想主义和政治现实主义的宪法观;第五,抵御体制性社会力量的权利才是"基本"权利,基本权利有其多重主体和双向效力,在此基础上的讨论,指出了当代宪法理论和宪法实践的盲点所在;第六,除了权力滥用的"政治宪法问题"之外,现代社会还存在大量涉及社会媒介失控的"社会宪法问题",深入发掘这些问题,有助于揭示现代宪法的未竟事业;第七,为了处理日益复杂的社会宪法问题,现代宪治持续发生模式转换,正在迈向多元主义的未来,从这个角度出发的回顾和展望,可能为探索符合中国国情和世界大势的宪治道路提供有益启示。

一、现代宪法的社会功能:维系功能分化

如前所述,现代宪法的社会功能分析是系统论宪法学的逻辑起点。在系统论宪法学看来,既有的相关学说存在三项严重缺陷。第一项缺陷涉及"成效"与"功能"之分。[1] 前者是宪法之于诸社会子

---

[1] 参见陆宇峰:"'自创生'系统论法学——一种理解现代法律的新思路",载《政法论坛》2014年第4期。

系统的积极影响，后者则是宪法负责满足的整体社会需要，或者说宪法试图解决的全社会问题。那些认为宪法的功能在于保障民主政治、市场经济、法律自治、教育公平、科学自由、医疗发展的学说，都因片面聚焦宪法之于个别社会子系统的成效而犯下范畴错误，错失了宪法在全社会层面不可替代的贡献。第二项缺陷涉及"目的"与"功能"之别。"许多法学著作常常像教皇权威讲话般将法律肩负的社会使命表述成具有必要的道德目的……混淆了功能与目的这两个概念"，① 罗杰·科特威尔的上述判断同样适用于宪法学。自由主义倾向的宪法学强调，宪法的功能在于限制权力、保障自由，然而宪法岂非也旨在通过形塑"利维坦"式的现代国家，合法垄断古代社会的弥散性权力，使政治权力的触角得以延伸到传统上从未涉足的领域？② 共和主义倾向的宪法学则强调，宪法的功能在于建构国家、整合社会，然而现代宪法究竟旨在缔造千人一面的同质"共同体"，还是一个由异质个体组成的"社会"，鼓励人的自由发展和自我实现？③ 将规范性的制宪目的等同于事实性的宪法功能，必然由于目的的多样性而误入绝对化的歧途。第三项缺陷涉及宪法功能与现代社会"组织原则"的关联。除了完全忽略此种关联的观点之外，将宪法功能理解为维护高等阶层统治的学说，至少要面对无

---

① 〔英〕罗杰·科特威尔：《法律社会学导论》，彭小龙译，中国政法大学出版社2015年版，第71页。

② 此处涉及政治宪法学所谓"立国"问题，更准确地说，是"国家建构"问题。参见高全喜、田飞龙："政治宪法学的问题、定位与方法"，载《苏州大学学报》2011年第3期。

③ 参见〔德〕斐迪南·滕尼斯：《新时代的精神》，林荣远译，北京大学出版社2006年版，第19—23页；〔德〕尼可拉斯·卢曼："关乎众人之事——评哈贝马斯的法律理论"，陆宇峰译，载《清华法治论衡》2014年总第20辑。

视现代宪法确立"法律面前人人平等"原则,以及现代社会已然发生"从身份到契约"之历史变革的质疑;将宪法功能理解为划定"政治国家/市民社会"界限的学说,也无法避免现代社会远不只是经济性的"市民社会"的批评。[1]一言以蔽之,现代社会既非由几个阶层构成,亦非由国家和市场、政治和经济两个部分构成。

重新界定宪法的社会功能,首先应当澄清现代社会的"组织原则"。[2]以此为前提,才谈得上区分宪法的成效、目的与功能。为了化约人口和资源等外部因素导致的环境复杂性,每个社会都必须按照一定的原则组织起来,也就是都必须按照一定方式,经由"内部再分化"形成秩序;不同程度的环境复杂性,又迫使不同社会采用不同的组织原则,以不同方式内部再分化。初民社会按照"分割分化"原则加以组织,通过横向分出地位平等的诸氏族、诸部落,化约较低程度的环境复杂性;古代社会按照"分层分化"原则加以组织,通过纵向分出地位不等的诸阶级、诸阶层,化约较高程度的环境复杂性;现代社会按照"功能分化"原则加以组织,通过分出政治、经济、法律、宗教、科学、教育、体育、大众传媒等地位平等、功能不等的诸功能系统,化约极高程度的环境复杂性。[3]抛开"原始宪法"

---

[1] 黑格尔即从经济角度认识市民社会,将其理解为"需要的体系"及其保障机制。参见〔德〕黑格尔:《法哲学原理》,范扬、张企泰译,商务印书馆1982年版,第203页。黑格尔之后,经由马克思、葛兰西、帕森斯、哈贝马斯的批判,市民社会概念有了新的发展。参见何增科:《市民社会概念的历史演变》,载《中国社会科学》1994年第5期。

[2] "社会组织原则的解释",参见〔德〕尤尔根·哈贝马斯:《合法化危机》,刘北成、曹卫东译,上海人民出版社2009年版,第20—27页。

[3] Niklas Luhmann, *The Differentiation of Society*, Columbia University Press, 1982, pp. 229—254.

这个法人类学话题不谈，如果承认不论是经验性的宪法还是规范性的宪法，都反映了全社会的基本秩序，那么至少在跨过文明的门槛之后，宪法就一直发挥着维系相应社会组织原则的功能。古代宪法往往涉及君主、贵族、教士、平民之间的利益划分，其功能就在于维系分层分化。

现代宪法的功能则在于维系全社会的功能分化。以承认奴隶制合法性的1787年美国宪法为代表，某些现代宪法确实残留了利益分配的痕迹，但它们已经不是不同社会阶层相互妥协的产物，而是不同经济形态相互竞争的产物。在功能分化原则的主导作用下，作为全社会子系统的严格意义上的阶层逐渐消失了。今天所谓"贫困阶层""权贵阶层"，不过是指特定经济收入水平或者特定政治参与程度的分散个体，迥异于那种决定了不可改变的身份归属、职业选择、婚恋对象、言行准则、受教育机会和权利义务范围，且将其成员高度整合的古代阶层。现代宪法需要处理的全社会问题，不再是如何根据"上/下"区分安排各阶层之间的关系，使整个社会围绕高等阶层这个"中心"形成稳定的秩序；而是如何保证所有功能子系统都能按照各自的"符码"和"纲要"独立运作，在彼此运行不悖的条件下形成"去中心化"的秩序，使整个社会及其全部人口从各领域的高度专业化和理性化中获益。

由此也就不难说明，为何限制权力或者整合社会，都只是宪法的目的。一方面，现代宪法自诞生之初，就特别强调限制政治权力，这并不是因为政治固有道德上的"恶"性，而是因为现代政治作为强大的功能系统，往往放任"有权/无权"的系统理性侵犯其他功能系统的自治边界，破坏全社会的功能分化。的确，现代宪法通过权力分立的组织法设计，通过赋予公民政治权利和政治自由，在政治系统内部促成国家与政党、公共领域的"中心/边缘"再分化，[1]有效限制了政治权力。但潜藏在权力限制背后的问题导向，则是排除其他社会系统自主运作的障碍，维系全社会的功能分化。是故当功能分化的维系不是要求限制权力，而是要求加强权力的时候，现代宪法也毫不犹豫地做出了符合其全社会使命的选择：罗斯福逼迫美国联邦最高法院调整宪法解释以释放政府干预空间的故事早已耳熟能详，作为"宪法性承诺"，他的《第二权利法案》同样旨在扩大公共权力，抑制"自由放任"时期资本主义经济持续增长的负外部性。[2]较之1919年《魏玛宪法》和东德社会主义宪法，德国《基本法》尽管因缺少社会权利条款而饱受诟病，[3]但为了降低过度膨胀的经济理性之于教育、医疗等社会系统功能发挥的负面影响，保障"公民符合人权之最低生存条件"，该法第20条确立了"社会福利国家原则"，为在家庭政策、教育政策、环境政策、能源供给等领域扩大行政权力创造了宪法前提。[4]另一方面，现代宪法建构"国家"和"人民"，确立"人民主权"和民主原则，也并不像它宣称的那样是在全社会层面施加整合，而是仅仅在政治这个次级层面施加整合。在现代宪法框架下，政治固然只有经由公共意志的民主形成过程获得正当性，才能不断产出"有集体约束力的决定"，但现代宪法

---

[1] Niklas Luhmann, *The Differentiation of Society*, pp. 166—189.
[2] 参见〔美〕凯斯·R.桑斯坦：《罗斯福宪法——第二权利法案的历史与未来》，毕竞悦、高瞰译，中国政法大学出版社2016年版，第58—88页。
[3] 参见胡锦光主编：《外国宪法》，法律出版社2011年版，第174—175页。
[4] 〔德〕彼得·托比亚斯·施托尔："经济宪法和社会福利国家"，陈梦晓译，载《中德法学论坛》2009年总第7辑。

并没有将其他社会系统纳入民意控制，并没有要求经济、宗教、艺术等领域团结一致、统一行动。恰恰相反，绝大多数现代宪法坚决保障契约自由、信仰自由和艺术自由，明确拒斥政治特有的共识机制跨界运转。

民主政治、市场经济、法律自治和科学研究自由，之所以属于现代宪法的成效，原因仍然在于它们只是功能分化的下位指标。取向于功能分化的现代宪法并不为任何特定社会部门服务，并不试图促进任何特定"社会理性"的最大化。不受约束的市场经济曾给全世界带来恶果，甚至要为20世纪的两次大战负责，这一点如今几乎没有异议，其教训早已记录在宪法变迁的历史之中。如果观察得更全面一些，不难看出宪法也被用于控制极端的政治民主，以抵御"多数人暴政"，此即各国通过普通法院、宪法法院或者宪法委员会实施的"违宪审查"制度；不难看出宪法也被用于矫正极端的法律自治，以适应经济社会的发展需要，19世纪晚期以来欧陆的"自由法运动"和美国的实用主义法学、社会学法学思潮，都聚焦这个问题；[①] 当前尤为重要的，则是在科学研究与捍卫人的尊严、保护生态环境之间划出宪法界限。[②] 从这个意义上讲，所有宪法成效之总和，同样不是现代宪法的功能。为了维系现代社会的功能分化，现代宪法既要构成性地奠定诸社会子系统的自治基础，又要限制诸社会子系统天然的扩张主义倾向，防止它们相互侵犯运作边界，在全社会

[①] 参见陆宇峰："美国法律现实主义：内容、兴衰及其影响"，载《清华法学》2010年第6期。

[②] 参见韩大元、王贵松："谈现代科技的发展与宪法（学）的关系"，载《法学论坛》2004年第1期。

内部释放离心力量。

二、现代宪法的现代属性：效力自赋之法

维系功能分化的社会功能迫令，从时间维度决定了现代宪法的现代属性。与众多宪法史家不同，系统论宪法学者即便并未一概否认"古代宪法"，也是对现代宪法与古代宪法的"断裂性"给予了特别的重视。"一直要到十八世纪末期，人们才发明……那自此以后被称为'宪法'的东西"。[①] 诸如1215年《大宪章》这样的古代宪法文件，尽管对于议会制度的形成、人权的保障、法治的早期发展"功不可没"，却并不被视为现代宪法的"起源"。[②]

当然，现代宪法之所以体现了"现代性"，既不是因为出现在历史学家眼中的"现代"时期，也不是因为产生于"资产阶级革命"，确立了符合"资产阶级"利益的新原则。"英国革命100多年后，宪法才作为18世纪美国革命和法国革命这两次伟大革命的光辉业绩而产生"，[③] 迪特儿·格林一句话否定了上述两种过度简单的看法。然而，当他区分"经验意义上的宪法"与"规范意义上的宪法"，认为只有后者属于现代宪法的时候；甚至当他进一步补充说明，较之古代宪法，现代宪法在法律体系中占据了至上地位、面向从全社会中分

[①] 〔德〕尼可拉斯·鲁曼：《社会中的法》，李君韬译，中国台湾五南图书出版有限公司2009年版，第513页。

[②] 比较程汉大："《大宪章》与英国宪法的起源"，载《南京大学法律评论》2002年第2期。

[③] 〔德〕迪特儿·格林：《现代宪法的诞生、运作和前景》，刘刚译，法律出版社2010年版，第7页。

出的专门的政治系统、标志着政治秩序之根本改变的时候，也仍然没有完全抓住现代宪法的"现代性"特质。所有这些描述，都有助于理解现代宪法与古代宪法在形式、内容、功能、效力和社会条件方面的巨大差异，但都未能把握二者具有决定意义的"古今之分"。

现代宪法真正令人惊异的地方，在于它们从效力来源上讲，堪称"无中生有之物"。包括1215年《大宪章》在内，一切古代宪法的效力，都来源于既已存在的"传统"。这些传统可能是划定了统治范围的古老政治习惯，也可能是遭遇统治者单方面背弃的古老法律，比如规定贵族应当接受"同等人"审判的封建法，或者1100年的《亨利一世宪章》，又或者宣告教会自由和教士特权的教会法。[①] 正如耶利内克所说，"《大宪章》……并不包含任何新的权利"。[②] 英国1689年的《权利法案》也不例外，这项宪法文件的效力来自此前几个世纪的宪法性惯例，其实质贡献仅仅在于以成文的方式，重申了被詹姆斯二世践踏的议会权利和自由。而与古代宪法相比，北美从1776年发布《独立宣言》起，无论是以1780年马萨诸塞宪法为代表的州宪法，还是1787年的美国联邦宪法，它们在创制之时都面临一种亘古未有的态势，即其效力无法诉诸任何传统；亟待它们填补的，正是脱离英王主权控制之后的政治法律真空。"大革命"时期的法国与此类似，自1789年"路易十六对8月5日通过的议会法令和人权宣言一概不予批准"之后，[③] 尤其自1793年1月21

[①] 参见何勤华、王涛：《〈大宪章〉成因考》，载《法学家》2017年第1期。

[②] 〔德〕格奥尔格·耶利内克：《人权与公民权利宣言——现代宪政史上的一大贡献》，中国政法大学出版社2012年版，第35—36页。

[③] 〔法〕乔治·勒菲弗尔：《法国革命史》，顾良、孟湄、张慧君译，商务印书馆2010年版，第137页。

日路易十六被送上断头台之后,一系列令人眼花缭乱的宪法文件的基本目标已经不是"复兴旧法国",而是"建立新法国";它们的效力同样无法诉诸传统,亦即无法诉诸任何可以往前追溯的法秩序基础。

更准确地说,现代宪法的现代性根植于一个具有奠基作用的"套套逻辑":它们自己赋予自己效力,它们的效力源于自身。首先,自然之声、理性之光、上帝意志、人民公意、民族历史、文化传统或者社会契约,都不是现代宪法的效力来源。[①]无论宪法文本的宣示多么真诚,无论其背后的政治哲学和法哲学多么深刻,无论其传递的观念拥有多么坚实的社会基础,都改变不了一项制度事实:在宪法问世之前,这些反映"制宪目的"的修辞仅仅停留在实证的、规范性的法律体系之外;现代宪法自主选择了自然法学、历史法学或者法政治学的种种叙事,以便赋予自身"宪"的效力和"法"的属性。一切相反的描述都无非"立国神话",旨在向法律系统外部转移"效力自赋"的套套逻辑,掩饰现代宪法的悖论性开端。其次,"制宪权"也不是现代宪法的效力来源。从社会历史的角度看,"制宪者"从来不可能真正代表"全体人民"创制宪法;从法律历史的角度看,鉴于任何有效的权力都源于既有的法秩序,而"制宪者"从一开始就以其创制"最高新法"的姿态与旧秩序彻底决裂,制宪权在宪法生效之前也并不存在。[②]反倒是制宪权来源于它自己的产品,亦即

[①] 从历史学意义上讲也是如此:"美国革命和制宪创造了美利坚民族和美国共和政体,而不是相反"。参见〔美〕查尔斯·霍华德·麦基文:《美国革命的宪法观》,田飞龙译,北京大学出版社 2014 年版,第 11 页。

[②] 参见〔美〕马克·图什内特:《比较宪法:高阶导论》,郑海平译,中国政法大学出版社 2017 年版,第 17—21 页。

现代宪法本身；现代宪法在赋予自身效力的同时，也就溯及既往地宣告了制宪者及其制宪权的合宪性。最后，鉴于哈贝马斯程序主义的商谈论法哲学影响十分巨大，有必要指出"制宪程序"同样不是现代宪法的效力来源。这个观点甚至无须严肃论证，瞥一眼"对外贴上了封条"的费城制宪会议就足够了："代表们穿着呢绒燕尾服，不仅关上房门，而且紧闭窗户，宁可汗流浃背，唯恐隔墙有耳"。[①]毫无公开性可言的制宪程序，一点没有影响1787年美国宪法的效力。

"效力自赋"的套套逻辑产生了诸多重要后果，标志着现代宪法与古代宪法分道扬镳，在时间维度上取向于"未来"。[②]这里只需简要提及：现代宪法不仅赋予自身效力，而且是最高效力，以其为"根本法"的实证法律体系自此发端；相应于这种具有内部效力层级构造，取消了"自然法/人定法"或者"永恒法/自然法/神法/人法"之分的封闭体系，现代宪法确立了"新法优于旧法"原则，又将自己作为该原则的"例外"排除适用；现代宪法由此主张乍看之下颇似自然法的"不可变更性"，却又一面自己规定了变更自己的程序条件，对宪法修改施加自我控制，一面自己发展了判定法律是否符合自己的机构，经由合宪性审查以及为此不得不启动的宪法解释持续更新自己。要言之，现代宪法基于"效力自赋"的根本套套

[①]〔美〕詹姆斯·麦迪逊：《辩论：美国制宪会议记录》，尹宣译，译林出版社2014年版，第3页。

[②] 有政治宪法学者正确强调了"宪法权威的法律拟制"，指出宪法权威不在于"人民的正当性和革命的历史正义"，但最终仍然没有坚持"套套逻辑"，而是诉诸"一个终结革命并守护革命成果的宪制结构"。参见高全喜："论宪法的权威——一种政治宪法学的思考"，载《政法论坛》2014年第1期。

逻辑，形成了更多需要在宪法实践中不断展开的套套逻辑，①从而摆脱了"过去"的束缚，呈现出无可预知的多重面向和无可消弭的不确定状态，此即其"现代性"所在。

再一次强调，现代宪法的社会功能决定了它"效力自赋"的基本特征和面向未来的现代属性。这是因为，宪法的效力倘若来源于外部，法律系统就将成为附属品，无法实现自主的封闭运作；不论这个外部来源是政治、道德、经济、科学还是宗教，都必然受到宪法的额外"加持"，成为凌驾于其他功能领域之上的新的社会中心。这也是因为，宪法的运作倘若不是建立在一系列套套逻辑的基础上，从而割断了与过去的关联，面向开放的未来，整个法律系统就从根本上丧失了变动的可能，无法随着社会变迁持续展开自我调整，回应维持诸功能系统动态均衡的全社会需要。所有这一切只有一个后果，即功能分化原则的崩溃。

三、现代宪法的空间位置：系统际耦合结构

较之时间属性，现代宪法的空间位置更少受到关注。但这个问题，其实是我国规范宪法学与政治宪法学当下争论的真正焦点。这场争论大概不会有什么结果，因为一方将宪法视为法律现象，一方将宪法视为政治现象，双方对宪法的空间定位不同。②系统论宪法

---

① 参见〔德〕尼可拉斯·鲁曼：《社会中的法》，第514—515页。
② 由此呈现"宪法意义上的人民"与"宪政民主的体制"之对峙。参见〔美〕彼得·C.考威尔：《人民主权与德国宪法危机——魏玛宪政的理论与实践》，曹晗蓉、虞维华译，译林出版社2017年版，第178—185页。

学则认为，现代宪法既非单纯的政治现象，亦非单纯的法律现象。[1] 为了维系功能分化，同时防止政治对法律决定的随意支配和法律对政治空间的过度压缩，现代宪法只能位于法律系统与政治系统的结构耦合处。由于共有现代宪法这一结构，两个功能系统呈现为耦合状态。

"耦合"不是"融合"，而是一种选择性的关联关系。现代宪法没有将政治与法律"融"为一体。恰恰相反，政治与法律的各自独立和彼此分离，是现代宪法维系全社会功能分化的主要成就之一，此即现代"法治"的社会学含义。[2] 这尤其体现在，在两种社会脉络之下，宪法具有截然不同的意义。对于法律脉络而言，宪法是最高制定法，统摄所有普通法律，与它们共同构成效力上呈现为凯尔森所谓"金字塔形态"的规范体系，支撑着法律系统的封闭运作。对于政治脉络而言，宪法则是双重政治工具：从改变秩序现状的意义上讲，它是实际的政治工具，只要得到宪法的最高授权，政治权力就可以排除各种阻碍，强势介入社会控制、社会治理或者社会改革；从维持秩序现状的意义上讲，它又是象征最高政治权力的工具，宪法通过宣示国家主权，确认了一个独立、统一的权力体系，古代社会由领主、教会、宗族、行会掌握的那些社会权力，由此被排除出政治系统之外，甚至被视为非法暴力。[3]

---

[1] 有学者已经讨论了"介于'司法化'与'政治化'之间的宪法"，参见李忠夏："基本权利的社会功能"，载《法学家》2014年第5期。

[2] 参见鲁楠、陆宇峰："卢曼社会系统论视野中的法律自治"，载《清华法学》2008年第2期。

[3] 参见〔德〕尼可拉斯·鲁曼：《社会中的法》，第515—519页。

基于宪法的耦合作用，政治与法律可能发生"共振"。①共振的字面含义相对简单，即二者之间不存在输入／输出的线性因果关系，它们仅仅在"合宪"的前提下，才因"频率一致"发生同步变化。反过来说，由于宪法的过滤效应，政治系统的立法和政策决定并不都能转化为法律，法律系统的司法决定也并不都能获得政治支持。共振的引申含义则需稍作解释：不论政治决定还是法律决定，归根结底都是"恣意的决断"，因为它们都暗含着"自我决定"的套套逻辑。政治决定的依据既不是法律，也不是道德伦理、宗教教义、经济利益、科学真理、媒体舆论等外部标准，而是政治系统自身的"有权／无权"符码，以及由既有政治决定构成的递归网络。正如在多党政治条件下，政策制定的最终考量就是能否贯彻本党宗旨和赢得选举，哪怕这些政策将给其他社会领域或者特定人群（比如美国的"白人下层"）带来不利影响，②又或者根本就不符合法律——要知道，一项无法通过合法性审查的提案也可能极富政治意义。法律决定的依据也不是包括政治在内的任何外部标准，而是"合法／非法"符码以及法律沟通的历史。正如在现代法治条件下，法院按照法律系统内在的"正义"公式，亦即"同案同判，不同案不同判"的原则保护"合法"的利益，③哪怕"非法"的利益对于经济政治发展更具

---

① "结构耦合"与"共振"，参见〔德〕尼克拉斯·鲁曼：《生态沟通——现代社会能应付生态危害吗》，汤志杰、鲁贵显译，中国台湾桂冠图书股份有限公司2001年版，第27—36页。

② 参见〔美〕小尤金·约瑟夫·迪昂：《为什么美国人恨政治》，赵晓力等译，上海人民出版社2011年版，第74—95页。

③ 参见泮伟江："作为法律系统核心的司法——卢曼的法律系统论及其启示"，载《清华法治论衡》2009年总第12辑。

重要性。这些恣意的决断并非"不理性",反而完全出于特定系统的内在理性,但它们必须得到掩饰或者展开,否则难免遭受外部的质疑。现代宪法在政治与法律之间造成的共振效果,就起到了这样的作用——以不违反宪法为前提,经由宪法的中介,政治决定从法律系统那里获得合法性,法律决定从政治系统那里获得执行力,二者相互转移决断的恣意。① 现代社会日益增长的复杂性和日益加剧的风险,由此也被分担到政治和法律两个肩膀上。美国宪法曾经的力量,就在于通过建构基本权利体系,将社会议题去政治化,这悖论式地提升了政治系统的治理成效;美国宪法当下的麻烦,则在于随着"二战"后国内外环境的变动,这种悖论关系被破坏了,"陷入去政治化和泛政治化的双重困境之中"。②

此外也不应当认为,法律系统与政治系统的所有耦合结构都是宪法。二者之间既存在持久、紧密的耦合,也存在松散、暂时的耦合,此即宪法与普通立法的区别。一项上调税率的普通立法,固然对日常生活影响巨大,但既不关乎根本的政治架构,也并非短期之内不可改变的法律规范。而在我国2015年修订的《立法法》中,"税率法定"则是一项宪法性原则。该原则造成了政治与法律之间"持久"的结构耦合,因为从此以后,政府部门调整税率的决定,即使得到经济学家的一致认可或者权威媒体的无保留支持,只要没有

---

① 更长的套套逻辑展开链条,被概括为"政治问题法律化、法律问题司法化、司法问题程序化"。参见高鸿钧:"美国法全球化:典型例证与法理反思",载《中国法学》2011年第1期。

② 参见余盛峰:"美国宪法的力量和弱点——社会系统理论的观察视角",载《比较法研究》2016年第6期。

全国人民代表大会及其常务委员会的同意,就不能产生法的效力;该原则也造成了政治与法律之间"紧密"的结构耦合,因为它围绕税率调整这一事项,在行政机关与立法机关之间进行了权力再分配,亦即在政治系统的内部,形成了"以权御权"的"反思性"。换言之,作为持久、紧密的耦合结构,"税率法定"既在政治系统之中形成了"权力之于权力"的反思,使政府征税权受到人大立法权的二阶控制;又在法律系统之中形成了"法律之于法律"的反思,使税率规则受到程序性宪法规则的二阶控制。[①] 是故从空间维度出发,也可以将现代宪法界定为法律系统与政治系统"双重反思性"的联结。[②] 这样的空间定位更准确地反映了现代宪法的功能要求,即通过正式化诸功能系统的自我反思机制,维系全社会的功能分化。

四、现代宪法的内容要求:社会的规定性

除了时间和空间维度之外,维系功能分化的任务还从事物维度对现代宪法予以限定。在这个问题上,系统论宪法学再次对规范宪法学和政治宪法学持保留意见:前者认为宪法的内容规定性来源于"人"的价值理想,后者认为宪法的内容规定性来源于"政治"的现实秩序,双方从"制宪权"是否受"超实定的法原则"拘束的议题出

[①] 类似于哈特所谓"第二性规则"对"第一性规则"的控制。参见〔英〕哈特:《法律的概念》,张文显等译,中国大百科全书出版社1995年版,第81—100页。

[②] 参见〔德〕贡塔·托依布纳:《宪法的碎片:全球社会宪治》,陆宇峰译,纪海龙校,中央编译出版社2016年版,第120—128页。

发,展开了一系列争论。①系统论宪法学支持规范宪法学的隐含预设,即并非任何反映政治力量对比关系的事实性描述都可以成为宪法的规范性内容,但强调是"社会"而不是"人"划定了此处的边界。

现代宪法的组织法,只能是那些同时构成和限制着政治权力的规范。原因并不在于这样的规范符合人权保障的目标,而在于现代社会需要一个既能够封闭地自主运作,又不至于侵犯其他社会系统自主运作的政治系统,以便持续做出有集体约束力的决定。在功能分化的现代社会中,只有政治系统能够做出有集体约束力的决定,历史上长期与政治一道进行集体决策的那些社会领域,早已无法以其意志向全社会发号施令;反过来说,现代政治必须在脱离宗教、道德、宗族、阶层支持的苛刻条件下,保证它频繁做出的决定在领土国家范围内产生被广泛认同的约束力。完成如此艰巨的使命,必须仰赖内容特定的宪法组织法。

现代的宪法组织法应当将合法权力排他地授予政治系统。从抽象层面看,这是通过建构国家和宣示主权,亦即宣示在领土范围之内通常被归属于"人民"的最高权力。宪法拟制出单数的"人民",使"人民"成为国家主权的主体和政治意志的唯一正当来源,从根本上保障了权力体系的统一性。从具体层面看,这是通过设置各项政治权力,以及行使政治权力的国家机关,宪法由此构造出居于政治系统中心地位的"国家组织",排除了各种社会力量的外部干预。②

---

① 参见〔日〕芦部信喜:《制宪权》,王贵松译,中国政法大学出版社2012年版,第35—45页。

② 此处涉及对"国家"的位置及其与宪法关系的新理解,而"宪法与国家关系的'疏远'是30年宪法发展中值得反思的问题"。参见韩大元:"宪法实施与中国社会治理模式的转型",载《中国法学》2012年第4期。

现代国家作为组织系统出现的重要后果之一，就在于权力持有者与其社会身份、社会背景的制度性隔离。"公职"的授予与阶层等级、宗教信仰、经济收入脱钩，"公职人员"被课以"特殊的职务忠诚义务"，正是古代政治向现代政治变迁的明显征兆。[①]

组织法还应当将政治系统的自我反思机制加以宪法化。一类是"水平控制机制"，既包括国家机关内部的控制，比如政府的合议组织、议会的"两院"、我国法院的"审判委员会"；也包括国家机关之间的控制，比如议会任免政府官员和弹劾总统之权、政府在紧急状态下解散议会或超越议会实施独裁之权、法院的行政审判和司法审查之权。另一类是"垂直控制机制"，既包括联邦制下联邦与州的权力分配，也包括我国宪法第三条第4款以原则方式在中央与地方之间进行的国家机构职能划分，还可能包括我国2018年宪法修正案对于人大监督与监察监督关系的特殊安排。[②] 在当前这场经由修宪和立法展开的监察体制改革中，为了避免人民代表大会制度丧失垂直控制的效果，必须依据"代议机关自治性原则"设立"监察权行使的禁区"，并"对监察人大代表持谨慎态度"。[③] 所有这些自我反思机制如果缺乏组织法的正式保障，不仅可能造成政治系统肆意侵犯其他社会系统的危险，而且可能导致政治系统自身陷于崩塌的风险。阿克顿勋爵的理解并不深刻：不受权力控制的绝对权

[①] 〔德〕马克斯·韦伯：《支配社会学》，康乐、简惠美译，广西师范大学出版社2010年版，第24页。

[②] 宪法对政治权力加以"水平控制"与"垂直控制"的二分法，参见〔美〕卡尔·罗文斯坦：《现代宪法论》，王锴、姚凤梅译，清华大学出版社2017年版。

[③] 秦前红："国家监察法实施中的一个重大难点：人大代表能否成为监察对象"，载《武汉大学学报（哲学社会科学版）》2018年第6期。

力，不只是意味着"绝对的腐败"，而是还意味着权力未能在政治系统内部形成"二阶控制"的"封闭循环"，只得跨越政治的边界，寻求十分不稳定的外部因素作为合理性支撑。这种合理性支撑替代不了控权机制的合法性支持，无论是"卡里斯玛"式的个人权威，还是经济建设的成就或者高水平的福利分配，都不仅具有政治本身无法左右的高度或然性，而且从来不能保证政治在"同意"的基础上持续做出有集体约束力的决定。在功能分化社会，正如物质资源的再生产问题只能在经济系统内部解决，权力资源的再生产问题也只能在政治系统内部解决。

现代宪法关于基本权利的内容，同样源于功能分化的社会组织原则。启蒙运动固然变革了社会的观念，使自由平等的思想深入人心，但绝不应该相信，直到17世纪以降，人类才在理性主义哲学家或者自然法学家的呼唤之下觉醒，发现了人生而平等自由的真理，进而经过斗争和革命，以宪法形式确认这些真理。恰恰相反，正如韦伯所说，"自然法是经由革命所创造出来的秩序的一种特殊的正当性形式。"[①] 社会系统论则进一步指出，社会结构决定了社会语意。启蒙思想家的真正发现，毋宁是与即将到来的现代社会相适应的社会意识，这与柏拉图洞察了与古希腊社会相适应的社会意识——"金银铜铁血统论"异曲同工。从分层分化向功能分化的社会剧变，客观上要求打破等级秩序，将作为"个体"的"人"从旧式阶层解放出来，以"个人"身份"涵括"到新兴的诸功能系统。[②] 正是由于现

---

① 〔美〕韦伯：《法律社会学》，康乐、简惠美译，广西师范大学出版社 2005 年版，第 300 页。

② 此处涉及四个概念："人（Human）"指有血有肉的人类；"个体（Indifiduum）"指

代功能系统各自执行独一无二的全社会功能，各自取向于自身能量的最大化，各自试图涵括全部人口，[①]才产生了通过宪法保障个人的人身自由，以及个人之间的契约自由的现实需要。也正是由于较之传统社会按照"上／下"标准划定的各阶层，现代社会诸系统只有功能之分，没有地位之别，才产生了通过宪法确认"公民在法律面前一律平等"的现实需要。倘若公民因职业的不同而有宪法权利的差别，功能系统之间的水平分化就被破坏了，其结果是社会的"再中心化"；倘若公民因民族、种族、性别、家庭出身、宗教信仰、教育程度、财产状况的差别，而有参与政治生活、开展经济活动、从事科学研究或者接受公平审判的不同宪法机会，政治、经济、科学、法律系统的自主性就被破坏了，其结果则是社会的"再阶层化"。

概而言之，宪法通过保护基本权利，至少以五种方式维系着现代社会的功能分化。一是创造功能分化社会的持存前提，比如对人的尊严和职业自由的保护，就为作为社会环境的人划出了行动空间，使之得以在脱离阶层脉络的情况下稳定自我呈现，这支撑着社

个体性作为现代中自我描述的特有模式"；"个人（Person）是指社会沟通所'发送到'的对象，这个对象因系统及处境而有不同"；"涵括（Inklusion）是指个人对特定沟通的参与"。参见〔德〕Georg Kneer, Armin Nassehi：《卢曼社会系统理论导引》，鲁贵显译，中国台湾巨流图书1998年版，第216页。"个体"或者"个体性"作为现代社会的特殊语意，不难理解。值得特别说明的是，在社会系统论的语境下，"个人"并非有血有肉的"人"，而是后文所谓"人格体"，或者古典社会学所讲的"角色"。作为意识系统和有机体系统的综合体，作为社会系统的外部"环境"，有血有肉的"人"并不直接参与社会系统的运作。"人"只能通过他们的社会"面罩"，即"个人""人格体"或者"角色"被社会系统"涵括"；在功能分化社会中，即被各种功能系统分别"涵括"。

① 分层社会绝不允许这种多重涵括，"人们要不是属于这个阶层就是属于另一个阶层"。参见〔德〕Georg Kneer, Armin Nassehi：《卢曼社会系统理论导引》，第206页。

会沟通的不断延续;①二是奠定特定功能系统的自治基础,比如对所有权和契约自由的确认,就在静态和动态两个层次上推动了基于"拥有/不拥有""支付/不支付"符码的封闭运作,这对现代经济的涌现起到了构成作用;三是抵御其他功能系统的外部干预,比如科学研究自由、宗教信仰自由和结社自由,就帮助各种社会领域巩固了自己的边界,防止了真理、信仰、审美等社会媒介被权力媒介"异化";四是推动功能系统的内部反思,比如选举权与被选举权在政治系统的边缘建构了"选民"和"政党",言论、出版、集会、游行、示威自由在政治系统的边缘建构了"公共领域",这些子系统与"国家组织"的内部再分化,提升了政治系统的自我反思能力;五是促进功能系统的"再涵括",比如"魏玛宪法"、社会主义宪法以及《经济、社会和文化国际权利公约》所特别强调的劳动权、受教育权、社会保障权和参与文化生活权,都有助于被经济、教育、医疗、科学系统所排除的弱势群体得到再涵括。

关于最后一种方式,此处不得不稍作展开:各种经济社会权利,一般被认为对应于基本权利的受益权功能和国家的给付义务,②但仅仅这样理解,很可能加剧"社会福利国家温情主义的副作用",导致"假定的受益者在他的自主生活空间里反过来又受到了限制"。③经济社会权利所承担的艰巨任务毋宁是促进"再涵括",也就是帮

---

① 参见〔德〕托马斯·莱赛尔:《法社会学导论》,高旭军等译,上海人民出版社2011年第5版,第120页。

② 更深入的讨论,参见张翔:"基本权利的受益权功能与国家的给付义务——从基本权利分析框架的革新开始",载《中国法学》2006年第1期。

③ 〔德〕尤尔根·哈贝马斯:《包容他者》,曹卫东译,上海人民出版社2002年版,第303页。

助被经济、教育、医疗、科学系统"抛离"或者说"排除"的人口，重新回归现代生活。诸功能系统总是按照自身符码和纲要"旁若无人"地自主运行，不断将"掉队"者予以排除，而且"这样的排除，也会对'涵括到其他领域中'这件事情，产生阻碍"。[1] 这种趋势如果无法得到遏制，最终必然腐蚀功能分化本身，其后果比"再阶层化"还要严重。因为那些遭到排除者，并不是跌落到了一个与其他阶层稳定沟通的较低阶层，而是根本不再与其他人共同生活在"现代社会"。西方发达国家长期无法消灭的"贫民窟"和"黑社会"现象，已经对此敲响了警钟。

五、基本权利的社会原理：性质、主体和效力

与组织法问题不同，仅仅讨论基本权利内容的社会规定性还远远不够。截至20世纪上半叶，现代宪法的各种组织法框架已经全部亮相历史舞台，它们是大会政府、议会制、内阁政府、总统制、指导性政府等有限类型及其变体。但自20世纪下半叶以来，在各国宪法中，在各项国际公约中，在各种宪法判例中，从环境权、和平权、隐私权、知情权、媒体自由和媒体多元化、同性恋权、死的权利，[2] 直到当前热议的数据权利，[3] 基本权利的清单仍然在不断拉长，以至

---

[1] 〔德〕尼可拉斯·鲁曼：《社会中的法》，第636页。
[2] 参见郑贤君：《基本权利原理》，法律出版社2010年版，第366—373页。
[3] 参见丁晓东："什么是数据权利？——从欧洲《一般数据保护条例》看数据隐私的保护"，载《华东政法大学学报》2018年第3期；刘泽刚："欧盟个人数据保护的'后隐私权'变革"，载《华东政法大学学报》2018年第3期。

于格伦顿把权利话语视为"穷途末路的政治言辞"。[1] 更严峻的情况是，在基本权利的基本性质、主体范围、效力对象等原理问题上，林林种种的大量学说只是增加了混乱。基本权利与自然权利、天赋人权、公民权利、宪法权利的术语混用，从一个侧面把这种理论乱象展现得淋漓尽致，唯有再度诉诸现代宪法的社会功能，方可予以辨明。

首先，基本权利何以"基本"？已有的答案都不令人满意。因为它们是"自然状态"下的权利？这种观点把政治权利和社会权利排除在外。因为它们是"人之为人"的权利？这种观点如此空洞，最多只具有修辞意义。因为它们关联着国家赋予的公民资格？这种观点预设了基本权利可以收回的可怖推论。因为它们被写入宪法而非普通法律文本？这种观点无异于宣称基本权利可以任由立法者做技术性的处置。系统论宪法学强调，区分基本权利与非基本权利有其"社会"必要性：前者面临"匿名沟通的魔阵"[2] 亦即各种社会体制的威胁，需要根本大法的保护；后者面临个人的威胁，普通法律提供的保护已经足够。跳出法学的归因思维看，政治权力等体制性力量，既不是源于特定的个人行动者，也不是源于特定的集体行动者，而是源于"专殊化的普遍沟通媒介"[3]，以及超越个人和集体意志的系统动力，具有无可比拟的巨大破坏潜能。这就是为何

---

[1] 参见〔美〕玛丽·安·格伦顿：《权利话语——穷途末路的政治言辞》，周威译，北京大学出版社 2006 年版，第 1—23 页。

[2] 参见〔德〕贡塔·托依布纳：《魔阵·剥削·异化——托依布纳法律社会学文集》，泮伟江、高鸿钧等译，清华大学出版社 2012 年版，第 201—204 页。

[3] Niklas Luhmann, *Trust and Power*, John Wiley & Sons, 1979, p. 113.

同样涉及所有权问题，盗窃只是由刑法加以处理，危及他人财产安全只是由侵权法加以处理，而私有财产的征收征用却必须附加公共利益、法律保留、适当补偿、正当程序等宪法限制。政府官员背后的强大体制性力量，与试图保护私有财产的弱小个人力量形成鲜明对比，严重威胁了作为基本权利而非民事权利的所有权。

其次，"谁"是基本权利的主体？传统宪法学已经发现了基本权利主体范围的扩大态势，但仍然坚持"人"才是基本权利主体的教条，它们要么是"自然人"，要么是法律拟制的人即"法人"，要么是"自然人相对松散的集合"即"非法人组织"。[①]然而，如果为了执行维系功能分化的宪法任务，基本权利应当保护所有遭受体制性力量威胁者，那么基本权利的主体范围就不能够局限于"人"。托依布纳出于这样的考虑，阐述了基本权利的多元主体：[②]首先是"制度"，要维系艺术、宗教、家庭等功能领域的制度完整性，必须赋予这些制度基本权利，抵御政治向各种自治社会过程的肆意扩张。其次是"人格体"，要维持法律、经济、教育、医疗、大众传媒、科学、体育等功能系统内部的自主沟通空间，必须赋予法官和律师、公司和商人、教师和学生、医生和患者、媒体和记者以及科学研究者、运动员等人格体基本权利。最后才是"人"，要捍卫有血有肉的自然人的身心完整性，防止他们的生命权、健康权、良心自由、思想自由、人格尊严受到政治权力的侵犯，同样应该赋予他们基本权利，也就是严格意义上的"人权"。德国基本法上所谓"人的尊严不

---

① 参见于文豪：《基本权利》，江苏人民出版社2016年版，第86—113页。
② 参见〔德〕贡塔·托依布纳：《宪法的碎片：全球社会宪治》，第169—170页。

可侵犯",其原初含义即与"极权主义的经历"联系在一起。① 对人的保护,既不能替代对制度的保护,也不能替代对人格体的保护。人只是社会的外部环境,人格体才是社会的内部构造,才能实际进入各领域的社会沟通。一个人可能对应于多个人格体,作为多种角色参与方方面面的社会生活。②

  托依布纳突破基本权利主体范围的教条,似有贬低"人"的嫌疑,可能会引起人文主义规范宪法学的反感。但他毕竟依据现代宪法的功能原理,阐明了赋予制度和人格体基本权利的理由。他没有一以贯之回答的问题,反倒是为何赋予自然人基本权利:如果人不过是社会的环境,那么宪法保障人权与维护社会功能分化有何关系?卢曼的答案是,从分层分化向功能分化的社会变迁,摧毁了等级、教会、社团、家族等中间制度。在此背景下,只有通过人权保护创造出自由行动的空间,"无根之人"才能相对稳定地"自我呈现",为社会沟通的持续展开提供基本条件。③ 反过来说,倘若没有基本权利保护人的身心完整性,人就无法摆脱中间制度的羁绊,自由参与各领域的社会实践,为功能分化社会贡献能量。这些中间制度的长期影响,反映为阻碍诸功能系统全面涵括的各种传统观念,至今仍保存在我们民族的文化记忆之中:"重义轻利"和"无商不奸"阻碍了经济系统的全面涵括,"息讼"和"冤死不告状"阻碍了法律

---

  ① 〔德〕克里斯托夫·默勒斯:《德国基本法:历史与内容》,赵真译,中国法制出版社 2014 年版,第 48 页。
  ② "人""人格"与"人格体"概念辨析,参见王锴:"论宪法上的一般人格权及其对民法的影响",载《中国法学》2017 年第 3 期。
  ③ Michael King and Chris Thornhill (eds.), *Luhmann on Law and Politics*, Oxford-Portland Oregon, 2006, p. 104.

系统的全面涵括,"君子不器"阻碍了科学系统的全面涵括,"好男不当兵"阻碍了军事系统的全面涵括,"女子无才便是德"阻碍了教育系统的全面涵括。除此瑕疵之外,托依布纳的多元主体论无疑带来了新的思维,并且启发人们面向未来,去思考宪法是否应当赋予自然环境、动物乃至人工智能基本权利。① 对于这些议题,此处只能简单指出:关键并不在于它们是不是人,能不能像人一样思考,有没有近似于人的感觉、感情和理性,而在于体制性力量是否威胁着它们,这种威胁又是否危及现代社会的功能分化。

最后,基本权利只有指向国家的纵向效力吗?围绕世纪之交的"齐玉苓"案,以及近期在民法典编纂过程中出现的民法与宪法关系问题,我国法学界已经结合美、德、日等国的理论和实践,对此展开了初步的讨论。② 世界范围内比较明确的是,在过去几十年中,美国联邦最高法院试图通过扩大解释"国家行为"回避这个话题,德国的宪法学说和宪法裁判则否定了这种意见。③ 德国法学家普遍认为,基本权利既是"确保个人自由免受公权力干预"的"主观权利",也是"以人格及人性尊严能在社会共同体中自由发展为中心"的"客观价值秩序",应当"有效地适用于各法律领域"。④ 这样一来,

---

① Gunther Teubner, "Rights of Non-humans? Electronic Agents and Animals as New Actors in Politics and Law", *Journal of Law & Society*, 2006 (4): 497—521.

② 晚近的争论,参见黄宇骁:"论宪法基本权利对第三人无效力",载《清华法学》2018年第3期;李海平:"论基本权利对社会公权力主体的直接效力",载《政治与法律》2018年第10期。

③ 参见钱福臣:"德、美两国宪法私法效力之比较",载《求是学刊》2013年第1期。

④ 参见张翔主编:《德国宪法案例选释(第1辑):基本权利总论》,法律出版社2012年版,第20—47页。

基本权利就不仅可以纵向地对抗国家,而且可以横向地对抗作为"第三人"的私主体。[①] 他们的争论仅仅在于,具有横向效力或者说第三人效力的基本权利,应当作为裁判依据直接适用(以 1957 年德国联邦劳动法院"单身条款案"为代表),还是通过民法概括条款的"中介"间接适用(以 1958 年德国联邦宪法法院"吕特案"为代表)。德国主流学界认同间接适用,因为这种学说兼顾了私法自治与宪法至上,且体现了宪法法院对立法机关的适度尊重,符合权力分立的逻辑。[②]

系统论宪法学支持基本权利的横向效力,也支持基本权利横向效力的间接适用,但认为既有的论证都不充分。以"客观价值秩序"作为证成横向效力的理由,不过是重申了宪法在法律体系中的最高地位,重申了宪法之于普通法律的反思性,这仅仅考虑了法律系统的一面。麻烦在于社会的一面:一旦承认基本权利的横向效力,就必须承认侵犯基本权利的力量既来源于政治系统,也来源于经济等功能系统;必须承认除了政治之外,其他社会领域也存在个人无力抗拒的体制性力量,它们根植于现代社会各功能系统的内在动力和固有媒介。

这就颠覆了传统的宪法概念,前文的宪法定义也需要加以相应修正:作为政治与法律耦合结构的宪法,只是特殊的"政治宪法";

---

① 也有德国民法学者仍然认为,"基本权利的相对人只能是国家"。参见〔德〕克劳斯-威尔海姆·卡纳里斯:《基本权利与私法》,曾韬、曹昱晨译,载《比较法研究》2015 年第 1 期。

② 更多的讨论,特别是对基本权利"间接水平效力"的进一步区分,参见李秀群:《宪法基本权利水平效力研究》,中国政法大学出版社 2009 年版,第 110—172 页。

经济与法律的耦合结构也是宪法,可以称为"经济宪法";其他社会系统与法律系统的耦合结构同样是宪法,它们是形形色色的"社会宪法"或曰"部门宪法"。进而言之,如果政治宪法是政治与法律"双重反思性"的联结,那么社会宪法就是诸社会系统与法律系统"双重反思性"的联结;如果政治宪法指向权力之于权力的反思性,那么经济宪法就应当指向货币之于货币的反思性(依靠中央银行的货币调控),科学宪法就应当指向研究之于研究的反思性(依靠认识论和方法论的学术检验),互联网宪法就应当指向代码之于代码的反思性(依靠互联网名称与数字地址分配机构的域名分配),[1] 其他社会宪法也应当将目标系统的自我反思机制予以正式化。归根结底,系统论宪法学否定基本权利在私法领域的直接适用,不是基于私法自治或者权力分立的考量,而是深刻怀疑原本用于驯服政治权力的基本权利,如果没有加以适当的意义转换,使之在不同社会脉络中"再具体化",可能并不足以驯服其他体制性社会力量。[2] 倘若不是出于这个理由,那么基本权利横向效力的间接适用论,就真的成了"私法学者在私法领域'偷着乐的自白'"了。[3]

---

[1] 参见连雪晴:"互联网宪治主义——域名争议解决中的言论自由保护新论",载《华东政法大学学报》2018 年第 6 期。

[2] ICANN(互联网名称与数字地址分配机构)专家组对网络空间基本权利的"再具体化",参见 V. Karavas & G. Teubner, "www.CompanyNameSucks.com: The Horizontal Effect of Fundamental Rights on 'Private Parties' within Autonomous Internet Law", *Constellations*, 2005 (2): 262—282。

[3] 汪进元:《基本权利的保护范围:构成、限制及其合宪性》,法律出版社 2013 年版,第 39 页。

六、无关权力的宪法问题：失控的社会媒介

基本权利横向效力引出的"社会宪法"概念，完全逾越了传统宪法学的视野，可谓系统论宪法学新思维指导下的最重要发现。的确，如果功能分化社会并不存在"中心"或者"顶点"，那么政治与法律的结构耦合有何特殊之处，须得独占"宪法"的名号？在政治哲学和法哲学领域，哈贝马斯倒是认真思考过这个问题。他争辩说，政治和法律并非自组织的封闭系统，二者扎根于作为交往行为网络的"生活世界"，通过凝聚生活世界的社会共识，并将表达共识的日常语言加以法律形式的转换，导控真正自成一体的经济和公共行政，最终实现全社会整合。① 在这样的现代社会模型下，政治宪法自然应当垄断根本法的地位。但政治真的如此万能吗？过度自信的"计划经济"实践早已提供了深刻的教训。今天的"宏观调控"，与其说是从政治上"导控"经济，不如说是利用货币、财政、税收等经济手段"刺激"经济。宗教、科学、艺术、传媒、体育呢？面对这些社会领域，当代政治也学会了尊重它们自己的运行规律。如果它们存在自己的"宪法问题"，就应当有它们自己的社会宪法。

历史清楚地表明，并不只有政治系统及其权力媒介的扩张，才可能威胁全社会的功能分化，造成实质性的"宪法问题"。宗教是另一个例证："马丁·路德和马基雅维利从教俗两翼完成了'让上

---

① 参见〔德〕哈贝马斯：《在事实与规范之间——关于法律和民主法治国的商谈理论》，童世骏译，生活·读书·新知三联书店2011年版，第436—439页。

帝的归上帝，让恺撒的归恺撒'的理论准备"。[1]1517年的路德宗教改革，之所以被认为开启了近代历史，就是因为它引致了基督教的分裂和新教的产生。作为现代政治起源的民族国家，这才得以摆脱罗马教会的全面控制逐步形成，直到经过"三十年战争"，在1648年《威斯特伐利亚合约》中获得法律确认；政治系统的内部复杂性这才得以提升，以至于君主不能再被视为众多权力持有者之一，而是必须被视为独立于宗教力量、拥有绝对主权的国家象征。[2]宗教改革也开启了"知识与宗教信仰迅速分离的时代"，此后"决定人们世界观的不再是《圣经》和梵蒂冈而是科学和实践经验"，这为科学系统的分出创造了条件。[3]韦伯则谈到了新教"天职观"与资本主义兴起，亦即经济系统分出之间的耦合关系[4]——"天职观"对世俗职业劳动和谋利行为的认可，实为具有宪法意义的宗教自我限制。

现代经济系统分出之后，为了最大释放自身能量，同样不惜破坏其他社会领域的自治空间。恩格斯著名的"婚姻契约"批判，矛头就是指向资本主义经济对婚姻自由和家庭关系的扭曲；20世纪初美国的"扒粪运动"，控诉了金钱媒介对政治运作和大众传媒的操纵；20世纪末中国"甲A"联赛的赌球丑闻，以及当前公众对

---

[1] 马剑银："中世纪欧洲封建法的前世今生"，载《比较法研究》2015年第3期。

[2] Niklas Luhmann, *Essays on Self-Reference*, Columbia University Press, 1990, p. 167.

[3] 〔德〕乌维·维瑟尔：《欧洲法律史——从古希腊到〈里斯本条约〉》，刘国良译，中央编译出版社2016年版，第381—382页。

[4] 参见〔德〕马克斯·韦伯：《新教伦理与资本主义精神》，彭强、黄晓京译，陕西师范大学出版社2002年版，第55—70页。

教育和医疗市场化的质疑，也揭示了经济逻辑泛滥的恶果。而自1825 年英国货币危机以来，经济危机的周期性爆发，其本质则是经济内在的"加速增长螺旋"导致的系统崩塌，这从另一个方向侵蚀着功能分化。

近几十年来，在高度功能分化的西方国家，就连从前处于弱势地位的科学、大众传媒和法律系统，也不再仅仅呈现被动防御的姿态。在摆脱宗教和政治的束缚之后，它们强势闯入其他社会领域，不择手段地复制"自私的基因"，带来了大量"新宪法问题"。哈贝马斯所谓"作为意识形态的技术与科学"，说的是科学对政治的"殖民"，"科学化的政治的技术统治论模式……把政治统治还原为合理的行政管理，只能被设想为以全部民主为代价"；[1] 尼尔·波兹曼所谓"娱乐至死"，说的是政治、宗教、体育、教育沦为大众传媒的附庸，"不管是什么内容，也不管采取什么视角，电视上的一切都是为了给我们提供娱乐"；[2] 托依布纳则在诺内特、塞尔兹尼克、昂格尔等人的基础上，讨论了福利国家法律系统的过度扩张，"法律发展了实质理性，其表现是……从前自主的社会进程正日益变得法律化"。[3]

进入新世纪，随着信息技术的迭代升级，互联网涌现为全新的社会系统。这个社会系统迅速完成了对线下世界的全盘再制，正在

---

[1] 〔德〕哈贝马斯：《作为"意识形态"的技术与科学》，李黎、郭官义译，学林出版社 1999 年版，第 103 页。

[2] 〔美〕尼尔·波兹曼：《娱乐至死 童年的消逝》，章艳、吴燕莛译，广西师范大学出版社 2009 年版，第 77 页。

[3] 〔德〕图依布纳："现代法中的实质要素与反思要素"，矫波译，强世功校，载《北大法律评论》1999 年第 2 辑。

试图让整个社会臣服于"代码"的控制。这就是为何网络"乌托邦主义"还没过去，网络"敌托邦思潮"已经来袭：面对互联网之于政治、法律、经济、金融制度以及个人身心完整性的侵蚀，莫斯可对"数字化崇拜"提出了警告，基恩反思了"网民的狂欢"，施尔玛赫讨论了"网络至死"的危机，戴维德分析了"过度互联"的威胁……所有这一切，都揭示了互联网时代的新宪法问题。① 宪法学家桑斯坦也以一部接着一部的著作，忧心忡忡地讨论了互联网给隐私权、言论自由乃至整个民主体制带来的宪法挑战："信息超载"悖论式地产生了"信息茧房"，② 随之而来的"寒蝉效应""社会流瀑效应"和"群体极化"现象，③ 造成了"虚拟社群"不可弥合的分裂、基于充分信息和不同选择的自由的异化、纠错机制的失灵和谣言的泛滥，以及"协商群体的惊人失败"。④

更棘手的新宪法问题来自互联网社会系统的自治规则——"数字法"。今天，人们的网络生活主要不是依靠以文字为媒介的国家法，而是依靠以代码为媒介的数字法。数字法作为"软法"，却比任何"硬法"都还要"硬"，它在很大范围内决定了网络用户的权利义务，并且依靠电子手段保障实施。因此，当莱斯格为数字法欢呼，跟着瑞登博格鼓吹"代码就是法律"的时候，甚至当他意识到必须

---

① 对网络"敌托邦"思潮的介绍，参见陆宇峰："网络公共领域的法律舆论：意义与限度——以'微博上的小河案'为例"，载《社会科学研究》2014年第1期。

② 参见〔美〕凯斯·桑斯坦：《网络共和国》，黄维明译，上海人民出版社2003年版，第39—43页。

③ 〔美〕卡斯·R. 桑斯坦：《谣言》，张楠迪扬译，中信出版社2010年版，第8页。

④ 〔美〕凯斯·R. 桑斯坦：《信息乌托邦——众人如何生产知识》，毕竞悦译，法律出版社2008年版，第47页。

处理数字法与知识产权、隐私和自由言论之间关系的时候,[①] 他还是低估了事情的复杂性:现代宪法确立了立法权、司法权、行政权的职能分离,这是任何现代国家都不能否定的政治原则,但互联网企业兼有数字法的制定者、执行者、适用者身份,"三权合一";国家法从来不曾拥有绝对的"实效",这给边缘人群挑战"恶法"的行动留下了具有宪法意义的实际自由空间,构成法律进步的重要源泉,但数字法却能够借助电子手段"完美执行";文字写成的国家法总是存在解释的余地,法院可以经由解释"微调"国家法,使之适应社会变革的需要,但"0/1"代码写成的数字法极度僵硬,拒绝解释。纯粹的数字法之治根本不是兼顾形式正义与实质正义的现代法治,而是高度独裁和彻底形式化的法制,这种法制在此前的整个人类历史上都还没有出现过。[②]

所有这些宪法问题,不论旧的还是新的,都无关政治权力的滥用。它们关乎社会媒介的失控,它们的始作俑者,不是基于"有权/无权"符码的权力媒介,而是基于"超越性/内在性""支付/不支付""真理/非真理""信息/非信息""合法/非法"符码以及"0/1"代码的各种社会媒介。各种社会媒介一旦失去宪法的控制,同样可能严重冲击功能分化原则。这是整个传统宪法学共同的盲点:规范宪法学狭隘地聚焦权力限制,自然对此视若不见;并不强调权力限制的政治宪法学,也因受施密特的影响,而对此漫不经心。施密

---

① 参见〔美〕劳伦斯·莱斯格:《代码 2.0:网络空间中的法律》,李旭、沈伟伟译,清华大学出版社 2009 年版,第 6—8 页。

② 此外,"智能互联网"对权利义务关系的"根本性重塑",带来了更具冲击力的新宪法问题。参见马长山:"智能互联网时代的法律变革",载《法学研究》2018 年第 4 期。

特以为"任何宗教、道德、经济、种族或其他领域的对立,当其尖锐到足以有效地把人类按照敌友划分成阵营时,便转化成了政治对立",[1]亦即以为社会宪法问题即使存在,也最终会转化为政治宪法问题。哈贝马斯和福柯延续这一政治宪法学思路,创造了"社会权力""毛细管权力"等概念。但政治之外诸功能系统的所谓"权力",最多只是一种不准确的类比,并不意味着"自己的意志即使遭到反对也能贯彻"的机会,[2]并不等同于丈夫对妻子、老板对员工、教师对学生、医生对病人、僧侣对信徒、互联网巨头对网民的"支配"。通过自身固有的抽象媒介形成沟通网络的功能系统,与借助抽象社会媒介获取支配利益的具体行动者,不是一回事;与个体的或者集体的行动者不同,功能系统不需要贯彻自己的意志,不试图成为剥削个人或者其他社会领域的"支配者",它们眼中除了"自私基因"的无限繁殖,根本没有别的东西。这不是政治宪法问题,而是独特的"社会宪法问题",必须依靠专门的宪法加以解决。

七、现代宪治的模式转换:迈向多元主义(代结语)

指出传统宪法学理论没有认真对待社会宪法问题,丝毫不是暗示,三百多年来的人类宪治实践没有严肃处理社会宪法问题。社会宪法问题与政治宪法问题一样,关系着全社会功能分化的维系,不

---

[1] 〔德〕卡尔·施米特:《政治的概念》,刘宗坤等译,上海人民出版社2004年版,第117页。

[2] 〔德〕马克斯·韦伯:《社会学的基本概念》,上海人民出版社2000年版,第85页。

可能被实践忽略。可惜的是，在对现代宪治历史的研究中，受政治中心主义思维的束缚，这些实践即便并非湮没不闻，也称得上是隐而不显。

运用系统论宪法学的新思维，从处理社会宪法问题的不同方式出发，重新书写现代宪治的变迁历史，意义十分重大。首先，现代宪治的模式一下变得丰富多样。那些着眼于控制各种社会动力的宪法实践，即使未能成功驾驭政治权力，也不必再出于"名义宪法""语义宪法"的理由，① 简单否定其"宪治"的属性。退一步说，如果它们确实存在严重缺陷，以至于辱没了"宪治"之名，那么摘下意识形态的有色眼镜，至少也看得更清楚一点。其次，大多数现代宪治模式，只要还试图把政治权力关进宪法制度的笼子，都无非在政治权力的分配、选举权利的赋予、民主程序的设计、法治原则的保障等方面做文章，但各种宪治模式对社会宪法问题的重视程度、处理方式却截然不同，其实际效果也天差地别。从异处入手，更能够把握现代宪治的模式转换。最后，经过几百年的发展，可以说现代宪治已经找到了驯服"政治利维坦"的适当方法，但还很难说找到了驯服各种"社会利维坦"的适当方法。从这个角度总结既往的经验教训，可能为未来的宪治探索打下更坚实的基础。

最早出现在现代历史上的宪治模式，是"自由主义宪治"这种原教旨"正统"。按照它的基本预设，至少在经过资产阶级革命以后，社会已经成为"原子式的个人"随机相遇的场所，不存在组织化、制度化的结构，相应地也就不存在社会宪法问题。政治宪法问题是

---

① 〔美〕卡尔·罗文斯坦:《现代宪法论》，第150页。

唯一的宪法问题,为了解决这个问题,保障"政治国家/市民社会"的清晰界分就够了。因此宪治的要求仅仅是"宪政",亦即通过组织法构造独立于军事力量、经济财富、宗教权威的政治权力,并以"法治"限制之;通过向个人赋予消极的基本权利,对抗政治权力的恣意行使,为私人行动划出自由空间。至于这个空间的内部事务,则属于私法而不是宪法的领地。但市民社会从来不是自由行动的空间,革命铲除了封建时代的中间制度,各种功能系统和功能组织继之而起。[1] 放纵后者的事实性力量,尤其是经济能量的日益膨胀,其结果是19世纪晚期以降的过度"两极分化",以及席卷全球的工人运动、社会主义革命和世界大战。

20世纪30年代的"大萧条"之后,作为矫正"自由主义宪治"弊端的最激进方案,"集权主义宪治"模式应运而生。这种模式长期被打上"专制""独裁"的标签,完全取消"宪治"的资格。但在系统论法学看来,这种模式正视了社会宪法问题的严重性,试图将包括经济在内的社会制度从宪法上正式化,并依靠强大的政党抑制它们的离心倾向,实现全社会的政治整合。作为现代宪治模式之一,它不仅没有绝对拒斥功能分化,而且致力于消除功能分化的阴暗面——资本主义经济无节制发展带来的社会冲突。它的错误毋宁在于另外两个方面:一是将诸社会领域全盘"组织化",这种策略取消了功能系统内部"职业组织中心"与"业余自发边缘"的再分化,窒息了系统的反思能力和理性化潜力。[2] 比如经济的合理化,

---

[1] 参见〔德〕贡塔·托依布纳:《宪法的碎片:全球社会宪治》,第169—170页。
[2] 互联网时代的例证,参见陆宇峰:"中国网络公共领域:功能、异化与规制",载《现代法学》2014年第4期。

显然不能仅仅依靠哪怕是细致分工的企业组织,而是还必须再分化出"市场",后者为生产提供了真实的需求信息,使之敏感于千变万化的经济内环境。二是迫使诸社会领域的正式组织服务于政治目标,这种策略短期内有利于"集中力量办大事",却最终导致了社会整合从涂尔干所谓"有机团结"向"机械团结"的倒退,付出了丧失社会适应性和创造性的长期代价。与前现代社会系诸高等阶层的单一理性相比,现代社会的理性分散呈现在诸功能系统的多元脉络下,试图以政治理性替代经济理性、法律理性、科学理性,本身就是非理性。①

"二战"后的"福利国家宪治"模式,汲取了"自由主义宪治"和"集权主义宪治"的双重历史教训。这种模式保持了更大的政治克制,除了将教育、科学、医疗和广播电视宪治化为"半国家体制"外,尽可能不干扰其他社会领域特别是经济领域的自治。这种模式也不轻视社会宪法问题,而是以一种新的方式致力于社会的宪治化:政治宪法上的基本权利,被允许发挥横向效力,指向私人行动者;政治宪法上的民主原则,也被径直引入各社会领域。但这种模式还是没有真正尊重功能分化的原理和各功能系统的自主性,因为它只是简单照搬了政治系统的宪法控制机制。② 在经济、科学、教育部门引入选举权、政治自由、代表制和民主决策程序,尽管不能算是"计划经济"式的政治干预,但仍然造成了政治自我反思机制

---

① Niklas Luhmann, *Observations on Modernity*, William Wohbrey (Trans.), Stanford University Press, 1998, pp. 22—43.

② 这也造成了宪法对普通法律的"辐射损伤"。参见〔德〕马丁·莫洛克:《宪法社会学》,程迈译,中国政法大学出版社 2016 年版,第 55 页。

特别是多党竞争机制的错配，导致大学等社会部门沿着各政党的路线方针内部分裂。

集权主义宪治和福利国家宪治都还只是正视了"社会宪法问题"，1930年代德国"弗莱堡学派"倡导的"秩序自由主义宪治"，则发现了"社会宪法"本身。秩序自由主义宪治学说探索了相对于政治而自治的"经济宪法"，它由财产、契约、竞争、货币等基本制度构成，主张国家只能在卡特尔和垄断破坏了竞争的情况下，以普遍的法治形式介入干预。经过一定改造后的秩序自由主义宪治学说，奠定了艾哈德"社会市场经济"的理论基础，为西德在"二战"之后的迅速重建做出了巨大贡献。[①] 但秩序自由主义宪治模式的缺陷同样明显：其一，经济宪法本身的正当性存疑，它是理性选择哲学的产物，而不是任何意义上的民主决策或者协商对话的产物。其二，经济宪法只有基本制度的内容，没有基本权利内容，旨在释放而非驯服经济动力。它有效排除了对自由竞争的政治干扰，却无法抑制经济系统对其他社会领域制度完整性的威胁。其三，经济宪法只是诸社会宪法之一，不能像弗莱堡学派主张的那样适用于社会整体。简单地说，社会全面"市场化"的后果，与全面"政治化"并无二致。

1970年代以来，除了新古典自由主义浪潮席卷全球的时期，在德国、荷兰、瑞典和意大利，"自由法团主义宪治"模式都获得了大量实践。[②] 这种模式的要旨，在于政治宪法与企业、工会、行业协会、

---

① 参见赵小健、陈倩莹："弗莱堡学派和宪政经济学"，载《欧洲研究》2008年第4期。

② 参见〔德〕贡塔·托依布纳：《法律：一个自创生系统》，张骐译，北京大学出

职业组织、大学、大众媒体的"部门宪法"分工合作、良性互动。[①]政治宪法保障利益群体自由形成"社会法团",参与正式政治过程,不像"国家法团"那样,被控制法团数量和强制成员资格;政府向社会法团让渡管理权力,支持它们通过"内部宪法"即部门宪法自我规制,真正承担公共职能;资方、管理层、劳动者之间的利益协调依靠"雇员共同决策",跨领域的利益协调依靠"新法团主义谈判",二者都起到了抵御功能系统扩张的作用;政治和法律只是为利益协调提供公平的程序,或者致力于各方的力量再平衡。与秩序自由主义宪治不同,自由法团主义宪治执行了推动功能系统自我奠基和自我限制的双重任务。但这种模式的局限性仍然明显,它主要适用于需要"利益协调"的经济领域,难以扩展到其他社会领域;在实践中,大型法团的内部宪法也往往缺乏民主性和代表性。

未来属于"多元主义宪治"模式。多元主义宪治吸收既有宪治实践的合理因素,并按照功能分化的内在要求,进一步向前推进。在这种模式下,政治系统除了继续通过政治宪法构成并限制政治权力之外,仅仅履行两项重要职责。

一是确认各社会领域的部门宪法,使它们的扩张态势和离心倾向接受自我约束。[②] 这些部门宪法应当以规训特定的社会媒介为目

版社 2004 年版,第 147—150 页;安超:"瑞典的新法团主义与经济发展:经验及启示",载《北京行政学院学报》2015 年第 4 期。

[①] 德国的"部门宪法",参见赵宏:"部门宪法的构建方法与功能意义:德国经验与中国问题",载《交大法学》2017 年第 1 期。

[②] 法官基于宪法义务而在个案中对法律进行合宪性解释,也可能是中国宪法框架下发展部门宪法的有益尝试。参见张翔:"两种宪法案件:从合宪性解释看宪法对司法的可能影响",载《中国法学》2008 年第 3 期。

标，决定基本权利在不同社会脉络下的适用空间和具体意义，并在互联网等新兴社会领域发展必要的新型基本权利；[1]应当以实现各社会领域自我规制为目标，适应教育、科研、医疗、体育、大众传媒的发展规律，分别设计以专业人员为决策主体，投资者、管理者、普通雇员乃至服务接受者多方参与的组织法，向创制、审议其内部"软法"的机构授予相应权力，规范化它们的决策程序（艺术等无须组织化的社会领域例外）；应当以全面提升各社会系统内部反思性为目标，既不像以往一样简单地二分"国家/社会"，也不像当前一样随意地模糊"公域/私域"，而是"在不同的意义世界内对社会进行多样的区分"，切实保障诸系统职业组织领域与业余自发领域的分化。[2]

二是协调跨社会领域的组织合作，解决功能系统之间的理性冲突。功能分化之于现代人类，既是祝福，也是诅咒。西方发达国家都还没有找到全面抑制功能分化副作用，特别是妥善处理诸系统运作冲突的宪治措施，这是现代社会一再发生人权灾难的根本原因；中国特色社会主义的宪治实践则有望在汲取西方教训的基础上，立足自身制度优势，发现真正的出路。一方面，经过四十年的改革开放，中国也已迈入功能分化社会，也已发生功能系统相互冲突的现象。经济系统负外部性的剧烈释放，以及货币媒介向政治、法律、

---

[1] 就宪法学的发展而言，这里涉及建立各种"部门宪法学"或者"部分宪法学"的必要性和方法论问题。在这个问题上，我国台湾学者苏永钦与张嘉尹共同强调"从实存秩序切入，去认识整理该秩序的根本、最高与结构规范，而不是从规范本身切入，去做体系化的工作。"参见张嘉尹：《再访部门宪法学——一个方法与理论的反思》，载《法律方法与法律思维》2016年总第9辑。

[2] 〔德〕贡塔·托依布纳：《多元现代性：从系统理论角度解读中国私法面临的挑战》，祁春轶译，载《中外法学》2013年第4期。

教育、医疗、科学、体育、大众传媒、家庭甚至宗教等领域的扩张，无不反映出事态的严重性。① 另一方面，西方国家频繁发生金融危机、生态危机、隐私危机、科技伦理危机和社会整合风险的现状表明，仅仅依靠司法机关的宪法裁判和权力机关的宪法监督，诉诸"以宪法解释为核心的合宪性控制机制"，并不足以有效应对各种地位平等的功能系统带来的"多元主义挑战"。② 对于中国来说，考虑到"违宪审查机构受理的案件不同程度地带有一定的政治性"，而正在推进的合宪性审查工作又必须贯彻"政治问题不审查"的原则，③ 情况更是如此。在此背景下，2018 年的宪法修正案确认"中国共产党领导是中国特色社会主义最本质的特征"，不宜错误理解为"逆功能分化"的方案。恰恰相反，这是中国应对"多元主义挑战"的不二选择。中国共产党基于国家宪法明确规定的领导地位，在依据政党组织的部门宪法即"党章"自我规制的前提下，在保障各种社会组织功能自治的前提下，运用历史形成的社会权威和超强的社会动员能力，通过促进和协调跨领域社会合作的方式发挥领导作用，解决功能分化社会必然存在的系统际冲突，可能探索出一条符合多元主义原理、符合中国基本国情、符合未来发展需要，兼顾社会主义价值与现代性"双重目标"④ 的独特宪治道路。

---

① 参见李忠夏：《宪法变迁与宪法教义学——迈向功能分化社会的宪法观》，法律出版社 2018 年版，第 149 页。

② 参见王旭："'法治中国'命题的理论逻辑及其展开"，载《中国法学》2016 年第 1 期。

③ 参见秦前红："合宪性审查的意义、原则及推进"，载《比较法研究》2018 年第 2 期。

④ 参见王人博："中国现代性的椭圆结构——'八二宪法'中的'建设者'述论"，载《文史哲》2018 年第 2 期。

附录5

法律与社会控制[*]

〔美〕塔尔科特·帕森斯

杨静哲 译　吕亚萍 校

从各种视角来看，我认为，可以说法律与社会学之间存在范围十分广泛的共同兴趣。但是出于各种原因，人们对这些兴趣和关系之含义尚未进行充分探究。或许在某种程度上，社会学这门学科太过"年轻"，是导致这种情况产生的主要原因。

从社会科学家的视角来审视法律，首先关注法律所涉及的两个显著的普遍因素，可能是有益的。第一，法律不是描述实际的具体行为的范畴，而是适用于行为、个人角色和个人作为其成员的集体的模式、规范和规则。法律是社会结构的一个方面，但它位于一个特殊的层面，我们应予以细致而明确地阐述。用特定的社会学术语来说，我把法律称为一种制度现象，它针对的是适用各种制裁的规范性模式。基于一般社会学立场的这个层面，这种认知对集体的具体结构（的作用）和集体的角色是非常重要的。

---

[*] 本文收于 *Law and Sociology: Exploratory Essays*, edited by William M. Evan, New York: Free Press of Glencoe, 1962；译文原载于《清华法治论衡》第16辑。

法律的第二个显著特点在于其功能内容，在较低层面具有非特定性（nonspecific）。以通常的社会学意义来理解，功能内容指的是经济、政治以及其他诸类范畴。在这些范畴之内，有规定宪法和政治程序的法律，有公司法、劳动法，有关于劳资关系的法律，还有关于家庭的、个人关系以及其他主体的法律。实际上，任何社会关系都能够由法律来调整，而且我认为，社会学家所关注的一切社会关系范畴都是由某个地方、某一社会的法律在调整。

基于上述这些因素，我们似乎有理由认为法律应当被视为社会控制的一种普遍化机制（generalized mechanism），这种机制事实上广泛运行于一切社会领域。①

当然，法律不仅仅是一套抽象界定的规则，它还是一套受特定制裁模式支持、以特定方式合法化以及以某种方式被适用的规则。对于特定的集体及其中个体角色而言，这套规则还维持着某些十分明确的关系。通过尝试分析这些关系以及展现一种规则体系有效性据以维持的条件，我们也许能够更为贴切地描述社会中法律之地位的特征。

一、法律的功能以及若干结构上的含义

我们尝试设想，在宽泛的社会视角中，法律系统的主要功能是

---

① 当然，法律更适用于某些社会控制的问题，而就另一些问题而言，不见得如此。众所周知，较为细微和稳定的个人态度难以为法律规定所控制。即便如此，法律仍是整个社会中具有最高普遍化的机制之一。如我所言，它主要处于制度层面。法律不是孤立的，而是控制机制"家族"的一份子。在本文的最后，我将概述法律与其他两种社会控制机制之间的关系。

整合(integrative)，整合意味着该系统致力于减少潜在的冲突因素以及使社会交往机制正常运作。事实上，只有通过坚守这种规则的体系的认知，社会互动系统才能运转起来，而避免陷入明显的，或者日益隐藏的冲突之中。

规范的一致性(consistency)可以被假设为法律体系有效性的最重要标准之一。就这一点，我认为，形成于该体系中的规则，在理想状况下不可使其管辖范围内的个体服从于相互矛盾的期待或者义务，或者较为实际地来看，这种情况的出现不至于太过频繁或极端。当然，因为个体的行动处于很多不同的情境中，而且扮演着众多不同的角色，所以他们会服从许多特殊化的规则。但这些规则必须以某种方式完全地建立一种单一的、相对一致的系统。

就此而言，我们认为，在这种规则系统能够确定地运行，以调整社会交往之前，必须解决四个主要的问题。(即使参与者并没有明确地提出这些问题，分析体系如何运行的观察者也必须寻找解决每个问题的答案。)

第一个问题关涉规则体系的合法化基础。其中的疑问在于，在价值或意义方面，为什么我应当遵守规则？为什么我应该满足和我处于互动关系的其他人的期待？换言之，这种权利的基础又是什么？是否只是没有经过进一步证明的某种权威的言语？是否是某些宗教价值，或者我和他人拥有一些不可违反的自然权利？这种合法化的基础到底是什么呢？

第二个问题关涉规则的意义：对于特定角色、特定情境中的我或某些其他特定的参与者，规则所具有的意义。当然，我们必须用一般性的术语来阐述规则，但一般性的陈述可能难以涵盖我所处的特定情境的所有情形。换言之，可能存在两种以上的规则，而且其含义对于我的行动来说通常是矛盾的。这样一来，适用何种规则，在何种程度上、以何种方式适用该规则就成为问题。具体而言，在上述特定的情境下，按照法律，什么是我的义务？什么是我的权利？这都属于解释问题。

第三个基本问题关涉结果：有利结果或不利结果，应当由遵守规则的程度来决定，或者由于没有遵守规则而产生。这些结果还根据不遵守（nonconformity）的程度和各种发生偏离行为（deviation）的情形和原因，而发生相应的变化。然而，在法律系统之下，是否遵守（规则）的问题绝非无关紧要。当然，这是制裁问题，适用何种制裁以及由何者来适用这种制裁？

最后，第四个问题关涉的是，一项给定的规则或规则集合体，在何种情形下对其进行解释并将制裁适用于何者。这是管辖问题，它包含了两个方面：第一，何种权威在阐明和施予规范的过程中，对特定的人、行为等具有管辖权？第二，给定的一组规范适用于哪一类行为、个人、角色和集体？

现在我们可以尝试讨论，在一个大规模的、高度分化的社会里，对上述问题进行回答的一些制度化条件。首先我要提出，在分析的意义上，虽然法律系统与政治功能和政治过程关系密切，但法律系统本身不能被看作是一种政治现象。两种系统在制裁和管辖方面关系最为密切，其中，制裁方面的联系在某种意义上更具根本性。

我们可以提出一种制裁连续体（continuum）的存在，其范围从纯粹引导（pure inducement）到十分彻底的强制。我以"引导"一词意指，劝导者希望其角色合作者进行某些行为，提供某些利益作为报偿；同时我所谓的"强制"意指，不履行期待的行动方案所面临的否定性制裁的威胁；引导和强制在一切社会关系之中都发挥着作用。法律与政治组织之间关系的基础主要在于这一事实：某些情况下，使用武力（physical force）及其威胁作为强制（coercion）的一种手段，即作为维护规范之约束力的手段，必然会产生问题。如果完全地排除暴力，那么最终的强制性制裁也会被驱逐（expulsion），就像教会中的绝罚（excommunication）*。然而在很多情况下，驱逐并不会成为预防不良行为发生的一种十分严厉的制裁。如果它不够严厉，就必须诉诸于强制力。至少在预防的意义上，强制力是最终的否定性制裁。

因此，如果我们十分认真地考虑规则，在预防性情境中，问题将不可避免地导致诉诸强制力制裁的状况。从另一个方面来看，强制力的使用或许也是破坏社会关系中的秩序的最重要潜在原因。为此，在一切有序社会中，至少要存在一种谨慎使用暴力的适当的垄断（monopoly）。这种垄断是政治组织的主要特征之一，其高度发达形式即是国家。此外，假如在特定的情况下，使用暴力或以暴力之威胁作为实施法律规范的一种制裁的情况成为必然；假如暴力的合法使用由国家机构所垄断。那么，为了把国家机构作为强制力制裁的管理者，法律系统必须与国家建立一种适当的联系。

管辖问题显然与制裁问题紧密联系。政治实体的管辖以领土为限的一个主要原因，恰恰就在于在其行使权力的范围内使用武力

---

* 绝罚，俗称破门、"逐出教会"。现在该词主要为天主教所使用，是所有惩罚中最严厉的一种。据天主教的教义，被绝罚之人将与教会隔离，没有教会所予之救赎，但并非必下地狱。——译者注

的重要性。只有在特定的时刻,所处地理位置能被暴力直接触及的个体,才能成为武力适用的对象。所以武力与领土管辖有着天然联系。因此,在某些关键方面依赖于武力制裁的法律系统,也必定与管辖的领土范围有关联。

鉴于法律与国家之间联系的更深层根源,我必须讨论一致性需求(imperative of consistency)。严格意义上,在规范内容的层面,这种需求对普遍性(universalism)(这通常是法律系统所固有的一个特征)施加了强大的压力。我所提及的"一致性"来源于这样的观点:即不把同一个体置于相互矛盾的规则之下。同时,这种需求的遵从是对下述内容的确认:当我们将一项规则界定为一项法律时,它就必须被公正地适用于规则适用标准的范围之内的一切个人或其他社会单元。如果这一普遍标准的适用无法得以贯彻,那么,将法律体系予以系统化,即让体系具有一致性,就存在固有的局限。

不过,普遍性标准在实践层面的含义也与领土观念密切联系。因为只有在领土界限之内,普遍化界定的规则的执行才能有效实施。鉴于此,法律系统中的执行部门通常是国家机构。这些执行部门都具有特殊的政治品性。

但执行部门一般不是国家的核心机构,也不是主要的政策形成机构,而是服务于法律系统的规则所包含的各种利益的机构。甚至,执行部门主要不是政治性的这一事实,将通过执行部门与法院之间的关系得以生动展现。在大多数法律体系中,执行部门可以做什么及其行事方式,都由法院来限定和指导。当执行部门从法院获得过于强大的、相对于法院的独立性时,我们就可以断定,法律系统本身已经被纳入了政治考量,这种状况的确发生在各种情形中。

法律的解释功能和合法化功能与其制裁和管辖功能相比，前者更少具备直接的政治性。我们首先以合法化功能为例，这一功能对于法律与伦理之间的联系和区别而言具有重要意义。

在较为深层的意义上，我们可能会认为，法律职业者们倾向于认为合法化是理所当然的事情。无论作为律师或作为法官，判断一项给定规则的存在在道德上或者在政治上是合理的(justified)，都不是他们的职业功能(professional function)，相反，他们的职业功能主要关涉规则解释和将规则适用于具体的案件。甚至在联邦体制下，当存在某种法律冲突的问题时，法律职业者首要关注的是更高的法律权威，例如宪法权威，而不是宪法本身在道德上的合法化(legitimation)。然而，法律系统始终必须依据适当的合法化，适当合法化的形成过程可能相当接近于法律过程本身，例如正当的授权机构通过正当程序来制定法律的问题，又如立法机关对选民负责的问题。但是，在适当的程序和法律制定机构的正当权威背后，存在着最终的合法化的深层问题。

最后，分析往往会以这样或那样的形式指向宗教问题，或者在功能上等同于宗教的问题。从这一点来看，法律构成了宗教与政治之间关系，以及社会的其他方面的焦点。

在着手分析"解释"功能时，我们必须注意，该功能也有两个基本的关注点。第一关涉规则体系自身的整合(integrity)，即规则中心(rule-focused)。第二则关涉规则影响下的个人、团体和集体之间的关系。在法律意义上，后者的功能可以被称为委托人中心(client-focused)。若把这两方面结合起来，解释功能可以被认为是法律系统的核心功能。

前者——法律的规则中心方面——是司法功能的核心，尤其表现在上诉阶段。后者关注的是法律职业之功能的核心。就司法而言，某些社会学上的事实是显而易见。当我们谈及制度化程度较高的法律系统时，司法应当享有一种独立于核心政治权威的重要尺度。当然，司法与政治权威必定也紧密地结合，以至于法官实际上总是由政治权威来任命。但法官通常都是终身任职（除非有具体规定的任期），在没有特别理由的情况下，他们不能被解职；政治权威直接向法官施压，以影响他们的具体判决的做法，也被认为是非常不妥当的。此外，尽管美国宪法没有此类规定，但法官必定是职业意义上的法律职业者，这已成为一种惯例，而且法官在法律系统中的层级越高，其职业化程度也越高。这一功能通常并不容易为作为外行的普通公民所接受。

另外，司法功能，作为律师的部分功能，被置于一个特殊社会组织类型的中心：法院。法院是把做出判决的过程直接制度化的组织。当然，制度化的实现是通过将案件带到法院以进行裁决，在此过程中，不仅起诉人的权利和义务得到确定，而且规则本身也被赋予了特定的权威性解释。我们或许认为，此种意义上的权威性解释是司法最重要的功能。

执业律师意义上的法律职业存在着显而易见的双重品性。一方面，律师是法院里的一种"职员"，依此，他将承担特定的公共责任。但与此同时，律师还是其委托人的私人顾问，他既依赖于委托人支付的薪酬，又享有一种特许的与委托人之间的保密信赖关系（confidential relation）。律师和委托人之间的关系与医生和病人之间的关系，存在着有趣的高度相似性，其关系的信赖特征是这种相似性的最重要线索之一。然而，这种关系处于实际的或潜在的社会冲突，以及裁判和消除这些冲突的情境的中心。与医疗服务功能不同，这种关系主要不是个人导向的，而更多地是以社会关系为导向的。

我们已经指出，解释功能的运转得益于一些结构性手段，诸如"司法独立"于政治压力，司法角色的职业化以及裁判程序的制度化。但这些一般结构性手段并不足以防止解释的角色处于某些内在张力的中心位置，所以我们还需要更多具体的机制来检验对张力产生偏离反应的倾向。

二、律师角色中的张力

对于相互矛盾的成文法之间的冲突问题，律师深知此中的严重性和困难性。英美法深深地依赖于司法判决的程序以及由此产生的判例的积累。但维持判例体系的内在一致性的问题，即便维持在可容忍的程度，也难以解决。此处，必定有基本宪法文件的权威导向，这自然意味着宪法文件不断地被重新解释，以及积极的立法行为不断地产生。

在这方面，我们可以把法律职业面临的问题与其他两种类情况进行比较。第一种情况是与科学知识的应用相关的职业进行类比，如工程学和医学。在此类情况中存在一个社会学的核心事实，即现有知识对实践需要的涵盖远远不够，然而，已创立的科学知识确实建立了一个高度稳定的参照点。因此，相关职业群体为了进行解释，其"权威"始终能够与已创立的知识相关联。此外，这也是在稳定中平稳增长的参照基础。另一类情况则十分不同，即其中存在着一种权威的本源，本源之外无"诉"可言。虽然苏联共产党在某些方面与此情况较为相似，但是罗马天主教也许是在较大范围内最显著的范例。范例的根本在于，"正确的教义"被假定为不依赖任何人的意志，却又被认为是具体和明确的，而且由明确授权的人类行动予以实施。

与上述两种情况相比较，我们的世俗法在其参照点方面显得十分宽松。宪法没有教会权威性经典那么清晰可见，甚至最高法院也没有如教皇权力那般"至高无上"。这样一来，法律职业必须在传统中维持艰难的平衡，这种传统本身就极其复杂，而且该传统要被适用于更为复杂和变动不居的情况；法律职业也容易受制于利益集团的高压，这些集团的权威仅立足于非常笼统的、在一定程度上不明确的文件，而且它还或多或少也受制于任意的、不可预测的"人民意志"的影响，从而在相当大的范围内发生变化。

我们从很多类似情况的分析中得知，在相当大范围内不可能获得明确的"正确"答案的情况下，这类功能所承担的责任是张力的来源之一；而且我们也知道，与这种张力相关，各种类型"偏离"行为的倾向很可能就此产生。其中一种倾向很有可能是，由于来自于委托人的金钱诱惑和其他压力，屈服于一己私利。在我们的社会里，观念上的倾向是：很多阶层的人们对律师"偏离"行为的看法都存在着几乎理所当然的严重夸大；但是他们对另一种倾向的存在却视而不见：即律师不顾强大压力，放弃责任，转而为委托人个人的、在金钱方面的"私利"和"平安"服务。

被夸大的法律"形式主义"构成了第二种偏离类型，这种倾向强调法律"字面"所表达的内容,而未适当关注考量的"合理"平衡。在各种类型的程序中,法律"技术性"当然可以作为策略性手段而被援引,而且往往情况确实如此,这一问题将在下文中作简短的讨论。除了法律技术的工具性作用,很多法律人还倾向于异常详尽地夸大形式上"正确"的重要性。在心理学术语上,法律职业相比于其他职业,很可能(如果不是更多的话)至少有相应比例的"强迫性人格"。此中要点在于,法律职业中的这种倾向不完全是因为特定类型的人"碰巧"是律师的而产生的结果,而是由于律师作为一个团体所处的情境所导致。

在法律中第三种重要的偏离倾向的类型可以被称为,律师所代表的委托人的实质性主张或者其他"利益"在"情感上"的夸大。因此,公司法律顾问可能往往变得热衷于"财产"权,而非传统上的法律授权,劳动法律师则更热衷于"人权"等等。或者,我们也可以换个例子,即律师犯下"情感性"(sentimentality)的错误情况:律师支持遭受伤害的委托人拼命打斗,冷静地考虑之下,律师以此为委托人争取看似很高的超额损害赔偿。

鉴于对法律职业的角色和状况的具体特征所进行的适当描述,它与其他职业拥有某些共同的根本特征。法律职业的成员在我们文化传统的一个独特的部分中得到训练,而且与这种文化传统结为一体,为了法律职业的维持、发展与成就,他们负有一种信托(fiduciary)责任。在一定范围内,他们被期望去为公众提供"服务",而不为眼前私利所动。律师有一种独立的责任地位,因此他既不是只为其委托人服务,尽管他代表委托人的利益,也不是任何其他团体——就律师而言,一个体现着公众权威的团体——的雇员。

一种职业的成员处在我们社会结构的两个主要方面之间,这一点尤为重要。于法律而言,其职业成员介于公众权威及其规范与私人个体或团体之间,而这些个体或团体的行为或意图不一定符合法律。于医生而言,该职业的成员处于疾病与健康两个世界之间;他自认为没有疾病,但他比其他任何职业的正常人都更为密切地参与和病人有关的事物。于教师而言,该职业处于童年世界——或者更高层次,在相对"未受训练"的世界——与经过训练的完全身份之间。

在社会学上,这种意义的职业被看作是我们所称的"社会控制的机制"。它们要么像教师职业那样,促进年轻人的"社会化",使他们进入符合正式成员资格之期待的状态;要么像医疗职业那样,当病人产生偏离行为时,使他们(病人)回到"一致的"状态。法律职业可以被假定符合上述情况,而且它完成了另外两项事务:第一,职业者以使其委托人更守规矩并使其冷静的方式来劝告其委托人,以此预先阻止偏离行为的发生;第二,如果事态已经变得很严重,职业者可以启动特定的程序,通过该程序来获得关于委托人状态的、被社会认可的裁决。例如,判决他无罪或者有罪。

除了具有某些特定特征的、无罪或有罪的正式裁决以外,分析表明,这些功能的有效执行有赖于它们所起到的作用是否满足了某种广泛的社会学上的条件。与医疗职业的心理治疗功能相关联,这些条件得到了最清晰的展现。然而,这恰好能够表明它们具有更普遍的意义:它们既适用于家庭的"社会化",也适用于学校的"社会化";既适用于宗教仪式的某些方面,也适用于各种其他情境。我将在结论中概述这些条件,而且指出这些条件如何适用于法律的情形。

首先，在张力的各种情形中，由于对某些在通常情况下不会被接受的态度和意见的表达的某种许可，张力产生的机会似乎是必需的。如果这种许可想要有效地运行，它就必须与焦虑的舒缓相联系。在心理学上，一个人为了能够将心中所想"一吐为快"，他必须得到保证：在特定的范围，不会受到通常发生或可能产生的否定性制裁。这往往意味着一种被保护的情形。律师与其委托人之间关系的保密性质正好提供了这样一种情形。委托人可以坦率地向一个富有同情心和知识丰富的听者倾诉，而无须担心当下的后果。在这种保密关系之外所转述的内容，通过律师判断的过滤而被选定。

在某种程度上，相同情形发生在法律过程的其他阶段，尤其是在法官办公室里法官对某些证据的听审阶段。这可以成为审判程序自身的一个特征，而且在最为有利的情形下很可能如此。然而，这种倾向为公开审判所抵制。在美国，由于我们的新闻界的某些特性，公开审判已经形成相当特别的特征。

于法律而言，法律职业所处理的张力状况在很大程度上主要针对的是冲突。法律程序的一个非常重要的方面是，为"冷却"此状况下产生的忿怒提供一些机制。毫无疑问，私人律师对此大有帮助。像医生一样，他们帮助委托人"面对现实"和限定自己的主张，以使委托人在法庭上或在直接谈判中，获得该主张"站得住脚"的真正机会；他们还帮助委托人认识和在情感上接受这样的事实：其他人或许也会有这样的情况。虽然因为法庭繁忙的日程等事项无疑会耽搁过多的时间，但紧要关头延期的因素可能有与上述行动类似的功能。在此，重要的是处于张力之下的人应当有使"舒缓紧张"

的一些机会，这在制度上被认为是合法的。

其次，我所考虑的情景类型的一个特征在于，与其他类型情景相比，它在更广泛的范围内拥有一些"支持"或"赞同"的保证。在某种意义上，医生特别易于对人"宽容"；他不在道德上评价病人，而是竭尽全力"帮助"病人们。法律实践的某些特征似乎也适用于这一模式。虽然存在这样的预期：律师不会有意识地试图使一个他明知有罪的人"免于受罚"。但是另一方面也存在下述假设：即委托人不仅在形式意义上享有"公平审判"的资格，而且有权获得来自其律师申诉以及理智和职业伦理范围内的任何帮助。

律师不像公众那样容易受到冲击，他们熟悉人们生活的复杂性，而且乐于把"重新改过"的机会给予已经陷入困难境地的人。作为正式审判程序的准则，而且也作为职业精神的深层趋向，无罪推定构成了法律制度这一特征的重要焦点。正如在医疗职业中的情况，如下事实提供了显著的象征：律师的服务费并不是基于一种通常的"商业性"基础，而是基于"滑动费率"。这里存在一个假定：在特定的案件中，律师帮助其委托人的意愿，相对地独立于该案件在经济方面是否具有价值的问题。

但是当律师在与其委托人的关系既要保持宽容，又要表示支持的时候，状况的另一面就出现了。毕竟，他在法律的伟大传统中受过训练。作为伟大职业的一员，他接受这一职业诚实正直的责任，并且承担起社会将这一责任加诸于他的立场。在与其委托人之间的关系中，律师的作用决不仅仅是"给他们想要的"，而通常的情况是抵抗他们的压力，使其认识到他们所处状况的残酷事实；这些事实不但涉及——甚至在精明的法律救济之下——他们能够期待的"侥幸逃脱",而且也涉及法律允许他们做什么。那么在这种意义上,律师就如同其委托人的非法欲求与社会利益之间的某种"缓冲器"。在某种意义上,他"代表"的就是法律,而不是其委托人。在特定的环境下,他向委托人利益之压力让步的倾向,正如上文所指出的,是他可能产生"偏离"行为的一个方面。但在这种关联中,他也可以退回法律的形式主义,以此作为抵抗压力的一种方式。由目前的观点出发,关键问题是这两种功能都以一种特定的方式结合于同一个行动中。

以上我指出的内容,如许可和支持,都是相当"绝对的",因为当律师在聆听其委托人倾诉的时候,不会背离委托人的信赖,或者拒绝对其进行无罪推定。但是也存在另一种情况:律师的服务被认为是有条件的,即他愿意提供特定的和真实的服务,尤其是当该律师公开提供服务、个人声誉涉及其中时。我们刚刚讨论的是这一状况的消极方面,即律师拒绝为其委托人所作的事情,而积极方面同样存在其中。律师的法律能力(权能)、对各种状况和人的理解,以及在谈判中的技巧等等,都任其委托人所用。但哪怕律师已经接受了案件,他也不会完全地以委托人的方式来进行,而是在相当的程度上以自己的方式来行事。从社会学的观点来看,他凭借在影响委托人行为的过程中起重要作用的方式,"操纵着回报"。这种影响力不仅发生在委托人为实现原有目标去咨询律师并"得到"了什么的过程中;而且还发生在律师的态度对委托人的影响中:即律师明示或暗示着赞同其目标的正当性,使委托人认为律师愿意帮助他获得该目标;只不过委托人目标中的其他成分则被否决,且帮助获得这些部分的要求也被拒绝了。

这些一般性考虑的结果在于，社会学家必须把法律职业的活动视为一种非常重要的机制，它能够在动态的、相当不稳固的社会中维持一种相对稳定的平衡。最重要的问题是，在一种完全不同的情境中所产生出的分析模式——医生在心理治疗方面的作用——其实同样地适用于这一领域。在我尝试梳理有关法律职业的思想之前，我还没有意识到其中的这种联系。

三、法律与其他社会控制机制

虽然有作为职业者的法律人以一般的方式来促进社会控制，但指出法律与其他社会控制机制之间的某些关键性差异还是很重要的。对处理这些差异并明确其功能上的重要性有帮助的问题是上文中关于合法化功能与解释功能的那些评论。

从解释功能与合法化功能的结合中，我们能够初步理解，在法律中强调程序性事项的某些原因。如马克斯·韦伯所言："法的合理性在于形式，而非实质。"的确，我们英美法系的基本法律概念之一是正当程序。当然，在这里甚至产生了这样的观点：只要正确的形式程序被遵守，实质正义的问题可能已经无关紧要，不正义或许就没有法律救济。我们也可以指出，如果在强制问题或者合法化问题方面压力变大，那么程序的运作很可能违背程序传统和程序规则的整合性。为实质正义与不正义所困扰的人们，通常都不是十分尊重复杂法律程序的人。与此相似，如果对法的不服从是明目张胆、肆无忌惮的，那么就可能会有以直接的行动，完全避开程序规则的要求。

从这一观点来看，很明显地，法律系统作为社会控制的机制，其显著性和整合性在某种程度上成为了特定类型的社会均衡的一种功能。在社会价值的最根本问题目前还没有被讨论或被激发的社会中，法律特别的活跃；如果社会中价值冲突的程度十分剧烈，那么法律将会被敬而远之。与此类似，在法律实施问题并不是非常严重的社会中，法律充满活力。在存在强大的非官方力量，并且强化其与法律制度化传统的主线的一致性的社会，情况尤其如此。在许多方面，现代英格兰就是这种可能性的一种情形。

所以，作为（社会）控制机制的法律可以被认为是处于其他两种类型机制的中间位置：

一方面，社会控制的机制有两类：第一类机制主要关注个体的动机，它的运作通过大众传媒沟通来进行，即信息的分布和分配以及与之相随的情感态度；第二类机制与个体有着更为私人的、隐秘的关系。虽然后者为数众多，但在我们的社会中，特别引人注意的一种机制是被同类型职业群体所掌管的治疗机制。由法律程序来处理的问题和需要治疗来解决的问题之间存在差异，这种差异的界限非常重要。

另一方面，法律必须区别于其他的社会控制机制，其他社会控制机制所关注的是价值目标的根本问题的解决方法：涉及整个系统的基本决定，而不涉及对人们相互之间关系的调整。政治与宗教在这一领域起到更大的作用，而且由于这种差异，将法律区别于政治和宗教也就尤其重要。

最后，我们或许可以认为，在一种多元自由主义类型的社会中，法律有着特殊的重要性。它在这样的社会中有着稳固的地位，即很多不同种类的利益必须被平衡，避免相互冲突，而且这些利益必须以某种方式被相互尊重。正如我已经指出，在匆匆地确定了某些根本的普遍社会冲突或政策的集权主义社会中，法律往往被敬而远之。

无论是个人的还是集体的鲁莽和暴力行动，法律都对其进行了限制。我不禁想起，在历届毕业典礼上，哈佛大学校长赠与法律学位获得者们的祝语，他这样说道："现在，你们已经有资格去促进那些使人们自由的明智限制。"*

---

* 这段话应该出自哈佛大学校长约翰·马奎尔（John MacArthur Maguire）。原句为："你们即将为设计和实践那些使人们自由的明智限制而服务（You are ready to aid in the shaping and application of those wise restraints that make men free）。参见 http://asklib.law.harvard.edu/a.php?qid=37313（最后访问时间：2011年7月5日）。帕森斯在引用时对原句进行了改动。——译者注

附录6

汉语世界研究卢曼和托依布纳的文献目录

一、卢曼著作的中文文献

1.〔德〕鲁赫曼:"复合体的时间关联性",载〔荷〕盖叶尔、佐文编:《社会控制论》,黎鸣译,华夏出版社1989年版,第238—251页。

2.〔德〕卢曼:"法律的自我复制及其限制",韩旭译,李猛校,载《北大法律评论》1999年第2期,第446—469页。

3.〔德〕尼可拉斯·卢曼:《生态沟通——现代社会能应付生态危害吗?》,汤志杰、鲁贵显译,中国台湾桂冠图书出版有限公司2001年版。

4.〔德〕尼克拉斯·卢曼:《社会的宗教》,周怡君等译,中国台湾商周出版社2002年版。

5.〔德〕N.卢曼:"心理系统的个体性",丁冬红译,载《世界哲学》2002年第4期。

6.〔德〕卢曼:《宗教教义与社会演化》,刘锋、李秋零译,中国人民大学出版社 2003 年版。

7.〔德〕N. 卢曼："系统的自我观察——N. 卢曼访谈"，张荣译，载《德国哲学家圆桌》，华夏出版社 2004 年版，第 156—167 页。

8.〔德〕N. 卢曼："社会学的现状与任务"，郭大为译，载《世界哲学》2005 年第 5 期。

9.〔德〕N. 卢曼："系统论中的范式转换"，郭大为译，载《世界哲学》2005 年第 5 期。

10.〔德〕N. 卢曼："经济系统中的双循环"，余瑞先译，载《世界哲学》2005 年第 5 期。

11.〔德〕卢曼："社会系统的自我再制"，汤志杰、邹川雄译，载苏国勋、刘小枫编：《社会理论的诸理论》，上海三联书店、华东师范大学出版社 2005 年版，第 156—181 页。

12.〔德〕尼克拉斯·鲁曼：《对现代的观察》，鲁贵显译，中国台湾左岸文化出版社 2005 年版。

13.〔德〕尼克拉斯·卢曼：《权力》，瞿铁鹏译，上海人民出版社 2005 年版。

14.〔德〕尼克拉斯·卢曼：《信任：一个社会复杂的简化机制》，瞿铁鹏、李强译，上海人民出版社 2005 年版。

15.〔德〕尼克拉斯·鲁曼：《大众媒体的实在》，胡育祥、陈逸淳译，中国台湾左岸文化出版社 2006 年版。

16.〔德〕N. 卢曼：《社会的经济》，余瑞先、郑伊倩译，人民出版社 2008 年版。

17.〔德〕尼可拉斯·卢曼："法院在法律系统中的地位"，陆宇峰译，高鸿钧校，载《清华法治论衡》2009 年总第 12 辑，第 118—

154页。

18.〔德〕卢曼:《社会的法律》,郑伊倩译,人民出版社2009年版。

19.〔德〕尼可拉斯·鲁曼:《社会中的艺术》,张锦惠译,中国台湾五南图书出版公司2009年版。

20.〔德〕尼可拉斯·鲁曼:《社会中的法》,李君韬译,中国台湾五南图书出版公司2009年版。

21.〔德〕尼可拉斯·卢曼:《社会之经济》,汤志杰、鲁贵显译,中国台湾"国科会"经典译著计划2010年版。

22.〔德〕尼可拉斯·鲁曼:《爱情作为激情——论亲密性的符码化》,张锦惠、王伯伟译,中国台湾五南图书出版公司2011年版。

23.〔德〕尼克拉斯·卢曼:《法社会学》,宾凯、赵春燕译,上海人民出版社2013年版。

24.〔德〕尼可拉斯·鲁曼:《文学艺术书简》,张锦惠译,中国台湾五南图书出版公司2013年版。

25.〔德〕尼可拉斯·卢曼:"关乎众人之事——评哈贝马斯的法律理论",陆宇峰译,载《清华法治论衡》2014年总第20辑,第366—384页。

26.〔德〕尼克拉斯·卢曼:"解释社会系统理论的三组关键概念——意义、系统/环境与全社会",泮伟江译,载《北航法学》2015年第2卷。

二、托依布纳著作的中文文献

1.〔德〕图依布纳:"现代法中的实质要素和反思要素",矫波译，载《北大法律评论》1999年第2期。

2.〔德〕贡塔·托依布纳：《法律：一个自创生系统》，张骐译，北京大学出版社2004年版。

3.〔德〕贡特尔·托依布纳："匿名的魔阵：跨国活动中'私人'对人权的侵犯"，泮伟江译，载《清华法治论衡》2007年第2期。

4.〔德〕贡特尔·托依布纳："'全球的布科维纳'：世界社会的法律多元主义"，高鸿钧译，载《清华法治论衡》2007年第2期。

5.〔德〕贡特尔·托依布纳："自我颠覆的正义——法的或然符咒，或是超验符咒？"，祁春轶译，载《法哲学与法社会学论丛》2009年(年刊)。

6.〔德〕贡塔·托依布纳：《魔阵·剥削·异化——托依布纳法律社会学文集》，泮伟江、高鸿钧等译，清华大学出版社2012年版。

7.〔德〕贡塔·托依布纳："宪法时刻来临？——'触底反弹'的逻辑"，宾凯译，载《交大法学》2013年第1期。

8.〔德〕贡塔·托依布纳："私法的社会学启蒙：对谈当代著名法学家托依布纳"，顾祝轩、高薇译，载《交大法学》2013年第1期。

9.〔德〕贡塔·托依布纳："多元现代性：从系统理论角度解读中国私法面临的挑战"，祁春轶译，载《中外法学》2013年第2期。

10.〔德〕贡塔·托依布纳："民族国家的部门宪法"，陆宇峰译，载《清华法治论衡》2014年第2期。

11. 贡塔·托依布纳："社会理论脉络中的法学与法律实践"，纪海龙译，载《交大法学》2015年第3期。

12.〔德〕贡塔·托依布纳：《宪法的碎片：全球社会宪治》，陆宇峰译，纪海龙校，中央编译出版社2016年版。

三、国外学者研究卢曼和托依布纳的中文文献

1.〔日〕山口节郎："作为科学学的社会理论——关于超越论的理论"，刘绩生译，载《哲学译丛》1981年第1期。

2.〔德〕恩斯特·瓦尔纳："新体系理论、批判的唯理论、反身社会学——当代社会学主要流派介绍"，罗民炎译，载《现代外国哲学社会科学文摘》1982年第8期。

3.〔日〕佐藤嘉一："日常经验与系统理论"，包承柯译，载《现代外国哲学社会科学文摘》1987年第11期。

4. Georg Kneer/ Armin Nassehi：《卢曼社会系统理论导引》，鲁贵显译，中国台湾巨流图书公司1998年版。

5.〔德〕D.霍斯特："是分析社会还是改造社会——哈贝马斯与卢曼之争"，载《国外社会科学》2000年第3期。

6.〔日〕樱井芳生："卢曼社会系统论中的媒介观简介"，李卓钧译，载《新闻传播与评论》2010年第1期。

7. Margot Berghaus：《鲁曼一点通：系统理论导引》，张锦惠译，中国台湾暖暖书屋文化事业股份有限公司2016年版。

8.〔德〕托马斯·魏斯汀："无始无终——作为对法学和法教义学的挑战的法律系统理论"，张晓丹译，载《北航法学》2015年第2卷。

9. 格拉尔夫-皮特·卡里埃斯："法的系统理论——卢曼与托伊布纳"，李忠夏译，载《北航法学》2015年第2卷。

10. 米歇尔·金:"卢曼在英语世界遭受的批评与误解",蒋奠译,载《北航法学》2015年第2卷。

11. 葛哈德·贝希曼、尼柯·史帖尔:"卢曼的遗产",纪海龙译,载《北航法学》2015年第2卷。

12. 托马斯·D.巴顿:"对尼古拉斯·卢曼《法社会学》的书评:期望、制度、意义",宾凯译,载《北航法学》2015年第2卷。

13. 凯蒂·茨尔曼斯:"当代艺术话语与艺术系统的全球化",李修建译,载《艺术探索》2017年第5期。

14.〔德〕维尔纳·施泰格迈尔:"真理与诸种真理——论尼采、海德格尔和卢曼",桂瑜译,载《同济大学学报(社会科学版)》2019年第1期。

15.〔德〕莫里茨·伦纳:"社会理论法学的兴起——贡塔·托依布纳的生平、著述及影响",周万里译,载《交大法学》2019第3期。

四、国内学者研究卢曼和托依布纳的中文文献

(一)法学类

1. 吴泽勇:"从程序本位到程序自治——以卢曼的法律自治理论为基础",载《法律科学》2004年第4期。

2. 宾凯:"法律如何可能:通过二阶观察的系统建构",载《北大法律评论》2006年第2辑。

3. 冯健鹏:"论规范法学对法律自创生理论的影响——从卢曼

到图依布纳",载《浙江社会科学》2006年第2期。

4. 王宏选:"作为一个自创生系统的法律——卢曼和托依布纳的法律概念",载《黑龙江社会学》2006年第5期。

5. 翟小波:"'软法'概念何以成立?卢曼系统论视野内的软法",载《郑州大学学报》2007年第3期。

6. 罗文波:"预期的稳定化——卢曼的法律功能思想探析",载《环球法律评论》2007年第4期。

7. 鲁楠、陆宇峰:"卢曼社会系统论视野中的法律自治",载《清华法学》2008年第2期。

8. 杜建荣:"法律系统的自治——论卢曼对法律自治理论的重建",载《中南大学学报》2008年第4期。

9. 罗文波:《卢曼的自创生法律系统论研究》,山东大学2008年博士毕业论文。

10. 罗文波:"卢曼法律论证理论探析",载《法律方法》第7卷,山东人民出版社2008年版。

11. 泮伟江:"作为法律系统核心的司法——卢曼的法律系统论及其启示",载《清华法治论衡》2009年第2期。

12. 杜建荣:"法律与社会的共同演化——基于卢曼的社会系统理论反思转型时期法律与社会的关系",载《法制与社会发展》2009年第2期。

13. 杜建荣:《卢曼法社会学研究》,吉林大学2009年博士毕业论文。

14. 周婧:"封闭与开放的法律系统如何可能?——读卢曼《法律作为社会系统》",载《社会学研究》2009年第5期。

15. 宾凯:"公民社会的历史语义学——基于卢曼社会系统论方法",载《交大法学》,2010年第1卷。

16. 王小钢:"托依布纳反身法理论述评",载《云南大学学报(法学版)》2010年第2期。

17. 宾凯:"卢曼系统论法学:对'法律实证主义/自然法'二分的超越",载《云南大学学报》2010年第6期。

18. 赵春燕:"福利与政治——简评卢曼的福利政治观",载《湖南行政学院学报》2010年第6期。

19. 赵春燕:"对'软法'概念的冷思考——兼谈对卢曼法社会学理论的正确理解",载《河北法学》2010年第12期。

20. 杜建荣:"法律与预期——论卢曼对法律之社会属性的重构",载《云南大学学报》2011年第3期。

21. 杜建荣:"社会系统论视野中的法律演化——卢曼法律演化理论述评",载《红河学院学报》2011年第4期。

22. 宾凯:"从决策的观点看司法裁判活动",载《清华法学》2011年第6期。

23. 宾凯:"社会系统论对法律论证的二阶观察",载《华东政法大学学报》2011年第6期。

24. 宾凯:"法律悖论及其生产性",载《上海交通大学学报》2012年第1期。

25. 陆宇峰:"走向'社会司法化'——一个'自创生'系统论的视角",载《华东政法大学学报》2012年第3期。

26. 陆宇峰:"功能分化与风险时代的来临",载《文化纵横》2012第5期。

27. 杜建荣："法律合法性理论的现代走向——以卢曼/哈贝马斯之争为线索"，载《云南大学学报》2012年第5期。

28. 金自宁："现代法律如何应对生态风险——进入卢曼的生态沟通理论，载《法律方法与法律思维》2012年总第8辑（年刊）。

29. 泮伟江："托依布纳法的系统理论评述"，载《清华法律评论》第5卷第1辑，清华大学出版社2012年版。

30. 彭飞荣："法律与风险——基于卢曼'二阶观察'方法的观察"，载《清华法律评论》第5卷第1辑，清华大学出版社2012年版。

31. 宾凯："超越绝对主义与相对主义——以卢曼的悖论解决方案为考察框架"，载《上海交通大学学报》2013年第1期。

32. 宾凯："法律自创生机制：隐藏与展开悖论"，载《交大法学》2013年第1期。

33. 宾凯："社会分化与法律理性化"，载《思想战线》2013年第6期。

34. 陆宇峰："现代国家、国家理性与政治决断——基于系统理论的概念重构"，载《清华法治论衡》2013年第1期。

35. 钟芳桦："法兰克福超越魏玛：论托依布纳对德国公法学'实质的民族宪法观'之批判"，载《交大法学》2013年第1期。

36. 张欣："托依布纳的公司治理理论及其贡献"，载《湖南农业大学学报（社会科学版）》2013年第2期。

37. 刘艺："封闭与开放：论行政与行政法关系的两重维度"，载《南京社会科学》2013年第5期。

38. 陈征楠："社会整合与法律论证之间的系统论勾连"，载《暨南大学学报》2013年第11期。

39. 王淑荣："生命伦理的法政策论析——以卢曼的社会系统论为视角"，载《医学与哲学》2013年第33卷。

40. 宾凯："论卢曼法律悖论理论的隐秘源头"，载《同济大学学报》2014年第2期。

41. 泮伟江："双重偶联性问题与法律系统的生成——卢曼法社会学的问题结构及其启示"，载《中外法学》2014第2期。

42. 陆宇峰："全球的社会宪法"，载《求是学刊》2014年第3期。

43. 陆宇峰："'自创生'系统论法学：一种理解现代法律的新思路"，载《政法论坛》2014年第4期。

44. 李忠夏："基本权利的社会功能"，载《法学家》2014年第5期。

45. 张玉洁："论法律系统的自创生模式及其进化"，载《河北法学》2014年第5期。

46. 朱兵强："卢曼的法理学检视——一个系统论的视角"，载《山东科技大学学报》2015年第5期。

47. 李忠夏："宪法教义学反思：一个社会系统理论的视角"，载《法学研究》，2015年第6期。

48. 祁春轶："国家治理中法律对期望结构的分辨和选择"，载《法学》2015年第12期。

49. 刘涛："纳入与排除：卢曼系统理论的第三演进阶段"，载《社会学评论》2016年第1期。

50. 刘涛："法教义学危机？——系统理论的解读"，载《法学家》2016年第5期。

51. 刘涛："文字与法律演化：卢曼系统理论的视角"，载《社会学评论》2016 年第 5 期。

52. 泮伟江："卢曼与他的现代社会观察"，载《读书》2016 年第 1 期。

53. 余成峰："美国宪法的力量和弱点——社会系统理论的观察视角"，载《比较法研究》2016 年第 5 期。

54. 刘涛："实质法益观的批判：系统论的视角"，载《刑事法评论》2017 年第 1 期。

55. 刘涛："冗余和遵循先例：系统论的考察及启示"，载《交大法学》2017 年第 2 期。

56. 李忠夏："法治国的宪法内涵——迈向功能分化社会的宪法观"，载《法学研究》2017 年第 2 期。

57. 陆宇峰："'自创生'系统论宪法学的新进展——评托依布纳《宪法的碎片：全球社会宪治》"，载《社会科学研究》2017 年第 3 期。

58. 泮伟江："法律的二值代码性与复杂性化约"，载《环球法律评论》2017 年第 4 期。

59. 刘涛："互联网时代的社会治理——以社会系统理论为分析框架"，载《社会学评论》2017 年第 4 期。

60. 刘涛："社会宪治：刑法合宪性控制的一种思路"，载《法学家》2017 年第 5 期。

61. 王明敏："系统论视域中的基本权利研究述评——以中国法学研究方法论变迁为视角"，载《人权研究》2018 年第 1 期。

62. 张海涛："政治与法律的耦合结构：党内法规的社会系统论

分析",载《交大法学》2018年第1期。

63. 陈雨薇:"论反思性的法社会学的现实价值",载《东方法学》2018年第2期。

64. 余成峰:《法律的"死亡":人工智能时代的法律功能危机》,载《华东政法大学学报》2018年第2期。

65. 张海涛:"如何理解党内法规与国家法律的关系——一个社会系统理论的角度",载《中共中央党校学报》2018年第2期。

66. 刘涛:"科技与刑事司法互动的系统论观察",载《政治与法律》2018年第12期。

67. 泮伟江:"法律是由规则组成的体系吗?",载《政治与法律》2018年第12期。

68. 陆宇峰:"系统论宪法学新思维的七个命题",载《中国法学》2019年第1期。

69. 泮伟江:"超越'错误法社会学'——卢曼法社会学理论的贡献与启示",载《中外法学》2019年第1期。

70. 王荣余:"论法律预期及其结构:哈耶克与卢曼",载《荆楚学刊》2019年第1期。

71. 张海涛:"'人的缺席':基本权利社会功能的悖论分析",载《人权研究》2019年第1期。

72. 泮伟江:"论法社会学对法学的贡献——一个古老遗产分配案引发的法哲学反思",载《暨南大学学报》2019年第2期。

73. 泮伟江:"宪法的社会学启蒙——论作为政治系统与法律系统结构耦合的宪法",载《华东政法大学学报》2019年第3期。

74. 李忠夏:"宪法学的系统论基础:是否以及如何可能",载

《华东政法大学学报》2019 年第 3 期。

75. 张翠梅、赵若瑜："卢曼自创生法律系统视阈下的系统与环境"，载《江汉论坛》2019 年第 4 期。

（二）非法学类

1. 陈秀萍："功能、结构和社会系统——简介卢曼的功能结构系统理"，载《社会》1985 年第 4 期。

2. 张志扬："现象学意识系统与卢曼的偶在演化"，载《哲学研究》1999 年第 6 期。

3. 秦明瑞："复杂性与社会——卢曼思想研究"，载《系统辩证学学报》2003 年第 1 期。

4. 丁东红："《社会的社会》内容概要"，载《世界哲学》2005 年第 5 期。

5. 张戌凡："观察'风险'何以可能——关于卢曼《风险：一种社会学理论》的评述"，载《社会》2006 年第 4 期。

6. 秦明瑞："社会系统理论与环境研究"，载《社会科学辑刊》2007 年第 1 期。

7. 焦瑶光、吕寿伟："复杂性与社会分化——卢曼社会系统理论研究"，载《自然辩证法研究》2007 年第 12 期。

8. 肖文明："观察现代性——卢曼社会系统理论的新视野"，载《社会学研究》2008 年第 5 期。

9. 杨建华："马克思、韦伯和卢曼的社会分化研究及启示"，载《浙江学刊》2008 年第 5 期。

10. 葛星："卢曼社会系统理论视野下的传播、媒介概念和大众媒体"，载《新闻大学》2012年第3期。

  11. 傅其林："基于差异性交往的文艺理论——论卢曼社会理论视野下的文艺合法性思考"，载《重庆广播电视大学学报》2012年第4期。

  12. 陈水生："卢曼社会系统理论视域下的翻译与翻译研究"，载《延安大学学报》2012年第6期。

  13. 李育富："卢曼系统理论中的传播概念和媒介理论研究"，载《国际新闻界》2012年第11期。

  14. 靳希平："胡塞尔的理性主义精神与现象学方法——对卢曼批评胡塞尔欧洲中心论之回应"，载《外国哲学》第25辑，商务印书馆2013年版。

  15. 宋安妮："卢曼的社会系统理论与翻译研究探析"，载《外国语文》2014年第3期。

  16. 陈水生："翻译系统论的新发展"，载《译苑新谭》2014年第6辑。

  17. 朱渝阳："卢曼社会系统理论中的沟通"，载《浙江海洋学院学报》2014年第6期。

  18. 王军平："作为社会系统的翻译——《卢曼社会学理论在翻译研究中的应用》评介"，载《外语教学理论与实践》2015年第3期。

  19. 何珍："马克思与卢曼：市民社会的分化与整合"，载《深圳大学学报》2015年第4期。

  20. 苏金星："卢曼的沟通论视角下的'排除'之社会学意义"，载《内蒙古师范大学学报》2015年第5期。

  21. 秦明瑞："世俗化及其后果——卢曼社会系统理论视角下的

分析",载《宗教与哲学》2015年总第4辑(年刊)。

22. 秦明瑞:"从本体论到差异论的建构论——卢曼的认识论思想探析",载《宗教与哲学》2016年第5辑(年刊)。

23. 常照强:"布迪厄、卢曼与拉图尔——本体论多元化视野下的科学社会学",载《科学与社会》2017年第1期。

24. 吕春颖:"从内在反思到系统与环境的变奏——规范性来源的'主—客'维度理解及其超越",载《现代哲学》2017年第6期。

25. 李恒威、肖云龙:"自创生理论40年:回顾和思考",载《西北师范大学学报》2018年第1期。

26. 张立刚:"媒介的自我变革——N.卢曼社会系统理论中的传播技术观",载《东吴学术》2018年第2期。

27. 秦明瑞:"系统的逻辑:卢曼理论中几个核心概念的演变",载《社会科学辑刊》2018年第5期。

28. 秦明瑞:"道德无涉的社会理论与道德的社会功能——卢曼社会系统理论视角下的分析",载《宗教与哲学》2018年第7辑。

29. 范劲:"爱情作为交流媒介:卢曼的爱情现象学",载《杭州师范大学学报》2019年第4期。